Texte détérioré — reliure défectueuse

NF Z 43-120-11

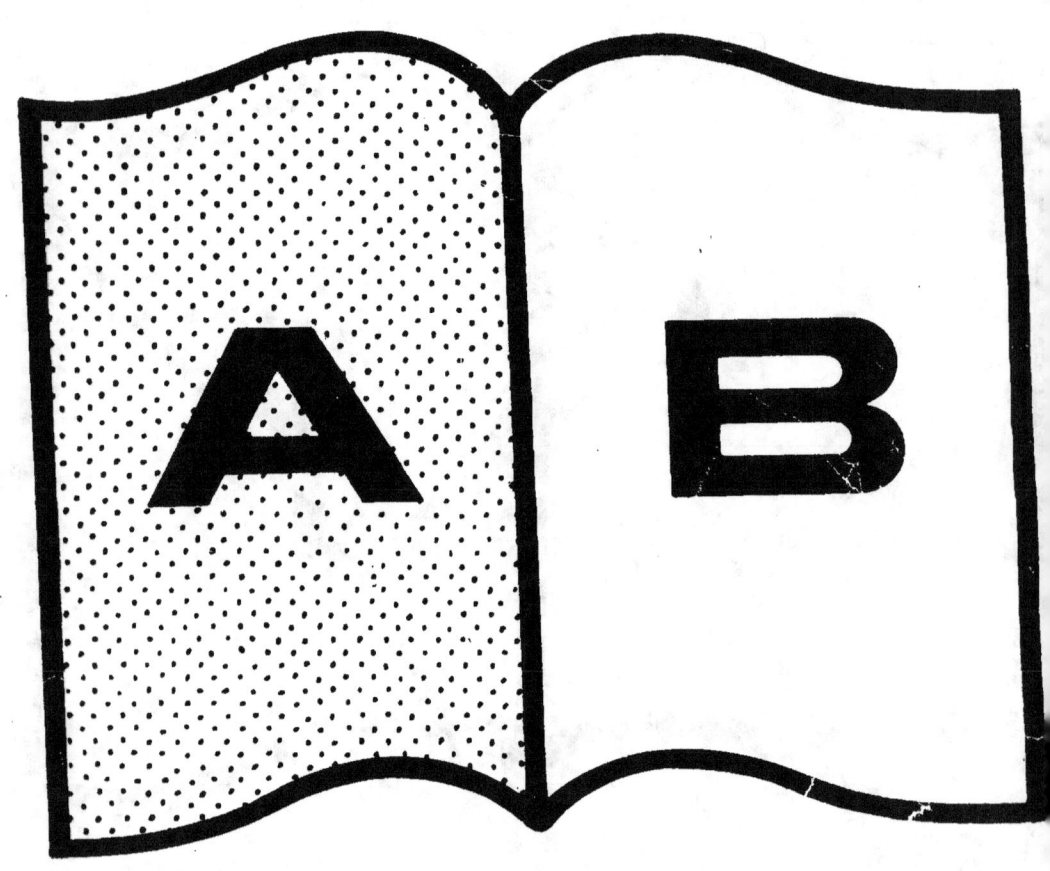

Contraste insuffisant

NF Z 43-120-14

ETUDES

SUR

LES BEAUX-ARTS

Paris. — Typographie HENNUYER ET FILS, rue du Boulevard, 7.

ÉTUDES

SUR

LES BEAUX-ARTS

EN FRANCE ET EN ITALIE

PAR

LE Vte HENRI DELABORDE

CONSERVATEUR DU DÉPARTEMENT DES ESTAMPES A LA BIBLIOTHÈQUE IMPÉRIALE

TOME PREMIER

ITALIE

PARIS

Ve JULES RENOUARD, LIBRAIRE-ÉDITEUR

6 — RUE DE TOURNON — 6

M DCCC LXIV

L'usage est maintenant à peu près consacré de réunir, pour les présenter au public sous la forme de volumes, des écrits originairement isolés et insérés une première fois dans les recueils périodiques. En nous autorisant, à notre tour, de cette coutume, nous avons choisi, parmi des articles publiés pour la plupart dans la Revue des Deux Mondes, *ceux qui, par la nature des sujets ou par les caractères de la critique, se prêtaient le mieux au rapprochement. Des révisions ou, suivant les cas, des additions ont été faites qui ne laissent pas de modifier et peut-être de rajeunir le travail primitif. Ces précautions ont-elles suffi, de tout cela est-il résulté un livre? Là est en réalité la question.*

ÉTUDES
SUR
LES BEAUX-ARTS
EN FRANCE ET EN ITALIE

I

LA PEINTURE EN ITALIE AVANT LE SEIZIÈME SIÈCLE.

LES TABLEAUX DU MUSÉE NAPOLÉON III.

1862.

Lorsqu'une décision de l'Empereur, ratifiant les engagements pris à Rome par MM. Renier et Sébastien Cornu, eut assuré à la France la possession du musée Campana, on ne pressentit d'abord dans cette conquête qu'un événement favorable aux progrès de l'archéologie, une sorte d'encouragement officiel à des études, très-dignes de respect sans doute, mais accessibles seulement à quelques initiés, et d'autant moins attrayantes pour le public, qu'elles demeurent plus éloignées en apparence de l'application et du résultat pratique. Bon nombre d'entre nous, et des mieux convertis aujourd'hui, s'émurent assez peu d'une nouvelle qui semblait tout à l'adresse des antiquaires de profession. D'autres, beaucoup moins indifférents au chiffre énoncé pour l'acquisition qu'à l'acquisition elle-même, s'écrièrent de confiance que les commissaires français avaient conclu là un marché déraisonnablement dispendieux. D'autres enfin, complices involontaires de certains sentiments suscités à l'étranger par notre succès, n'hésitèrent pas à propager le bruit que les choix préalablement faits au profit d'une autre nation avaient dépouillé le musée Campana de ses richesses principales ; que ces collections ainsi réduites ne pouvaient plus être et n'étaient plus en effet convoitées par personne ; qu'en un mot, nous avions acheté au prix de plusieurs millions le rebut de la Russie et l'objet des dédains de l'Angleterre.

On sait ce qui advint, une fois l'exposition ouverte, de ces défiances ou de ces méprises, et quels exemples, quels secours en tout genre les artistes, les industriels, les artisans trouvèrent là où il n'y avait, disait-on, qu'un nouveau champ livré aux hôtes habituels, aux privilégiés de la science. Depuis les architectes, les sculpteurs, les peintres d'histoire jusqu'aux ciseleurs et aux dessinateurs d'ornement, depuis les érudits jusqu'aux simples curieux, tous les hommes voués à l'étude de la forme dans ses applications et ses fortunes diverses, tous ceux qu'intéressent, à quelque degré que ce soit, l'histoire de l'art ou l'histoire des mœurs, les origines ou les développements successifs du goût, du talent, du métier, — tous comprirent qu'une part de la moisson à faire revenait de droit à chacun d'eux, et que les fruits de cette récolte, au lieu d'être savourés par quelques rares esprits, pouvaient alimenter même les intelligences sans familiarité avec les traditions classiques. Quoi de plus persuasif en effet, quoi de plus promptement instructif que le spectacle de ces monuments si bien appropriés à leurs destinations diverses, si éloquents dans ce qu'ils nous disent des croyances, des usages, de la vie morale et physique de tout un peuple? D'ailleurs, les avoir sous les yeux, ce n'est pas seulement assister à la résurrection d'une civilisation éteinte et prendre, pour ainsi dire, l'antiquité sur le fait ; c'est encore, c'est surtout recevoir une leçon profitable au bon sens et aux progrès généraux du goût ; c'est apprendre à concilier, dans l'invention, les règles fixes avec les modes d'expression personnels et variables, les exigences de la raison avec les droits de l'imagination et les libres suggestions de la fantaisie.

A quoi bon d'ailleurs insister et essayer de plaider une cause qui n'a plus besoin de défenseurs? L'acquisition des collections dont se compose aujourd'hui le musée Napoléon III n'éveille plus d'autre sentiment qu'un sentiment d'admiration féconde, d'autre souvenir que celui de la gratitude envers le pouvoir qui a prescrit la mesure et envers les hommes qui en ont entrepris, poursuivi, assuré l'exécution, malgré des difficultés de plus d'une sorte. Quant aux prélèvements opérés avant la cession du musée Campana à la France, la lumière s'est faite sur ce point comme sur le reste. Sans doute — nous l'avouerons sans hésitation ni réticence — il est très-regrettable que l'on ait laissé échapper certaines pièces capitales qui auraient pu nous appartenir, si l'on y avait songé quelques mois plutôt ; sans doute il est dur de penser qu'au lieu de prendre le chemin de Paris, le célèbre *vase de Cumes*, par exemple, et plusieurs beaux bronzes étrusques ont été orner le palais impérial de l'Ermitage. Est-ce une raison toutefois pour tenir en estime médiocre les trésors qui sont devenus notre lot? Parce que quelques spécimens, si beaux qu'ils soient, ont été détachés de l'ensemble des collections, oublierons-nous, ou d'autres feindront-ils d'oublier que, Dieu merci, on ne s'est pas emparé pour cela des monuments d'élite dans tous les genres ; que des séries d'une importance exceptionnelle — les séries entre autres des terres cuites et des bijoux, qui suffiraient à elles seules pour honorer une galerie nationale — ont passé tout entières des mains du premier possesseur dans les nôtres? Qui sait? Si, à l'étranger, on a fait sonner un peu haut la valeur des objets transportés ailleurs qu'à Paris, un secret dépit de n'avoir pu obtenir davantage n'a pas été sans quelque influence peut-être sur ces manifestations bruyantes, sur ces témoignages d'allégresse et d'orgueil après coup ; peut-être, dans cette application à paraître si fier de ce qu'on possède et si dédaigneux des biens échus à autrui y avait-il surtout un essai de consolation pour des ambitions déçues, un dédommagement systématique au regret d'avoir échoué là où il nous a été donné de réussir.

Quoi qu'il en soit, l'événement a fait justice des agressions du dehors comme de nos propres préjugés. En étalant au grand jour ses immenses richesses, le musée Napoléon III s'est trouvé en mesure de déjouer les calculs hostiles, de réduire à néant toutes les préventions. Peu d'entre nous songent encore à se plaindre, à s'enquérir même de ce qui a été distrait avant que les négociations fussent entamées par les mandataires de l'Empereur : nous avons assez à faire de voir ce que ceux-ci ont rapporté, d'examiner chaque classe des monuments qui nous appartiennent, et de chercher dans cette étude des enseignements dont on trouverait difficilement ailleurs une expression plus variée et un exposé plus complet.

I

Parmi les diverses séries qui résument, dans les galeries du nouveau musée, l'histoire chronologique de l'art italien, la collection des tableaux antérieurs au seizième siècle nous semble offrir un intérêt particulier, bien qu'ici, j'en conviens, certaines causes de défaveur existent, certaines imperfections dans la pratique se trahissent ou prédominent, qui ne ressortent nullement du spectacle donné à quelques pas de là. Ajoutons que des attributions tantôt irréfléchies, tantôt ouvertement injurieuses à la mémoire de tel ou tel maître, — attributions dont l'ancien possesseur de la collection est en réalité seul responsable, et qu'on n'a entendu que très-provisoirement conserver, — ne laissent pas au premier aspect d'indisposer l'opinion ou, tout au moins, d'ébranler la confiance. Et cependant, malgré cette insuffisance relative, malgré ces voisinages dangereux, malgré ces erreurs ou ces imprudences du catalogue, les tableaux du musée Napoléon III sont les très-bien venus dans notre pays. Ils y combleront, en tant que monuments historiques, une lacune considérable, et, de plus, par les caractères généraux des inspirations et du style, ils serviront à démentir certains faux progrès, à démontrer, au point de vue de la vérité morale, l'autorité des sentiments et de l'art primitifs. Expliquons-nous toutefois. Il ne s'agit ici que d'œuvres comparativement modernes, puisque la plus ancienne d'entre elles ne remonte pas à une époque séparée par moins de vingt siècles peut-être de l'époque où fut modelé tel vase ou tel tombeau exposé dans les salles voisines. Mais, contrairement aux sculpteurs italiens du moyen âge, qui trouvaient dans leur pays même des exemples à suivre, une tradition à continuer, les peintres, prédécesseurs immédiats ou contemporains de Cimabué et de Duccio n'avaient pas d'ancêtres, à vrai dire, et ne pouvaient s'aider que de leurs propres ressources, d'une expérience acquise au jour le jour. Autour d'eux, rien qui eût survécu des monuments de la peinture antique : les secrets du passé sur ce point dormaient, ensevelis pour bien longtemps encore, sous les laves du Vésuve ou dans la nuit des catacombes. Quant à des monuments plus récents, les mosaïques byzantines et les fresques exécutées sur les murs des églises par des ouvriers grecs, voilà les seuls exemples que l'on pût consulter, c'est-à-dire des exemples plutôt hiératiques que pittoresques ou les témoignages d'une extrême décadence. Pour les peintres siennois et florentins qui préparèrent au treizième siècle le grand mouvement que Giotto et les siens allaient achever de décider dans le siècle suivant, tout était donc à deviner, à entreprendre, à définir. Tout devait résulter d'un effort spontané, et comporter en même temps une doctrine et des enseignements pratiques, la révélation de l'art et la formule matérielle des moyens qu'il lui appartient d'employer.

Suit-il de là qu'à aucune époque la peinture ait été hors d'usage en Italie? De ce que le talent apparaît pour la première fois à un moment donné, faut-il conclure que l'on ignorait jusqu'alors les procédés mêmes et le métier? Nous ne prétendons rien de semblable. Ce que nous voulons dire seulement c'est que, à partir de ce moment favorisé, l'art se constitue et s'installe, les artistes se succèdent sur un terrain livré auparavant aux pratiques de la routine et aux grossiers travaux des artisans. Certes, avant la fin du treizième siècle, il se trouvait, à Florence ou à Sienne, des hommes ayant pour profession de manier le pinceau ; mais, entre leurs doigts inutilement laborieux, ce pinceau n'était qu'un outil capable tout au plus d'ébaucher quelques linéaments, quelque contrefaçon matérielle des choses. Il appartenait à d'autres mains d'en faire un instrument de la pensée et d'élever au niveau des moyens d'action sur l'esprit une industrie qui n'avait réussi encore qu'à procurer aux yeux un sauvage et stérile plaisir.

Voilà ce qu'il importe de se rappeler, de s'obstiner à reconnaître et à dire, en dépit des récents efforts de la science pour reculer la date consacrée des premiers progrès de la peinture. Défions-nous, ici comme ailleurs, des éclaircissements excessifs et de cette inclination toute moderne à sacrifier le respect des faits principaux aux menues curiosités archéologiques. En matière d'histoire et de tradition, notre temps a un peu la manie des questions incidentes, des révisions subtiles, des enquêtes et des découvertes à la loupe. Passe encore s'il s'agissait d'un simple divertissement de l'esprit, d'une passion innocente en soi et se satisfaisant pour son propre compte ; mais le malheur est qu'à force de s'intéresser à ce jeu, plusieurs de ceux qui s'y livrent croient pour cela faire œuvre pie et réformer de graves erreurs là où ils n'arrivent qu'à nous doter de quelques chétifs renseignements, de quelques nouveautés sans conséquence. Parce qu'ils auront exhumé un nom ou un document, même légitimement oublié, les voilà convaincus qu'ils ont pris l'opinion publique en faute et l'histoire en flagrant délit d'iniquité. Ni l'une ni l'autre pourtant n'est aussi coupable qu'ils le supposent, et peut-être ces prétendues injustices profitent-elles plus sûrement à la cause de la vérité que les investigations à outrance sur les points de détail. Il en va en effet des commencements de la peinture en Italie comme des origines de la gravure ou de l'invention de l'imprimerie, comme d'autres problèmes archéologiques que l'érudition moderne a plutôt compliqués que résolus, en accumulant les arguments et les témoignages accessoires. En pareil cas, les œuvres seules ont une autorité souveraine : le reste peut être curieux, sans importer beaucoup au fond, sans rien déplacer ni compromettre de nos admirations accoutumées. On aura beau déchiffrer et produire des textes, tirer des inductions, ressusciter des dates ou des noms propres, le tout — et ce sera justice — ne prévaudra pas contre des talents que nous pouvons contrôler de nos yeux, contre des progrès dont nous avons l'expression vivante et la preuve. Quelles que soient donc les découvertes faites ou à faire, quoi qu'on s'évertue à nous apprendre des graveurs, des imprimeurs, des peintres venus avant eux, Maso Finiguerra et Gutenberg, Cimabué et les autres maîtres de son temps, resteront en possession de leur vieille gloire, parce qu'ils ont marché avec certitude dans une route où l'on ne s'était encore aventuré qu'en chancelant, parce qu'ils ont osé dégager et envisager en face le but que leurs devanciers avaient à peine essayé d'entrevoir, parce qu'enfin ils ont introduit l'art, et un art déjà sûr de lui-même, là où il n'y avait eu place jusqu'alors que pour les tentatives vulgaires ou pour les tâtonnements du métier.

Ces premiers exemples une fois donnés dans le domaine de la peinture par les vrais fondateurs de l'école italienne, le progrès se continue et s'affirme avec un éclat incomparable dans les œuvres et sous l'influence de Giotto. Plus d'innovations incomplètes maintenant, plus d'efforts limités ni de ces remords de conscience en quelque sorte où l'art du treizième siècle, tout audacieux qu'il semble, se reprend encore et s'attarde comme s'il voulait entrer en accommodement avec le passé ou pactiser avec sa propre hardiesse.

Tout en modifiant gravement, quant aux formes, la tradition byzantine, Cimabué n'avait pas osé pousser les tentatives d'émancipation au delà de ces perfectionnements extérieurs et chercher un renouvellement plus radical dans le fond des intentions, dans le choix des sujets, dans les principes mêmes de la composition. La Vierge et le divin enfant représentés non pas en action, mais sous des apparences solennellement immobiles, des anges symétriquement échelonnés autour du groupe céleste, voilà les éléments d'inspiration qui lui avaient suffi, les thèmes qu'il avait le plus habituellement développés dans les hymnes austères où son pinceau célèbre la majesté de Dieu plutôt qu'il n'en fait pressentir les bontés infinies et les miséricordes. Avec Giotto, au contraire, le champ de l'invention s'élargit, la pensée religieuse, sans déserter les hautes sphères, cesse d'y demeurer désintéressée du fait humain et de la vie. Aux données invariables, aux attitudes sacramentelles, à tout ce qu'on pourrait appeler la liturgie pittoresque des premiers temps, succède, dans le choix comme dans l'expression des scènes, dans l'ordonnance générale aussi bien que dans les détails, quelque chose d'animé, de manifestement neuf. « Outre l'avantage d'avoir pu profiter des progrès techniques que l'art avait faits sous Cimabué, Giotto, — dit un écrivain qui, de préférence à tout autre en France, mérite d'être consulté sur les questions relatives aux œuvres et aux maîtres de cette époque[1], — Giotto avait celui de comprendre beaucoup mieux la partie légendaire, et de se mettre ainsi en communication plus directe et plus sympathique avec le peuple ; et comme, d'un autre côté, nul ne pénétra plus avant que lui dans les mystères du symbolisme chrétien, il

---

[1] M. Rio, *De l'art chrétien*, t. I, p. 183.

en résulta que, satisfaisant à la fois les naïves aspirations des uns et les savantes exigences des autres, il parvint à conquérir une popularité à peu près universelle. » Et M. Rio ajoute un peu plus loin, à propos des admirables fresques qui décorent la chapelle des Scrovegni à Padoue : « On pourrait dire que Giotto s'est surpassé lui-même dans la représentation de certaines scènes pathétiques, comme la *Résurrection de Lazare* et la *Déposition de croix*, deux chefs-d'œuvre qui marquaient un pas immense fait dans une voie non encore frayée, et qui révélaient dans l'artiste, outre le talent instinctif de l'ordonnance pittoresque, une veine dramatique ou élégiaque, qui devait être exploitée avec tant de succès par son école. »

Nous n'essayerons pas de commenter ces judicieuses paroles : elles caractérisent trop exactement la nature des innovations introduites par Giotto et le rôle personnel de ce grand maître dans l'histoire de la peinture italienne. Qu'il nous soit permis seulement de faire remarquer, après l'auteur de l'*Art chrétien*, que l'empire de Giotto sur l'art italien, durant toute la première phase de la renaissance, est un fait exceptionnel par sa durée autant que par son importance même ; que nulle part ailleurs, à aucune autre époque, l'influence d'un homme de génie ne fut ni aussi étendue ni aussi obstinément acceptée ; qu'enfin, depuis le commencement du quatorzième siècle jusqu'au delà des premières années du quinzième, depuis Taddeo Gaddi et les autres élèves directement formés par Giotto jusqu'à Cennino Cennini, qui écrivait en 1435 un traité composé tout exprès pour transmettre aux peintres à venir des enseignements dont il n'avait lui-même reçu le dépôt que de troisième main, plusieurs générations d'artistes travaillent et se succèdent d'un bout à l'autre de l'Italie, sans qu'aucune atteinte ait été portée aux doctrines et à la tradition primitives, sans qu'aucune tentative séditieuse ou seulement indocile soit venue compromettre l'autorité du chef de l'école et en discontinuer les effets.

Certes, dans cette longue série de travaux qu'ouvrent les fresques de l'église d'Assise et que terminent les œuvres des *quattrocentisti* [1] antérieurs à fra Angelico, on pourra relever des inégalités de mérite et noter des points de dissemblance. Parmi ces talents de même origine, plus d'un a ses allures et ses coutumes propres; plus d'un, sous les traits communs à toute la race, laisse percer les signes d'une physionomie et d'un tempérament individuels. L'onction du style, par exemple, et la finesse qui distinguent la manière du Giottino forment, si l'on veut, un contraste avec la manière, robuste parfois jusqu'à la rudesse, de Jacopo da Casentino, ou avec la verve et l'animation dont les compositions de Spinello portent l'empreinte. A plus forte raison faudra-t-il, dans la foule des disciples, assigner une place à part au plus indépendant en apparence, comme au mieux inspiré d'entre eux, et saluer dans le peintre du *Triomphe de la Mort* la gloire principale de l'école. Néanmoins, malgré son originalité personnelle et la prodigieuse vigueur de son génie, Orgagna lui-même ne chercha pas à entraîner l'art italien en dehors de la voie qu'avait tracée Giotto. Il voulut, au contraire, en stimuler les progrès dans le sens indiqué par le premier réformateur. Là où les autres peintres de son temps travaillaient seulement à ratifier les conquêtes déjà faites, à maintenir, aussi bien que l'intégrité de la doctrine, le culte des procédés transmis, il ne craignit pas, il est

---

[1] On sait que cette dénomination de *quattrocentisti* s'applique en Italie aux artistes qui vivaient au quinzième siècle, comme celle de *trecentisti* désigne les artistes du quatorzième siècle.

vrai, d'interpréter plus librement cette doctrine ou, tout au moins, d'en rajeunir les termes ; mais, si novateur qu'il se montre, Orgagna n'affiche pas pour cela le zèle imprudent d'un converti, encore moins l'ambition d'un rebelle. Tout maître qu'il est à son tour, il reste jusqu'au dernier moment un lieutenant, un second, non par l'infériorité du mérite, mais par la soumission volontaire de l'esprit, par les croyances qu'il s'assimile et qu'il propage. En un mot, s'il se détache du groupe des *Giotteschi*, ce n'est ni pour s'abandonner aux hasards de la route ni pour s'aventurer à ses propres risques : c'est afin de remplacer le chef absent, de diriger plus sûrement les efforts et d'accélérer la marche vers le but reconnu par tous comme l'unique fin de l'art lui-même.

Quelles que soient donc, parmi les descendants de Giotto, les dissemblances résultant de l'organisation personnelle, des influences locales ou de la succession chronologique, quelques différences partielles qui ressortent, par exemple, d'une comparaison entre les œuvres du Siennois Taddeo di Bartolo et les œuvres d'Antonio Veneziano, entre l'âpre manière de Puccio Capanna et la manière, gracieuse souvent jusqu'à la recherche, d'Agnolo Gaddi, — l'ensemble des tendances et des talents garde une opiniâtre unité : si opiniâtre même, qu'on a pu se méprendre facilement sur l'âge comme sur la signification relative de ces formes d'expression presque invariables, et attribuer quelquefois les mêmes origines et la même date à des travaux séparés en réalité par un intervalle de près d'un siècle. Tant que l'empire du maître souverain s'exerce directement, ou se continue par les mains des élèves, il n'y a plus, à vrai dire, ni rivalités d'écoles, comme à l'époque des débuts, ni même des écoles luttant chacune pour conquérir ses priviléges ou pour défendre ses foyers. Il n'y a, en Italie, qu'une tradition, la tradition florentine, qu'une école, l'école *giottesca*, et ce mot s'applique aussi bien aux artistes siennois, dépossédés de leurs vieilles franchises, qu'aux nouveaux venus dans le domaine de l'art, qui apparaissent à Rome ou à Naples.

Tout change avant la seconde moitié du quinzième siècle, ou plutôt la diversité qui s'introduit dans les formes ne laisse pas de pénétrer plus avant et de modifier parfois jusqu'au fond des intentions mêmes, jusqu'aux éléments de l'inspiration. A mesure que la pratique acquiert plus de certitude et le style plus de correction, le sentiment semble s'enhardir et se développer en raison de ce progrès extérieur, et devenir — singulier contraste — d'autant plus indépendant, d'autant plus ingénu, que les moyens dont il dispose participent moins de la simplicité primitive. On serait assurément aussi mal venu à essayer de convertir en audace l'exquise sincérité de fra Angelico qu'à prétendre reconnaître des combinaisons fort compliquées dans les procédés qu'il emploie. Jamais peintre, au contraire, ne songea moins à faire parade de sa force naturelle ou acquise, jamais art moins pédantesque ne traduisit les rêves d'une imagination plus naïvement émue. Est-ce à dire toutefois que chez fra Angelico, comme chez d'autres maîtres appartenant à la même époque, cette habileté sobre accuse l'inexpérience de la main, et cette naïveté les timidités ou les gaucheries de la pensée ? Le plus rapide coup d'œil sur les œuvres dont il s'agit ferait aisément justice d'une pareille erreur, et nous n'aurons garde de signaler à l'admiration des mérites qui s'y recommandent assez ouvertement d'eux-mêmes. Ce que nous voudrions seulement indiquer, à titre de nouveauté dans l'école italienne, c'est ce mélange d'extrême délicatesse et de franchise, c'est cette aptitude à concilier l'élégance et la finesse de l'exécution avec l'élévation du sentiment. Des qualités de cet ordre, ou du moins l'alliance de ces qualités, n'avaient pas de précédent dans les travaux des *Giotteschi*. En donnant à l'art religieux des formes doucement persuasives, des dehors attendris plutôt que fiers, les premiers *quattrocentisti* ouvraient donc une carrière plus vaste au progrès strictement pittoresque et au talent personnel, en même temps qu'ils renouvelaient les conditions morales de la peinture. Il y a loin sans doute de la foi irritée d'Orgagna et des violences où elle s'emporte à la dévotion sereine, à la pieuse mansuétude du moine de Saint-Marc ; mais la différence n'est guère moindre entre les caractères matériels des deux manières, et l'on peut dire, en général, qu'après avoir trouvé, sous les pinceaux de Giotto et de ses disciples, l'austère majesté du style, les règles et l'expression de la grandeur, l'art italien, vers le commencement du quinzième siècle, réussit à deviner, à pressentir au moins les secrets de la grâce et à assouplir, par la variété des interprétations, la sévère doctrine uniformément pratiquée jusqu'alors.

Cette recherche d'une beauté plus familière et plus intime dans l'ordre des choses idéales devait provoquer, et elle suscita, en effet, des efforts non moins zélés, des entreprises aussi fécondes en face de la réalité. Tandis que fra Angelico, Lorenzo Monaco et quelques peintres mystiques traduisaient leurs célestes visions dans un style où rien ne survivait des rudesses ou des conventions anciennes, Masaccio s'emparait du fait contemporain et le transcrivait, même sur les murs des églises, avec une si intelligente fidélité que l'invraisemblance morale disparaissait sous la précision de l'image, et l'irrégularité des types sous la vivante expression des physionomies. A dater de ce moment, l'art du portrait, cet art qui n'avait eu dans les travaux antérieurs qu'une part étroite et tout accidentelle, trouve habituellement sa place, souvent même une place principale, dans les œuvres de l'école florentine. Les peintures de Benozzo Gozzoli au palais Riccardi et au Campo-Santo de Pise, celles que Domenico Ghirlandaïo exécuta plus tard pour la décoration du chœur de Santa-Maria Novella, bien d'autres fresques, bien d'autres tableaux encore, attestent que les anachronismes où l'on se complaisait alors ne résultaient pas seulement de l'ignorance en matière archéologique. En faisant intervenir dans la représentation des scènes sacrées les personnages et les costumes contemporains, les peintres florentins entendaient surtout se prémunir ou protester contre les dangers d'une tradition immobile, et déterminer, au moyen de l'imitation *naturaliste*, un progrès analogue à la réforme accomplie déjà dans la sphère de l'invention.

Cependant le double mouvement qui venait de se produire à Florence avait eu ailleurs son contre-coup. Les diverses écoles italiennes, partagées, elles aussi, entre l'étude scrupuleuse du vrai et la recherche du beau, tel qu'il appartient à l'instinct personnel de le découvrir, les écoles italiennes se reconstituaient indépendantes les unes des autres, et s'honoraient par des travaux d'un caractère imprévu, par un ensemble de talents également avides du mieux, mais le poursuivant chacun à sa manière et en vertu de ses inspirations propres. Dès lors quelle ardeur partout, quelle bonne foi, et bientôt quels succès ! D'année en année, et presque dans chaque ville, quelque nouveau maître surgit, quelque nouvelle conquête vient enrichir le domaine de l'art ou en reculer les limites. Ici le savant Piero della Francesca trouve les secrets de l'illusion pittoresque dans une application rigoureuse des lois de la perspective linéaire aussi bien que dans une représentation, relativement fidèle, des mœurs et de la physionomie du passé. Là, un autre érudit, le Squarcione, interroge les monuments antiques, y démêle de précieuses leçons pour le goût, et prépare ainsi les progrès qui se formuleront, on sait avec quel éclat, sous le pinceau d'Andrea Mantegna. En Ombrie comme dans les provinces lombardes, à Venise comme à Rome, à Sienne, à Modène, à Naples même, — la moins favorisée pourtant des villes de l'Italie, avant et après le moment où apparaît le Zingaro, — vingt maîtres spontanément ou studieusement inspirés fondent, accroissent ou renouvellent leur propre gloire et l'honneur de l'art dans leur pays.

Après avoir examiné ce qui se passe en dehors de Florence pendant la seconde moitié du quinzième siècle, si l'attention se reporte sur ce coin de terre privilégié d'où les premiers enseignements sont sortis, où tout ce qui s'implante et fructifie ailleurs a germé d'abord et a grandi, quelle admiration n'excitera pas cette variété infinie de tendances et d'œuvres, cette succession de talents imposants ou exquis dont les noms de Pollaiuolo et de Luca Signorelli, de Filippo Lippi et de Botticelli résumeraient à peine les titres principaux et les mérites divers ! Et cependant cette période de perfectionnement et de fécondité universelle n'est que la promesse ou la préface de succès bien autrement décisifs, d'une abondance de chefs-d'œuvre plus surprenante encore. Jusqu'à l'époque où les maîtres par excellence, Léonard, fra Bartolommeo, Michel-Ange, Raphaël, Andrea del Sarto, Titien, viennent ouvrir dans l'art l'ère des exemples souverains et donner, à quelques années d'intervalle, le spectacle de la perfection absolue dans tous les genres, c'est encore à la série des essais, à une période d'initiation et d'apprentissage que se rattachent les travaux dont nous avons essayé d'indiquer les caractères successifs.

L'art italien, à peine sorti de la première enfance vers la fin du treizième siècle, adolescent dans tout le cours du quatorzième, achève de croître et entre en pleine possession de sa jeunesse à partir du jour où, sans répudier de tous points la tradition giottesque, il cesse du moins de l'accepter comme un dogme invariable ou de la subir comme un joug. L'âge de la virilité pourtant n'est pas encore venu pour lui. Il garde dans ses allures je ne sais quel mélange d'hésitation et d'impétuosité, je ne sais quelle maladresse charmante, souvenir involontaire des premiers pas et des premières années. Même sous les témoignages de sa force, quelque chose se laisse pressentir de timide et d'audacieux tout ensemble ; même quand il prétend se modérer, il s'échappe par moments en d'étranges fantaisies où la candeur de l'imagination se décèle aussi bien que la chaleur du sang. Pour tout dire enfin, à mesure qu'il avancera dans la vie, l'art italien voudra et saura mieux profiter de ce que la vie enseigne. Il aura des ambitions moins imprudentes, des ressources plus sûres, une plus profonde expérience des choses ; mais ce qu'il gagnera en autorité, il pourra le perdre parfois en séduction, et peut-être, lorsqu'il aura complétement dépouillé ses erreurs juvéniles, lorsqu'il se sera bien corrigé de ses impatiences ou de ses incertitudes, il lui faudra expier ce progrès par le sacrifice partiel de quelque qualité native, par l'abandon de quelque grâce originelle.

Les tableaux du Musée Napoléon III ont cette utilité de préciser des faits que beaucoup d'entre nous ne connaissaient que pour en avoir vu quelque chose dans les livres, et que jusqu'à présent, en France, on n'avait guère eu l'occasion d'apprécier en face des monuments originaux. N'exagérons rien toutefois. Si intéressants qu'ils soient, ces tableaux appartenant aux deux phases où commence et se continue la période des débuts dans l'histoire des écoles italiennes, ces ouvrages des maîtres *primitifs*, — pour employer le terme consacré, — ne sauraient être rapprochés sans désavantage de certaines collections du même genre ou de certaines fresques célèbres conservées de l'autre côté des monts. Il ne faut pas chercher ici ce qu'on trouvera seulement à l'Académie des beaux-arts, à Florence, et dans quelques édifices religieux de la Toscane et des Etats romains, — les produits d'élite, les chefs-d'œuvre de l'art du quatorzième et du quinzième siècle. En revanche, on y rencontrera les témoignages authentiques des inclinations générales de l'époque, l'expression non équivoque des doctrines qui prévalent, des traditions qui se modifient, des innovations qui s'introduisent dans le fond des principes ou dans la pratique, jusqu'au jour où l'art italien, après une admirable floraison, va s'épanouir dans la réalisation, plus opulente encore, de ses promesses, et désormais porter ses fruits.

En recommandant à l'étude les tableaux du Musée Napoléon III, nous n'avons donc nullement l'intention de les inventorier un à un, d'en analyser les imperfections ou les mérites, d'en discuter à tour de rôle l'âge exact ou les origines. Le temps et la place nous manqueraient pour cette besogne, médiocrement utile d'ailleurs, puisqu'elle tendrait à substituer les critiques de détail à l'examen de l'ensemble, et la menue monnaie des explications partielles à des biens dont il convient surtout d'apprécier l'importance générale et la somme. Qu'il nous soit permis seulement d'indiquer quelques spécimens significatifs, et de résumer dans quelques exemples ce que nous avons dit des inspirations premières et des premiers efforts de l'art italien.

II

L'école des *trecentisti* florentins et siennois est représentée dans le nouveau musée par un certain nombre de tableaux d'autel ou de fragments de tableaux qui, sans avoir une autorité aussi décisive que les peintures exécutées à fresque vers la même époque et par les mêmes mains, suffisent du moins pour rappeler ou pour faire pressentir les qualités essentielles, les habitudes caractéristiques de cette noble école. C'est d'abord une *Vierge entourée d'anges,* attribuée à Giotto, œuvre inégale, ouvertement défectueuse même dans quelques parties, mais où plusieurs têtes — celle, entre autres, de l'ange placé à la gauche de la Vierge, dans l'angle supérieur du tableau — rachètent l'incorrection des formes qu'elles avoisinent par la grâce robuste du style et par l'austère sérénité de l'expression ; c'est une autre *Madone,* à mi-corps, supportant sur ses genoux l'enfant Jésus, dont la main gauche tient un chardonneret, tandis que la main droite s'élève pour bénir : morceau charmant, où l'extrême délicatesse des types s'unit à la limpidité éthérée du coloris, et qu'on peut, à cause de cette alliance même, attribuer, avec une grande apparence de raison, au peintre de qui ses contemporains disaient qu'il avait respiré l'atmosphère du paradis[1], au Siennois Simone Memmi; c'est une chaste composition du même maître, l'*Annonciation,* que le burin a exactement reproduite, et où nous nous contenterons de signaler, comme une licence pittoresque singulière dans une œuvre de ce temps et de

---

[1] *Ma certo il mio Simon fu in Paradiso,* etc. Rime di Petrarca, sonetto LVII.

cette main, la présence d'un second envoyé céleste à côté de l'ange Gabriel ; c'est enfin une de ces grandes figures du Christ sur une croix découpée, dont les Byzantins avaient légué la tradition aux premiers *trecentisti,* mais que plusieurs de ceux-ci, Pietro Cavallini entre autres, peignaient avec une habileté imprévue, avec une certitude de sentiment et de pinceau d'autant plus grande qu'ils avaient voué presque exclusivement leur talent à cette tâche, — « se faisant, dit très-justement M. Rio[1], peintres de crucifix comme d'autres se font peintres de portraits. »

Quoi de plus opportun au surplus, non-seulement au point de vue de la foi, mais dans l'intérêt de l'art lui-même ? Comment les chefs de la nouvelle école ne se seraient-ils pas attachés de préférence à la réforme d'abus qui, en dégradant les apparences du Dieu fait homme, compromettaient, plus dangereusement que nulle part ailleurs, l'émotion religieuse et le goût ? Depuis le onzième siècle, en effet, les crucifix dits byzantins, qui jusqu'alors avaient exprimé, sous les dehors d'une immobilité sinistre, la grandeur et la majesté morales, les crucifix peints ou sculptés ne traduisaient plus que les phénomènes de la souffrance physique, les angoisses et les convulsions de la chair. Dans ces copies à outrance de la réalité, l'image du Sauveur, au lieu d'exciter le cœur à l'adoration, ne réussissait qu'à imposer aux yeux un spectacle répugnant, et les monuments de ce genre qui subsistent encore dans la sacristie de Santa-Croce et dans l'église de la Trinità, à Florence, montrent assez à quels excès se laissaient entraîner les prétendus artistes de l'époque. Que de pareilles erreurs aient été commises et tolérées, que ces brutales effigies aient pu être accueillies comme l'expression

---

[1] *De l'art chrétien,* t. I, p. 225.

nécessaire de la vérité, cela s'explique par l'état des mœurs contemporaines autant que par la sauvage impéritie des sculpteurs et des peintres ; mais lorsque, les progrès de la civilisation coïncidant avec les premiers progrès de l'art, l'idée du beau commença de préoccuper les esprits, la rénovation devait avoir d'abord, et elle eut effectivement pour objet l'interprétation des choses saintes. Tandis que Dante éclairait des splendeurs de la poésie les dogmes théologiques, Giotto, avec d'autres moyens, tentait une entreprise analogue, et popularisait dans la langue qui lui était propre le goût et la notion d'une vérité au-dessus du fait. Sous son pinceau hardiment sage, la figure du Christ en croix cessa de servir de prétexte à cet étalage de plaies, de sang, de chairs tiraillées et livides, à toutes ces laideurs d'un matérialisme pédantesque dont on profanait encore les autels au temps de Giunta de Pise et de Margheritone d'Arezzo. Elle devint pathétique sans violence, expressive sans familiarité, et l'on peut dire que si, dans les siècles suivants, d'autres maîtres ont su donner à cette divine figure des formes plus strictement correctes, une beauté plus achevée et plus pure, ils n'ont pas réussi mieux que Giotto, aussi bien que lui peut-être, à en faire pressentir les caractères intimes, la mélancolie suprême et l'incomparable beauté morale.

Cette résignation miséricordieuse, cette sorte de sérénité navrante que respirent les crucifix peints par Giotto, on les retrouve, exprimées souvent avec une véritable éloquence, dans les ouvrages du même ordre exécutés à son exemple ou sous ses yeux. Celui que nous mentionnions tout à l'heure est des plus précieux en ce sens. Depuis la figure principale jusqu'aux deux figures à mi-corps — la Vierge et saint Jean — placées aux extrémités des bras de la croix, jusqu'au pélican symbolique qui, suivant l'usage, en décore le sommet, tout y émane d'une émotion profonde qui se communique au spectateur; tout vient de l'âme et y retourne par ce chemin mystérieux que l'art, comme la piété, se fraye et nous révèle, et qui semble appartenir aux élus de la grâce plus encore qu'aux privilégiés de la science ou du talent.

Parmi les tableaux du Musée Napoléon III dus, non plus aux fondateurs de l'école giottesque, mais aux deux générations de disciples qui en pratiquèrent fidèlement les principes jusqu'à la fin du quatorzième siècle, il convient au moins de citer une énergique composition, l'*Ensevelissement du Christ,* inscrite, assez malencontreusement d'ailleurs, sous ce titre : « manière du Starnina; » — neuf *Sujets de la vie de Jésus-Christ,* qui, malgré l'exiguïté des dimensions, se recommandent par la majesté du style, par l'expression d'un large sentiment dramatique dans les attitudes et dans les gestes;—une scène traitée avec une simplicité touchante, l'*Exhumation des corps de deux saints ;* — enfin et surtout un petit tableau, digne du Giottino, à qui on l'attribue, et représentant, dans le compartiment du milieu, *la Vierge et l'enfant Jésus adorés par les anges,* dans les compartiments latéraux, *la Crèche* et *la Crucifixion*. Si intéressantes, néanmoins, que soient ces diverses œuvres et plusieurs autres qui, certes, mériteraient mieux qu'une mention succincte, deux tableaux portant les numéros 104 et 108 nous semblent réclamer l'attention plus impérieusement encore. Ici, en effet, l'importance matérielle du travail donne aux inspirations, aux doctrines qu'il résume un surcroît d'évidence et d'autorité. Les proportions des figures ne permettant au pinceau ni indications sommaires ni réticences d'aucune sorte, ce qui peut demeurer ailleurs à l'état d'aperçu se manifeste ici avec une netteté complète, et sous des formes aussi décisives pour l'habileté personnelle des artistes que pour l'estime où nous devons tenir l'école à laquelle ils appartiennent.

A en croire le catalogue de l'ancienne collection Campana, l'un de ces tableaux, *la Vierge allaitant l'enfant Jésus*, serait de la main d'Orgagna lui-même. Le mérite exceptionnel de l'œuvre excuse sans doute le choix d'un aussi grand nom; mais ce choix est-il suffisamment justifié par les caractères particuliers de la manière et par les souvenirs que nous ont laissés les travaux du maître, en dehors de ses célèbres fresques à Pise et à Florence? Les termes de comparaison, il est vrai, les peintures exécutées par Orgagna sur un autre champ que la surface d'une muraille, sont trop rares, en Italie, pour qu'on puisse accepter ou repousser avec certitude l'attribution dont il s'agit. Pourtant, si notre mémoire est fidèle, le tableau qui orne l'autel de la chapelle des Strozzi, dans l'église de Santa-Maria Novella, à Florence, ce tableau, parfaitement authentique, tendrait à démentir plutôt qu'à confirmer l'origine qu'on suppose à la *Vierge* du Musée Napoléon III. N'insistons pas au surplus. De quelque nom qu'il s'appelle, l'auteur d'un pareil ouvrage est un maître. Le mieux ne semble-t-il pas, en ce qui le concerne, d'ajourner les hypothèses archéologiques pour s'en tenir aux preuves qu'il nous donne de sa forte pensée et de son talent?

La Vierge, assise et soutenant l'enfant Jésus, à qui elle offre le sein, regarde le spectateur du côté opposé à la direction de la tête, qu'elle incline vers l'épaule gauche. Son visage exprime une sorte de rêverie anxieuse, comme si un pressentiment des angoisses futures se mêlait aux tendres soins, aux joies actuelles de la maternité, tandis que les traits de Jésus et sa physionomie attristée, sévère, presque terrible, annoncent à la fois dans l'enfant l'homme de douleurs, le juge et le maître du monde. Cette tendresse sans sourire, cette mystérieuse inquiétude de la Vierge, comme cette gravité précoce sur le front de son divin fils, se retrouvent d'ailleurs indiquées dans beaucoup de peintures de l'époque, et, sans sortir du palais des Champs-Elysées, on pourrait rencontrer, sous des formes inégalement éloquentes, plus d'un témoignage des mêmes intentions. Nous citerons entre autres un petit tableau (n° 142), où le caractère mélancolique de la scène s'exagère, il est vrai, jusqu'à l'expression farouche, et un tableau de dimensions plus grandes, où le groupe céleste est environné d'anges qui semblent s'associer à ses secrètes pensées et en refléter pieusement la tristesse. De tels exemples toutefois, en attestant sur ce point une doctrine commune, font ressortir aussi l'habileté supérieure avec laquelle cette doctrine a été interprétée dans l'œuvre qui nous occupe. Ajoutons qu'ici la fermeté du dessin et du style ne dégénère pas en roideur, comme il arrive souvent en pareil cas et à pareille époque; que le coloris, sans être bien souple encore, a déjà moins de rudesse ou de violence; qu'enfin, par les mérites de la pratique aussi bien que par sa signification morale, par les qualités qu'il révèle autant que par l'état de conservation où il nous est parvenu, ce monument de la peinture *trecentista* est un excellent spécimen qui figurerait avec honneur même à Florence, même à côté des plus précieuses reliques de l'art primitif.

L'autre tableau, peint très-probablement par Taddeo Gaddi, reproduit une de ces compositions, si usitées au quatorzième siècle, où l'ordonnance pittoresque participe ouvertement de la symétrie architectonique; où la pensée religieuse se manifeste non sous les dehors exprès d'une action, mais sous les apparences de quelques saints personnages délivrés de la vie terrestre, installés côte à côte dans le séjour des élus, et parés, sous le regard de Dieu, d'une beauté tout immatérielle, d'une jeunesse éternelle comme leur béatitude. Les trois hôtes du ciel dont le pinceau de Taddeo Gaddi a retracé les images — *saint Laurent, sainte Agnès et sainte Marguerite* — expriment admirablement cette sérénité radieuse, cette vraisemblance au-dessus de la vérité ordinaire et du réel. Les traits de leurs visages, délicatement animés et comme enivrés d'une félicité paisible, les attitudes et les formes de leurs corps, simplifiées presque jusqu'à la négation anatomique, les draperies même, qui semblent servir d'enveloppe à des âmes plus encore que de vêtement à des chairs, tout a les caractères d'une élégance idéale et d'une exquise chasteté; tout implique des sentiments et des faits appartenant à l'ordre surnaturel bien plutôt qu'à la sphère ou aux conditions de notre existence. Et cependant la fantaisie du peintre a-t-elle substitué absolument l'expression arbitraire à l'image des réalités qui nous environnent? Non, il n'y a pas qu'invention, tant s'en faut, dans ces formules si imprévues qu'elles soient, si indépendantes du fait qu'elles nous paraissent. Sous cet extérieur de majesté ou de grâce immortelle, quelque chose subsiste des souvenirs de la vie : souvenirs épurés, sans doute, dégagés de l'alliage des passions et des misères humaines, mais où ce que nous portons de vraiment noble et de digne de la lumière se retrouve et se manifeste sans ornements d'emprunt. Quoi de plus exactement rendu, par exemple, que l'expression de l'innocence sur les traits, sur les figures tout entières des deux saintes debout aux cotés de saint Laurent? Quoi de plus probable et de moins vulgaire en même temps que l'aspect juvénile de ces deux figures se dressant comme des tiges de plantes avant la floraison, sous l'action vivifiante de la séve, et toutefois flexibles comme elles, comme elles fragiles et mal affermies sur le sol? Le Saint Laurent, sans démentir ce caractère de délicate adolescence, a dans l'attitude, dans le geste, dans la physionomie, une grâce un peu plus fière et plus robuste. Assis sur une sorte de trône au pied duquel est placé le gril d'où le martyr s'élança vers le ciel, il porte dans la main droite un livre et la palme que sa mort lui a conquise, dans sa main gauche une coupe pleine de pièces d'or qui rappellent les bienfaits de sa vie. Rien de plus simple qu'une semblable donnée, rien de moins neuf, même à l'époque où le peintre la choisissait; mais celui-ci, en l'acceptant à son tour, a su l'enrichir des ressources de son propre sentiment, la rajeunir par des intentions franchement originales. Et, si l'on examine les moyens d'exécution employés, quel goût, quelle intelligente bonne foi dans l'imitation de chaque objet, ou, tout au moins, dans les déductions pittoresques auxquelles cet objet sert d'occasion ou de principe! Ainsi, la draperie rose-lilas qui recouvre une partie du torse et les jambes du saint, cette draperie d'un jet majestueux, d'un modèle ferme et fin dans ses détails, révèle un art aussi judicieux que sincère, et, n'étaient çà et là quelques restaurations regrettables, un pareil morceau, même isolé de ce qui l'entoure, pourrait être proposé comme un modèle achevé de cette ample précision qui caractérise, en général, le style et la manière des *Giotteschi*.

Est-ce avec la même confiance qu'il faudrait voir dans le tableau portant le numéro 155 un résumé des progrès de l'art italien durant la première moitié du quinzième siècle, et un spécimen authentique du talent de fra Angelico? Je sais que ce tableau a ses certificats d'origine, son histoire et ses panégyristes ; et cependant, malgré les attestations d'écrivains aussi bien informés que le P. Vincenzo Marchese et les savants éditeurs de Vasari[1], malgré les éloges qu'on a cru devoir décerner à « cette œuvre indubitable » du maître, le doute, sinon même quelque chose de plus, nous semble en ceci bien près d'être légitime. De tous les grands peintres italiens, en effet, fra Angelico est peut-être celui dont la manière a le moins varié depuis les débuts jusqu'à la fin, celui qui se montre, en toute occasion, le plus obstinément égal à lui-même, le plus fidèle au même ordre d'inspirations et, dans la pratique, à la même méthode. De là, de cette parité de mérite entre les peintures appartenant aux années de sa jeunesse — c'est-à-dire à l'époque où il n'avait pas encore quitté Cortone pour Fiésole et Florence — et les peintures qu'il exécuta dans la seconde moitié de sa vie, résulte, il est vrai, la difficulté d'assigner des dates précises aux divers travaux qu'il a laissés ; mais de là aussi, pour nous, des moyens de contrôle assurés quant à l'authenticité de ces œuvres, et l'impossibilité presque absolue, en raison de leur uniformité même, d'en méconnaître l'origine et l'auteur.

Par quelle singulière exception le tableau du Musée Napoléon III accuse-t-il ce qu'on ne rencontre nulle part ailleurs, des hésitations dans les formes de l'expression, dans le style ? Comment, à plus forte raison, s'expliquer l'insuffisance évidente ou l'inanité des intentions là où le sentiment de fra Angelico a d'ordinaire une si merveilleuse abondance, une si parfaite certitude ? Nous ne parlons pas de cette débile figure de saint Jérôme, ni de quelques autres

---

[1] V. *Memorie dei più insigni pittori, scultori e architetti Domenicani*, t. I, 1re édition, et Vasari, *Vite*, etc., édit. Lemonnier, vol. IV, p. 31, note 2.

figures de saints groupés autour du trône de la Vierge, et dont la sérénité un peu somnolente rappellerait à la rigueur certains types reproduits quelquefois par fra Angelico. Mais est-ce bien lui, lui le peintre des anges par excellence, qui a pu nous léguer ces quatre séraphins à l'expression nulle ou niaise, au modelé indécis, aux contours sans finesse? Est-ce son pinceau si délicat, si expert en matière de goût et d'élégance, qui a tracé sur les pilastres servant latéralement de cadre au tableau ces six figures, les unes trop courtes, les autres lourdement ajustées, toutes dessinées et peintes avec une incroyable mollesse? Objectera-t-on contre nos défiances l'exécution plus habile et plus correcte de quelques parties, la composition souvent ingénieuse des petites scènes qui ornent la *predella*, ou même quelques imperfections dans la pratique assez familières à l'artiste, — la disproportion des pieds, par exemple, et l'inconsistance de certains tons de couleur à côté d'autres tons énergiques parfois jusqu'à la violence? Ce sont là, j'en conviens, des indices dont il est juste de tenir compte. Aussi, tout en inclinant vers la négative, craindrions-nous, dans la question que soulève ce tableau, d'exprimer une opinion absolue. Il est peu vraisemblable, à notre avis, mais néanmoins il n'est pas impossible que nous ayons devant les yeux une œuvre de fra Angelico. Si l'œuvre est authentique, en effet, il nous faudra sur ce point confesser notre méprise, sauf à ne rien rétracter de ce que nous avons dit de la médiocrité même du travail, et du démenti que nous y trouvons aux mérites accoutumés, au talent ordinairement invariable du maître.

Nulle équivoque, en revanche, nulle méprise possible quant à la *Bataille* peinte par Paolo Uccello. Ici tout est d'accord, la renommée et les antécédents du peintre, la tradition historique, la valeur intrinsèque de l'œuvre ; tout, dans ce bizarre et savant tableau, — un des quatre *Sujets militaires* dont parle Vasari [1], — confirme ou complète les renseignements que nous avaient fournis déjà les fresques du *Chiostro Verde* de Santa-Maria Novella, à Florence, le colossal *Portrait équestre de Giovanni Acuto,* dans le Dôme, et quelques autres morceaux où l'audace de l'imagination se concilie avec une érudition profonde, l'intraitable fierté de la manière avec une studieuse observation de la réalité. Paolo Uccello est un des maîtres les plus originaux, les plus énergiquement véridiques du quinzième siècle, et le premier ouvrage de sa main que la France possède nous semble de nature à démontrer ce fait aux moins clairvoyants. Nous n'avons donc pas besoin d'insister. En face d'une scène où revivent, comme dans un portrait sans concession, les mœurs âpres et raffinées, le luxe à la fois élégant et sauvage, toute la physionomie complexe du moyen âge, chacun aura apprécié ou appréciera l'extrême fidélité de l'image et la puissante sincérité du peintre. Qu'il nous soit permis seulement de faire remarquer, au point de vue de la pratique, ce qu'il y a d'habiles combinaisons dans le désordre apparent des lignes, quels patients efforts se cachent ici sous les dehors de la verve ou plutôt de la furie pittoresque, et quelle science, toute nouvelle à cette époque, attestent l'exactitude de la perspective et la justesse des raccourcis. Telle de ces figures, enserrées dans leurs vêtements de fer, est dessinée avec une précision qui exprime la gêne imposée au mouvement par la rigidité de l'armure, aussi bien que l'aspect particulier

---

[1] *Vita di Paolo Uccello.* — Des trois autres tableaux, un est conservé aujourd'hui au Musée des Offices ; un second orne la *Galerie nationale* de Londres ; le troisième, gravement détérioré, appartenait, il y a quelques années, à M. Lombardi, à Florence.

et la finesse des formes de détail. Telle autre, dont le relief semble, à la première vue, presque annihilé par l'éclat des tons environnants, se modèle, pour peu qu'on l'examine un instant, dans la proportion de son importance relative et de la couleur qui lui est propre. Partout les témoignages d'un art qui compare attentivement, qui calcule ; partout la volonté manifeste de scruter les raisons d'être de chaque chose, et le besoin de ne rien laisser d'indéfini.

Cette ardente curiosité de l'esprit et de la main, cette opiniâtre recherche du vrai qui distinguent l'œuvre et, en général, la manière de Paolo Uccello, on les retrouve, sous des formes moins acerbes, il est vrai, mais non pas moins explicites, dans un autre tableau attribué, un peu légèrement, selon nous, à Filippo Lippi. Ici d'ailleurs le caractère du sujet excluait toute arrière-pensée de turbulence pittoresque. La Vierge, assise au milieu de la scène et tenant sur ses genoux l'Enfant-Dieu, apparaît entre deux groupes de saints répartis conformément à l'ordre traditionnel, mais plus particulièrement peut-être suivant les procédés de composition adoptés par Domenico Veneziano dans le tableau qui orne la petite église de Santa-Lucia de' Magnoli, à Florence. Ajoutons que, à l'exception de la figure de sainte Lucie, remplacée dans le tableau du Musée Napoléon III par la figure de saint Antoine, abbé, les deux œuvres représentent les mêmes personnages, c'est-à-dire saint Jean-Baptiste, saint Nicolas, évêque, et saint François. Aussi de bons juges ont-ils proposé de substituer au nom de Filippo Lippi celui du peintre vénitien. Nous aurions quelque peine, quant à nous, à accepter cette attribution nouvelle, si bien motivée qu'elle semble par certains caractères du travail. Ne saurait-on en effet, pour en contester la justesse, s'autoriser de l'aisance même avec laquelle plusieurs morceaux sont dessinés, et de ce mélange, dans le faire, de fermeté et de souplesse qui accuse le goût et le style florentins bien plutôt qu'il ne rappelle la grâce un peu pesante et la correction un peu roide du tableau conservé à Santa-Lucia? Serions-nous mal fondé à prétendre justifier, excuser du moins nos scrupules, en signalant, dans le tableau du Musée Napoléon III, le dessin, savamment facile, des jambes de saint Jean-Baptiste, des pieds nus de saint François, et la tournure, noble sans recherche, du saint évêque placé à gauche, au premier plan? Il est fâcheux seulement que cette belle figure ait subi quelques restaurations, et que de grossiers *repeints* soient venus, au bas de la robe comme dans les plis de la chape qui tombent le long du cadre, faire contraste avec le modelé si précis des parties voisines et avec l'exécution châtiée de l'ensemble.

L'*Adoration des Mages*, grand tableau peint par Luca Signorelli, est un témoignage important et parfaitement authentique de ce robuste talent, dont on n'aurait néanmoins qu'une idée incomplète si on le jugeait seulement sur des travaux de cet ordre. De même que les tableaux de Lorenzo di Credi — et le *Noli me tangere* du Musée Napoléon III en fournirait une nouvelle preuve — ne reproduisent que très-imparfaitement les qualités qu'on admire à si juste titre dans ses dessins, les tableaux de Luca Signorelli ne valent pas, à beaucoup près, les fresques du maître. C'est ce qu'on peut dire aussi des divers ouvrages de Domenico Ghirlandaïo. La même différence n'existe-t-elle pas entre les peintures de chevalet qu'il exécutait d'un pinceau un peu amolli, un peu appesanti par la recherche et par l'effort, et les peintures dont il décorait avec tant de fermeté et de franchise le chœur de Santa-Maria Novella, à Florence, ou les murailles de la Trinità? Sans doute le tableau de sa main que l'on voit au palais des Champs-Elysées est une œuvre très-agréable, mais cet agrément même se complique de quelque afféterie : il résulte tout au moins d'une imitation trop littérale de la grâce purement humaine. Dans les anges placés derrière la Vierge, on reconnaît les formes et la physionomie de gentils adolescents plutôt qu'on ne pressent la beauté idéale des habitants du ciel : la Vierge, par l'expression de son visage et par la délicatesse un peu banale de ses traits, n'est rien de plus qu'une jolie jeune fille. En un mot, ce qui manque ici aux intentions et au style, c'est cet accent de l'émotion intime et personnelle, c'est cette pointe de bizarrerie, si l'on veut, qui donne une signification, une valeur particulière à une autre *Madone* peinte par Alessandro Botticelli, et surtout au tableau où le même maître a personnifié le *Printemps :* œuvre charmante, une des plus précieuses de la collection, mais qu'il serait pour le moins superflu de décrire, puisqu'une image fidèle en a fait revivre l'étrangeté exquise et la rare élégance.

Les divers tableaux *quattrocentisti* que nous venons de mentionner appartiennent à l'école toscane. Bien que dans le nouveau musée, comme dans toutes les collections du même genre, les œuvres de la peinture florentine au quinzième siècle gardent une supériorité manifeste sur les travaux contemporains des autres écoles italiennes, il ne s'ensuit pas que ceux-ci n'offrent qu'un intérêt secondaire ou une originalité douteuse. La plupart d'entre eux, au contraire, méritent d'être soigneusement étudiés, et quelques-uns, par la vigueur des intentions, par la franchise de la manière, ont une importance exceptionnelle ou une singulière nouveauté.

Rien de plus imprévu, par exemple, que les deux tableaux où le peintre ferrarais Cosimo Turra nous montre *Saint Antoine lisant* et, suivant le mot consacré en Italie, une *Pietà,* c'est-à-dire la Vierge portant sur ses genoux le corps inanimé de Jésus. Assurément dans ce dernier ouvrage le sentiment de la beauté idéale n'est rien moins qu'apparent, ou plutôt ce qui s'y formule sans détours d'aucune sorte, c'est l'expression d'un goût passionné jusqu'à la fureur pour les plus chétifs détails de la réalité. La Vierge et les six figures de saints et de saintes qui l'entourent ne laissent voir, au premier aspect, que les excès de cet impitoyable esprit d'analyse, que les inquiétudes ou les efforts démesurés de cette main. Le divin cadavre lui-même est étudié et rendu avec une intempérance dans l'imitation que la manière violemment minutieuse d'Albert Durer et des autres maîtres allemands ne fera guère que renouveler un demi-siècle plus tard. Et pourtant, malgré ces exagérations du style, — disons le mot, — malgré ces laideurs, quel amour de l'art au fond et quelles recherches méritoires ! Quel avide et noble besoin du mieux, de la perfection ! Sous ces formes travaillées, tourmentées, fouillées jusqu'au dernier repli et jusqu'à la dernière fibre, on sent au moins les ambitions d'un vigoureux esprit, de même qu'on en peut constater la science sûre et la puissance dans l'énergie avec laquelle les tons s'harmonisent entre eux. L'énergie du coloris, telle est, au reste, la qualité dominante des œuvres appartenant à l'école ferraraise. C'est là, en général, la tradition que se transmettent les chefs successifs de cette école, depuis les maîtres qui l'ont fondée jusqu'à Garofolo, et l'on en trouvera au Musée Napoléon III des témoignages concluants, non-seulement dans les tableaux de Cosimo Turra, mais dans les tableaux peints, à des époques un peu plus récentes, par Domenico Panetti et par Mazzolino.

L'ancienne école vénitienne, représentée, quant à la période qui suit immédiatement la venue de Jean Bellin, par quelques tableaux intéressants, — une *Vierge* de Carpaccio entre autres, un *Ecce Homo* à mi-corps de Bartolommeo Montagna et un remarquable *Portrait d'homme* dessiné, il est vrai, avec plus de fermeté que de finesse, — l'école vénitienne a fourni deux spécimens importants de l'art appartenant à une période un peu antérieure. L'un, portant la signature de Bartolommeo Vivarini et la date de 1459, est l'image en pied de saint Jean de Capistran : image austère, presque farouche dans l'expression et dans les formes, mais dont la rudesse même et l'ascétisme pittoresque semblent bien appropriés au caractère de l'implacable adversaire des hussites, de l'héroïque libérateur de Belgrade [1]. L'autre, attribué au maître de Mantegna, au peintre padouan Francesco Squarcione, a déjà cette intensité de ton et cette richesse dans le coloris dont Jean Bellin et ses élèves achèveront de divulguer les secrets, en même temps que par l'agencement des draperies, des détails de l'architecture, des ornements de toute sorte, il fait pressentir le style si ingénieusement érudit, le goût si délicat de Mantegna.

Rien de très-particulier d'ailleurs dans le choix du sujet ni dans l'invention générale : toute l'originalité de l'œuvre

---

[1] Si vraisemblable que soit ce portrait, on ne saurait y voir un portrait exécuté, à proprement parler, d'après nature, puisqu'il est postérieur de trois années à la date de la mort du modèle (1456). Mais Jean de Capistran n'ayant quitté l'Italie pour se rendre en Orient que vers 1453, on peut présumer que Vivarini avait, avant cette époque, retracé directement les traits de ce saint personnage, ou que, tout au moins, il avait vu de ses yeux l'homme qu'il devait peindre un peu plus tard. Reproduction d'un travail préalable ou simple expression d'un souvenir, le portrait du Musée Napoléon III a donc, dans un cas comme dans l'autre, un caractère sérieux d'authenticité.

résulte des combinaisons partielles et des caractères de l'exécution. La Vierge et l'enfant Jésus, ayant à leurs côtés deux anges, dont l'un joue de la viole, l'autre du luth, occupent, comme d'ordinaire, le centre de la composition. Mais, au lieu de s'élever isolément, le trône où siége le divin groupe se relie à un monument en marbres de diverses couleurs dans lequel sont incrustés des médaillons antiques ; au lieu de se parer uniquement de leur propre élégance, les lignes de l'architecture s'enjolivent de festons chargés de fruits, dont les couleurs et les formes s'harmonisent avec les tons variés des marbres ou en assouplissent les profils. Ce mélange d'archaïsme, d'expression pieuse et d'imitation exacte de la nature, cette idée de sanctifier l'art antique par le contact des personnages sacrés, et d'en égayer la majesté, pour ainsi dire, par l'image des riantes richesses que la terre produit, — toutes ces innovations qui allaient bientôt se convertir en habitude sous les pinceaux de Crivelli, de Cima et de tant d'autres peintres de l'Italie du nord, il est curieux d'en constater au moins les symptômes dans le tableau que possède le Musée Napoléon III : comme, toute proportion gardée entre la valeur relative des talents et l'importance des progrès, certains travaux de l'école ombrienne, ils semblent nous annoncer quelque chose des prochains chefs-d'œuvre de Raphaël et jalonner les abords de la route où marchera le maître sans égal.

Longtemps dédaignée par les historiens de la peinture ou confondue avec les écoles voisines, l'école d'Ombrie a été remise de nos jours si bien en honneur et en vue que plusieurs écrivains ne craignent pas de lui attribuer des vertus et une influence qu'ils contestent, que parfois même ils refusent à l'art florentin. Il y a en ceci quelque excès de zèle, quelque parti pris systématique de réhabilitation.

L'école ombrienne ne nous semble pas « celle, comme on l'a dit, qui a le plus de vitalité dans sa séve. » Il n'est pas plus évident pour nous qu'elle soit « toujours restée indépendante dans son caractère général, invariable dans ses prédilections [1]; » mais, tout en ne lui accordant que le second rang, nous n'avons garde de méconnaître ou d'oublier ses mérites sérieux et ses titres. Reste à savoir si ce qu'on loue surtout en elle est bien justifié par les faits, si les qualités qui lui appartiennent procèdent précisément des intentions, des arrière-pensées qu'on lui prête. Un coup d'œil sur quelques-uns des tableaux exposés nous en apprendra plus à ce sujet qu'une longue dissertation.

En se proposant, à très-bon droit d'ailleurs, d'étudier plus attentivement que par le passé les œuvres de l'ancienne école ombrienne, on a voulu quelquefois, on veut encore y voir la plus pure expression de l'art mystique, le résumé par excellence des inspirations saintes et des austères doctrines. Nous ne prétendons nullement, quant à nous, y découvrir rien de profane; mais n'est-il pas permis de remarquer çà et là certaines libertés dans l'invention et dans le style qui ne laissent pas de compromettre un peu la thèse que l'on a entrepris de soutenir? Plusieurs tableaux du Musée Napoléon III tendraient à prouver que, dans l'école ombrienne, et à une époque encore assez rapprochée des origines, on s'astreignait moins scrupuleusement qu'ailleurs au respect des formules consacrées et des traditions hiératiques? Un de ceux-ci (n° 344) nous montre la Vierge portant, contrairement à la coutume, un manteau de couleur rouge. Dans un autre, représentant la Madone, l'enfant Jésus et deux anges, le divin enfant étale

---

[1] Rio, *De l'art chrétien*, t. II, p. 150 et 209.

ses formes nues avec une complaisance qui dément et que semblaient condamner d'avance les longues draperies où s'enveloppe le *bambino* dans les tableaux des *trecentisti* florentins. Il se contourne pour se donner un surcroît de beauté, il pose, en un mot, non sans grandeur assurément, mais, certainement aussi, sans naïveté. Il serait facile de multiplier les exemples et d'établir, preuves en main, que le mysticisme des peintres ombriens laisse souvent une place assez large aux préoccupations *naturalistes*. Sans parler même de fra Carnevale, qui se contentait, en traitant des sujets sacrés, de copier les modèles qu'il avait habituellement devant les yeux, les maîtres le plus justement célèbres entre ces précurseurs de Raphaël, Piero della Francesca, Gentile da Fabriano, plusieurs autres encore, ne déterminent-ils pas un progrès scientifique bien plutôt qu'ils n'assurent la prédominance de l'élément purement religieux? Objectera-t-on le Pérugin, qu'il est d'usage, je le sais, de venger, non pas des imputations dirigées par Vasari contre les croyances personnelles de l'artiste, mais du préjudice causé à sa renommée par la gloire de son illustre élève? Le Pérugin lui-même, malgré l'onction apparente de sa manière, n'est, en réalité, qu'un très-habile praticien. Si les ressources de la pensée, du sentiment, n'avaient pas été chez lui assez étroitement limitées, se serait-il condamné d'aussi bonne grâce à ces éternelles redites, à ces compositions taillées sur le même patron qui sortaient régulièrement de son atelier, comme les objets fabriqués à point sortent d'une manufacture?

Non, l'école ombrienne, école de savants et de graves esprits, n'a ni la « vitalité », ni la « séve », ni la force d'expansion dont on voudrait dépouiller à son profit l'école florentine. Que Raphaël y ait trouvé sinon des aïeux tout à fait dignes de lui, des devanciers dont il pourrait, en attendant mieux, mettre à profit les exemples ; que tel tableau, maintenant devant nos yeux, ait été honoré de ses premiers regards, — cet *Enlèvement d'Europe* peut-être où la figure principale semble une sorte de révélation des types qui acquerront plus tard, sous son pinceau, une grâce et une beauté achevées, — nous admettrons tout cela sans difficulté, mais à la condition de ne pas exagérer le prix de pareils secours, à la condition de nous souvenir que c'est en consultant de plus grands maîtres et de plus purs modèles que le peintre du *Sposalizio* a pu devenir, à Florence, le peintre de la *Mise au tombeau*, de la *Belle Jardinière* et de la *Vierge au chardonneret*.

A quoi bon, d'ailleurs, nous aventurer dans le champ des hypothèses en ce qui concerne les premières études de Raphaël ? Ne sait-on pas, à n'en pouvoir douter, qu'une suite de portraits qui décorait la bibliothèque des ducs d'Urbin a été copiée par lui, à l'époque de son adolescence ? Ces copies, dessinées à la plume, sont conservées dans la galerie de l'Académie des beaux-arts, à Venise, tandis que quatorze des peintures originales ornent aujourd'hui le Musée Napoléon III. En voyant celles-ci, personne, à coup sûr, ne s'étonnera que le glorieux apprenti ait voulu y puiser des leçons, et, quelque surcroît d'honneur qu'elles empruntent d'une consécration aussi haute, elles valent assez par elles-mêmes, elles se recommandent par un ensemble de qualités assez rare, pour qu'on les admire même sans ce laissez-passer historique, sans l'intermédiaire de ces souvenirs.

Les portraits dont nous parlons et qui, mieux qu'aucun des tableaux à côté desquels ils se trouvent, nous semblent résumer les inclinations distinctives et les coutumes de l'école ombrienne, ces portraits ont, à plusieurs égards, trop d'analogie avec le beau *Portrait de Sixte IV* peint à fresque, à Rome, par Melozzo da Forli[1], pour qu'on ne puisse y reconnaître la main de cet éminent artiste. Ici, comme dans la peinture du Vatican, la physionomie de chaque personnage est comprise et rendue avec une profonde sagacité, ou plutôt — car il ne s'agit pas seulement de portraits dans le sens littéral du mot, là où le peintre a dû mettre, en regard de ses contemporains Victorin de Feltre, Sixte IV et le cardinal Bessarion, les images infiniment moins authentiques de Platon, de saint Augustin et de Virgile — les intentions qu'exprime Melozzo varient aussi bien en raison des types fournis directement par la nature qu'en raison des caractères historiques de chaque sujet[2]. Quant à l'exécution, elle a cette liberté et, en même temps, cette certitude qui révèle le pinceau exercé d'un *frescante*. Si facile toutefois que se montre la pratique, elle n'affiche nulle part la dextérité au détriment de l'expression précise ; si transparent que soit le coloris, il ne dégénère pas en une inconsistante enluminure. L'har-

---

[1] Cette fresque, transportée sur toile, a passé de la Bibliothèque du Vatican dans la galerie de peinture de ce palais. Elle représente Sixte IV au moment où il investit Platina, agenouillé devant lui, des fonctions de bibliothécaire de la Vaticane. La scène a pour témoins les quatre neveux du pape, parmi lesquels on remarque le cardinal Julien della Rovere, qui fut depuis Jules II.

[2] Il est présumable d'ailleurs que, par une fantaisie archaïque bien conforme aux doctes habitudes de la cour d'Urbin, la tâche avait été imposée à l'artiste de reproduire, sous les noms des hommes illustres de l'antiquité, les traits de quelques lettrés célèbres et de quelques savants de l'époque. Des recherches, dont les résultats sont consignés dans le catalogue du Musée Napoléon III, sembleraient fournir des arguments à l'appui de cette supposition. C'est ainsi qu'on a cru reconnaître le portrait d'un secrétaire de Nicolas V, le platonicien Gemisto, dans le prétendu portrait de Platon; ceux de Lorenzo Valla et du jurisconsulte Antonio Campano dans les portraits de Ptolémée et de Solon.

monic des tons, au contraire, est aussi solide qu'imprévue, et l'on ne sait ce qu'il faut admirer le plus dans ces portraits à la fois si sérieusement étudiés et si vivement peints, de l'éclat des moyens employés ou des savantes combinaisons qui d'avance en légitimaient la hardiesse.

Bornons ici l'examen que nous avons entrepris : non pas, certes, que la pensée nous vienne d'avoir tout signalé et tout dit. Depuis certains tableaux anonymes du quatorzième siècle jusqu'à une puissante ébauche où fra Bartolommeo a groupé les figures de la Vierge, de l'enfant Jésus et de saint Jean-Baptiste, assez d'œuvres diversement remarquables, qui n'ont pas même été mentionnées, feraient justice de cette prétention malencontreuse. Mais, nous le disions en commençant, notre dessein était bien moins de dresser un inventaire des peintures exposées dans le nouveau musée que d'y choisir quelques exemplaires exprimant les tendances communes ou les variations successives des anciennes écoles italiennes, quelques spécimens de l'art primitif propres à servir à l'art moderne d'encouragements ou de leçons. Or, en quoi consiste l'autorité de ces leçons? quelle peut en être aujourd'hui l'autorité ou la vertu? Quel profit retirer de l'étude de ces monuments dont il semble que tant de monuments, bien autrement irréprochables, aient, d'avance ou après coup, déprécié la valeur esthétique? Que peuvent enfin nous enseigner des œuvres d'où la beauté proprement dite est absente et que déparent d'ailleurs d'assez graves incorrections matérielles, — à nous qui avons appris, d'une part, à connaître le beau en face des chefs-d'œuvre de l'antiquité grecque, et, de l'autre, à être difficiles en matière d'habileté depuis les merveilles de la renaissance? Grande question, qui exigerait, pour être résolue, des développements où nous ne saurions entrer ici, mais que nous ne voulons pas laisser se poser sans essayer d'y répondre au moins quelque mots.

Loin de nous, est-il besoin de le dire? la pensée d'établir une comparaison impossible entre les formes incomplètes de l'art au moyen âge et les formes souverainement belles de l'art antique. A plus forte raison, nous garderons-nous, dans l'ordre moral, de confondre des éléments d'inspiration si radicalement dissemblables. Ce que nous voudrions, au contraire, c'est constater ces dissemblances mêmes pour y chercher le secret de chaque genre de progrès, et faire ressortir, en regard de la vérité et de la beauté païennes, cette autre vérité plus intime et plus féconde, cette autre beauté plus pénétrante que la foi chrétienne a découverte. Il en va en effet de l'art antique et de l'art aux époques modernes comme des dogmes catholiques par rapport à la philosophie ancienne. Instruit par l'Evangile et par l'Eglise, un petit enfant en sait plus long et plus vrai que les sages de la Grèce sur les mystères du cœur, sur les destinées de l'âme humaine, sur le fondement de tous nos devoirs. Ainsi des premiers peintres chrétiens et de la doctrine que leurs œuvres recèlent. Cette sainte métaphysique de l'art est en germe dans les travaux antérieurs au seizième siècle, les préceptes de ce catéchisme ont été inscrits dès l'origine par les pieux pinceaux de Giotto et de ses disciples. C'est aux artistes de notre temps de les pratiquer à leur tour, d'y retremper leur volonté et leurs croyances, d'y puiser un secours nécessaire pour résister aux tentations mauvaises ou aux séductions frivoles ; c'est à eux qu'il appartient, à force de persévérance, d'avoir raison de nos incrédulités ou de notre froideur, et de susciter en nous, à l'exemple de ces vieux maîtres, des sentiments hors desquels il n'y a, pour l'imagination, qu'une occupation sans dignité ou une lassitude sans pensée et sans rêve.

Prétendons-nous par là immobiliser l'esprit de progrès ou nier l'utilité des grandes choses qui se sont accomplies, des grands enseignements qui ont été donnés avant et après la première renaissance italienne? Une pareille arrière-pensée serait peu dangereuse d'ailleurs, en raison de sa sottise même. Mais ne saurait-on, sans ingratitude envers personne, distinguer entre les bienfaits? Doit-on, sous prétexte d'impartialité, s'accommoder avec les mêmes empressements de ce qui caresse seulement les surfaces de notre intelligence et de ce qui correspond aux plus profonds instincts, aux plus impérieux besoins de notre cœur? Quant à nous, en matière d'art comme ailleurs, nous avons peu de goût pour les religions mixtes, peu de confiance dans les opinions moyennes. Qu'on admire toute œuvre justement admirable, qu'on estime à son prix le talent quel qu'il soit, sous quelque forme qu'il se produise, rien de mieux ; mais à la condition de réserver sa foi, de garder invariablement ses préférences ; à la condition — surtout quand on est peintre, et peintre de sujets religieux — d'opter entre les modèles où la chair seule est mise en cause et ceux qui glorifient l'esprit. L'étude de l'art grec lui-même, cette étude si nécessaire au point de vue du beau, si profitable à qui s'y livre avec discernement, peut devenir un non-sens ou un danger lorsqu'elle envahit le domaine des idées chrétiennes ; tandis qu'en tout ce qui intéresse celles-ci, on interrogera, sans péril comme sans méprise, les travaux qu'elles ont directement inspirés. « Il faut, disait ingénieusement Orsel, il faut baptiser l'art grec. » Je le veux bien : toutefois, n'est-il pas plus sûr encore de demander conseil à ceux qui sont nés croyants, et de préférer à cette conversion posthume les bonnes œuvres de la vie même et les doctrines en action ?

Quels meilleurs enseignements sur tout ceci que les monuments de caractères si différents récemment mis sous nos yeux ? Quoi de plus propre à indiquer, dans la mesure qui convient, l'emploi de ressources contraires, à déterminer chaque limite, à définir les lois de chaque tâche ? Aussi faut-il espérer que de telles leçons iront partout à leur adresse et qu'il en résultera pour l'honneur de notre pays des avantages sérieux. De même que les séries antiques du Musée Napoléon III peuvent et doivent avoir une influence considérable sur nos arts industriels, non pas en éveillant un stérile esprit d'imitation, mais en remettant de sûrs principes en lumière, en les expliquant par des exemples, en précisant les conditions originelles, l'objet et la fonction du goût, — de même, les peintures italiennes primitives peuvent instruire l'école française, en renouveler les inspirations et en épurer les doctrines, sans en dénaturer pour cela ni les inclinations ni le génie.

Certes, nous ne demandons pas que, par un calcul systématique, par un effort pédantesque de la volonté, on simule les allures timides, les naïvetés ou les gaucheries de l'inexpérience. Nous ne demandons pas, tant s'en faut, que, pour contenter un vain caprice archaïque, les descendants de Poussin et de Lesueur répudient leur glorieux héritage, qu'ils se remettent à balbutier une langue qu'ont admirablement parlée leurs pères, et dont ils connaissent eux-mêmes de reste les règles et la syntaxe. Autant vaudrait prescrire l'ingénuité à qui a vu longtemps et de près les choses de la vie, ou commander aux rides du visage de grimacer la grâce enfantine. Mais nous souhaitons de tout notre cœur que, sans contrefaire ridiculement l'inhabileté, sans parodier des erreurs qui n'auraient plus la bonne foi pour excuse, l'école française emprunte de ces témoignages sincères un surcroît de zèle et de passion pour les hautes vérités, pour les efforts qui, après avoir ennobli les débuts de la vie, lui conservent la dignité sur son déclin. C'est en y attachant ce sens que nous répéterons le mot de Joubert : « Il faut tendre sans cesse à ramener l'art à son âge viril, et, mieux encore, à son adolescence. »

II

LES ÉCOLES ITALIENNES

ET

L'ACADÉMIE DE PEINTURE EN FRANCE.

L'histoire de l'art en France et en Italie est devenue, depuis quelques années, l'objet d'études plus attentives, de recherches plus patientes que jamais. Nombre d'anciens documents ont été remis en lumière, toutes les traditions ont été examinées de près, tous les détails biographiques soigneusement relevés. On peut dire néanmoins que ce mouvement de l'esprit critique est demeuré, pour beaucoup d'entre nous, un progrès presque stérile, parce qu'en accumulant ainsi les pièces authentiques, les érudits ont laissé à chacun la tâche de coordonner le tout, d'en dégager la signification essentielle, de discerner les choses importantes à travers cette multitude de faits accessoires et de menues curiosités. A force de vouloir nous prémunir contre les informations erronées et les légendes, on nous a, un peu plus qu'à souhait, approvisionnés d'actes de naissance et de baptême, de comptes, de contrats, de vieux papiers de toute sorte, exhumés des archives et des greffes. L'histoire de l'art national, par exemple, s'est trouvée encombrée de pièces justificatives avant même que la marche de cette histoire eût été reconnue et retracée dans son ensemble, et sans nous renseigner autrement sur les talents ou sur les œuvres, on s'est contenté trop souvent de rétablir l'orthographe des noms ou de restituer des dates inutiles.

Il était temps que les matériaux entassés trouvassent leur juste place et leur emploi ; il était temps qu'un choix fût fait entre ces débris inégalement précieux, et qu'au lieu de les étiqueter un à un, au fur et à mesure des découvertes, on s'en servît pour reconstruire les lignes générales et pour nous rendre l'aspect du passé. C'est ce travail de recomposition vraiment historique qu'a entrepris M. Vitet, et qu'il a récemment mené à fin avec cette science affable, avec cette ferme bonne grâce qu'il apporte même dans l'examen des questions les plus compliquées et les plus arides. Celles qu'il s'agissait ici de résoudre pouvaient aisément devenir, sous une plume moins judicieuse ou moins courtoise, un prétexte à d'interminables confidences archéologiques, à cet étalage de renseignements officiels derrière lesquels on a coutume de se retrancher aujourd'hui pour se dispenser de rien décider soi-même, de parler en son propre nom et de juger à ses propres risques. Rechercher les origines, la constitution et les aventures successives de l'*Académie royale de peinture et de sculpture* dans des actes de procédure oubliés ou inconnus, dans le fatras de mémoires, de requêtes et d'arrêts que nous ont légués les fondateurs, les adversaires ou les patrons de la compagnie, la belle occasion vraiment de faire montre d'abnégation et de conscience en transcrivant le tout jusqu'à la dernière virgule ! quel moyen commode d'abriter sa responsabilité sous l'éloquence des pièces, dût cette éloquence tourner bien vite au verbiage et laisser dans l'esprit du lecteur moins d'instruction que de fatigue ! Par ce temps de paléographie à outrance, la tentation eût été forte pour un écrivain quelque peu à court d'opinions fixes et de doctrines : c'est dire qu'elle ne devait pas même effleurer le talent si sûr auquel on doit l'étude sur *Lesueur,* le *Louvre* et tant d'autres travaux où le conseil trouve place à côté de l'exposé historique, où l'expérience de l'érudit vient seulement en aide à l'autorité de l'homme de goût.

M. Vitet, on le sait de reste, n'a pas coutume d'isoler les faits de la leçon qu'il convient d'en tirer, ni de subordonner, en matière d'art, l'intelligence d'une époque ou d'une école au dépouillement minutieux d'un dossier. En conclura-t-on que, pour écrire l'histoire de l'Académie de peinture, M. Vitet ait cru pouvoir faire bon marché des anciens documents, qu'il se soit refusé aux longues investigations, à l'étude attentive des textes, qu'il ait, en un mot, dédaigné de connaître tout ce qui avait été dit sur ce sujet, avant de prendre à son tour la parole? Si la marche même du récit ne suffisait pour prouver le contraire, les pièces authentiques placées à la suite de ce récit achèveraient d'en attester l'exactitude et d'en justifier les éléments. Seulement, au lieu de nous infliger toute la science de détail dont il lui a fallu se pourvoir, l'auteur entend ne nous donner que le résumé de ses recherches ; au lieu de nous faire porter la peine de ses propres fatigues, il dispose à notre usage et utilise suivant leur valeur les renseignements qu'il a recueillis. Il sait bien qu'en pareil cas l'impartialité systématique engendre facilement la confusion ou l'erreur ; que, les informations une fois prises, il reste à en déduire les conséquences, et que la besogne du greffier ne saurait supprimer celle du juge. Comme il le dit lui-même dans un passage de son nouveau travail, « ce n'est pas tout de compulser de vieux cartons poudreux, il faut peser ce qu'on y trouve, mettre les choses à leur vraie place, les éclairer de leur vrai jour, et ne pas prendre à tout propos des taupinières pour des montagnes. » En nous rendant les annales de l'Académie royale de peinture, M. Vitet a, une fois de plus, pratiqué ces principes, et nous a préservés de ces méprises. Son livre est mieux qu'une chronique, mieux qu'un recueil de matériaux à l'adresse de quelques archéologues ou de quelques curieux; c'est, pour tout le monde, une leçon d'histoire et de goût, un examen succinct et facile dans les termes, mais studieusement approfondi, des questions que soulèvent les souvenirs et les exemples de l'ancienne Académie : exemples qu'aujourd'hui encore on ferait bien de méditer, même en vue de certains emprunts ; souvenirs intéressants, à coup sûr, puisqu'ils résument tous les progrès, toutes les évolutions, toute l'histoire de l'art français pendant un siècle et demi, et que, depuis Lesueur jusqu'à David, depuis Sarrazin jusqu'à Houdon, depuis Gérard Audran jusqu'à Moreau, ils se rattachent aux noms des peintres, des sculpteurs et des graveurs qui ont, à quelque degré que ce soit, honoré notre école.

Un peu avant l'époque où M. Vitet nous donnait cette belle étude sur l'histoire de l'art français, l'historien de l'*Art chrétien* en Italie, M. Rio, publiait sous sa forme définitive et dans ses proportions complètes l'important ouvrage dont les diverses parties avaient successivement paru dans le cours des dernières années. Certes, dans les travaux des deux écrivains, les sujets, les intentions, les procédés d'analyse et de critique, tout diffère trop radicalement pour qu'on songe à établir entre les œuvres mêmes un parallèle au moins inutile. Ces différences toutefois n'impliquent-elles pas un enseignement, et ne peut-on, en vertu du contraste, apprécier d'autant mieux les caractères, les coutumes, les conditions de développement propres à l'art de chaque pays ? Ce qui ressort, au point de vue historique, de l'étude de l'art italien, c'est la continuité de l'action individuelle sur les progrès qui s'accomplissent à diverses époques et en divers lieux, c'est le fait d'une influence plus ou moins puissante, mais toujours exercée par des artistes sans association entre eux sur des groupes d'élèves isolés, comme leurs maîtres, des efforts ou des talents voisins. De là des traditions circonscrites dans les limites d'un atelier ou tout au plus d'une ville ; de là ces entreprises en sens contraire qui se poursuivent, on sait d'ailleurs avec quel éclat, non-seulement à Florence et à Rome, à Venise et à Milan, mais jusque dans telle humble cité où le ciel a voulu qu'un maître naquît ou se fixât ; de là enfin cette merveilleuse variété de manières, ces renouvellements de tendances et de doctrines qui vivifient pendant trois siècles les écoles italiennes, et qui, loin d'en épuiser la fécondité, en développent de plus en plus les ressources. Considérées dans l'ensemble de leurs croyances et de leurs actes, ces écoles, si admirables qu'elles soient, ne représentent pas l'unité, la fixité d'un dogme pittoresque : elles ne constituent pas une église. Chaque point de foi, il est vrai, y a ses docteurs, et chaque apôtre ses disciples ; mais l'orthodoxie des principes n'est consacrée ni par un consentement unanime, ni par la durée des convictions. Elle varie en raison des exigences locales et des aspirations du moment. Ici l'ardent amour de la ligne, là le culte non moins passionné de la couleur ; hier l'étude et l'analyse des vérités intimes, aujourd'hui la dévotion au fait extérieur, aux majestés de la forme, à la puissance absolue du style : partout et toujours la scission ou la lutte, partout cette noble inquiétude du mieux qui, en agitant l'art italien depuis Giotto jusqu'à Michel-Ange, depuis Jean Bellin et Mantegna jusqu'à Paul Véronèse et Corrége, lui révèle les secrets de la perfection dans tous les genres, suscite des rivalités immortelles et produit une succession de chefs-d'œuvre sans similitude entre eux comme sans équivalents au dehors.

Les progrès, les mouvements, quels qu'ils soient, de l'art en France ont au contraire un caractère collectif. A certains moments, sans doute, l'autorité d'un maître s'installe et prédomine, un seul nom résume les efforts ou les entraînements de tous. C'est ainsi qu'à partir de la seconde moitié du dix-septième siècle l'école française semble s'être incarnée dans Lebrun ; que Boucher, un siècle plus tard, porte la responsabilité de toutes les fautes commises autour de lui, et que David, en réagissant contre ces excès pittoresques, prend et garde l'ascendant d'un réformateur souverain. Quelque importance personnelle qu'ils dussent acquérir, ces novateurs toutefois obéissaient à des influences extérieures aussi docilement au moins qu'aux suggestions de leur propre fantaisie. Ce n'est pas de propos délibéré que Lebrun donnait à son style ces formes pompeuses, que Boucher enjolivait d'une grâce fardée la mythologie ou la campagne, et que David avait fini par réduire à peu près la tâche du pinceau à l'imitation de la statuaire antique. Fort différents en cela de certains maîtres italiens qui apparaissent brusquement sur la scène de l'art et s'y établissent de vive force, sans appel préalable ni connivence de l'opinion, les chefs de notre école puisent leur autorité et leurs droits dans l'attente générale, dans les tentatives déjà faites, dans les besoins intellectuels du milieu et du temps où ils vivent. Lors même qu'elle prétend afficher le plus d'audace, la peinture française exprime visiblement ces arrière-pensées prudentes ; là où elle semble s'affranchir des traditions et des exemples, elle se rattache encore au passé par des liens étroits : elle ne fait que préciser, que continuer sous une forme nouvelle ce qui avait été une première fois indiqué ou pressenti. Vien, en parlant de lui-même et de son illustre élève, disait : « J'ai entr'ouvert la porte, David l'a poussée. » Les plus aventureux entre nos peintres ont toujours de ces éclaireurs pour assurer leur marche et leur préparer le chemin. Malgré l'inégalité des talents et la dissemblance des manières, tout, au sein de l'école française, se développe et se succède dans un ordre logique. Les révolutions n'y sont presque jamais l'œuvre de quelques conjurés, le résultat imprévu d'un coup de main; elles s'opèrent avec le concours de tout le monde, parce qu'elles ont leur principe et leur raison d'être dans les exigences de l'opinion. En un mot, l'esprit de méthode et de discipline dirigeant jusqu'aux mouvements les plus capricieux en apparence, une action d'ensemble décidant des progrès qui seraient dus ailleurs à l'action isolée, à la volonté d'un homme, voilà ce que l'histoire de l'art national nous révèle à chaque page, et ce que tant de monuments appartenant aux deux derniers siècles achèvent d'attester.

A quelle cause attribuer ces coutumes régulières, ces ambitions patientes, cette calme hardiesse? Le tout, sans nul doute, s'explique d'abord par les aptitudes naturelles de l'école, par ce rare bon sens qui lui vient non-seulement de Poussin, mais d'aïeux plus éloignés encore, et qui, dans le domaine pittoresque aussi bien que dans le champ littéraire, est le génie même de l'art français. Il est juste toutefois de tenir compte, et un compte sérieux, des institutions qui ont régi chez nous les peintres et les sculpteurs jusqu'à la fin du dernier siècle. Le travail de M. Vitet nous fournit sur ce point les plus sûrs enseignements, comme le livre de M. Rio consacre la gloire et les caractères, très-différents à tous égards, des écoles italiennes. Aux conditions anarchiques imposées à celles-ci par le génie indépendant et par les passions personnelles des maîtres, nous essayerons d'opposer la légalité en quelque sorte des talents qui se sont succédé dans notre pays, des efforts poursuivis en commun par les membres de l'ancienne Académie de peinture. Nous ne prétendons pour cela ni surfaire la valeur de ces talents ni exagérer le succès de ces efforts. Encore moins s'agit-il ici de formuler contre l'art italien une accusation aussi sûrement ridicule qu'elle serait foncièrement impie. La prééminence des écoles italiennes sur toutes les autres n'est pas un fait à discuter. La seule question qu'on puisse débattre encore concerne non l'excellence des œuvres, mais les influences en vertu desquelles ces œuvres se sont produites. C'est là ce que nous nous proposons de rechercher ; c'est en se plaçant à ce point de vue que la critique a le droit de hasarder sans paradoxe une comparaison entre ces grands souvenirs de la renaissance à Florence ou à Rome et les souvenirs à la fois plus humbles et plus modernes que résume en France l'histoire de notre Académie.

I

On peut diviser en trois périodes principales la série des progrès qui s'accomplissent en Italie à partir du jour où la peinture y est pour la première fois pratiquée par des maîtres, jusqu'au moment où elle a trouvé ses moyens d'expression suprêmes et sa forme parfaite sous les pinceaux de Léonard et de Raphaël. L'époque des débuts, celle qui commence un peu avant le quatorzième siècle pour prendre fin avec les premières années du quinzième, a un caractère d'universalité dans les doctrines et d'obstination dans les procédés qu'on doit noter comme un contraste avec les libres tentatives, avec les divergences en tout sens, qui vont suivre. Néanmoins cette uniformité des œuvres appartenant au quatorzième siècle n'infirme pas le jugement qu'en face d'autres œuvres plus nombreuses encore et plus récentes, on pourrait porter sur les inclinations multiples des écoles italiennes. D'une part, l'uniformité a cette fois son excuse dans la timidité naturelle d'un art à peine sorti de l'enfance ; de l'autre, elle s'explique par l'empire légitime que devaient exercer les premiers exemples et le génie du premier réformateur. Giotto en effet domine tout et marque tout à son empreinte durant cette période d'initiation et d'apprentissage ; il apparaît ou il revit dans tous les travaux qu'on exécute d'un bout à l'autre de l'Italie. C'est lui qui, de sa propre main ou par la main de ses élèves, inscrit le nouvel évangile pittoresque sur les murs des églises, des cimetières, des couvents et des palais ; c'est lui qui imagine, qui conseille ou qui inspire des plans pour les édifices, des projets pour la statuaire et l'orfévrerie ; c'est lui enfin qui partout apporte la lumière, la règle, le zèle et l'intelligence de l'art.

A ne consulter que la chronologie, plusieurs noms, il est vrai, devraient trouver place, avant celui de Giotto, dans l'histoire des origines de la peinture italienne. Sans parler même de Cimabué, qui essaya, sinon de répudier, au moins de modifier les traditions byzantines, acceptées jusqu'alors à Florence comme des lois immuables, on pourrait surprendre chez d'autres peintres, à Pise, à Bologne, et principalement à Sienne, certaines velléités de progrès, certaines arrière-pensées d'indépendance, sous les formes consacrées de la pratique ; mais le tout, de si près qu'on y regarde, demeure encore à l'état d'intention. Dans les œuvres de ces imitateurs plus ou moins dociles des Grecs, l'érudition moderne a su ou voulu discerner quelques symptômes d'une manière personnelle, quelques indices d'une habileté supérieure parfois au modeste savoir-faire de l'école, et, un peu de partialité municipale venant en aide à l'archéologie, on s'est appliqué en Italie à détourner sur telle ville l'honneur des réformes attribuées depuis plusieurs siècles à Florence ; on s'est plu à venger la mémoire de tel artiste primitif oublié ou dédaigné par Vasari. Rien de mieux, à la condition pourtant de n'estimer qu'à leur prix ces timides essais d'émancipation, d'accorder un bien autre crédit aux témoignages de régénération formelle, et, tout en distinguant soigneusement entre les devanciers de Giotto, de sacrifier sans scrupule à la gloire du grand maître l'importance relative qui leur appartient ou l'intérêt qu'ils peuvent exciter.

C'est sous les mêmes réserves qu'il convient d'apprécier les titres, si méritoires qu'ils soient d'ailleurs, de quelques contemporains de Giotto ou des peintres formés directement à son école. Lui vivant, plus d'un noble talent surgit ou se développa, dont les œuvres sembleraient peut-être en mesure de rivaliser avec les siennes. Trois maîtres siennois surtout, Ambrogio Lorenzetti, Simone Memmi, et le premier par l'âge comme par le mérite, Duccio, réussissent encore aujourd'hui à intéresser le regard qui vient de contempler les austères images tracées par le chef de l'école florentine. Et cependant qu'ont-ils découvert que celui-ci n'ait au moins pressenti ? qu'ont-ils voulu traduire dans la nature qu'il n'ait lui-même plus vivement exprimé ? Sauf une certaine originalité dans le choix des types et çà et là dans les formes du style, quelles preuves ont-ils données d'une inspiration assez forte pour lutter avec cette imagination puissante, avec cette robuste volonté ? Non, s'il fallait trouver à Giotto un rival ou du moins un second digne de lui dans ce siècle sur lequel il règne, on ne devrait le chercher ni parmi les prédécesseurs immédiats, ni parmi les contemporains du maître. C'est lorsque la révolution entreprise a été conclue sous ses auspices, c'est lorsqu'il a disparu lui-même, léguant à tous une doctrine sûre, des exemples bien définis, qu'un autre artiste de génie, Andrea Orgagna, stimule le progrès à sa manière, et que les terribles fresques du Campo-Santo de Pise, la *Loggia de' Lanzi* à Florence et le *Tabernacle* d'Or-San-Michele apparaissent, comme pour ratifier dans tous les arts les conquêtes déjà faites, ou pour en agrandir le champ.

Le rôle d'Orgagna toutefois est très-personnel, non-seulement parmi les héritiers directs de Giotto, mais en regard même de l'attitude que gardent les successeurs de ceux-ci. Plus tard en effet, une seconde génération de disciples continuera aussi pieusement que jamais la tradition inaugurée dès le commencement du siècle. Les élèves des premiers *giotteschi,* non moins confiants que leurs maîtres dans l'excellence de cette tradition, n'essayeront même pas d'en rajeunir les termes, et, confondant systématiquement le fond avec la forme, ils s'appliqueront à maintenir, aussi bien que l'intégrité de la doctrine, le culte des procédés transmis. Bien plus : cent ans après la mort du régénérateur de l'école, un élève d'Agnolo Gaddi, un peintre qui par conséquent n'avait reçu que de troisième main cet enseignement classique, Cennino Cennini, recueillait, au profit des artistes futurs, les préceptes qu'il avait pratiqués à son tour et les enregistrait dans son *Traité de la Peinture* comme autant de règles invariables, comme autant d'articles de foi.

L'empire de Giotto sur l'art italien durant toute la première phase de la renaissance est donc un fait principal, exceptionnel par la durée aussi bien que par son importance même, et, comme le dit très-justement M. Rio, « un prodige de vitalité qui ne se retrouve dans l'histoire d'aucun autre artiste ancien ou moderne. » Venu presque sans précurseurs, créateur de l'art et du métier tout ensemble, Giotto partage avec Dante, son contemporain et son ami, la gloire d'avoir, du jour au lendemain, révélé le beau à son pays par la poésie des inspirations comme par la précision des formes, d'avoir donné l'essor aux plus hautes facultés de l'imagination en même temps qu'il définissait, qu'il instituait les lois du style et du langage. Certes la grammaire pittoresque a subi depuis lors des modifications de plus d'une sorte : d'autres inspirations ont eu leur tour ; un autre idéal, un autre ordre de sentiments ont exigé des ressources d'expression nouvelles. Celles que Giotto avait popularisées pouvaient et devaient, à un moment donné, devenir insuffisantes : toujours est-il qu'en vieillissant elles n'ont compromis pour cela ni la valeur des pensées qu'elles traduisent, ni l'éloquence propre du maître. On en jugeait autrement, je le sais, en France au siècle dernier ; mais nous sommes à présent mieux informés et plus justes. Le temps est loin où le président de Brosses qualifiait sans marchander de « barbouilleur... ce grand maître si vanté dans toutes les histoires, » qui pourrait, ajoutait-il, « être reçu pour peindre un jeu de paume. » Aujourd'hui, sans doute, il semblerait plus opportun de lui confier la décoration d'un sanctuaire, et si l'on se rappelle, entre autres témoignages, ce qui subsiste dans les églises de l'*Annunziata nell' Arena* à Padoue, de Saint-François à Assise, de l'*Incoronata* à Naples, il faut convenir que le choix serait bon. En tout cas, l'auteur de l'*Art chrétien* y souscrirait avec autant d'empressement que personne. Bien qu'on puisse se trouver en désaccord avec M. Rio sur quelques points de détail, — sur l'insuffisance mystique notamment qu'il reproche à la grande *Madone* conservée aujourd'hui à Florence dans la galerie de l'Académie des beaux-arts, — on ne saurait, quant aux vues d'ensemble, quant à l'appréciation générale des talents, contester la justesse de ses jugements. Les pages consacrées par lui à Giotto, à ses contemporains et à son école sont assurément les plus instructives qu'on ait écrites en France sur ce sujet, et, mérite assez rare à notre époque, elles ne remettent en lumière que des noms faits pour l'histoire, des œuvres dignes de souvenir.

Tandis que la peinture italienne acceptait ainsi au début l'autorité absolue d'un maître, et que la sculpture, régénérée dès le siècle précédent par Nicolas de Pise, se soumettait avec la même docilité à l'empire de la tradition personnelle, notre école nationale, sans chef reconnu, sans exemples décisifs, sans autre élément de progrès que le zèle et la sagacité de tous, notre école avait produit déjà bon nombre de ces beaux ouvrages que nous admirerions plus résolûment peut-être, si nous en connaissions les auteurs. Aucun nom de peintre verrier, aucun nom de miniaturiste ne personnifie pour nous les succès, pendant les treizième et quatorzième siècles, de deux arts que l'Italie elle-même a proclamés « des arts français. » Les statues qui ornent les porches latéraux de la cathédrale de Chartres et la façade de la cathédrale de Reims, bien d'autres morceaux encore appartenant à la même époque, attestent chez nos sculpteurs une habileté dont leurs contemporains au delà des monts ne fourniraient pas toujours des preuves aussi sûres. Malheureusement, au lieu d'être, comme à Florence ou à Pise, le privilége éclatant de quelques-uns, cette habileté demeure presque inaperçue dans notre pays, par cela même qu'elle s'y trouve à peu près aux mains de tout le monde ; elle a le tort surtout de n'apparaître ni recommandée par des particularités biographiques, ni environnée de ces souvenirs romanesques qui ont immortalisé quelquefois d'assez tristes héros. Si tel de nos artistes du moyen âge avait eu, comme Andrea del Castagno, le bon esprit d'assassiner ses amis, ou, comme Buffalmacco, l'adresse de les choisir parmi les chroniqueurs de l'époque, il est probable qu'une pareille précaution, en sauvant son nom de l'oubli, eût aussi bien qu'ailleurs assuré parmi nous la popularité à ses travaux. Nos maîtres verriers, nos enlumineurs de missels, nos tailleurs d'images, si loyalement, si continuellement inspirés, se sont contentés de nous léguer leurs chefs-d'œuvre anonymes. Ils ont été punis de leur désintéressement par notre indifférence, de leur fécondité même par nos prédilections pour des œuvres, non pas plus vénérables toujours, mais plus rares, pour des talents étrangers, non pas mieux pourvus au fond, mais, grâce aux circonstances, mieux famés. A quoi bon insister au surplus ? Qu'il nous suffise d'avoir rappelé le fait en passant, et d'avoir constaté dans les débuts de l'art français des indices de ce goût pour les efforts en commun, de ces mœurs fédératives en quelque sorte, dont l'établissement de l'Académie au dix-septième siècle sera comme l'expression légale et la suprême consécration.

L'école italienne, strictement *giottesca*, nous l'avons dit, même longtemps après la mort de Giotto, l'école italienne, durant toute cette première période, ne s'était pas seulement imposé la tâche de s'assimiler la manière extérieure du maître. Il semble qu'en se renfermant, à l'exemple de celui-ci, dans le cercle de certains sujets, en n'osant interpréter les textes sacrés que dans le sens exprès qu'il y attachait lui-même, elle ait fait presque d'un perfectionnement pittoresque une question d'orthodoxie. Et cependant le moment était proche, que dis-je ? il était déjà venu où la peinture chrétienne, en se transformant sous le pinceau de fra Angelico, allait participer, elle aussi, à cette ambition de progrès, à ce mouvement dans les idées et dans la pratique qui s'annonce dès le commencement du siècle, s'enhardit de plus en plus jusqu'au jour des dernières conquêtes, et renouvelle partout les conditions du beau. Je m'explique : rien de moins hautain assurément, rien de plus contraire aux arrière-pensées de succès personnel et de gloire mondaine que l'art de fra Angelico. Imagination mystique par excellence, cœur ouvert seulement aux saintes passions, l'humble dominicain, dont le surnom caractérise si bien les inclinations et le génie, n'est un maître, au point de vue du talent, que sous l'empire de préoccupations tout autres, et pour ainsi dire malgré lui. Ce talent n'en a pas moins une valeur singulière, des formes d'expression très-différentes des habitudes primitives du style florentin, et, sans revenir ici sur des mérites auxquels nous avons eu déjà l'occasion de rendre hommage, nous dirons que chez le peintre de la *Déposition de Croix*, du *Jugement dernier*, du *Couronnement de la Vierge* et de tant d'autres suaves chefs-d'œuvre, la parfaite originalité de la manière n'est pas moins évidente que l'exquise pureté du sentiment. C'est par là, c'est par ces infidélités, volontaires ou non, aux exemples pittoresques du passé, que fra Angelico appartient sans anachronisme à son époque, et que lui, l'artiste le plus ingénu peut-être, le plus spiritualiste qui fut jamais, il se rattache à un groupe de novateurs moins naïvement émus pour la plupart qu'habiles à scruter les secrets des choses, moins attentifs à la voix mystérieuse de l'infini qu'au spectacle des vérités naturelles et aux leçons de la réalité.

Qu'on ne s'exagère pourtant ni les caractères *naturalistes* du mouvement qui se manifeste au quinzième siècle, ni l'antagonisme créé entre les maîtres de cette époque par la diversité des efforts et des travaux. Si Masaccio, Benozzo Gozzoli et, un peu plus tard, Domenico Ghirlandaïo réussissent à donner à la représentation de la figure humaine une vraisemblance, une correction imprévue, il ne suit pas de là, tant s'en faut, qu'ils sacrifient à ce progrès le respect de leur propre sentiment, à cette étude scrupuleuse du fait contemporain le droit d'en reviser ou d'en commenter les termes. Si Paolo Uccello et Luca Signorelli, si Botticelli et Filippino Lippi, si vingt autres maîtres poursuivent, chacun dans la mesure de ses aptitudes, un idéal particulier et un genre de beauté nouveau, doit-on voir nécessairement dans ces talents rivaux des talents en hostilité entre eux? En dehors de l'école florentine, même activité, même curiosité ardente, mêmes succès aussi, obtenus par des moyens contraires et au milieu des complications fécondes qu'amènent la découverte des monuments antiques, la popularité naissante de la gravure, les procédés de la peinture à l'huile, tous les exemples inattendus, tous les secours, toutes les ressources. Dans l'école ombrienne, que, soit dit en passant, l'auteur de l'*Art chrétien* nous semble doter bien généreusement d'une influence, d'une vertu infaillible, et à laquelle il rattache trop volontiers les faits ou les talents principaux qui se produisent ailleurs, le Pérugin, malgré ses redites et la monotonie de sa pratique, Pinturicchio, malgré l'élégance un peu grêle de son style, continuent ou plutôt reprennent à leur manière l'œuvre commencée déjà par Gentile da Fabriano et Piero della Francesca. A Venise et à Padoue, deux des plus grands maîtres qui aient paru jamais, Giovanni Bellini et Andrea Mantegna, — à Bologne Francia, — à Ferrare Lorenzo Costa, — partout des artistes spontanément ou studieusement inspirés, rivalisent de talent et de zèle. Il n'est pas jusqu'à Naples, d'ordinaire la plus inerte en ce sens, la moins favorisée des grandes villes de l'Italie, qui n'ait, avant la seconde moitié du siècle, son moment de ferveur pittoresque, et dans le Zingaro son peintre national. Et cependant cette période de perfectionnement et de fécondité universelle n'est que la promesse ou la préface de succès bien autrement décisifs, d'une abondance de chefs-d'œuvre plus surprenante encore. Un instant, il est vrai, les efforts se ralentissent, le mouvement demeure comme suspendu. A la veille d'entrer dans sa phase la plus illustre, l'art italien, particulièrement à Florence, semble s'inquiéter, se repentir presque des découvertes qu'il a faites, des progrès qu'il vient d'accomplir. Tandis que, vaincus par la sainte éloquence de Savonarole, des peintres désavouent leur zèle pour la beauté profane, sauf à hésiter quelque peu sur les moyens de restaurer un culte plus pur, d'autres, vieillis ou morts déjà, laissent plus d'une place inoccupée dans des rangs si serrés, si bien remplis jusqu'alors. On dirait que, pressentant la venue des nouveaux prophètes, l'art italien se recueille dans l'attente de ses destinées prochaines, et que tout exprès il garde le silence.

Nous ne prétendons nullement, est-il besoin de le dire? recommander à l'admiration les merveilles du seizième siècle, ni saluer d'un hommage banal à force d'être légitime la gloire souveraine des maîtres appartenant à cette dernière phase de la renaissance. A quoi bon mentionner une fois de plus des chefs-d'œuvre populaires entre tous, des noms présents à toutes les mémoires? Personne, — si ce n'est peut-être quelque apôtre de cette petite secte *préraphaélite* qui s'agite, de l'autre côté du détroit, dans une entreprise sans issue comme sans danger, dans des défis seulement bizarres aux plus grands souvenirs de l'art et aux plus nécessaires traditions, — personne ne s'est avisé encore de nier, au point de vue du vrai et du beau pittoresques, l'excellence de pareils modèles, l'autorité de pareils noms. On accueille avec une vénération unanime les progrès que résument les travaux de Léonard, de Raphaël, d'Andrea del Sarto, de Corrége, de tous ces artistes incomparables auxquels Michel-Ange et Titien survivent presque jusqu'à la fin du siècle, comme pour retarder la décadence qui se prépare et confirmer la double révolution accomplie dans le domaine de la forme et dans celui de la couleur. Tout en s'inclinant devant la majesté extérieure des œuvres, on s'est cru néanmoins le droit d'en discuter la valeur morale, d'en accuser les inspirations intimes et l'esprit. Raphaël principalement, le plus compromis, il est vrai, par la perfection même de sa manière, dans le dernier mouvement de la renaissance italienne, Raphaël, à en croire quelques artistes et quelques écrivains allemands ou français, n'aurait réussi, au delà des premières années de sa carrière, qu'à déterminer le triomphe du sensualisme sur l'idéal chrétien, à installer le paganisme dans l'art aussi bien que dans le sanctuaire.

Nous ne voulons pas dire que M. Rio soit, aujourd'hui surtout, disposé à se faire le patron ou le complice de cette stérile insurrection contre une des gloires les plus inviolables que le passé nous ait léguées. L'ordre chronologique des faits qu'il examine dans les trois volumes publiés jusqu'ici ne lui a pas permis encore d'aborder l'histoire de l'école romaine, et d'ailleurs les jugements si sains qu'il porte sur Léonard, sur la grâce irrésistible de sa manière là même où cette grâce est assez ouvertement profane, ne laissent pas de nous rassurer sur la justice qu'il saura rendre au peintre de *la Transfiguration*. Pourtant, si nous nous rappelons bien certains passages de l'ouvrage primitif[1], certaines propositions incidentes où la défection prétendue de Raphaël était dénoncée, condamnée même au nom de la foi; si, d'une autre part, nous notons dans cette histoire de l'art chrétien, telle que M. Rio nous la donne aujourd'hui, quelques restrictions au moins sévères, quelques mots imprudents, — par exemple sur le caractère « prosaïque, » bien plus, sur le « naturalisme tout pur » de telles figures peintes par fra Bartolommeo, — nous craignons un peu qu'aux yeux de M. Rio la peinture ne semble incliner déjà vers le matérialisme, lorsqu'elle n'a fait encore que diversifier les formes de l'idéal et en perfectionner l'expression. Nous pouvons craindre du moins qu'on n'interprète en ce sens la réserve ou les réticences de l'auteur de l'*Art chrétien*, et que des disciples malavisés, en exagérant sa poétique, n'arrivent à préconiser dans l'art l'immobilité hiératique, à imposer au génie même des lignes et des types une fois déterminés, à réduire enfin les conditions de la peinture chrétienne à je ne sais quelle uniformité farouche renouvelée des dogmes égyptiens.

Qu'y a-t-il d'ailleurs au fond de ces soupçons ou de ces critiques à l'adresse des maîtres du seizième siècle? Quels signes, quels symptômes accusent l'insuffisance religieuse des œuvres appartenant à cette époque? Ce qu'on sait de la vie privée des artistes qui les ont faites, tel souvenir biographique médiocrement édifiant, il est vrai, exerce parfois en pareil cas une influence principale sur notre puritanisme

---

[1] *De la poésie chrétienne dans son principe, dans sa matière et dans ses formes. Forme de l'art*, Paris, 1836. — C'est ce premier essai que M. Rio a refondu et développé dans le nouveau travail auquel il a donné le titre moins compliqué de *l'Art chrétien*, et qu'il eût pu, avec plus d'exactitude encore, intituler *De l'art chrétien en Italie*, puisqu'il y parle seulement des maîtres et des ouvrages italiens.

esthétique. Bien des gens peut-être, si on ne leur avait rien dit de la Fornarine, admireraient sans difficulté la beauté *païenne* qu'ils reprochent à la *Vierge* dite *de François I*^{er}. On serait probablement moins sévère pour la *seconde manière* d'Andrea del Sarto, si elle ne coïncidait dans la vie du peintre avec de fâcheuses aventures et un acte formel d'improbité. En revanche, l'ignorance où nous sommes des fautes ou des méfaits qu'ont pu commettre des artistes beaucoup plus éloignés de notre temps ne procure-t-elle pas assez souvent à ceux-ci le bénéfice d'une bonne renommée et à leurs œuvres une vertu d'élite? Ils nous apparaissent à distance comme sanctifiés par le contraste avec les mœurs plus ou moins mondaines de leurs successeurs ; de même qu'en rapprochant les témoignages de leur inexpérience des preuves d'habileté qui ont suivi, nous prêtons à ces esprits, en quête après tout et en travail, une sorte de quiétude systématique et d'imperturbable naïveté. On oublie ainsi que, par rapport aux tentatives précédentes, cette naïveté avait toute l'audace de la création, cette expérience incomplète toute la valeur scientifique d'un progrès. Si manifeste que soit la part du sentiment religieux dans les travaux de peinture antérieurs au seizième siècle, la part faite aux moyens d'expression, au perfectionnement des procédés techniques, n'y est pas non plus équivoque. A ceux qui seraient tentés de proscrire comme suspectes de paganisme les innovations introduites par Raphaël et par ses contemporains, on pourrait donc demander s'il n'y a pas aussi quelque arrière-pensée hérétique dans les efforts tentés par les *quattrocentisti* pour faire mieux ou autrement que leurs devanciers, les disciples de Giotto. Giotto à son tour mériterait-il une pleine confiance, lui qui ne craignit pas de répudier les pratiques consacrées et de donner carrière à ses instincts là où l'on n'avait su ou voulu formuler encore qu'une sorte de liturgie pittoresque à l'usage des initiés? De proche en proche, on arriverait à n'accepter de l'art chrétien que ses origines, à n'attribuer de crédit qu'aux fresques des catacombes ou aux mosaïques byzantines, à juger en un mot de la signification religieuse d'une peinture sur ses imperfections mêmes, et de son orthodoxie sur sa date. De leur côté, les peintres modernes, à l'exemple de leurs confrères les moines du Mont-Athos, devraient réduire leur tâche à une pieuse contrefaçon des images primitives, se réfugier dans l'archaïsme pour se préserver des erreurs ou des vanités humaines, et se roidir dans une attitude immobile, de peur de faire fausse route en marchant.

De deux choses l'une pourtant. La peinture chrétienne n'est-elle, ne doit-elle être qu'un ensemble de signes abstraits, un mode d'ornementation muet et conventionnel où les personnages et les symboles évangéliques interviennent comme les oves ou les triglyphes dans les décorations architectoniques, ou bien a-t-elle pour objet d'attendrir notre cœur, d'encourager notre foi, de venir en aide, suivant les moyens qui lui sont propres, à la voix et aux enseignements de l'Eglise? Dans le premier cas, nul doute qu'il faille admettre comme les lois mêmes du travail l'abnégation du sentiment personnel et l'immutabilité des formes; mais si, au lieu d'une représentation purement symbolique, la peinture chrétienne a le droit et le devoir de figurer des faits, de vivifier des préceptes par l'image des réalités, il lui appartiendra aussi d'en approprier l'expression aux besoins particuliers d'une société et d'une époque. Il lui faudra, sous peine de compromettre gravement son influence, choisir des procédés de définition en rapport avec les mœurs actuelles de l'art, avec les justes exigences des esprits, et, sans varier sur le fond des vérités dogmatiques, renouveler du moins la méthode d'exposition et le style. Que dirait-on d'un orateur ou d'un écrivain qui, pour instruire le peuple des vérités de la religion, les lui prêcherait aujourd'hui dans la langue de saint Jean Chrysostome ou dans celle de saint Thomas d'Aquin? Essayer de ressusciter la langue, morte aussi, des apôtres de l'art au temps du Bas-Empire ou du moyen âge, ce ne serait ni une entreprise plus opportune, ni une prétention moins vaine. Je sais — à n'envisager même que les conditions extérieures de la tâche — l'importance des traditions et le danger de l'indépendance en matière de peinture religieuse ; je sais qu'il n'est pas possible de répudier certains exemples, de transformer absolument certains types, de changer même les couleurs de certains vêtements, sans fausser le sens et la physionomie de l'œuvre, sans en détruire ce qu'il serait permis d'appeler la vraisemblance sacramentelle. Quoi de plus difficile en pareil cas, quoi de plus nécessaire pourtant que de concilier avec le respect à des lois fixes la franchise des inspirations, que de garder une juste mesure entre l'imitation servile et l'infidélité expresse, entre les banalités de la routine et les licences de l'invention? De nos jours on y a réussi quelquefois, et nous pourrions citer à Paris même, dans les églises de Saint-Vincent de Paul et de Saint-Germain des Prés, dans d'autres monuments encore, des témoignages remarquables de cette habileté à ne trahir ni le respect dû aux souvenirs ni les droits non moins légitimes du sentiment ; mais pourquoi ne pas choisir des exemples plus haut encore? Parce que dans les œuvres appartenant au seizième siècle la conciliation est à tous égards plus facile, l'effort scientifique moins marqué, faudra-t-il n'attribuer à ces œuvres qu'une signification bornée, une vertu superficielle? Parce que, chez Raphaël, les apparences ont une beauté parfaite, devra-t-on crier à la profanation, condamner le fond en raison même de l'excellence de la forme, et faire porter à l'autorité morale du peintre la peine des séductions qu'exerce son pinceau?

Non, tout est à aimer, à admirer, à accepter sans réserve, dans ce qui nous vient de ce bienfaisant génie ; non, pour demander aux monuments de la peinture des émotions pures et de pieux conseils, il n'est pas nécessaire de remonter jusqu'à l'enfance de l'art, il n'est pas nécessaire de contempler, à l'exclusion du reste, les reliquaires ou les diptyques. Raphaël en Italie, comme plus tard Lesueur en France, est aussi saintement inspiré que le plus austère des peintres primitifs. Avec plus de naturel et de charme dans l'expression, il a la même sincérité dans le sentiment, la même certitude dans la pensée. Tout en poussant aussi loin que possible la recherche et la science du beau, lui et les autres grands maîtres de son pays et de son époque demeurent naïfs en face d'eux-mêmes, de leurs croyances, de leurs instincts. La preuve n'en est-elle pas dans la diversité de leurs travaux et dans la persévérance avec laquelle ils marchent vers un même but en suivant chacun une voie différente? Que l'on préfère tel d'entre eux à tel autre, rien de mieux. Que l'on relève même chez quelques-uns certaines fautes contre le goût, certaines inégalités dans le style : de pareils reproches peuvent être formulés sans offenser sérieusement aucune gloire ; mais, de grâce, laissons là une bonne fois cette triste phraséologie en usage pour flétrir « le paganisme, le sensualisme, » toute la philosophie mensongère que recèlent, dit-on, les œuvres de Raphaël et des nobles artistes de son temps. Aussi bien la prudence commanderait-elle de ne pas insister sur des arguments qui, entre autres inconvénients, ont eu déjà et auraient à l'avenir celui de ne convaincre personne. Jamais le bon sens public ne voudra s'accommoder de ce faux jansénisme pittoresque, de cette orthodoxie de fantaisie, de ce rigorisme à courte vue ; jamais on ne consentira, en face des peintures et des peintres du seizième siècle, à ne trouver que les simulacres du bien dans ces chefs-d'œuvre, des génies suspects dans ces intelligences bénies, ou des comédiens dans ces poëtes.

Quelle nécessité vraiment de sacrifier toujours une époque à une autre époque, des talents à d'autres talents ? D'où nous vient cette manie de n'admirer une œuvre ou une école qu'à la condition de déprécier ce qui l'avoisine ? Le propre de tout ce qui est beau est de subsister en soi, et les grands exemples du passé, si variés qu'en soient les termes, peuvent apparaître côte à côte sans se détruire réciproquement et sans se nuire. La gloire des écoles italiennes résulte de cette variété même, de ces dissemblances infinies que présentent, suivant les temps, les lieux ou la trempe particulière des talents, tant d'ouvrages exquis chacun dans son genre, tant de maîtres, dessinateurs ou coloristes, réussissant chacun à découvrir et à révéler une des expressions du vrai, une des formes de l'idéal. En Italie, nous le disions en commençant, l'art ne se développe pas sous l'empire de certaines doctrines une fois admises, sous une discipline commune et en vertu de certaines institutions publiques ; tout y est le fait de l'autorité personnelle, tout progrès dépend de l'action exercée par un homme ; chaque tentative dans un sens provoque, même sur place, quelque tentative, sinon contraire, au moins imprévue, ou correspond ailleurs à des efforts tout différents. Aussi, à aucune époque de l'histoire et dans aucune ville, les peintres italiens ne semblent-ils fort empressés de se réunir pour se communiquer leurs découvertes ou pour discuter leurs théories. Les confréries qu'ils fondent n'ont guère un autre caractère que celui d'une association pieuse ou d'un syndicat commercial. La première académie de peinture, si l'on veut, la confrérie de Saint-Luc, existe, il est vrai, dès l'année 1350 ; mais les membres, disent les statuts, ne devaient s'assembler que « pour chanter les louanges de Dieu et lui rendre des actions de grâce. » Il y a bien à Florence, à Sienne, à Venise des corporations d'artistes, comme il y a pour les marchands l'*Arte della lana* ou l'*Arte della seta;* il s'établit même à Milan, au moment où Léonard y séjourne, une sorte de lycée dans lequel le maître ouvre, sur divers sujets, des conférences dont son *Traité de la peinture* nous a conservé quelque chose. Enfin, lorsque les Carrache entreprennent à Bologne de suppléer à l'inspiration par l'esprit de système, lorsqu'ils prétendent, à force de science, galvaniser le génie éteint de l'art italien, un de leurs premiers soins est d'installer une académie où l'action sera préparée par la parole, où l'éclectisme dans la pratique aura eu pour raison d'être et pour principe l'étude des conditions théoriques, de l'histoire et des variations du beau.

Quels que soient le rôle et l'importance relative de ces corporations ou de ces sociétés savantes en Italie, le tout, sauf l'Académie bolonaise, n'engage guère l'indépendance des artistes au delà de certaines mesures de police ou — s'il s'agit d'un groupe comme celui qui entoure Léonard — au delà d'une solidarité naturelle entre le maître et les élèves. En réalité, chacun étant libre d'agir à sa guise et chacun usant de cette liberté, la vie et le mouvement, au lieu de se concentrer dans un domaine officiel, se disséminent partout et résultent partout des efforts privés. C'est dans les ateliers des peintres, dans leurs *boutiques*, pour employer avec

Vasari le terme consacré, que se préparent ou s'accomplissent les progrès qui se traduiront en œuvres éclatantes sur les murs des églises et des palais. C'est là que se déroule l'histoire tout entière de la peinture italienne depuis le jour où Cimabué surveille les premiers essais de Giotto jusqu'au jour, plus fortuné encore, où le futur peintre des *Stanze* révèle, sous les yeux du Pérugin, les premiers secrets de son génie. Plus tard, quand la décadence semble imminente en raison de la hauteur même des sommets où l'on est parvenu, quand, les maîtres ayant tout exploré, tout parcouru, tout conquis, il n'y a plus un seul progrès à faire qui ne soit un excès, un seul pas qui n'aboutisse à une chute, on prétendra se retrancher dans un semblant d'activité, s'agiter sur place et faire mine d'occuper ce terrain qu'il n'est plus possible d'agrandir. Louis Carrache et les siens essayeront alors de s'y installer. Ils demanderont aux efforts combinés, à l'association des volontés et des talents, à des expériences en commun ou à des règlements académiques, le moyen de se maintenir là où d'autres, armés seulement de leur propre force, étaient arrivés un à un : tentative stérile, moins encore parce qu'elle était tardive que parce qu'elle impliquait une atteinte aux principes essentiels, aux conditions vitales de l'art italien! Une fois mis au régime absolu des traditions, des théories, de l'érudition excessive en tout genre, les peintres ne furent plus que des beaux esprits dont le pinceau soutint des thèses et disserta sur ce que leurs devanciers avaient senti ; une fois condensé en recette d'école, l'idéal s'immobilisa dans cette atmosphère épaissie, dans ces esprits enivrés d'étude, dans ces œuvres sans sincérité. Partout le système étouffa l'émotion, et le pédantisme la vraie science. Ainsi, en prétendant réunir dans une entreprise commune les forces éparses de l'art italien, en cherchant à le restaurer par la discipline, on n'arriva qu'à en épuiser les ressources, à en énerver la vigueur. L'art italien, à vrai dire, prend fin avec l'Académie bolonaise, avec cet essai d'organisation où l'on avait cru trouver un remède, et qui n'eut tout au plus contre la décadence que la faible vertu d'un palliatif. Ce qui, dans un autre pays, réussira bientôt à constituer l'école, à en assurer pour l'avenir la vie et les progrès, ne sert ici qu'à marquer l'heure de ses funérailles, et, comme si le contraste devait emprunter de la chronologie un surcroît d'éloquence, c'est presque au lendemain du jour où l'art en Italie achève de s'affaisser et succombe que naît en France, avec l'Académie royale de peinture, un régime d'émulation féconde, de développement régulier et d'encouragement pour tous les talents.

II

Lorsqu'en 1648, époque de la création de l'Académie, une distinction légale fut établie dans notre pays entre les artisans et les artistes, cette mesure, qui n'avait en apparence que le caractère d'un acte fort simple de justice, était en réalité une réponse ou une leçon à certains instincts plus secrets, à certaines dispositions plus particulières de l'esprit national. En France plus qu'ailleurs, l'art a besoin de recommandations, de priviléges nettement définis, de garanties qui en protégent, pour ainsi dire, l'état civil. Tous, plus ou moins, nous sommes enclins à juger de ses mérites, non sur ce qu'il nous en montre, mais sur ce qu'on nous en dit ; tous nous proportionnons notre estime pour les talents à la renommée qu'on leur a faite, au rang qu'on leur a assigné. Tant que les peintres dignes de ce nom et les statuaires avaient été confondus dans une même corporation avec les ouvriers, peu de gens s'étaient avisés, sans doute, de distinguer entre eux et même entre leurs œuvres ; peu de gens attribuaient à l'homme qui savait peindre une chapelle ou sculpter un bas-relief une habileté fort supérieure à celle de l'artisan qu'on appelait pour badigeonner une chambre ou pour fabriquer un meuble. Les préventions ou les méprises de nos aïeux sur ce point ne ressortent-elles pas de l'aridité même des documents historiques en ce qui concerne nos artistes du moyen âge et les successeurs de ceux-ci? Si au treizième siècle, par exemple, — l'âge d'or de la sculpture française et de la peinture sur verre, — de bons juges s'étaient rencontrés pour estimer à leur prix les ouvrages qu'ils avaient sous les yeux, n'auraient-ils pas trouvé à propos d'en dire à la postérité quelque chose? Par malheur, l'histoire de l'art à cette époque se réduit à peu près pour nous aux statuts de la communauté des *paintres et tailleurs ymagiers à Paris*, qu'Etienne Boileau a enregistrés dans son *Livre des métiers*. Si plus tard la miniature, telle que la traitaient avec Jean Fouquet, dont le nom a survécu par hasard, tant de maîtres aujourd'hui anonymes ; si les portraits dessinés, les *crayons*, — morceaux souvent exquis où l'on retrouve les titres d'honneur appartenant en propre à notre vieille école, — si tous ces travaux et ceux qui les accomplissaient avaient paru aux contemporains mieux que des objets d'ameublement et des manœuvres, nous n'aurions pas l'humiliation de ne pouvoir opposer, en ce qui nous regarde, que l'ignorance absolue ou de vagues conjectures aux souvenirs positifs, aux témoignages précis qui abondent dans l'histoire de l'art étranger.

Dira-t-on que, par moments, des charges honorifiques, des titres de valet de chambre ou d'employé dans la garderobe du roi, semblent attribuer aux peintres et aux sculpteurs une sorte de prééminence sur leurs prétendus confrères? Mais de pareilles faveurs tiraient d'autant moins à conséquence qu'on les accordait plus facilement, et qu'elles récompensaient aussi bien celui dont le pinceau traçait des ornements sur les harnais ou sur les selles que l'artiste qui venait de peindre le portrait du roi. J'emploie à regret un mot qui n'avait pas cours alors. Comme le fait remarquer M. Vitet, « ce mot aujourd'hui si clair, ce mot qu'on dirait aussi vieux que la langue, tant il est bien compris de tous, le mot *artiste*, n'existait pas à cette époque, ou, ce qui revient au même, n'avait pas l'acception qu'on lui donne aujourd'hui. Si le mot n'existait pas, c'est que l'idée qu'il représente était encore confuse et indéterminée… L'industrie était depuis des siècles organisée, classée, cantonnée en professions distinctes, et comme dans cette classification des arts libéraux les beaux-arts proprement dits n'avaient point une place à part, ceux qui les exerçaient étaient, par la force des choses, assujettis aux mêmes règles, aux mêmes conditions que s'ils eussent fait partie de certains corps de métiers. Les peintres et les statuaires, par exemple, quel que fût leur génie, dépendaient de la maîtrise des peintres, sculpteurs, doreurs et vitriers : ainsi le voulaient les lois et les règlements; ainsi l'entendaient le corps de la justice, les huissiers et les procureurs, le Châtelet et le parlement. »

En vain, sous les règnes de François Ier et de Henri II, certaines exceptions avaient été faites à ce régime avilissant. Quelques talents, reconnus hors de pair, s'étaient installés à la cour sur un pied fort différent à tous égards de l'humble condition imposée par la *coutume* à quiconque maniait bien ou mal la brosse ou le ciseau. En dehors du palais, les choses ne changeaient pas pour cela, et comme le plus souvent c'était à des maîtres étrangers qu'avaient été accordées les faveurs royales, on ne trouvait peut-être dans ce fait qu'un motif de plus pour tenir l'art national en suspicion ou en discrédit, et pour accepter sans scrupule le pêle-mêle légal où vivaient les artisans et les artistes. Ceux-ci, toutefois, commencèrent à comprendre et à faire valoir leurs droits. Depuis qu'ils avaient vu à Fontainebleau le Primatice et les siens accueillis et fêtés presque à l'égal des grands seigneurs, ils s'étaient demandé si, sans arriver d'Italie, et pourvu qu'on eût du talent, on ne pouvait attirer sur soi quelque chose de cette considération et de ces égards. Ils s'étaient demandé s'il ne devait y avoir pour eux d'autre récompense que le salaire, d'autre association que la communauté des intérêts mercantiles, et si, en les condamnant, comme par le passé, au joug de la maîtrise, l'usage se montrerait plus intraitable que le bon sens, plus rigoureux que le roi lui-même. Aussi, à partir de ce moment, les voit-on travailler sans relâche à une réforme qu'ils n'obtiennent pourtant, définitive et complète, qu'après quatre-vingts années d'une guerre où l'on se bat de part et d'autre à coups de requêtes, d'assignations, de toutes les armes que peut fournir la procédure ; où les lettres patentes successivement délivrées par Charles IX, par Henri III, par Louis XIII, pour retremper l'autorité de la maîtrise, ne réussissent guère qu'à susciter de nouvelles querelles et à irriter le zèle des combattants. Il faut lire dans le livre de M. Vitet l'histoire de cette longue lutte, histoire aussi curieuse ici, aussi clairement résumée qu'elle est dans les pièces du temps compliquée d'incidents, de redondances judiciaires et de fastidieux détails.

Tout commence à s'apaiser cependant, ou plutôt la résistance se déplace, lorsque la fondation de l'Académie royale est venue donner gain de cause aux assaillants. Affranchis par un arrêt du conseil en date du 20 janvier 1648, protégés contre un retour offensif de la maîtrise aux termes mêmes de cet arrêt, qui faisait défense « de donner aucun trouble ni empeschement aux peintres et sculpteurs de l'Académie... à peine de 2,000 livres d'amende, » les opprimés de la veille étaient aujourd'hui bien et dûment vainqueurs. Restaient pour les *maîtres,* à défaut d'une attaque judiciaire en règle, les escarmouches de la chicane. Ils en essayèrent, et mal leur en prit. Assez durement traités par le chancelier Séguier, qui s'était déclaré le protecteur de la nouvelle compagnie, ils quittèrent la partie sur ce terrain et se tournèrent vers des moyens de défense qui pouvaient, sans contrevenir aux ordres du roi, compromettre auprès du public, ruiner peut-être le crédit naissant de l'Académie. Pour combattre celle-ci, la maîtrise prétendit enrégimenter les siens dans des rangs et sous un titre conformes à ce qui venait d'être organisé contre elle-même. Elle se constitua en académie à son tour, en Académie de Saint-Luc, et sauf les talents, qu'elle ne pouvait emprunter comme le reste, elle eut bien vite fait de s'assimiler à peu près tout du programme et des mesures adoptés dans l'établissement rival. Que dis-je ? elle enchérit sur ses pratiques, pensant par là augmenter d'autant son influence. A peine nommés, les douze fondateurs de l'Académie royale, les *anciens,* comme on disait alors, avaient ouvert dans un hôtel de la rue des Deux-Boules un cours de dessin d'après le modèle vivant, où, moyennant une rétribution de 5 sous, puis de 10 sous par semaine, les élèves travaillaient sous la direction d'un professeur. L'Académie de Saint-Luc, qui tout d'abord s'était donné vingt-quatre *anciens,* doubla aussi, dans sa maison de la rue de la Tixeranderie, le nombre des classes et des modèles, et fournit gratuitement le tout aux étudiants, sans compter une épée à poignée d'argent ciselé, exposée sous leurs yeux et promise, à titre de récompense, au plus zélé d'entre eux.

Rien n'y fit toutefois. L'Académie royale, si dénuée qu'elle fût à cette époque de ressources pécuniaires, avait, pour se maintenir et pour attirer à elle les jeunes gens, la dignité personnelle, l'autorité des enseignements et des exemples. Elle avait en outre, dans Lebrun et dans quelques autres, des tacticiens plus habiles, des avocats moins faciles à déconcerter et d'ailleurs mieux placés pour se faire écouter du pouvoir que ne l'étaient les académiciens de contrebande, les insurgés appartenant à la confrérie de Saint-Luc. Un peu plus tard, il est vrai, le seul artiste qui pût se croire en mesure de tenir tête à Lebrun, Pierre Mignard, essayera de donner à cette insurrection l'importance et les proportions d'un combat régulier ; mais le jour viendra aussi où la lutte cessera même de ce côté, où le chef des adversaires, ouvertement transfuge, échangera contre le titre de directeur de l'Académie ses inimitiés et sa résistance [1]. Plus d'embarras sérieux dès lors, plus de conflits ni de rivalités possibles. Il y eut bien encore, de la part des membres de la maîtrise, quelques velléités de tracasserie parfois, quel-

---

[1] L'accommodement, toutefois, ne laissait pas de présenter dans les formes des difficultés assez graves. Pour mériter d'être appelé aux fonctions de directeur, il fallait, aux termes des statuts, avoir passé préalablement par les divers degrés de la hiérarchie académique. Or, Mignard n'avait pas même le titre d'agréé. On prit le parti de le traiter à peu près comme ces enfants de grande maison qui, en entrant au service, recevaient coup sur coup les brevets de tous les grades jusqu'à celui de colonel. Afin de concilier avec les règlements le choix qu'imposaient les circonstances, la compagnie abrégea autant qu'elle put la durée des épreuves, et Mignard, par ordre du roi d'ailleurs, fut élu dans la même séance agréé, académicien, recteur, chancelier et directeur.

ques contraventions même au pacte établi : l'Académie était désormais trop sûre de ses forces, trop affermie dans ses conquêtes, pour avoir rien à redouter du dehors. Elle laissa donc s'user d'eux-mêmes, et sans paraître s'en préoccuper, ces derniers efforts d'un parti aux abois. Les *maîtres,* de leur côté, finirent par se résigner à l'humble condition qui leur était faite. Dépourvus de priviléges et de moyens d'influence sur l'opinion, réduits, dans le siècle suivant, au droit de tapisser de leurs tableaux, à certains jours de l'année, les murs de la place Dauphine, tandis que la faveur d'une exposition dans un salon du Louvre était réservée aux ouvrages des académiciens, ils ne se recrutèrent plus que parmi les incapables, et cessèrent d'exister, à vrai dire, pour les artistes et pour le public.

L'Académie royale, au contraire, ne comptait pas un demi-siècle d'existence que, depuis Lesueur jusqu'à Largillière, depuis Girardon jusqu'à Gérard Edelinck, tous les peintres, tous les sculpteurs, tous les graveurs dont les œuvres ont survécu, avaient tenu à honneur d'appartenir à la compagnie : quelques-uns assez tardivement sans doute, comme Mignard et Michel Anguier, la plupart aussitôt qu'ils s'étaient crus dignes d'être admis. Pourquoi, chez tous les artistes de quelque valeur, ces empressements ou ces retours d'ambition ? S'agissait-il seulement des prérogatives attachées au titre d'académicien ? Certes elles avaient bien leur importance ; mais ce qui n'importait guère moins, c'était l'avantage qu'on trouvait, au point de vue du progrès, dans une association intime avec ses pairs, dans un échange perpétuel d'idées et de doctrines, dans cet esprit de corps enfin, bien différent de l'esprit de secte, qui, en intéressant le zèle de chacun, n'attente à l'indépendance de personne, et fait tourner même les dissidences partielles au profit de la dignité commune. L'art italien, nous l'avons vu, s'était mal trouvé d'un essai d'organisation en ce sens, non-seulement parce que cette expérience tardive contrariait des habitudes, mais aussi et surtout parce qu'elle répugnait à des instincts. En France, l'habitude de la discipline était dès longtemps prise ; elle avait besoin seulement d'être mieux réglée dans ses effets, mieux appropriée à de justes exigences, et de plus, la réunion centrale des talents, qui avait ailleurs tout paralysé, ne pouvait ici que ranimer cet esprit de méthode, ce goût pour les comparaisons et les calculs qui est l'inspiration même de l'art national.

Dans notre pays, en effet, l'art n'a pas des origines absolument naturelles, une vie et une vertu involontaires pour ainsi dire. Il ne germe pas chez nous, comme en Italie, par la toute-puissance du sol : il est un effort de la raison bien plutôt qu'une suggestion du sentiment, un moyen acquis plutôt qu'une force spontanée. De là ses formes d'expression un peu recherchées parfois, mais le plus souvent exactes sans sécheresse, ingénieuses sans minutie ; de là cette habileté de nos peintres à faire ressortir les caractères intimes d'une scène ou d'un portrait, à en définir la vraisemblance morale ; de là enfin des qualités toutes particulières à l'école française, et dont on réussirait mieux à trouver les équivalents dans notre littérature que dans les œuvres peintes ou sculptées qu'ont produites les écoles étrangères. En vain, au siècle dernier, lorsque la mode était aux parallèles, prétendait-on mettre en regard les maîtres italiens et les artistes français. Certain livre, par exemple, où le marquis d'Argens s'évertuait de la meilleure foi du monde à rapprocher Jacques Blanchard de Titien, Santerre d'Andrea del Sarto et Lafosse de Paul Véronèse, montre assez à quelles erreurs peut aboutir cette manie, et, sans parler de l'extrême inégalité des forces, il suffit de se tenir aux intentions pour apprécier ce qui diffère entre des hommes si malencontreusement accouplés. Le mieux est donc de ne pas songer à détourner sur nous une gloire qui ne saurait nous appartenir, de laisser à qui de droit les priviléges de l'imagination, de la puissance innée, de l'inspiration et de la science faciles. Le mieux est de nous incliner devant la grandeur de l'art italien et d'en admirer les incomparables beautés sans réserve ni faux amour-propre, à la condition toutefois de ne pas pousser le désintéressement jusqu'à la distraction ou jusqu'à l'injustice envers nous-mêmes ; à la condition de ne pas méconnaître, en face de cette poésie éblouissante, les rares mérites de notre prose, et de réserver une part de notre admiration non-seulement pour la majestueuse raison de Poussin ou pour la raison émue de Lesueur, mais pour ces facultés d'analyse, pour cette pieuse fidélité au bon sens qu'attestent dans notre école tant d'œuvres signées de moins grands noms.

Dès l'origine, l'Académie de peinture avait eu, entre autres avantages, celui d'offrir un encouragement ou une sanction à ces coutumes judicieuses de la pensée, à ces tendances presque littéraires en matière d'art qui apparaissent déjà au seizième siècle dans les travaux de nos *portraitistes*, qui se confirment dans les œuvres de Philippe de Champagne, de Ferdinand et de quelques autres, et que les disciples de Vouet continuent eux-mêmes à leur manière. Aussi, sauf les affaires et les ennuis du dehors, tout se passa-t-il au mieux durant ces premières années [1]. Chaque

---

[1] Si l'on est curieux de connaître, au delà même de l'excellent résumé qu'en a donné M. Vitet, les détails relatifs aux démêlés de l'Académie royale avec les gens de robe et avec l'Académie de Saint-Luc, on les trouvera consignés tout au long dans des *Mémoires* publiés, il y

talent ayant déjà fait ses preuves semble emprunter un surcroît de certitude au contact des talents voisins ; chaque jeune artiste qui se forme à cette école y puise, en même temps que le savoir, le goût des hautes entreprises, le dédain pour les petites ruses du métier. Même à l'époque où Lebrun exagère, par son autorité et par ses exemples, le triomphe de la cause académique, quelque chose de probe, de viril, de décidément français, s'accuse partout et se fait jour sous les apparences souvent fastueuses de la manière. Lebrun mort, rien n'est en péril encore, rien n'est compromis de ce caractère de dignité que les premiers membres et les premiers travaux de l'Académie avaient imprimé à l'art national. On dirait au contraire qu'en se recrutant, surtout parmi les peintres de portrait, de talents relativement sobres, en appelant à siéger d'abord, et bientôt à professer, des hommes comme Rigaud et Robert Tournière, la compagnie entend agir plus directement dans le sens de nos inclinations naturelles. Peut-être entend-elle aussi se prémunir contre certaines fantaisies pittoresques plus dangereuses que ne l'étaient les récentes exagérations du style épique, et accumuler ses moyens de défense en vue des agressions qui vont suivre. Le moment est proche en effet où, sous prétexte de faire justice des conventions, on essayera simplement d'en changer les formes, où l'on enchérira même, par une pratique plus artificielle encore, sur ce

---

a quelques années, par M. de Montaiglon et attribués par lui, avec une grande apparence de raison, au peintre Henri Testelin, un des académiciens primitifs. D'autres *Mémoires sur la vie et les ouvrages des membres de l'Académie royale*, imprimés d'après les manuscrits que possède l'Ecole des beaux-arts, contiennent une suite de notices nécrologiques consacrées par les historiographes de la compagnie aux plus renommés des académiciens qui se succédèrent depuis 1648 jusque vers le milieu du dix-huitième siècle.

que les procédés antérieurs pouvaient avoir de factice ou de suranné. Gillot vient déjà de paraître, et avec lui cette « peinture de sujets galants et modernes, » pour parler le langage du temps, qui doit, sous le pinceau de Watteau, se parer de gentillesses bien autrement séduisantes et conquérir de bien autres succès. Quelle mise en demeure pour l'Académie, gardienne des hautes traditions de notre école, et que n'allait-elle pas avoir à faire pour arrêter ou pour diriger le mouvement !

Rien de plus simple néanmoins, et en même temps rien de plus habile que la politique adoptée par l'Académie en cette circonstance, et depuis lors invariablement suivie par elle. Au lieu de résister aux innovations, elle s'y associe tout d'abord et les consacre, afin de se trouver, le cas échéant, mieux en mesure d'en réprimer les excès. Au lieu d'irriter par ses dédains des talents facilement ennemis, elle s'empresse de les accueillir, elle les récompense de bonne grâce, sauf à les surveiller de près une fois qu'elle se les est attachés. C'est l'honneur de l'Académie de peinture d'avoir su ainsi participer toujours à temps au mouvement des idées, de ne s'être obstinée à nier aucun progrès, à méconnaître aucun genre de mérite, et d'avoir, en toute occasion, intéressé à sa propre cause ceux-là mêmes qui soutenaient, en apparence, une cause contraire, ou qui n'obéissaient qu'à leur caprice. Watteau avait à peine trente ans, Lancret n'en avait pas vingt-huit, que déjà ils étaient académiciens l'un et l'autre, sans que personne, même parmi les plus susceptibles, se formalisât de ce voisinage, mais aussi sans que personne se proposât d'ajouter jamais à leur titre le titre plus compromettant de professeur. Gillot était élu l'année même où mourait Louis XIV, comme si l'on avait eu hâte de démentir les récentes rigueurs du grand roi et d'accorder un droit de cité parmi nous à ces peintres de *magots,* dont le talent avait offensé ses regards dans les œuvres de l'école flamande. Plus tard, lorsque le champ de la fantaisie pittoresque tend à s'élargir encore, lorsque, sous les pinceaux d'autres novateurs, la grâce dégénère en afféterie et la familiarité du style en véritable impertinence, les rangs de l'Académie s'ouvrent même pour ces faux talents, à mesure qu'on sent la nécessité de compter avec eux, et, comme dit M. Vitet, de « tempérer le désordre de cette émancipation téméraire. Qui peut dire, ajoute-t-il, à quels excès d'incorrection, de négligence et de monstrueux caprices les novateurs eussent été emportés, si, à peine au sortir de l'école, ils s'étaient vus, comme nos jeunes talents d'aujourd'hui, abandonnés à eux-mêmes, sans frein, sans garde-fou, s'il n'y avait pas eu là cette ancienne et puissante institution, devenue leur famille, qui leur offrait à tous un appui, un contrôle, des devoirs, des honneurs, ou tout au moins des espérances? La licence fut grande, malgré l'Académie; sans elle, il ne fût rien resté debout. »

Que l'on ne s'exagère pas, au surplus, l'étendue des concessions faites par la compagnie à l'esprit du siècle, ni l'influence de cet esprit même sur la marche de l'art contemporain. Boucher n'attend pas longtemps, il est vrai, le titre d'académicien, et de plus il lui arrive, vers la fin de sa vie, de s'asseoir, en qualité de directeur, dans le fauteuil qu'avaient occupé, depuis Lebrun jusqu'à Dumont le Romain, des gens mieux en mesure que lui d'y figurer avec éclat ou tout au moins d'y faire bonne mine. A la suite de ce peintre de boudoir, devenu le peintre des résidences royales, il n'est pas, j'en conviens, jusqu'aux peintres de petite maison, jusqu'à des hommes comme Baudoin, qui ne réussissent parfois à se faufiler dans le sanctuaire de l'art français, et à y introduire quelque chose de plus profane encore que les galanteries mythologiques, de moins aisément pardonnable que les faux agréments ou les négligences du style; mais les complaisances de l'Académie sur ce point sont rares, après tout. Elles trouvaient d'ailleurs leur correctif dans les choix faits la veille ou préparés pour le lendemain, dans le droit qu'on avait et qu'on exerçait sans relâche d'appeler à soi tous les talents dont le concours semblait utile, tous les artistes, quel qu'en fût le nombre, qui avaient donné déjà les gages ou les promesses d'une habileté sérieuse. Aussi se tromperait-on gravement si l'on jugeait seulement les doctrines et les œuvres de l'Académie au dix-huitième siècle sur ce que nous en apprennent les coquetteries pittoresques ou les idylles grivoises de l'époque. Il avait bien fallu faire la part aux apôtres de l'art nouveau, parce que ceux-ci représentaient une fraction notable de l'école française; mais il eût été aussi imprudent alors qu'il serait injuste aujourd'hui de leur attribuer le premier rôle.

A côté ou au-dessus des Boucher, des Fragonard et de ces autres talents mensongers qu'un retour de la mode a, depuis quelques années, beaucoup trop remis en honneur, il y avait des peintres profondément sincères comme Chardin, ingénieux comme Joseph Vernet et Greuze, brillamment habiles comme Doyen. Il y avait, surtout chez les peintres et chez les sculpteurs de portrait, un fonds de véracité, de science sûre, une franchise dans le sentiment et dans les moyens d'exécution qui honorent bien autrement l'art national que ne le sauraient faire les grâces conventionnelles des artistes auteurs de toutes ces menues allégories ou de ces prétendues pastorales. Enfin, si l'on examine les publications scientifiques, les ouvrages sur l'histoire et sur les monuments de l'art que nous devons à certains *conseillers* ou *associés* de l'Académie, si l'on se rappelle les services rendus à l'archéologie, à la critique, par Caylus, par Mariette, par d'autres bons et savants esprits, on reconnaîtra que, depuis la seconde moitié du dix-huitième siècle jusqu'aux dernières années du règne de Louis XVI, c'est-à-dire pendant une époque livrée en apparence aux influences les plus frivoles, l'Académie travaillait et réussissait à perpétuer le goût des fortes études, le respect des nobles traditions.

Survient la révolution, et d'abord l'Académie n'est pas atteinte. Un moment dénoncée devant l'Assemblée constituante, elle s'était empressée de publier, en réponse aux accusateurs un mémoire sur *l'esprit des statuts et règlements de l'Académie royale de peinture*. L'Assemblée, occupée ailleurs, il est vrai, lui avait facilement donné gain de cause, et depuis lors aucune menace sérieuse n'était venue remettre en question l'existence d'une institution que ses origines et ses privilèges semblaient désigner pourtant aux vengeances démocratiques. Même aux approches de la Terreur, tout continuait de se passer dans l'ordre accoutumé, et l'on semblait si peu disposé à innover sur ce point, qu'à la fin de l'année 1792 le ministre de l'intérieur, Roland, invitait par écrit les académiciens « à s'assembler pour choisir, à la pluralité des voix, un artiste peintre d'histoire en remplacement du directeur de l'école de Rome, qui venait de donner sa démission[1]. » L'élection eut lieu dans ces termes et fut confirmée par le ministre ; mais elle mécontenta assez vivement

---

[1] *Notices historiques sur les anciennes Académies royales*, par Deseine, statuaire, membre de l'ancienne Académie. Paris, 1814. — Le nom de Deseine figure l'avant dernier sur la liste chronologique des académiciens. Le dernier nom est celui du peintre Forty, élu le 25 juin 1792, treize mois par conséquent avant le jour où l'Académie fut supprimée (8 août 1793).

la minorité pour que celle-ci, David en tête, n'hésitât pas à faire alliance avec les ennemis du dehors. Bientôt ce groupe de factieux, qui avait pris le titre de *société révolutionnaire des Beaux-Arts,* et qui, en attendant mieux, s'était emparé du local où l'Académie tenait ses séances, réclama et obtint de la Convention un décret conforme à ses propres rancunes aussi bien qu'aux lugubres manies de l'époque. Ainsi fut renversée cette « bastille académique, » qui pourtant n'avait jamais tenu à la gêne ni les talents ni la foi de personne; ainsi, sous prétexte d'affranchissement, on ne fit en réalité que restreindre les moyens d'émulation, qu'introduire dans le présent et dans l'avenir l'esprit d'aventure et l'anarchie. La puissante association qui pendant un siècle et demi avait gouverné les arts dans notre pays appartenait désormais à l'histoire, et lorsque, dix ans plus tard, la réorganisation de l'Institut rendit à quelques-uns des académiciens dépossédés leur ancien titre et leur place à la tête de l'école française, ni eux ni leurs successeurs ne devaient hériter du passé rien de plus que ces distinctions honorifiques.

Ne saurait-on souhaiter aujourd'hui que l'héritage fût plus largement réparti? Est-il possible de ressusciter quelque chose de ce passé dans le sens des attributions et des devoirs qui mettaient l'ancienne Académie en contact avec la masse des artistes? M. Vitet n'hésite pas à le penser et à le dire. L'avis, sans parler de la haute compétence de celui qui le donne, l'avis est bon en soi et mériterait d'être pris en sérieuse considération. L'éminente compagnie qui a remplacé en France l'Académie royale de peinture compte maintenant soixante ans d'existence. Que l'on compare l'influence qu'il lui a été donné d'exercer sur les mouvements de l'art français durant cette période avec le rôle et l'action de l'ancienne Académie pendant un nombre d'années équivalent.

La faute n'en est certes ni aux choix qui ont été faits depuis le commencement du siècle, ni à l'indifférence personnelle des maîtres pour ce qui s'est passé autour d'eux. Cette influence incomplète tient aux conditions mêmes de l'organisation actuelle, aux principes qui, en la recommandant à nos respects, l'isolent en même temps un peu trop de nous et de la sphère où nous sommes. La quatrième classe de l'Institut est un aréopage illustre, mais un aréopage le plus souvent sans justiciables, une sorte de panthéon anticipé, où quelques vivants d'élite siégent dans une confraternité officielle. Elle n'est pas, comme l'ancienne Académie, un corps où certains degrés hiérarchiques marquent l'importance relative des talents, en stimulent les efforts, en récompensent les progrès; elle ne peut, ses cadres une fois remplis, non-seulement accueillir un maître, si habile ou si renommé qu'il soit, mais grouper autour d'elle, s'attacher par les liens de l'adoption, *agréer*, en un mot, comme sa devancière, les artistes auxquels appartient l'avenir. Sauf le privilége de décerner chaque année le prix de Rome à de jeunes talents qu'elle n'a pas formés, et qui, à l'époque des concours, apparaissent sous ses yeux pour la première fois; hormis le droit, d'ailleurs si souvent et si injustement contesté, supprimé même à certains moments, de choisir les ouvrages dignes de figurer au Salon, quelles attributions a-t-on conférées à l'Académie qui lui permettent d'intervenir activement dans les affaires de l'art contemporain, dans les questions qui le divisent, dans les encouragements qu'il reçoit, dans tout ce qui en est, à proprement parler, l'élément et la vie? Dira-t-on que, depuis quelques années, l'Académie des beaux-arts, reprenant à la fin de chaque Salon les fonctions dont elle avait été investie au commencement, est appelée à décider des récompenses comme elle a statué sur les admissions ? Mais on ne lui laisse ici, on ne lui laissait du moins à une époque assez rapprochée de nous, qu'une voix consultative. Si nous sommes bien informé, ses arrêts n'ont pas toujours eu force de loi. En fait, la quatrième classe de l'Institut ne participe au gouvernement de notre école que par intervalles et dans une mesure sans proportion soit avec l'autorité naturelle de la compagnie, soit avec les prérogatives que l'opinion lui attribue. Ce défaut de solidarité entre l'Académie et les œuvres de chaque jour, les membres peuvent un à un s'efforcer d'y remédier ; ce vide qui la sépare de nos générations d'artistes, on peut chercher à le combler par les conseils officieux, par le crédit et les moyens d'action personnels ; mais les occasions sont au moins rares de procéder avec ensemble et de continuer à cet égard les anciennes traditions.

En ce qui concerne l'enseignement, — grave question qui exigerait un examen à part, — nous constaterons seulement l'insuffisance numérique des professeurs attachés aujourd'hui à l'Ecole des beaux-arts et les avantages, sous ce rapport, qu'offrait l'organisation primitive. Qu'on ait cru devoir séparer l'Ecole et l'Institut, sauf à ne rien changer d'ailleurs au fond des choses, qu'un artiste siége ici comme académicien, là comme professeur, au lieu de remplir, l'exemple de ses devanciers, ces fonctions sous le même toit, peu importe, puisqu'il n'y a en réalité d'innovation que dans la forme. Ce qui est plus regrettable, c'est que les maîtres en titre n'aient plus à côté d'eux des maîtres agrégés, des seconds, pour les aider et les remplacer au besoin. Le petit nombre des professeurs en exercice peut diminuer d'année en année et se réduire presque à l'unité, à mesure que chacun d'eux a atteint la limite d'âge réglementaire, ou que la tâche lui est devenue trop lourde. N'y aurait-il pas lieu, dans l'intérêt de tout le monde, de reconstituer quelque chose d'analogue à cette classe d'*adjoints à professeurs* qui complétaient autrefois le corps enseignant ?

Suit-il de ce qui vient d'être dit que nous entendions porter atteinte à la légitime aristocratie des talents, que nous proposions contre ce qui existe des mesures renouvelées de celles que réclamait contre l'ancienne Académie la *société révolutionnaire des Beaux-Arts?* Nos vœux sont tout différents, puisque nous voudrions que l'Académie pût agrandir le cercle de son influence, et, sans descendre du haut rang qu'elle occupe, attirer plus habituellement à elle la vie et le mouvement de l'art contemporain. Voilà pourquoi nous demandons avec M. Vitet s'il n'est pas « encore temps, sans rien détruire et sans trop innover, de profiter des exemples du passé. » Et nous ajouterons avec le savant écrivain : « C'est dans l'Académie des beaux-arts elle-même que sont les juges de ces problèmes ; nous leur livrons nos aperçus sans autre commentaire ; ils sauront mieux que nous le parti qu'on en peut tirer... Aujourd'hui que tout semble prêt à s'éteindre sans être remplacé... n'est-il pas permis de regretter qu'on ait quitté trop tôt la voie qu'avaient suivie nos pères, et ne peut-on se demander si, pour le corps illustre qui tient la place de l'ancienne Académie, aussi bien que pour notre jeunesse, il n'y aurait pas profit à faire quelques emprunts aux idées et aux statuts de 1648 ? »

Quelle que doive être, au surplus, dans le domaine de la pratique, l'influence des exemples de l'ancienne Académie, les souvenirs qu'elle a laissés intéressent de trop près la gloire de l'art national pour qu'aucun de nous puisse les négliger ou les accueillir froidement. L'histoire de l'Académie est en effet l'histoire même de la peinture française, non pas depuis que notre école existe, — elle remonte bien au delà, — mais depuis qu'elle est sortie de la période des essais pour se constituer au grand jour, pour se développer dans le sens exact de ses forces et de ses aptitudes. Les noms inscrits sur la liste des académiciens ne laissent pas de lacune dans la généalogie des talents qui se sont succédé en France depuis la seconde moitié du dix-septième siècle. Un seul, il est vrai, et le plus grand de tous, le nom de Poussin, manque dans ce livre d'or de notre école. Toutefois, suivant l'ordre chronologique, il avoisine de si près ceux qui y figurent les premiers, les doctrines dont on voulait d'abord assurer le succès procèdent si directement des principes émis par le noble maître, que, même absent, Poussin semble, à vrai dire, le chef naturel et le patron de l'Académie. Le nom de David clôt à peu près la liste, comme, dans l'histoire des écoles italiennes, la longue série des artistes éminents aboutit au nom de Dominiquin, — sauf cette différence pourtant, que le peintre bolonais n'a de commun avec ses aïeux que la célébrité, tandis que le peintre français se rattache au passé par les caractères mêmes de son génie, par ses aspirations, par ses travaux. A plus de cent ans d'intervalle, la *Mort de Socrate* venait continuer quelque chose de la poétique formulée dans l'*Eudamidas*, de même que, dans les portraits peints sous le règne de Louis XVI, par Mme Lebrun et par d'autres membres de l'Académie, un vif souvenir survivait encore de la tradition léguée, au commencement du siècle, par les maîtres du genre.

Ainsi, contrairement à ce qui se passe en Italie, la filiation des talents n'a chez nous ni interruption, ni équivoque. La physionomie des descendants rappelle les traits des chefs de la race, les souvenirs de famille se retrouvent au fond des tentatives particulières, au fond des actes de chacun, et là même où ces tentatives semblent le plus hétérogènes dans la forme, elles se relient entre elles par l'unité de l'esprit qui les a inspirées. Peut-être cette permanence des intentions morales qui fait la force intime de l'art français a-t-elle pour résultat d'en immobiliser parfois l'expression pittoresque, d'en appesantir un peu les dehors ; peut-être ce besoin de penser et d'agir en commun, ces mérites plutôt doctes que spontanés, arrivent-ils dans notre école à prévaloir un peu trop sur le reste. En tout cas, s'il y a là quelque péril pour la verve et l'originalité personnelles, il n'y a rien qui ne corresponde aux instincts généraux de la nation, rien qui ne suffise pour contenter les exigences naturelles de notre esprit. A nos goûts littéraires, même en matière de peinture, il faut un aliment substantiel ; à nos habitudes réfléchies, mais non rêveuses, à notre bon sens gaulois, ami des vérités pratiques, il faut autre chose que le pur spectacle du beau. Ce que nous voulons qu'on nous définisse partout, dans les musées comme au théâtre, dans les tableaux comme dans les livres, ce que nos artistes de tous les temps ont réussi à formuler en parlant la langue commune des idées plutôt que la langue d'un art spécial, c'est la vraisemblance morale, la secrète signification des choses. Dans les œuvres italiennes, au contraire, le charme, sans résider tout entier à la surface, apparaît à découvert et tient autant aux séductions extérieures, à la perfection de l'image, qu'au fond même des intentions. Rien qui accuse un long effort du raisonnement, un calcul de la volonté. On dirait que les peintres de Florence ou de Rome, de Parme ou de Venise, peignent pour le plaisir de peindre, comme plus tard et dans le même pays les musiciens chanteront pour chanter, chacun, suivant ses inspirations propres et en proportion des dons reçus. De là cette variété infinie de talents, cette sincérité, cette aisance dans l'invention et dans le style qui assurent aux artistes de l'Italie la première place entre les artistes modernes. La gloire des écoles italiennes est d'avoir, sans corps de doctrines, sans unité de direction et par l'action isolée du génie, produit les plus grands maîtres et les plus belles œuvres que le monde ait vus depuis l'antiquité grecque. L'honneur de l'école française — et ce succès est dû en grande partie à l'influence de l'Académie royale — est de représenter dans l'art la discipline de la pensée, la raison, tantôt sévère, tantôt finement aiguisée, et de compter en foule, sinon des peintres dans le sens absolu du mot, au moins des moralistes pittoresques, des observateurs judicieux, qui se sont servis du pinceau, comme d'autres ont pris une plume, pour émouvoir notre cœur ou pour intéresser notre esprit.

1861.

III

FRA ANGELICO DA FIESOLE.

1853.

Le temps n'est pas fort loin de nous où l'on dédaignait de remonter, dans l'étude de l'art italien, au delà du siècle de Jules II et de Léon X, comme si aucune œuvre antérieure n'eût mérité d'être rapprochée des œuvres appartenant à la seconde phase de la renaissance. La régénération de la peinture et du goût à Florence ou à Rome semblait s'être accomplie sous une influence soudaine et par le seul fait de deux ou trois hommes miraculeusement inspirés : messies de l'art en quelque sorte, qui n'avaient pas eu de précurseurs. Cette ignorance systématique des premiers développements de la peinture italienne n'est heureusement plus de mise aujourd'hui ; il se produit en Italie même un mouvement heureux, qui aura pour résultat, nous l'espérons, de replacer en pleine lumière tous les points d'une histoire dont aucune phase n'est à négliger. Lorsque les chefs-d'œuvre du seizième siècle ne nous apparaîtront plus isolés des essais qui les précédèrent, ils ne perdront rien de leurs droits à une immortelle admiration ; ils auront seulement une signification nouvelle, une origine plus vraisemblable, et peut-être l'intelligence plus complète de ces chefs-d'œuvre ne sera-t-elle pas sans influence sur les destinées de l'art contemporain. Quant à l'histoire de la peinture, elle gagnera certainement à élargir ainsi son horizon. L'ancienne école florentine fera mieux comprendre Raphaël, dont le génie fut l'harmonieux résumé d'une succession déjà longue de découvertes et de progrès. Il ne sera plus permis de méconnaître dans les Donatello et les Verocchio les dignes maîtres de Léonard, et d'oublier ce que le plus indépendant des disciples, Michel-Ange lui-même, dut aux exemples de Luca Signorelli. Le *Jugement dernier* de la cathédrale d'Orviéto annonce et explique en effet la fresque de la chapelle Sixtine, comme certaines parties des *Essais* de Montaigne s'achèvent et prennent leur forme définitive sous la plume toute-puissante de Pascal.

Les grands peintres du seizième siècle trouvèrent dans les travaux de leurs devanciers mieux que des erreurs à éviter ; ils y trouvèrent aussi des leçons. C'est ce qu'il est permis de dire à présent sans crainte de scandaliser personne. Bien plus : auprès de beaucoup de gens, un pareil aveu ne serait déjà qu'une confession incomplète de la vérité. Dans le domaine des arts comme ailleurs, le propre des réactions est d'aboutir vite à l'exagération de leur principe. Dès qu'on se fut occupé des maîtres italiens primitifs, on n'accepta plus d'autres modèles, et, par un retour violent de l'opinion, on ne vit plus que les témoignages de la décadence de l'art là où chacun avait, pendant si longtemps, admiré les signes éclatants de sa renaissance. En Allemagne, toute une école s'est constituée qui prétend réduire les conditions de la peinture à l'imitation des formes et du style adoptés au moyen âge : école respectable d'ailleurs, profondément spiritualiste et dont M. Overbeck est le digne chef. L'entraînement n'a pas été aussi général en France, ni l'intolérance aussi manifeste. Pourtant, parmi les théoriciens de l'art comme parmi les artistes eux-mêmes, ce système rétrospectif a rencontré bon nombre de partisans ; en ce qui concerne la décoration des édifices religieux par exemple, il a maintenant presque force de loi. Enfin, il n'est pas jusqu'à l'école anglaise, ordinairement si immobile dans ses tendances, qui ne se soit émue à son tour et n'ait en ses *préraphaélites*. Les jeunes peintres qui s'intitulent ainsi ne se contentent pas de répudier le passé et — ce qui serait plus légitime encore — les principes actuels de l'art national ; ils nient les progrès faits en Italie après le Pérugin, tandis que des historiens et des critiques célèbrent à l'envi les maîtres dont les *préraphaélites* travaillent à s'assimiler la manière.

Seule, l'école italienne demeurait jusqu'ici en dehors du mouvement, bien qu'elle parût plus intéressée qu'aucune autre à y participer. Aujourd'hui elle y entre, non par des créations originales, mais par d'importants travaux historiques. Florence est le principal théâtre de ces études. C'est à Florence que nous voudrions nous placer pour apprécier, en regard des tentatives de l'école de peinture contemporaine, les recherches nouvelles sur l'art du quinzième siècle, en nous aidant des écrits qui les résument le mieux, — les *Mémoires sur les artistes dominicains* publiés par le P. Marchese, et le *Couvent de San-Marco*, ouvrage du même auteur.

Il y a vingt ans, dans cette ville de Florence où les artistes de tous les pays venaient s'informer ou se convaincre, personne parmi les artistes nationaux ne songeait à prendre parti ni pour les peintres du moyen âge ni pour les peintres de la renaissance ; chacun jugeait suffisant de donner raison à M. Benvenuti, médiocre continuateur de David, transformé en chef d'école ; à M. Bezzuoli, pâle talent dont toute l'originalité consiste dans le mélange du style académique français avec les habitudes de mise en scène du théâtre italien moderne. On applaudissait à l'*Entrée de Charles VIII* du prétendu maître, sans prendre garde même aux infidélités historiques les plus évidentes, sans s'étonner le moins du monde que M. Bezzuoli eût négligé les monuments de l'époque, qui de toutes parts lui offraient des renseignements, pour étudier à la Pergola le geste et le costume de ses héros. Dans un autre ordre de sujets, les exemples du passé semblaient plus méconnus encore. A l'exception de M. Marini, dont la manière un peu débile révèle au moins le respect des traditions, les peintres qui avaient à représenter quelque scène religieuse ne cherchaient des leçons ni sur les murs des cloîtres ni dans les tableaux des galeries : tout se bornait pour eux à l'imitation, assez peu scrupuleuse d'ailleurs, du modèle vivant, à l'application des principes indigents du classicisme contemporain. La coupole de l'église San-Lorenzo, décorée par M. Benvenuti, la chapelle peinte à Santa-Croce par M. Sabatelli, montrent en quelles mains était tombé l'héritage des grands maîtres et ce qu'était devenue la peinture religieuse aux lieux mêmes où s'étaient succédé les plus beaux témoignages de sa gloire.

Cette indifférence qu'affichaient les artistes toscans pour leurs nobles aïeux, les historiens de la peinture la partageaient, il y a peu d'années encore. La plupart des écrits publiés en Italie sont loin d'exprimer une vénération sérieuse pour les travaux de l'école primitive. De rares indications chronologiques, quelques anecdotes d'une authenticité douteuse, voilà les seuls secrets que l'on consentît à livrer sur les origines de la peinture italienne. En revanche, les détails relatifs aux artistes de la décadence abondaient dans ces écrits. Tout restait à dire sur les chefs de l'école : on n'avait su nous parler que de leurs successeurs dégénérés, et, comme si ce n'était pas assez des injustices de l'histoire, quelques-uns de ces peintres secondaires, l'Albane et le Guide, par exemple, devaient au hasard d'un nom euphonique le privilége d'attirer les hommages traditionnels de la poésie.

Beaucoup de points restaient donc à éclaircir dans cette histoire si compliquée des écoles italiennes, beaucoup d'erreurs subsistaient, qu'il était plus que temps de détruire. La lumière commence à se faire, au moins en ce qui concerne les progrès successifs de l'école toscane. De l'autre côté des monts, on semble avoir enfin compris qu'il appartenait aux descendants des maîtres de rechercher les titres de ceux-ci, et, comme pour poser d'abord la question dans ses termes formels, une association de graveurs publia, il y a quelques années, à Florence, la série des tableaux conservés à l'Académie des beaux-arts. On sait que la collection de l'Académie offre les spécimens de l'art florentin à toutes les époques. Reproduire de telles œuvres, c'était transcrire les annales mêmes de cet art, c'était aussi résumer en quelques traits l'histoire nationale tout entière, car les grands artistes et le caractère de leurs travaux répondent en Toscane plus manifestement que partout ailleurs aux diverses phases du développement social. L'essor de Cimabué coïncide avec les premiers élans de la civilisation. Expression exacte de la religion et des mœurs contemporaines, les peintures de Giotto respirent une sombre grandeur, et plusieurs générations d'élèves continuent l'austère manière du maître jusqu'à l'époque où l'énergie de la foi disparaît avec la rigueur des institutions politiques. A ce moment l'art se modifie, mais sans se transformer encore complétement. Il a une physionomie plus familière, une allure moins obstinément roide dans les œuvres des peintres nés à la fin du quatorzième siècle ; celles de Masaccio introduisent le goût du mouvement et de la vie ; enfin, lorsque le culte de l'antique est devenu une seconde religion de l'Etat, lorsque l'influence des platoniciens, amis de Laurent, s'exerce en regard de l'autorité de Savonarole, l'élégance et la correction du style viennent s'ajouter à l'élévation du sentiment. Bien peu après s'ouvre une période nouvelle où les maîtres du seizième siècle luttent entre eux de chefs-d'œuvre ; mais, au milieu des bouleversements politiques, l'école est, elle aussi, livrée à l'anarchie. L'unité des tendances ne se retrouve plus dans les créations de fra Bartolommeo, d'Andrea del Sarto, de Michel-Ange. Elle reparaît — on sait à quel prix — chez les élèves de ce grand homme, asservis à son joug comme à celui des Médicis. Puis durant cinquante années les murailles des églises et des palais de la Toscane se couvrent de compositions avant tout fastueuses, de fantaisies pittoresques au style enflé, aux formes excessives : témoignages sans nombre de l'abaissement de l'art, de la corruption des mœurs de la patrie et de l'opulente vanité de ses tyrans. La décadence de la peinture suit d'un pas égal la décadence nationale, et lorsque, sous les derniers Médicis, Florence énervée s'endort dans la sensualité, l'art achève de se matérialiser et tombe par l'abus du procédé dans l'extravagance, l'opprobre et la mort.

S'il suffit d'examiner les planches gravées d'après les tableaux de l'Académie pour concevoir une idée générale de la marche de l'école florentine, on ne saurait néanmoins trouver dans ce recueil tous les éléments nécessaires à l'étude approfondie de chaque époque. Les notices qui accompagnent les estampes ne contiennent que des indications succinctes, des aperçus dépourvus parfois de justesse et le plus souvent de nouveauté, et ce qui a trait en particulier aux peintres primitifs n'est pas de nature à relever beaucoup leur mérite. N'importe : la voie était ouverte et l'attention rappelée en Italie sur des œuvres si longtemps, si injustement négligées. Une critique plus sagace et des investigations plus patientes allaient achever de mettre en relief ce que l'on venait de dévoiler à demi. Encore quelques efforts, et les vrais promoteurs de la renaissance rentraient en possession de leur gloire.

Parmi ces illustres oubliés, fra Angelico da Fiesole méritait d'être rendu l'un des premiers sans doute à l'admiration et au respect. Jamais artiste ne se révéla dans des ouvrages plus sincères, et peut-être aucun des grands maîtres ne se montre-t-il aussi ingénument spiritualiste, aussi profondément convaincu. Comment ce talent si pur a-t-il pu être méconnu pendant tant d'années! comment le souvenir d'une pareille vie se réduisait-il, même à Florence, au souvenir de quelques faits sans vraisemblance ou sans valeur, et n'a-t-on pas le droit de s'étonner qu'un des hommes qui honorent le plus l'art italien ait attendu jusqu'à ce jour le tribut payé de tout temps en Italie à des artistes médiocres? Quoi qu'il en soit, des mains pieuses ont enfin recueilli les matériaux d'une biographie complète de fra Angelico. Dans le monastère où il avait vécu et que les chefs-d'œuvre de son pinceau ornent encore, un autre fils de saint Dominique a étudié sous sa double physionomie cette chaste figure. En publiant ses *Mémoires sur les artistes dominicains* et, bien peu après, le *Couvent de San-Marco,* le P. Marchese vengeait d'une longue indifférence la mémoire d'un saint religieux de son ordre et restituait sa place à l'un des chefs de l'école toscane.

Quoi de plus juste et de plus opportun? Remettre sous les yeux des artistes florentins les créations admirables de fra Angelico, et proposer en exemple à des hommes assez habituellement au repos une vie si bien remplie et si féconde, c'était, en ressuscitant le passé, travailler utilement à réformer le présent. C'était faire implicitement le procès aux habitudes actuelles de l'école, c'était aussi, pour le P. Marchese, renouer dignement les nobles et laborieuses traditions des anciens cloîtres ; car dans les couvents de l'Italie, aussi bien que dans les ateliers, une sorte de langueur intellectuelle avait succédé depuis longtemps à cette merveilleuse activité qui concourut si puissamment autrefois aux progrès de la civilisation italienne. La publication des ouvrages du P. Marchese est donc en soi un fait notable. C'est une louable tentative pour remettre en communication intime l'esprit du cloître et l'esprit séculier. Peut-être gagneront-ils beaucoup l'un et l'autre à s'associer plus étroitement et à se confondre dans un même mouvement de retour vers le passé. En tout cas, et quel que puisse être le succès des efforts tentés par l'auteur des *Mémoires sur les artistes dominicains*, — efforts très-peu encouragés, dit-on, à Florence, et qui auraient eu pour l'écrivain des conséquences au moins imprévues, — une lacune considérable dans les annales de l'art florentin a été comblée, la vie d'un grand peintre a été retracée avec un soin consciencieux, et lors même que les travaux du P. Marchese demeureraient sans action sur l'avenir, ils auront servi du moins à rajeunir ou à confirmer la vieille gloire de l'école toscane. Pour que nous puissions, à notre tour, apprécier l'importance du rôle de fra Angelico dans l'histoire de cette école, il est nécessaire de jeter un coup d'œil sur les commencements de la peinture à Florence et sur les travaux accomplis par les prédécesseurs immédiats du maître.

Après la première impulsion donnée à l'art par Cimabué et si vigoureusement continuée par Giotto, les productions des peintres florentins présentèrent longtemps un aspect à peu près uniforme, comme si les élèves des deux maîtres et leurs propres disciples avaient jugé tout progrès désormais impossible. L'un de ces artistes, et le seul de l'époque qui ait écrit sur la peinture, Cennino Cennini, nous a laissé un traité qu'il n'a composé, dit-il, au terme de sa vie, que pour initier quiconque veut devenir peintre aux découvertes de Giotto, découvertes léguées par celui-ci à Taddeo Gaddi, qui à son tour en confia le secret à Agnolo, maître de Cennini. Ce sont donc les enseignements mêmes de Giotto que, près d'un siècle après la mort du chef de l'école, Cennini propose à une quatrième génération d'élèves. A ses yeux, tout essai de réforme dans l'art ne serait guère moins blâmable qu'une hérésie religieuse, et, n'admettant pas qu'il y ait chance de salut pour un artiste en dehors des principes actuellement établis, il met fin à son livre en priant « Dieu, la sainte Vierge et l'évangéliste saint Luc, premier peintre chrétien, de permettre à ceux qui liront ce traité de l'étudier avec fruit et d'en retenir à jamais les préceptes. »

Cependant les disciples de Giotto n'avaient pas tous, malgré leurs scrupules et leur foi dans l'infaillibilité du maître, imité les formes de son style sans quelque modification involontaire. Une sorte de variété s'était parfois introduite dans l'unité des œuvres de l'école. A côté des peintures de Simone Memmi, de Taddeo Gaddi, peintures exécutées, il est vrai, sous le regard même de Giotto, celles de Puccio Capanna, de Stefano Fiorentino et de quelques autres laissent voir les indices d'une certaine émancipation ; mais nulle part ces écarts de la règle commune ne dégénèrent en insubordination formelle ; jamais, chez les membres de l'austère famille des *Giotteschi*, — pour nous servir de l'expression consacrée en Italie, — l'oubli des dogmes fondamentaux n'aboutit directement au schisme. Seul entre tous, mais sans pousser pour cela jusqu'à la révolte ses tentatives d'indépendance, Andrea Orgagna se sépara de ses contemporains par l'originalité de sa manière. Tandis que ceux-ci figuraient des saints dans un ordre et des attitudes invariables, ou qu'ils traitaient suivant les données de composition traditionnelles des sujets tirés des livres sacrés, il osa concevoir à un point de vue nouveau et philosophique l'enseignement de la religion par la peinture. Son *Triomphe de la Mort*, au Campo-Santo de Pise, n'offre en effet ni le tableau des scènes du Calvaire ni les types ordinaires des apôtres de la foi. Dans cette allégorie étrange, on vit pour la première fois les passions, les misères et les vertus humaines exprimées par des personnages pour la plupart sans nom historique, sans consécration de sainteté : œuvre à la fois admirable et repoussante, où le goût pour les réalités les plus effroyables se mêle à des aspirations sublimes, où rayonnent l'idéal et la poésie, où. l'horrible, l'immonde même, n'a pas de voiles. Rien n'arrête l'audace de cet âpre pinceau. Il use de tous les contrastes, il veut tout définir et tout peindre, depuis la farouche énergie du désespoir, dans un groupe de misérables implorant la Mort, qui se détourne d'eux, jusqu'aux voluptés de la vie chez de jeunes seigneurs dont les visages riants vont blémir sous la faux. Ici, quelques cavaliers, que les hasards de la chasse ont conduits dans un coin de forêt où gisent des cadavres rongés par de hideux reptiles, contemplent d'un œil épouvanté ce spectacle de la décomposition à ses degrés divers, et songent en frissonnant à ce qui adviendra d'eux-mêmes. Là, des religieux, des ermites attendent dans la piété de leurs méditations, et les regards tournés vers le ciel, que l'heure soit arrivée où ils appartiendront à la Mort. Enfin, au-dessus de ces scènes terrestres, des anges transportent les âmes devant le juge qui décidera du sort de leur éternité. Dans le *Triomphe de la Mort,* comme dans ses autres ouvrages, Orgagna ne se montre pas seulement novateur par la pensée; l'ampleur inusitée de sa touche et la souplesse de son style attestent aussi des progrès d'un autre ordre, et assignent à ce hardi talent une place à part parmi les héritiers de Giotto ; mais comme Orgagna n'eut pas d'imitateurs, il ne fit que discontinuer momentanément les traditions et la manière vénérées. La chaîne se renoue bientôt aux mains d'Agnolo Gaddi et du Giottino, à qui le respect du surnom qu'il avait reçu et le souvenir de son maître imposaient comme un devoir le strict maintien des doctrines primitives.

Ainsi, jusqu'à la fin du quatorzième siècle, les peintres florentins semblent tous animés du même esprit et dévoués à la même cause. L'expression de ce dévouement varie seule et rarement, suivant les inclinations particulières ; mais ce qu'on veut toujours avec une même passion, c'est suivre la voie tracée d'abord par les réformateurs, et afin de la défendre contre tout envahissement, maîtres et élèves s'associent dans un long et ardent effort. Si, pour déterminer le caractère d'une pareille entreprise, il était permis de réunir deux groupes d'hommes séparés par la différence des âges et des travaux, mais rapprochés du moins par leurs convictions énergiques, nous oserions comparer ces artistes de foi profonde aux jansénistes français du dix-septième siècle, et voir dans la vieille école florentine une sorte de Port-Royal de la peinture italienne. Rigide fondateur de la secte, Cimabué n'en est-il pas à quelques égards le Saint-Cyran? Par l'importance de son rôle et son attitude de chef, Giotto mérite, comme Arnauld, d'être reconnu grand entre les hommes d'élite qui l'entourent. L'élan d'Orgagna, et ce qu'il garde d'irrégulier et de personnel sous la discipline, ont quelque analogie avec l'emportement de piété et la soumission fougueuse d'Antoine Lemaistre. Enfin, parmi les personnages secondaires, il n'est pas jusqu'au modeste Fontaine dont on ne puisse retrouver le type dans Cennino Cennini. Par un sentiment de vénération pour la gloire de ceux qui furent leurs maîtres, ces deux humbles disciples ne songent, en prenant la plume, qu'à propager les enseignements qu'ils ont reçus, et si, en écrivant ses *Mémoires*, Fontaine s'attendrit au souvenir des vertus et des talents d'Arnauld et de Sacy, il y a aussi quelque chose de touchant dans le respect avec lequel Cennini dédie son livre « à la mémoire de Giotto, le meilleur peintre qui fut jamais, — à celle de Taddeo, qui eut l'honneur d'être son filleul et son élève, — à la mémoire d'Agnolo de Florence, digne des leçons de ces grands artistes. »

A l'époque où Cennini s'efforçait ainsi de conserver intact le dépôt qui lui avait été confié, quelques jeunes peintres essayaient de se créer d'autres règles, ou plutôt ils n'acceptaient les règles anciennes qu'à la condition d'en assouplir et d'en développer le sens. Dans les travaux de ces nouveaux maîtres, l'art religieux n'avait plus pour élément unique la majesté des intentions et du style. Quelque chose de tendre et d'ému commençait à se substituer à l'austérité inflexible des *Giotteschi*, et sans perdre leur élévation accoutumée, productions de l'école florentine respiraient une sorte de grâce sévère et une délicate simplicité. Au commencement du quinzième siècle, le progrès était manifeste dans tous les arts. Déjà, sous le ciseau de Ghiberti et de Donatello, naissaient quelques-uns des chefs-d'œuvre qui ont immortalisé le sculpteur des portes du Baptistère, et le sculpteur du *Zuccone* et de *Saint Georges*. Brunelleschi, étudiant à Rome les monuments antiques, préparait avec une application opiniâtre la régénération de l'architecture, et trouvait dans l'entêtement de son génie le secret de compléter l'entreprise d'Arnolfo di Lapo, entreprise dont l'achèvement avait été jugé inpossible, et que couronna pourtant le dôme prodigieux de la cathédrale de Florence. Masolino da Panicale peignait dans l'église del Carmine ces fresques que l'on admire encore, même à côté des fresques de Masaccio et de Filippino Lippi. Peintre bizarre, mais profondément savant, Paolo Ucello, en exécutant ses tableaux monochromes, précisait les règles de la perspective et enrichissait ainsi l'art d'une découverte nouvelle, tandis que le moine camaldule Lorenzo cherchait au fond de son couvent degli Angeli à ajouter les finesses du coloris à la fermeté du dessin.

Cependant les œuvres d'un autre religieux commençaient à émouvoir Florence plus qu'aucune de celles qui s'étaient produites à cette époque. Le suave talent de fra Angelico venait de se révéler dans des morceaux empreints d'un sentiment pathétique tout nouveau, d'une délicatesse incomparable : au moment où s'ouvrait pour l'art florentin une seconde ère de progrès et d'éclat, le nom d'aucun peintre ne semblait promis à la gloire plus sûrement que celui du jeune dominicain. C'est qu'en effet ce nom résume et personnifie mieux que tout autre les tendances et le mouvement de l'école après les derniers efforts de résistance des *giotteschi*, avant les premiers succès de la révolution encouragée par les Médicis. Parmi tant de maîtres qui illustrèrent en Toscane la première moitié du quinzième siècle, fra Angelico n'a pas seulement le rang et l'importance d'un des plus habiles ; il est encore celui dont les travaux correspondent le mieux aux inclinations de son époque, à ce besoin désormais général de trouver dans l'art un auxiliaire aimable de la religion, un commentaire doucement persuasif des dogmes chrétiens. Avant lui, les œuvres du pinceau, souvent sévères jusqu'à la rigueur, n'avaient été, pour ainsi dire, qu'un moyen de contraindre la foi : le premier il entreprit de la stimuler sans violence, en séduisant le regard aussi bien que l'esprit. Tel est le rôle du maître dont le P. Marchese nous a raconté les travaux. Nous connaissons maintenant le milieu où s'est produit fra Angelico : c'est sa vie même qu'il faut interroger.

Fra Angelico da Fiesole, ou plutôt Giovanni Guido, était né en 1387 à Vicchio, petit village du Mugello, situé à vingt milles de Florence et voisin du hameau où Giotto avait vu le jour cent onze ans auparavant [1].

Le père de Giovanni était laboureur, et peut-être, comme le berger de Vespignano, l'enfant de Vicchio se livra-t-il d'abord à quelques obscurs essais d'imitation, tandis que paissaient les chèvres confiées à sa garde. Qui fut pour lui un autre Cimabué? C'est ce qu'on ignore et ce qu'il est même impossible de conjecturer; mais ne serait-on pas autorisé à dire que l'aspect du pays où s'écoula l'enfance des deux grands peintres eut sur le caractère de leur talent une

---

[1] Les rares biographes de fra Angelico, et Vasari entre autres, se méprenant sur le sens de l'addition à son nom de ces deux mots *da Fiesole*, y ont vu une indication suffisante du lieu de naissance du peintre. Le P. Marchese fait justice de cette erreur en publiant pour la première fois une pièce tirée des chroniques manuscrites du couvent de San-Domenico à Fiesole, couvent où Giovanni reçut l'habit et où il passa une grande partie de sa vie. Cette pièce porte expressément, avec la date de la vêture : *Iohanes, Petri de Mugello, natus iuxtà Vicchium*, etc. Les mots *da Fiesole* ne doivent donc rappeler que le long séjour fait par l'artiste dans le monastère construit au pied de la ville. Quant au surnom d'*Angelico*, qui caractérise à la fois le génie et les vertus de fra Giovanni, « il lui fut imposé, dit le P. Marchese, par la vénération des peuples. » Reste à savoir s'il faut entendre ici par « peuples » les contemporains ou la postérité.

action positive, bien que d'espèce fort dissemblable? Les lignes robustes, l'effet imposant des montagnes du Mugello auront laissé dans l'âme de Giotto, accessible surtout au sentiment de la majesté divine, des images éternelles de grandeur et de force, tandis que, plus portée à adorer Dieu dans sa mansuétude qu'à l'envisager dans sa colère, l'imagination de Giovanni s'est pénétrée de la poésie plus douce que respire aussi cette nature. Dans ces belles vallées de l'Apennin, qu'habitent à la fois les aigles et les cygnes, où l'un n'avait contemplé que cimes altières et vastes solitudes, l'autre devait se plaire aux lieux fleuris et abrités ; mais, diversement sollicités par l'idéal, tous deux reçurent au sein de la même contrée des impressions qui ne s'effacèrent plus.

Cette influence des souvenirs est surtout sensible dans les ouvrages que Giovanni produisit au commencement de sa carrière. Ce fut en ornant de miniatures des livres de chœur et des missels qu'il annonça d'abord l'onction de sa pensée et la finesse charmante de son talent. On sait l'extension qu'avait prise en Italie, antérieurement au quinzième siècle, l'art de la peinture sur vélin, art d'origine allemande, dit-on, ou plus probablement française, comme celui de la peinture sur verre. Les Oderigi da Gubbio, les Franco Bolognese, dont parle Dante, s'y étaient autrefois distingués, et depuis lors nombre de grands maîtres ne l'avaient pas jugé indigne des prémices ou de la maturité de leur génie. Plus qu'aucun autre, Giovanni devait être séduit par un genre de travail qui lui laissait toute liberté pour retracer les objets aimés de ses premiers regards, les oiseaux, les insectes diaprés, les arbrisseaux et les fleurs, hôtes ou parure de la contrée natale. Aussi les pages qu'a embellies sa main offrent-elles un mélange singulier de naïveté et de puissance, un témoignage également expressif des goûts ingénus de l'enfance et des aspirations déjà sublimes de la virilité. Des scènes de la Passion, des figures de saints, traitées avec une véritable grandeur, ont pour cadre des guirlandes le long desquelles se jouent des chardonnerets, des lézards, des papillons ; des plantes délicates fleurissent au pied de la croix ou autour du sépulcre. On dirait que, par l'alliance de ces moyens sans corrélation apparente, l'artiste a voulu faire un double appel à la dévotion des hommes, et qu'en regard des souffrances auxquelles un Dieu se condamna pour nous, il a jugé bon de montrer les joies pures et les richesses innocentes qu'il nous donne.

Après ces doux essais, qui reflètent à la fois les premières lueurs de son imagination et les instincts de sa piété, Giovanni osa entreprendre des travaux plus considérables, bien que d'une dimension assez restreinte encore ; il peignit pour les autels de plusieurs églises des diptyques, des tabernacles, dont on conserve quelques fragments à Florence et dans d'autres villes de la Toscane. Sa réputation s'étendit rapidement, et si à cette époque il avait recherché avant tout l'éclat des succès et la fortune, « il lui était facile, dit Vasari, de vivre dans une situation brillante et de gagner ce qu'il aurait voulu ; » mais, soit que la pratique de l'art tel qu'il le comprenait lui parût incompatible avec la vie dans le monde, soit que quelque mystérieuse douleur l'eût surpris au début de cette vie même, il se réfugia à vingt ans dans un cloître, et reçut en 1407 l'habit de dominicain.

Peut-être a-t-on lieu de s'étonner que Giovanni ait choisi pour entrer en religion la règle de Saint-Dominique, puisque les hommes soumis à cette règle devaient, dans la pensée du fondateur, se consacrer spécialement à la prédication. Il est permis de dire toutefois que lui aussi travaillait à évangéliser les peuples dans le langage qui lui était propre, et que, par l'éloquence de ses œuvres, il justifiait son titre de *prêcheur* aussi bien que l'orateur le mieux inspiré parmi ses frères. Nombre d'artistes d'ailleurs avaient précédé Giovanni dans l'ordre des dominicains, et à Florence même fra Sisto et fra Ristoro, les savants constructeurs de Santa-Maria Novella, avaient dès le treizième siècle donné un exemple qu'allaient suivre dans les siècles à venir tant de peintres, d'architectes et de sculpteurs. Les *Mémoires* du P. Marchese, en recueillant ces noms inégalement célèbres, prouvent qu'à toutes les époques et dans tous les pays les artistes de profession rencontrèrent parmi les fils de saint Dominique des maîtres, des rivaux ou des élèves. Depuis fra Bartolommeo, dont les conseils achevèrent de former Raphaël, jusqu'au Français Guillaume Marcillat, l'un des plus habiles peintres verriers de son temps; depuis l'architecte fra Giocondo, qui poursuivit la construction de Saint-Pierre de Rome, jusqu'au Flamand frère François, qui termina le pont Royal à Paris, bien des talents se développèrent dans des asiles pareils à celui que Giovanni s'était choisi.

Le nouveau dominicain et son frère aîné Benedetto, qui avait comme lui renoncé au monde [1], furent d'abord envoyés à Cortone, d'où ils revinrent au bout d'une année habiter le monastère de San-Domenico, bâti depuis peu au pied de la colline de Fiesole. Saint Antonin y avait précédé fra Giovanni, et ce fut dans cette retraite que les deux jeunes gens, honneur futur de l'épiscopat et de l'art florentins, se lièrent

---

[1] Ce Benedetto fut un miniaturiste distingué, si l'on en juge par quelques ouvrages qui lui sont attribués, et que possède le couvent de San-Marco à Florence. Il paraît qu'en outre il excella dans la calligraphie. « Fra Benedetto était plus habile qu'aucun autre à écrire des livres de chœur notés pour le chant, » dit la chronique de San-Domenico de Fiesole.

d'une amitié qui dura autant que leur vie. Pendant son premier séjour à San-Domenico, fra Angelico da Fiesole — nous le nommerons dorénavant ainsi — peignit pour l'église du couvent plusieurs tableaux, dont l'un, représentant la Vierge entourée de saints dominicains, se voit encore aujourd'hui dans le chœur. OEuvre de la jeunesse du maître, cette peinture est, sous le rapport du dessin et de la couleur, inférieure sans doute à celles qu'il exécuta plus tard ; néanmoins le sentiment exquis qui caractérise l'ensemble de sa manière se révèle déjà ici sans effort, sans nulle hésitation. En général, les tableaux de fra Angelico n'ont pas tous le même mérite, à ne considérer que le travail matériel ; mais comme ils émanent d'une inspiration toujours égale, ils n'offrent entre eux d'autre différence que celle qui résulte de l'expérience plus ou moins grande des ressources de la palette. Dès ses premiers essais, l'artiste avait trouvé le style qui convenait le mieux à l'expression de sa pensée. Il ne fit ensuite qu'épurer les formes de ce style, et fort contrairement à d'autres grands maîtres qui prirent à tâche de se démentir eux-mêmes et de renier leur foi primitive, il demeura, dans tout le cours de sa vie, invariablement fidèle aux mêmes principes, au même idéal, à la même méthode d'exécution. Aussi est-il difficile, à cause de cette uniformité même, d'assigner aux divers tableaux de fra Angelico une date certaine : on ne peut qu'essayer de la fixer en subordonnant l'ordre des travaux du peintre à celui de ses déplacements successifs. Qu'importe après tout la solution de ces questions chronologiques? Quand il resterait démontré que les tableaux qui ornent aujourd'hui les églises de Pérouse et de Cortone ont été peints de 1410 à 1418, parce que, durant cette période, les dominicains de Fiesole, expulsés du territoire de la république, trouvèrent dans ces deux villes un asile contre la persécution ; quand, d'autre part, on réussirait à prouver que le *Couronnement de la Vierge*, placé au Musée du Louvre, est, ainsi que la plupart des œuvres capitales du maître, d'une date postérieure à celle de son retour à Fiesole, nous ne voyons guère ce que le succès de pareilles recherches ajouterait à la gloire de fra Angelico. Les *Mémoires* du P. Marchese témoignent à cet égard d'un excès de scrupule, et si opportun que parût être au point de vue historique un classement méthodique des travaux successivement accomplis, il eût été plus à propos encore de déterminer leur physionomie générale et d'insister sur leurs beautés. Il semble que le P. Marchese ait voulu avant tout retrouver et produire des titres, et rappeler aux peintres contemporains les principes de l'art par des faits plutôt que par des leçons d'esthétique. Un conseil donné sous cette forme réservée à des esprits indifférents ou prévenus perd en partie son autorité et court risque de n'être compris qu'à demi. Le talent de fra Angelico, tout intelligible qu'il est, a au premier abord un caractère de vétusté qui peut amener quelque méprise, et le mieux eût été d'expliquer ce talent, au lieu de le proposer, presque sans commentaires, en exemple.

Lorsqu'on examine attentivement les œuvres de fra Angelico, on reconnaît dans toutes, à quelque moment qu'elles aient été produites, une extrême simplicité de procédé, une virginité de touche et d'expression qui atteste la merveilleuse délicatesse du pinceau, en un mot, un goût d'exécution si sobre, que cette exécution même a quelque chose d'immatériel. Peintre spiritualiste par excellence, fra Angelico, en traçant chacune de ses figures, cherchait moins à représenter les formes palpables d'un corps qu'à faire pressentir une âme sous une enveloppe transparente pour ainsi dire, et le dessin et le coloris, au moyen desquels il a traduit sa pensée, offrent non l'imitation exacte, mais l'image des couleurs et du dessin réels. Aussi les sujets qu'il traite de préférence appartiennent-ils à un ordre surnaturel, à une sphère de sentiments au-dessus du fait humain et de la vie : le *Couronnement de la Vierge*, — scène céleste qu'il a peinte vingt fois peut-être en variant sans cesse l'aspect et les détails, et *le Jugement dernier*, où la place qu'il réserve à l'expression de la béatitude est toujours beaucoup plus grande que la place laissée à l'esquisse des châtiments. En faisant ainsi deux parts inégales, l'artiste mesurait bien ses forces et se montrait docile aux inclinations de sa piété. Cette imagination aimante se refusait aux conceptions terribles ; ce regard, constamment tourné vers le ciel, ne pouvait s'abaisser sur les hôtes de l'enfer sans se souvenir encore des visions angéliques, et si effrayants qu'ils veuillent paraître, si monstrueuses que soient leurs formes, les démons de fra Angelico gardent je ne sais quelle physionomie placide que les damnés, à leur tour, ne peuvent dépouiller au milieu des flammes. Mais que l'on jette les yeux sur les autres parties du tableau : tout émeut le cœur et ravit l'intelligence, tout est grâce, poésie, amour. Michel-Ange le disait, et certes on ne soupçonnera pas chez lui la partialité d'un disciple : « Il faut que ce bon moine ait visité le paradis, et qu'il lui ait été permis d'y choisir ses modèles. » Comment en effet expliquer par la simple étude de la réalité ces créations si déliées et si pures, et ne croirait-on pas que ces types éthérés ont été révélés à l'extase? Quelle autre origine attribuer, par exemple, au *Jugement dernier* que possède aujourd'hui l'Académie des beaux-arts à Florence, œuvre incomparable, plus digne qu'aucun tableau de l'époque d'être reproduite par le burin, et que cependant les graveurs de la *Galerie de l'Académie* ont cru pouvoir exclure de leur publication?

Dans une prairie où le gazon disparaît sous l'abondance des fleurs, des bienheureux couronnés de roses et vêtus de draperies flottantes forment une danse calme, que dirigent des anges. Un de ceux-ci guide le chœur; d'autres encouragent l'élan des pas retenus par le respect ou troublés par la félicité, et soulèvent les mains de leurs doigts fraternels. La chaîne se rattache par une extrémité à un groupe d'âmes dont le divin Juge vient d'éterniser le bonheur, tandis qu'un peu plus loin, à demi agenouillés encore et comme se relevant sous la clémence du jugement, quelques élus obéissent à la voix des anges qui les convient à la fête céleste. D'autres enfin, se retrouvant, après une vie d'affection sur la terre, dans cette patrie de l'amour et de l'union suprêmes, échangent des embrassements et des sourires. Du côté opposé, le chœur se rapproche en tournoyant de l'enceinte de la Jérusalem immortelle, et à mesure que s'augmente le nombre des âmes bienheureuses, celles qui sont parvenues au pied de ces murailles qu'elles habiteront à jamais, quittent le sol par couple, se transfigurent et disparaissent dans un rayon de lumière. Les personnages participant à ces joies surnaturelles laissent tous voir sur leur visage l'expression d'un seul sentiment, et cependant cette expression de bonheur est variée dans son unité même : elle se modifie en raison des progrès que font les pas. Mêlée de surprise et d'un peu d'agitation sur les traits des figures voisines du tombeau, elle se lit plus sereine sur les traits des danseurs angéliques, et devient radieuse lorsque les élus voient en face le séjour de leur félicité. La forme et la couleur des vêtements correspondent à cette progression du sentiment qui anime les physionomies. Les êtres dont les pieds effleurent la prairie portent encore les costumes qui les distinguèrent dans la vie. Ainsi, les religieux de tous les ordres se reconnaissent au milieu de cette foule, et, comme on le présume, les dominicains y figurent en majorité; puis les draperies, sans perdre encore leur forme caractéristique, sont parsemées de quelques étoiles, de quelques ornements d'or, et s'enrichissent de tons irisés. Enfin, lorsque les élus, guidés par les anges, atteignent les portes de la cité céleste, ils se revêtent uniformément de robes blanches, comme aussi leurs visages perdent leur âge et leur aspect accoutumé. Tous rayonnent d'une même jeunesse, d'une beauté égale comme leur béatitude.

Certes, un pareil tableau suffirait pour assurer à fra Angelico une place parmi les maîtres de l'art et pour justifier le surnom donné à ce peintre de la grâce et de la candeur idéales; mais quand on songe que le pinceau, l'âme, pour mieux dire, qui manifeste ainsi sa puissance, a produit plusieurs centaines d'ouvrages aussi riches d'intentions, aussi expressifs, aussi purs que ce *Jugement dernier*, on ne sait ce qu'il faut admirer le plus, ou de ce rare talent ou de cette fécondité inépuisable. S'il était possible de placer en regard les unes des autres toutes les compositions de fra Angelico, à peine réussirait-on à surprendre çà et là quelques redites. Malgré l'analogie et souvent la similitude complète des sujets, on reconnaîtrait partout un sentiment qui, loin de s'user dans la contemplation du même objet, s'y raffermit et s'y renouvelle, et cette première ardeur de la pensée, cette fraîcheur du style qui atteste les inspirations soudaines. Le pieux artiste, dit-on, ne commençait à peindre qu'après avoir prié Dieu d'intervenir en quelque sorte dans son travail, et, persuadé qu'une volonté céleste avait guidé sa main, jamais il ne revenait sur l'œuvre de la veille, de peur de la profaner par ses retouches. De là, sans doute, l'ingénuité de l'exécution et la simplicité facile que respirent, jusque dans les moindres détails, ces ouvrages éclos sous la foi : hymnes du pinceau, auxquelles on ne trouverait d'équivalent qu'en poésie, et qui semblent un écho des chants de Dante célébrant « les beaux rires » et les fêtes sans nom du paradis.

Bien que les tableaux de fra Angelico aient avant tout un caractère de beauté abstraite, une apparence presque immatérielle, les conditions positives de l'art ne laissent pas d'y être soigneusement observées. Les lignes générales, peu exactes, il est vrai, quant aux proportions relatives des groupes, accusent dans la partie architecturale une connaissance profonde de la perspective, et ce mérite, fort ordinaire aujourd'hui, était assez rare encore au quinzième siècle pour que l'on sache gré à l'artiste de l'avoir eu l'un des premiers. Le coloris, plus harmonieux en général que le coloris des peintres de l'époque, a aussi plus de vérité et de délicatesse, et si le dessin manque quelquefois d'ampleur, il est, dans les draperies surtout, d'une finesse et d'une précision inimitables. Je m'explique : on réussira peut-être à s'assimiler ce goût de dessin, et depuis quelques années plus d'une tentative en ce genre s'est accomplie non sans succès; mais en imitant ainsi fra Angelico, qu'aura-t-on fait de plus que de copier les surfaces de sa manière? Se sera-t-on pour cela approprié le fond même, le sentiment dont cette manière n'est que l'expression naïve, et parce qu'on aura ajusté des figures conformément aux exemples du maître, devra-t-on se tenir pour inspiré comme lui? N'accusons pas toutefois trop sévèrement ce zèle d'imitation ; dans quelques cas, il est autorisé pour le moins par la perfection absolue des modèles et par l'impuissance où l'on est d'imaginer mieux ou aussi bien. Ainsi le moyen de représenter des anges sans adopter comme une tradition authentique en quelque sorte la tradition de fra Angelico? Pour avoir le droit de substituer de nouveaux types à ces types consacrés, il faudrait être fra Angelico lui-même, c'est-à-dire puiser dans une foi passionnée cette force d'invention, en dehors des moyens ordinaires de l'art, que définit le mot de Michel-Ange. Faute de pouvoir s'élever aux régions que « le bon moine a visitées, » les plus habiles mêmes feront bien de se fier à ce qu'il en rapporte. Fra Angelico est le peintre des anges comme Raphaël est le peintre des vierges. Tout artiste qui prétendra transformer les types déterminés par les deux maîtres court risque d'ôter à son œuvre sa signification essentielle, et de nous montrer seulement de beaux garçons ailés ou une chaste jeune fille là où nous aurions dû reconnaître les esprits bienheureux et la Madone.

Le *Jugement dernier* et les autres tableaux que fra Angelico peignit probablement pendant son séjour à Fiesole ne sauraient, quelle que soit leur perfection, donner une idée complète de ce talent et en accuser toute la portée. Fra Angelico, nous l'avons dit, n'eut qu'une méthode et demeura jusqu'à la fin de sa vie fidèle aux convictions de sa jeunesse; mais dans l'exécution de peintures murales, cette méthode devait se modifier quelque peu en raison même des lois du travail, et les fresques du maître, tout en rappelant ses œuvres précédentes pour le fond des intentions et le style, sont touchées d'une main plus énergique et avec une sûreté de pratique plus évidente. Cette seconde phase du talent de fra Angelico date du moment où celui-ci vint avec ses frères s'installer à Florence.

Vers la fin de 1436, les dominicains de Fiesole avaient une seconde fois quitté leur couvent, mais non plus, comme au commencement du siècle, pour l'exil et la persécution; ils allaient prendre possession de la vaste demeure que leur offrait la libéralité intéressée de Côme de Médicis, jaloux d'enchaîner par la reconnaissance des hommes dont l'ascendant eût pu être funeste au succès de sa politique. Côme avait dans ce dessein sollicité et obtenu du pape Eugène IV la permission d'abandonner aux religieux de Fiesole les terrains de San-Marco, où se trouvait déjà un monastère, que l'un des plus célèbres architectes de l'époque, Michelozzo Michelozzi, eut ordre de réédifier. Certes, en construisant à grands frais cette retraite qu'il croyait ne peupler que d'amis, le *Père de la patrie* ne se doutait pas qu'il préparait un asile au plus redoutable ennemi de sa famille, au *terribil frate* à la voix duquel le peuple devait un jour chasser les Médicis. Cependant il n'y avait pas encore de Savonarole parmi les dominicains ; personne ne devinait les projets de Côme, cachés sous sa munificence, et l'on ne voyait en lui qu'un protecteur zélé, un bienfaiteur de ses concitoyens. Conduits par saint Antonin, alors prieur, les religieux de Fiesole vinrent donc s'établir au couvent de San-Marco, et l'édifice n'était pas complétement terminé, que fra Angelico entreprenait déjà la série des fresques qui le décorent : travail immense et qui cependant fut mené à fin en quelques années, sans le secours d'aucun aide, sans faire obstacle même à l'achèvement d'un nombre considérable d'autres peintures.

Les talents et la fécondité prodigieuse de fra Angelico l'avaient depuis longtemps rendu célèbre, mais les fresques [1] de San-Marco mirent le sceau à sa réputation. Les

---

[1] Nous employons ce mot, faute d'autre, dans le sens de peinture sur mur et non dans son sens littéral. On sait que la fresque est un genre de peinture exécutée sur un enduit frais, *a buon fresco*. La plupart des ouvrages de fra Angelico à San-Marco, étant peints en partie ou retouchés *a tempera*, — sorte de gouache sur un fond sec, — ne sont pas, à proprement parler, des fresques. Il est permis cependant de les qualifier ainsi en s'autorisant de l'usage : usage général même en Italie, et auquel se sont presque toujours conformés en pareil cas les historiens de l'art, depuis Vasari jusqu'au P. Marchese.

tableaux de lui qu'on avait vus jusque-là étaient en général d'une dimension restreinte, et la proportion des figures n'y dépassait pas d'ordinaire un pied ou deux ; il ne s'était pas encore essayé dans la peinture murale, si ce n'est, en de fort rares occasions, à Cortone et à Fiesole. Néanmoins, en traçant sur les murs de son couvent des figures d'une proportion tantôt presque égale, tantôt supérieure à celle du corps humain, en usant à peu près pour la première fois de moyens matériels qui nécessitent un assez long apprentissage, il prouva avec éclat que cette tâche nouvelle n'avait ni déconcerté sa pensée ni intimidé son pinceau. La plupart des cellules de San-Marco, les dessus de porte du premier cloître, et jusqu'à des corridors obscurs, sont ornés de compositions variées à l'infini, bien que les mêmes sujets les aient le plus souvent inspirées. Le *Crucifiement,* l'*Annonciation,* le *Couronnement de la Vierge,* — ce sujet aimé entre tous, — telles sont les données que choisit ordinairement fra Angelico, et qu'il rajeunit avec une incroyable abondance d'idées et de sentiments ; mais de toutes ces fresques, la plus importante, si ce n'est la plus belle, est celle qui couvre une des parois de la salle du chapitre, et qui représente le supplice et la mort de Jésus-Christ.

Au pied de la croix se groupent en première ligne les saints personnages témoins, selon l'Évangile, de l'agonie du Sauveur, puis les fondateurs d'ordres religieux et une multitude de saints de tous les temps et de tous les pays, que, par un sentiment de vénération qui justifie l'anachronisme, fra Angelico a réunis sur le Calvaire. Tous les regards sont tournés vers Jésus, tous les visages expriment la douleur et la foi ; mais cette expression de la ferveur et de la désolation communes se modifie suivant le caractère ou le génie de chacun. Violente sur les traits de saint Jérôme, elle semble méditative sur ceux de saint Thomas d'Aquin ; saint Augustin écrit d'une main passionnée sous ce sang qui l'enseigne, à côté de saint François adorant en extase les plaies divines dont il porta les marques. Graves et recueillis, des docteurs de l'Église étudient le mystère qu'il leur appartiendra d'expliquer, tandis que, baignés de larmes ardentes, saint Romuald, saint Gualbert et d'autres anachorètes vouent à la pénitence leur vie d'abord profane et dissipée. Ne croirait-on pas, à voir ce tableau si profondément pathétique des scènes suprêmes de la Passion, que fra Angelico a épuisé là toutes les ressources de son imagination, et qu'il ne lui restera plus qu'à se copier lui-même, lorsqu'il devra encore une fois traiter un pareil sujet ? Rapprochez cependant du *Calvaire* de San-Marco la *Déposition de croix*, aujourd'hui dans la galerie de l'Académie, et, sauf l'analogie du style, vous ne reconnaîtrez rien de ce qui a frappé vos yeux. Pas une figure, pas un geste qui n'ait un accent imprévu, qui ne traduise une intention entièrement neuve. Dans les deux compositions, fra Angelico n'avait à représenter que des disciples en pleurs autour du cadavre de leur maître : de ce principe uniforme il a su tirer les effets les plus dissemblables, également justes pourtant et si hautement significatifs, qu'envisagée isolément, chacune de ces interprétations paraît la seule possible et la seule vraie.

A l'époque où fra Angelico venait de terminer les vastes travaux de San-Marco, la chapelle peinte par Masaccio dans l'église del Carmine fut ouverte au public : événement immense dans l'histoire de l'art florentin, et qui produisit tout d'abord une sensation si profonde, que les fresques de l'artiste dominicain furent délaissées par ceux-là mêmes qu'elles avaient le plus enthousiasmés. Chacun proclamait la supériorité de l'œuvre nouvelle ; cette célébrité naissante devait éclipser toutes les autres, et l'admiration dégénérant bientôt en engouement, on aurait volontiers déshérité de leur gloire les grands peintres, quels qu'ils fussent, prédécesseurs ou contemporains de Masaccio. Loin de se plaindre des succès de son rival et d'accuser l'inconstance ou l'injustice de l'opinion, fra Angelico exprima l'un des premiers et aussi hautement qu'aucun autre son admiration pour ces chefs-d'œuvre. Il fit plus : illustre depuis longtemps et beaucoup plus âgé que Masaccio, il se mêla aux jeunes artistes qui allaient en foule étudier les fresques del Carmine, et, comme le plus obscur d'entre eux, il travailla dans cette chapelle où tant de générations de peintres devaient se succéder après lui. Touchant désintéressement du génie, noble exemple de soumission au progrès, qui du reste n'est pas unique dans les annales de la peinture italienne ! Ainsi, dans le siècle suivant, Garofolo quitte l'école dont il était un des chefs à Ferrare pour se faire élève à son tour, et vient, âgé de cinquante ans, demander des leçons au jeune Raphaël.

Un tel acte de modestie était d'ailleurs, chez fra Angelico, conforme aux habitudes de toute sa vie. Malgré la réputation qu'il avait acquise, malgré l'affectueuse estime de Côme, qui s'était réservé à San-Marco une cellule où il venait souvent s'entretenir avec lui, il demeurait le plus humble religieux de son couvent. S'adressait-on à lui pour obtenir la promesse de quelque travail, il en référait au prieur, sans la permission duquel il ne commençait jamais rien. Indifférent à la célébrité personnelle et ne voulant que concourir par ses talents au développement de la foi, il ne signait aucun de ses tableaux : peu lui importait que l'œuvre fût louée, pourvu que l'émotion qui l'avait fait naître se communiquât au spectateur. Aussi comme le procédé disparaît dans ces productions de l'âme ! comme on y sent avant tout la prière et pour ainsi dire les tremblements de la ferveur ! Il est de tradition à San-Marco que fra Angelico s'agenouillait pour peindre les figures du Christ et de la Vierge, et que, s'absorbant dans une contemplation idéale, il entrevoyait à travers ses larmes le type que retraçait sa main. Vraie ou non, la tradition est vraisemblable. C'est à genoux que ces peintures paraissent avoir été faites ; et, si calmes au premier aspect, si réservés que soient les dehors de l'expression et le style, le tout, au fond, a je ne sais quoi de pénétrant et d'agité qui vibre comme l'accent de la passion, comme le cri sorti du cœur.

Le pape Eugène IV, qui, lors du concile tenu à Florence, s'était arrêté deux jours au couvent de San-Marco, voulut que le Vatican s'enrichît des œuvres du pinceau qu'il avait admiré, et il appela à Rome fra Angelico, en le chargeant de décorer de fresques sa chapelle particulière. L'artiste quitta aussitôt ces murs qu'il avait illustrés et que, cinquante ans plus tard, fra Bartolommeo acheva de consacrer par de nouveaux chefs-d'œuvre ; il dit adieu à saint Antonin, à ses frères, qu'il ne devait plus revoir, et se rendit aux ordres du souverain pontife. A peine arrivé à Rome, il se mit au travail, et afin d'en abréger la durée, il employa pour la première fois le secours d'une main étrangère. L'habileté de la sienne n'avait pas faibli cependant ; mais il fallait complaire aux désirs impatients d'Eugène IV, pressé de jouir d'une œuvre dont il ne lui fut pas donné d'ailleurs de voir l'achèvement. Ce fut donc avec l'aide de son élève Benozzo Gozzoli que fra Angelico peignit cette suite de sujets tirés de la vie de saint Laurent et de la vie de saint Etienne qui ornent la chapelle dite de Nicolas V, parce qu'elle ne fut terminée que sous le pontificat de celui-ci.

Cette chapelle est voisine des célèbres *stanze* où Raphaël

apparaît dans l'éclat de sa puissance et de sa gloire, et que tout voyageur s'empresse de visiter à l'exclusion de ce qui les entoure. Il n'est pas juste pourtant que ces peintures du maître par excellence en fassent négliger d'autres plus modestes, mais bien dignes aussi d'attention et d'étude. D'ailleurs sacrifier absolument fra Angelico à Raphaël, c'est se montrer plus dédaigneux que Raphaël lui-même, puisqu'il lui arriva plus d'une fois d'emprunter des inspirations au peintre de San-Marco, emprunts soigneusement dissimulés, il faut le dire, et que le grand artiste ne tentait qu'avec une réserve prudente. En butinant quelque peu dans les œuvres de fra Angelico, Raphaël n'a jamais osé aller jusqu'à ces larcins manifestes qu'il a commis envers d'autres peintres moins capables de se défendre ; il savait trop bien que, contrairement à la morale sociale qui réprouve un larron avec moins de rigueur qu'un meurtrier, il faut dans les beaux-arts ôter la vie aux gens qu'on vole.

Fra Angelico avait apporté à l'exécution des travaux commandés par le pape une telle assiduité, qu'il n'avait pas voulu les interrompre même pendant la saison des fièvres, auxquelles on est plus exposé au Vatican que dans tout autre quartier de la ville. Sa santé, profondément altérée par cette application excessive, exigeait qu'il allât chercher sinon du repos, au moins un air plus pur : après la mort d'Eugène IV il se rendit à Orvieto pour peindre une chapelle dans la magnifique cathédrale que tous les artistes éminents étaient alors appelés à décorer. Fra Angelico, d'ailleurs, en restant à Rome, eût-il été sûr de trouver chez le successeur d'Eugène IV la protection toute particulière dont l'avait honoré celui-ci? Le nouveau pontife, il est vrai, se nommait Nicolas V, et les peintres, comme les savants et les poëtes, devaient être, on le sait, les bienvenus auprès de ce Léon X du quinzième siècle ; mais le protégé du dernier pape pouvait croire que le temps de la faveur était passé pour lui, tant cette faveur avait été éclatante et diversement signalée. Eugène IV, en effet, ne s'était pas contenté de témoigner une estime sans réserve pour les talents du peintre : celle que lui inspiraient les vertus du religieux s'était traduite en plus d'une occasion par des actes non moins significatifs. Un jour même, dit-on, le souverain pontife songea à revêtir de la dignité d'archevêque de Florence l'artiste dominicain, et celui-ci, détournant sur l'un de ses frères les effets de cette haute bienveillance, obtint à force d'instances que saint Antonin fut appelé à ce siége que lui-même ne se jugeait pas digne d'occuper [1].

Pendant le court séjour que fra Angelico fit à Orvieto, il peignit à fresque quelques compartiments dans les voûtes de la chapelle dont les murs furent un peu plus tard décorés par Luca Signorelli. Rappelé à Rome par Nicolas V, il termina ses travaux du Vatican, en entreprit d'autres dans une partie du palais qui n'existe plus aujourd'hui; puis, usé par les fatigues et la maladie, il languit quelques mois et mourut, à l'âge de soixante-huit ans, au couvent des dominicains de Santa-Maria della Minerva. Il n'avait formé que peu d'élèves, et deux seulement semblent avoir cherché à perpétuer sa manière, si tant est qu'on puisse appeler manière ce qui fut chez lui l'expression presque involontaire du sentiment. L'un, Benozzo Gozzoli, aida de ses conseils Léo-

[1] Le P. Marchese, sans nier ouvertement ce fait, le regarde comme douteux, en dépit des affirmations de Vasari. Ce qui reste certain, c'est que la proposition, si elle fut faite, vint d'Eugène IV et non, comme le dit Vasari, de Nicolas V. Le simple rapprochement des dates prouve l'erreur de l'historien. Saint Antonin devint archevêque de Florence en 1446, par conséquent sous le pontificat d'Eugène IV, Nicolas V n'ayant été élu qu'en 1447.

nard de Vinci, et dut lui transmettre, outre ses propres enseignements, les enseignements qu'il avait reçus : en sorte que, rattaché par une tradition de suavité et de grâce au peintre de San-Marco, l'immortel auteur du *Cénacle* ajoute une nouvelle gloire au nom de celui qui se trouve ainsi avoir été son maître par delà le tombeau ; l'autre, Gentile da Fabriano, travailla longtemps à Florence, à Rome et à Venise, où il donna des leçons à Jacopo Bellini, père et maître de Jean. Celui-ci eut à son tour pour élèves Giorgione et Titien. On peut donc dire que l'école vénitienne, bien qu'elle démente singulièrement son origine par le caractère de ses œuvres, procède en ligne directe de fra Angelico.

La gloire qui avait environné fra Angelico sembla d'abord devoir lui survivre. Elle reçut même une consécration nouvelle du titre de *beato* qu'on ajouta à ce nom vénéré ; toutefois quelques années s'étaient écoulées à peine que l'on commençait à ne garder du *bienheureux* d'autre souvenir que celui de ses vertus. En vain l'épitaphe de Santa-Maria della Minerva célébrait son génie en le comparant, assez malencontreusement il est vrai, au génie d'Apelles ; dès la fin du quinzième siècle, on en était venu à dédaigner presque les tableaux qui avaient inspiré ces éloges. Un peintre poëte, dont on a, du reste, à peu près oublié aujourd'hui les poésies et les tableaux, mais qui eut le bonheur d'être le père de Raphaël, Giovanni Santi ou Sanzi, dans son panégyrique de Frédéric, duc d'Urbin, qualifie simplement de « religieux ardent au bien » l'artiste que vingt ans auparavant un autre poëte n'hésitait pas à rapprocher de Cimabué et de Giotto [1]. Puis, lorsque parurent les grands peintres du

---

[1] Domenico da Corella, dans son poëme héroïque *De origine urbis Florentiæ* :

> Angelicus pictor. . . . .
> Nomine non Iotto, non Cimabue minor.

seizième siècle, l'attention publique acheva de se détourner des maîtres de l'ancienne école. Les brillantes nouveautés qui venaient de se produire devinrent la proie d'une foule d'imitateurs qui travaillèrent à exagérer, dans leurs pédantesques copies, les formes du style inventé par Michel-Ange, à substituer partout l'affectation au naturel, l'étalage du procédé à l'expression du sentiment, et le faste de la manière à la sincérité de la pensée. A cette époque moins que jamais, fra Angelico devait trouver des admirateurs; il en rencontra un pourtant parmi les plus effrontés apôtres de cet art matérialiste. Vasari, oubliant que sa plume démentait ici son pinceau, se prit de zèle pour la simplicité et la grâce personnifiées en fra Angelico, « talent merveillleux, écrivait-il, et qu'on n'a jamais assez loué; » après quoi le biographe retournait à ses tableaux et continuait de tout son cœur à populariser le faux goût. Il y réussit mieux qu'à remettre en honneur les fresques de San-Marco et les autres peintures du doux maître.

A partir du dix-septième siècle, ces beaux ouvrages tombèrent dans un discrédit si complet, que beaucoup d'entre eux furent altérés sans scrupule par ceux-là mêmes qui auraient dû les conserver avec le plus de respect. Ainsi, dans ce couvent de Florence que fra Angelico avait enrichi de tant de chefs-d'œuvre, on laissait s'anéantir ou l'on profanait ces précieuses reliques. Pourquoi, soit dit en passant, le P. Marchese, après avoir si justement déploré les mutilations qu'a subies la fresque de la salle du chapitre au temps de l'occupation française, n'accuse-t-il pas aussi le badigeon qui, à une autre époque, a envahi la partie inférieure de la *Transfiguration*, et le fâcheux pinceau auquel on a livré, pour les rajeunir, dix ou douze autres fresques des cellules? Avant d'être insulté par les vandales du dehors, fra Angelico, il faut en convenir, n'avait guère été mieux traité par ses compatriotes ; l'auteur des *Mémoires* oublie un peu trop de signaler ce fait. Quand il mentionne, par exemple, certain projet de champ de manœuvre imaginé par quelques officiers français et tendant à raser le couvent de San-Marco, il raille fort l'ignorance « des barbares venus pour civiliser l'Italie. » Rien de mieux ; mais était-il moins *barbare*, ce Paul III qui, au lieu de s'en tenir à l'intention, détruisait, au Vatican, toute une chapelle peinte par fra Angelico et la remplaçait par un escalier? A-t-on fort bonne grâce à se montrer si sévère lorsqu'on n'est pas soi-même à l'abri des reproches, lorsqu'on a devancé l'étranger dans la voie de l'injustice, et qu'on a tant tardé à le suivre dans celle des réparations? Qui sait même? Sans les exemples donnés par l'Allemagne et par la France, peut-être l'indifférence pour fra Angelico et les maîtres de l'école primitive durerait-elle encore en Italie. Il est certain du moins que les Italiens ont été les derniers à proclamer leur admiration pour ces nobles maîtres, et si le mouvement qui s'opère aujourd'hui en Toscane, dans l'art et dans la critique, a le mérite de l'à-propos, à coup sûr on ne lui reconnaîtra pas le caractère d'une révolution spontanée.

Au surplus est-ce bien d'une révolution qu'il s'agit, et ce mouvement, si faible encore, doit-il aboutir à une régénération complète de l'école? Il faut souhaiter qu'à Florence artistes et écrivains secouent résolûment le triste joug qu'ils acceptaient naguère ; mais jusqu'à présent on peut craindre qu'il n'y ait au fond de leurs tentatives une arrière-pensée d'éclectisme favorable en même temps aux fausses doctrines de l'art moderne et aux principes de l'art ancien. Or, on ne peut servir à la fois les dieux de MM. Benvenuti et Sabatelli et le dieu de fra Angelico ; on ne saurait promener son admiration des maîtres du quinzième siècle à M. Bezzuoli sans perdre, chemin faisant, tout sentiment du juste. Le tort des nouveaux réformateurs est leur timidité. Ils commencent à renaître à la vraie foi, mais ils n'osent pas encore lancer l'anathème, et pourtant si jamais erreurs durent être hautement condamnées, ce sont celles qui ont régi l'art toscan depuis le commencement du siècle et relégué presque au dernier rang l'école qui remplissait autrefois le monde de sa gloire.

A Munich, à Paris, plus récemment à Londres, les peintres qui ont pris pour modèles les maîtres italiens primitifs, et particulièrement fra Angelico, se sont, nous l'avons dit, abandonnés sans réserve à leur zèle, et tout d'abord l'imitation absolue de la vieille manière florentine a été érigée par eux en système : système dangereux, puisqu'il tend à remplacer l'inspiration personnelle par des inspirations de seconde main, la naïveté sincère par l'affectation de la naïveté, et le sentiment par l'archéologie, mais qui du moins a cela de bon, qu'on ne peut se méprendre sur le sens et la portée de l'entreprise. A Florence, la réaction en est encore à l'état de symptôme et ne s'est manifestée que dans quelques ouvrages où l'on reconnaîtrait plus de bonne volonté que de détermination, des aspirations plutôt que des principes. Ceux des peintres qui auraient la meilleure envie, au fond, de rompre avec la tradition moderne semblent s'effrayer de leur révolte et ne viser à rien de plus qu'à une sorte de compromis entre le style académique et le style des œuvres du quinzième siècle.

On peut voir un spécimen de cette manière ambiguë dans les tableaux peints par M. Louis Mussini, directeur actuel de l'Académie de Sienne. Le talent de M. Mussini est sérieux, bien intentionné, sans nul doute, et beaucoup plus digne d'estime que la chétive habileté des *professori* florentins ; mais, tout en procédant des exemples des anciens maîtres, ce talent n'accuse pas très-franchement son origine. Si l'on prétend remettre en honneur ces exemples, trop longtemps méconnus, il faudrait d'abord les suivre soi-même sans tergiversation, sans scrupule, et ne pas renier en partie les croyances qu'on veut inspirer aux autres. Nous ne demandons ni à M. Mussini ni à ceux de ses compatriotes qui cherchent, comme lui, à restaurer le culte des vieux chefs-d'œuvre, nous ne demandons à personne de peindre des pastiches : tâche peu honorable pour les copistes, et le plus souvent désavantageuse aux modèles. Nous voudrions seulement que les nouveaux convertis avouassent plus courageusement leur croyance, qu'ils ne s'en tinssent pas à des velléités de réforme, à des témoignages équivoques de leur aversion pour le mal et de leur ardeur pour le bien. Un chef qui saurait persuader ces esprits un peu indécis et les rassurer en se compromettant le premier achèverait de déterminer et activerait bientôt le mouvement qui s'opère à demi dans l'école toscane ; malheureusement ce chef n'a pas surgi encore, et les jeunes peintres, ne trouvant pas à s'abriter sous une autorité vraiment forte, se contentent de tâter l'opinion, au lieu de la conquérir et de la maîtriser. Parmi les sculpteurs du moins, un homme existait, il y a quelques années, autour de qui pouvaient se grouper les talents nourris de principes étrangers au classicisme contemporain. Bartolini, grâce à la haute situation qu'il avait su se faire, était en mesure d'encourager et de diriger vers un même but les tentatives isolées : aujourd'hui encore le statuaire siennois, M. Dupré, quoique très-inférieur à Bartolini, aurait jusqu'à un certain point le droit de prendre cette attitude de maître ; mais en peinture qu'y a-t-il eu et qu'y a-t-il? Le seul peintre qui ne craigne pas de refuser toute concession aux exigences académiques, le seul qui se propose ouvertement de renouer la tradition de fra Angelico, M. Marini, produit trop peu pour que ses travaux aient sur la marche de l'école une action décisive, et, il faut le dire aussi, la science n'est pas toujours chez lui au niveau des intentions. Plus convaincu qu'aucun de ses compatriotes, il n'a pas sur eux une grande supériorité de talent, et bien que les *madones* qu'il a peintes attestent un sentiment pur, un respect profond pour les conditions spiritualistes de l'art, elles trahissent trop souvent l'insuffisance de la pratique et l'irrésolution de la main. La place que M. Mussini n'a pas prise encore, faute de décision et de principes très-fixes, M. Marini l'occuperait, si l'habileté de son pinceau égalait le radicalisme de ses opinions; diversement incomplets l'un et l'autre, ces deux artistes ne peuvent aspirer au rôle de réformateurs souverains. Ils participent avec honneur à la réaction commencée, ils contribueront peut-être à son succès, mais ils ne semblent pas appelés à exercer sur l'art une influence principale, et à le régénérer par la seule puissance de leur initiative.

On peut donc dire que l'école de peinture en Toscane est seulement disposée à entrer dans une voie meilleure. En dépit de quelques essais relativement hardis, elle attend que le goût général l'autorise à étudier de plus près les œuvres de fra Angelico et l'art au quinzième siècle; jusqu'à présent, elle n'a voué à ces œuvres qu'une admiration assez timide et un amour un peu distrait. L'école de gravure, au contraire, n'hésite pas à concentrer sur elles toute son attention, puisqu'elle reproduit, de préférence au reste, des tableaux qui, il y a quelques années à peine, paraissaient indignes d'occuper le burin. Raphaël, qui n'avait cessé à aucune époque d'inspirer les graveurs, Raphaël lui-même semble dépossédé de ses privilèges, ou, si l'on songe encore à transporter sur le cuivre quelques-unes de ses compositions, on choisit celles qui, par le fond des tendances et par le style, rappellent le plus directement la manière des peintres primitifs : la *Vierge au Chardonneret*, par exemple, récemment gravée par M. Nocchi, et la fresque de Sant'Onofrio, si opportunément retrouvée aux premiers jours de la réaction, si bien faite pour servir du même coup la gloire du grand artiste et la cause de ses aïeux. La planche à laquelle travaillait M. Jesi, et que la mort de cet habile graveur a laissée inachevée, devait clore dignement la série des estampes d'après les maîtres du quinzième siècle. Elle eût été la conclusion et le couronnement d'une œuvre dont la *Galerie de l'Académie* est en quelque sorte la préface, et le *Couvent de San-Marco* le début : début qu'il faut encourager, parce que, malgré certaines imperfections assez graves, il ouvre à l'art du burin une route nouvelle et l'isole des influences fâcheuses qu'il subissait depuis Morghen. Certes il serait malaisé, en traduisant fra Angelico, de se laisser aller aux séductions de la *manœuvre*, de trouver dans ces contours si subtilement tracés, dans ce modelé si délicat, un prétexte pour entre-croiser des tailles à outrance ou pour faire montre de *beau grain*. Ici, tout ce qui tendrait à accuser le procédé doit être au contraire écarté avec un soin scrupuleux. Le travail aura le caractère d'un dessin sur cuivre plutôt que le caractère d'une gravure, à proprement parler ; mais, si simple en apparence que soit une pareille tâche, il faut, pour la remplir, allier à la sûreté du goût la finesse du sentiment, et savoir s'abstenir, dans l'exécution, d'une curiosité minutieuse aussi bien que d'un mode d'interprétation trop large. Les planches qui accompagnent le texte du P. Marchese satisfont-elles à toutes ces conditions? Nous ne le pensons pas, et pourtant, eu égard à la difficulté de l'entreprise, elles méritent des éloges sérieux.

Les fresques de San-Marco, telles qu'on les retrouve dans les pièces gravées par MM. Livy, Chiossone et autres élèves ou collaborateurs de M. Perfetti, ont perdu sans doute beaucoup de leur beauté intime : elles ne permettent de saisir que la partie pour ainsi dire extérieure du génie de fra Angelico, et ne révèlent plus tous les secrets de son âme ; mais peut-on exiger des lentes évolutions d'un instrument rebelle le jeu libre et l'allure rapide du pinceau? Peut-on surtout demander à une œuvre de seconde main de nous rendre au vif l'émotion ressentie par l'auteur de l'œuvre originale, et n'est-ce pas quelque chose que d'avoir reproduit sans altération fort sensible la physionomie générale et les formes de celle-ci? Les estampes d'après les fresques de San-Marco ont au moins ce mérite de fidélité matérielle. Les artistes qui les ont gravées, quelques autres encore, au premier rang desquels il convient de citer M. Buonajuti, semblent vouloir prendre pour objet à peu près unique de leurs travaux les tableaux de fra Angelico : dans l'intérêt de leur talent comme dans l'intérêt du maître et de l'art lui-même, il faut désirer qu'ils ne renoncent pas à ce projet. A mesure que l'étude des modèles qu'ils ont choisis leur deviendra plus familière, ils ajouteront à l'habileté qu'ils possèdent déjà un instinct plus pénétrant du sens secret de ces modèles ; ils populariseront, au grand profit de tous, des ouvrages trop peu connus jusqu'ici et de bien nobles enseignements.

Si les peintures de fra Angelico retrouvent en effet la popularité qui leur est due, la gravure aura puissamment contribué à ce progrès du goût, mais les écrits du P. Marchese y auront eu aussi une part considérable. L'auteur des *Mé-*

moires et du *Couvent de San-Marco* n'a pas seulement voulu rassembler quelques documents authentiques et faire justice, preuves en main, des erreurs où étaient tombés les biographes de fra Angelico; il a cherché encore à déterminer les traits principaux et les qualités essentielles de ce chaste génie. On doit regretter, nous l'avons dit, qu'il n'ait pas accompli jusqu'au bout cette seconde partie de sa tâche, et qu'il ait été parfois beaucoup trop succinct dans ses aperçus; il faut reconnaître néanmoins qu'en rapportant les faits il ne s'est pas toujours interdit les considérations générales ou les appréciations de détail. Cette méthode d'exposition mérite d'être signalée, parce qu'elle est à peu près contraire à la méthode suivie jusqu'ici par les compatriotes du P. Marchese. Chose étrange, en effet, les Italiens, qui ne pèchent pas d'ordinaire par excès de réserve dans l'expression de leurs sentiments et par le laconisme du style, semblent se départir complétement de leurs habitudes quand ils écrivent sur l'histoire de l'art. On dirait qu'ils craignent d'émettre leur opinion, et qu'au lieu de définir les divers caractères du talent, ils se proposent seulement d'en cataloguer les œuvres.

Les écrits du P. Marchese laissent voir une ambition plus haute, et l'on ne peut qu'applaudir à cette tendance nouvelle, à ces efforts pour éclairer le récit des lumières de la critique : efforts réels, quoique timides encore, et non sans influence peut-être sur la marche de l'école, mais qui auraient eu une utilité plus positive, si l'auteur avait ouvertement rattaché au temps présent l'étude qu'il a faite sur le passé. On devine l'intention secrète du P. Marchese sous la réserve de son langage. Il est permis de supposer que cet hommage à la mémoire d'un grand peintre est aussi une forme de critique à l'adresse des peintres contemporains ; mais pourquoi laisser seulement pressentir ce qu'il importait de dire en termes précis, dans l'intérêt de tous ? pourquoi ces conseils détournés et ces encouragements indirects ? N'y avait-il pas une conclusion à tirer de l'analyse des travaux de fra Angelico ? En traitant de cette gloire que trois siècles d'oubli n'ont pu détruire et qui renaît aujourd'hui plus radieuse que jamais, n'était-il pas à propos de nous rappeler que si les formes de l'art peuvent et doivent varier en raison des idées, des institutions et des mœurs de chaque époque, les principes et le fond même de l'art sont immuables ? Ni les turbulents succès des imitateurs de Michel-Ange, ni l'éclectisme des Carrache, ni les tentatives des *naturalisti*, ni les systèmes les plus absolus et les plus adoptés par la mode, n'ont réussi à changer les conditions de beauté et de durée dans les œuvres de la peinture : il n'y a que l'idéal qui les fasse vivre ; c'est à ce titre que les tableaux de fra Angelico subistent, et qu'ils resteront pour les artistes des exemples immortels. Puisse-t-on à Florence achever de comprendre en quoi ces exemples obligent ! puisse la vieille tradition florentine se réhabiliter dans l'esprit de tous, et le zèle de ceux qui essayent de la remettre en honneur ne pas demeurer infécond ! Si les écrits du P. Marchese n'accusaient qu'une activité intellectuelle se rejetant en arrière pour se donner un objet, il n'y aurait lieu de voir dans de pareils travaux, quelque estimables qu'ils soient, qu'une tendance purement scientifique, sinon même un caprice d'érudit : on ne saurait compter beaucoup, dans l'intérêt de l'art moderne, sur les résultats de ce retour accidentel vers les choses d'autrefois ; mais comme ils semblent, à côté d'études spéculatives, révéler une arrière-pensée pratique ; comme, en outre, la publication de ces ouvrages coïncide avec un mouvement de l'école pour sortir de l'ornière où elle se traîne depuis si longtemps, on a quelque droit d'espérer qu'ils seconderont l'espèce de renaissance qui se prépare, et qu'à défaut d'une réforme complète ils introduiront du moins dans les habitudes actuelles de l'art florentin une réforme partielle et un progrès.

IV

LES ARTS ET LES LETTRES A LA COUR DES DUCS D'URBIN.

L'art italien aux quinzième et seizième siècles a été l'objet de tant d'études et de travaux successifs, qu'il semble à peu près impossible d'ajouter quelque chose à la somme des renseignements que l'on possède. Ce n'est cependant qu'en l'envisageant dans son ensemble que l'on peut croire ce sujet épuisé, et si les points essentiels en ont été suffisamment éclaircis, quelques-unes de ses particularités les plus curieuses demeurent encore assez obscures. Ainsi l'on n'a jamais fort nettement attribué aux souverains des petits Etats de l'Italie la part qui leur revient dans les progrès accomplis à l'époque de la renaissance. Les histoires générales n'assignent point de place parmi les promoteurs de cette grande révolution intellectuelle aux Malatesta de Rimini, aux Gonzague de Mantoue, aux Montefeltro d'Urbin, et les noms de ces hommes, qui favorisèrent de tout leur pouvoir le développement des arts, figurent presque uniquement dans l'exposé des ligues politiques ou dans le récit des guerres contemporaines. En parcourant les biographies des poëtes et des peintres, on les trouve, il est vrai, cités avec honneur, mais de loin en loin et sans qu'on s'y arrête, tandis que les Médicis sont glorifiés à chaque page et paraissent seuls mériter l'attention. Certes, la famille à laquelle appartiennent Côme, Laurent et Léon X est plus illustre qu'aucune autre ; il n'en est pas qui ait plus puissamment dirigé la marche de la civilisation moderne en Italie : si heureux toutefois qu'aient été ses efforts, il ne faut pas y voir une impulsion isolée, et l'on serait aussi peu autorisé à réclamer pour les Médicis le monopole du goût et des encouragements efficaces qu'à leur refuser le premier rang parmi les protecteurs des arts. A leur suite, sinon à côté d'eux, il est juste de placer plusieurs seigneurs des Etats voisins de la Toscane, et les princes des deux dynasties qui régnèrent sur le duché d'Urbin sont peut-être ceux qui présentent le plus de titres et les droits les mieux établis.

Au milieu des troubles auxquels l'Italie fut livrée depuis le quinzième siècle jusqu'au dix-septième, troubles qu'ils ne suscitèrent jamais, dont ils furent quelquefois les modérateurs et souvent les victimes, les ducs d'Urbin se transmirent, comme une tradition héréditaire, l'amour des lettres, des sciences et de tous les travaux de l'esprit. Quelques-uns d'entre eux ajoutèrent à ces nobles inclinations la gloire militaire : tous gouvernèrent leur peuple avec sagesse et loyauté. Cependant, malgré tant de souvenirs honorables attachés à leurs noms, les ducs d'Urbin n'avaient pas trouvé d'historien. Même dans leur pays, il ne s'était rencontré que quelques biographes, et les travaux, très-recommandables d'ailleurs, de Muzio, de Leoni, de Baldi, ne nous font guère connaître que quelques pages de l'histoire des maisons de Montefeltro et della Rovere. Il appartenait à un écrivain étranger de nous la donner complète. A force de soins et de recherches patientes, M. Dennistoun a réussi à rassembler les documents épars dans une multitude de livres ou dans des manuscrits ignorés, et il en a composé, sous le titre modeste de *Mémoires*, une véritable histoire des ducs d'Urbin.

Bien que les événements politiques auxquels ces princes se trouvèrent mêlés aient surtout préoccupé M. Dennistoun et constituent le fond même de son livre, les détails relatifs à des événements d'un autre ordre y tiennent encore assez de place pour mettre en relief sous tous ses aspects l'influence exercée en Italie par les cours d'Urbin et de Pesaro. M. Dennistoun a donc fort élargi une voie à peine frayée par ses prédécesseurs. Si nous évitons de l'y suivre pas à pas en la parcourant à notre tour, si nous insistons sur plusieurs points qu'il a voulu seulement reconnaître, c'est que nous nous proposons de ne juger dans l'histoire des ducs d'Urbin que les faits où les arts et les lettres se trouvent directement intéressés ; nous ne ferons qu'analyser les autres, sans prétendre les examiner tous, et seulement pour rendre intelligibles certaines circonstances qui se rattachent à la vie ou aux travaux des écrivains et des artistes. S'il s'agissait des Médicis, un pareil procédé serait insuffisant. Les moyens dont ils usèrent pour établir leur domination, leurs intrigues pour l'étendre ou la consolider, tout, jusqu'aux guerres qu'ils entreprirent, est si intimement lié à leur action sur l'art italien, qu'il semble impossible de séparer leur rôle de Mécènes de leur existence politique. Les excès de malheur et de crime auxquels la fatalité les condamne, ces horribles tragédies de famille qui s'accomplissent au fond de leur palais, jettent d'ailleurs sur le règne des descendants de Côme un éclat sinistre, un reflet de la destinée des Atrides. La physionomie des ducs d'Urbin, beaucoup moins imposante sans doute, a plus d'unité, de sérénité et de charme. Aucun de ces princes ne fut, à proprement parler, un grand homme ; mais leur gloire plus humble est pure de ce mélange de vices qui souille la gloire des Médicis. Dans le domaine des arts, bien d'autres points de dissemblance se révèlent entre les deux familles. L'une disposait de ressources immenses, et son opulente protection n'avait qu'à seconder le développement du génie sur un sol favorisé où il germait de lui-même ; l'autre eut d'abord tout à créer, et, avec une autorité et des richesses infiniment plus restreintes, elle parvint à faire d'un peuple à demi barbare une colonie d'artistes et d'érudits. Les goûts raffinés des ducs d'Urbin donnent à cette race d'amateurs et de bibliophiles couronnés un caractère d'autant plus digne d'étude, qu'il se retrouve tout entier dans les œuvres écloses sous leur douce influence. Rarement ces œuvres portent l'empreinte de la force et de la grandeur ; mais, depuis les écrits de Bembo et de Castiglione jusqu'aux poésies de Guarini, elles respirent la grâce et l'exquise élégance. Veut-on de plus illustres exemples ? Deux noms résument la diversité des tendances qui régnèrent à Florence et à Urbin. Les impérieuses créations de Michel-Ange ne sont pas sans analogie avec l'absolutisme et la fierté des Médicis ; la perfection harmonieuse de Raphaël rappelle au contraire la puissance bienfaisante et l'éclectisme savant des princes de Montefeltro.

Il serait d'ailleurs assez difficile de cheminer sur les traces de M. Dennistoun dans la voie un peu incertaine où il s'est engagé. Il lui arrive plus d'une fois de perdre de vue le but qu'il s'est proposé en y entrant ; de peur de rien omettre, il se laisse distraire par les objets environnants et se détourne volontiers pour les regarder de près et les décrire. Ces digressions fréquentes embarrassent le récit et jettent quelque confusion dans la classification des faits. Ainsi la conjuration des Pazzi, le sac de Rome par les troupes impériales, semblent trop complaisamment racontés. De tels événements ne pouvaient assurément être passés sous silence; mais ne suffisait-il pas d'en indiquer la corrélation avec les phases diverses de l'histoire des ducs d'Urbin? Ailleurs, au milieu de l'énumération des peintres d'Urbin, une longue page est consacrée à fra Angelico da Fiesole, qui ne se rattache à ces artistes que par sa liaison avec l'un d'entre eux, liaison fort passagère, du reste, et qu'il était tout au plus nécessaire de rappeler incidemment. On aurait mauvaise grâce à pousser plus loin les critiques et à faire ressortir les imperfections d'un livre qui n'a que le tort d'être trop rempli. M. Dennistoun est allé de lui-même au-devant des reproches. En livrant au public le résultat de ses très-estimables travaux, il ne prétend fournir que des renseignements. Il n'a tracé, dit-il, qu'*une esquisse* (*a sketch having no pretensions to a history*); mais il lui serait facile de convertir cette esquisse en tableau, et d'ajouter, par le sacrifice de quelques accessoires, au relief et à l'éclat des morceaux essentiels.

Ces réserves une fois faites, il n'y a plus qu'à louer l'exactitude scrupuleuse avec laquelle M. Dennistoun a présenté les événements, et l'esprit de justice qui lui a dicté ses opinions sur les hommes. Il n'exagère pas plus l'importance de ses héros qu'il ne cherche à atténuer les vices de quelques personnages voués à l'infamie. Exempt de cette manie de réhabilitation qui, de notre temps, a inspiré plus d'un écrit coupable où le crime est expliqué par les nécessités politiques, et absous en considération de son énormité même, il ne rajeunit pas par des louanges paradoxales les figures vieillies sous les stigmates de l'histoire. César Borgia n'est à ses yeux rien de plus qu'un franc scélérat, et les faits prouvent assez qu'en jugeant ainsi le fils d'Alexandre VI, on ne court pas le risque de méconnaître un grand homme. La lâcheté de Laurent II de Médicis, l'immoralité de l'Arétin, la félonie du connétable de Bourbon, sont flétries comme elles méritent de l'être. En un mot, l'historien des ducs d'Urbin montre le bien et le mal là où ils se trouvent, et où, tout compte fait, la postérité a eu raison de les voir. Il n'écrit pas pour contredire l'opinion, il écrit surtout pour achever de l'instruire, et ce rôle de simple narrateur semble aujourd'hui si peu recherché, qu'il y a lieu de féliciter M. Dennistoun d'y avoir borné son ambition.

I. — DUCS DE LA MAISON DE MONTEFELTRO.

Le duché d'Urbin, formé d'une partie de l'ancienne Ombrie, comprenait à peu près le territoire qui s'étend de la mer Adriatique à la Toscane et de la Marche d'Ancône à Rimini. La maison de Montefeltro, qui régna la première sur ce petit État, tirait son origine des comtes de Carpegna, devenus, vers le milieu du douzième siècle, comtes de Montefeltro. Dans le siècle suivant, les comtes de Montefeltro ajoutèrent à ce titre celui de comte d'Urbin, et l'un d'eux, le comte Guido, fut au nombre des plus célèbres guerriers de son époque. Chef du parti gibelin en Romagne, il avait acquis au dehors une si grande réputation militaire, que les Pisans s'adressèrent à lui pour repousser les guelfes de Florence et de Lucques, et n'hésitèrent pas à le déclarer seigneur de leur ville, afin de s'assurer sa protection. Guido exerça trois ans cette autorité souveraine, et l'on a conjecturé quelquefois qu'Ugolin subit son horrible supplice pendant la durée de sa *seigneurie*. Cependant ni Villani ni

Dante ne mêlent le nom du comte de Montefeltro à ceux des persécuteurs d'Ugolin, et le silence du poëte est surtout significatif ; on ne saurait l'attribuer à un excès d'indulgence : puisqu'un chant tout entier de l'*Enfer* consacre la mémoire des forfaits de Guido, il est permis de supposer, en n'y voyant pas figurer celui-là, que le comte n'y eut point de part, et l'on a bien assez, en ce qui le regarde, des accusations formelles, sans y joindre par surcroît les soupçons.

Après la paix que ses exploits avaient value aux Pisans, Guido, de retour à Urbin, s'était réconcilié avec le pape. Deux fois excommunié, il avait fini par se montrer fils soumis de l'Eglise, et, de peur de rechute, il s'était retiré dans le couvent de franciscains récemment fondé à Assise. Il y faisait pénitence de sa vie passée lorsque Boniface VIII envoya ses troupes assiéger Palestrine. Pour réduire une place aussi forte, le pape avait besoin d'un homme expérimenté ; il vint trouver le vieux moine, et, tout en sollicitant le secours de ses lumières, il commença par lui accorder l'absolution de ce retour vers les pensées mondaines ; mesure prudente et qui leva si bien les scrupules de Guido, qu'au lieu d'un moyen stratégique il en indiqua deux : l'assaut pendant la nuit, ou, ce qui lui semblait plus sûr, les promesses frauduleuses. Des deux avis, Boniface préféra le second. Palestrine se rendit sur la foi de conventions que le pape se garda bien de respecter, et Guido put s'applaudir d'un succès qu'il avait préparé du fond de son cloître. Mais dix ans plus tard Dante immortalisait le crime et les complices, maudissant à la fois « le prince des nouveaux pharisiens » et ce fils de saint François qui avait, « comme le renard, pratiqué toutes les ruses et connu toutes les voies couvertes. »

Pendant plus de cent années, l'histoire des descendants de Guido n'offre qu'une succession de troubles et de luttes tantôt avec les légats des papes, tantôt avec les seigneurs de Rimini. Dépossédés de leurs fiefs, les comtes de Montefeltro ne les recouvrent qu'à la fin du quatorzième siècle. Enfin, vers 1443, le comte Odd'Antonio reçoit du saint-siége le titre de duc d'Urbin. Ce prince, qui ne signala sa courte vie que par des débauches et des cruautés monstrueuses[1], périt assassiné dans son palais, et le peuple d'Urbin appela d'une voix unanime Frédéric, fils naturel du dernier comte, à occuper le trône que la mort d'Odd'Antonio laissait vacant. C'est à partir de ce moment que commence la gloire de la dynastie des Montefeltro, et qu'une ère de civilisation et de progrès s'ouvre pour le duché d'Urbin.

Lorsque Frédéric succéda à son frère, il n'avait encore que vingt-deux ans, et déjà il s'était distingué par plus d'une action d'éclat dans les guerres, presque continuelles alors, entre les papes et les vassaux de l'Eglise. Ses goûts studieux l'avaient, d'autre part, mis en relation avec les savants italiens les plus renommés, et l'un de ceux-ci, Victorin de Feltre, qui tenait à Mantoue une école célèbre, avait compté le jeune prince parmi ses auditeurs les plus assidus. L'éducation publique venait d'être mise à la mode en Italie, grâce aux efforts du marquis de Mantoue. Il arrivait souvent que les fils des nobles et les enfants du peuple se rencontrassent sur les mêmes bancs; mais il n'en allait pas ainsi de l'éducation des princes. Ce fut une nouveauté que de voir

---

[1] Un exemple suffira : un des pages d'Odd'Antonio ayant oublié d'apporter de la lumière à heure dite, le duc, pour que le fait ne se renouvelât pas, fit enduire de poix et brûler le corps du coupable,— le tout sous les yeux de la cour et dans la salle même où il s'était mis à table pour souper.

Frédéric, issu d'une race souveraine et déjà parvenu à l'âge d'homme, suivre en simple écolier les leçons d'un *grammairien*, comme on disait alors assez improprement. Il s'agissait en effet, dans ces cours, de bien autre chose que de grammaire : la théologie, la dialectique, la politique même, servaient de texte aux dissertations des professeurs aussi communément que la science des langues ; et, pour ce qui est de Victorin, Tiraboschi, en parlant de lui, s'étonne qu'il se soit rencontré, dans un siècle encore grossier, un philosophe si clairvoyant, un moraliste si profond. Victorin, d'ailleurs, ne se bornait pas à exposer des théories : il entretenait à ses frais les enfants dont les familles étaient pauvres, et consacrait au soulagement de toutes les infortunes le gain qu'il tirait de ses travaux. Il exerça sur Frédéric la double autorité des enseignements et de l'exemple, et, comme il vécut jusqu'en 1447, on peut supposer qu'il ne fut pas étranger aux premiers actes du règne de son ancien élève. Peut-être les mesures de justice que prit Frédéric à son avénement lui furent-elles inspirées par les conseils de cet homme de bien.

Sous le règne du disciple de Victorin, le pays d'Urbin se trouva pour la première fois soumis à une administration régulière ; les attributions des magistrats furent définies et respectées, les impôts équitablement répartis. Il y avait loin de ce gouvernement paternel au régime d'exactions pratiqué par les légats et les anciens comtes. Aussi ces progrès alarmèrent-ils les seigneurs des Etats environnants. Un homme d'humeur fort opposée à toute réforme libérale, Sigismond Malatesta, se chargea de défendre la cause commune et de couper court aux dangers de la contagion. Dans cette pensée, et un peu aussi dans celle de s'emparer des possessions de son voisin, il organisa contre Frédéric une conspiration qui fut découverte à propos. N'ayant pu réussir à faire assassiner ce prince, il essaya d'un autre moyen pour se débarrasser de lui, et, sans perdre de temps à chercher des prétextes, il lui déclara la guerre : guerre longue et acharnée, féconde en alternatives de toute espèce, au bout desquelles Malatesta fut obligé de rendre les places dont il s'était emparé et de souscrire à une paix honteuse. Sa mort donna lieu à de graves contestations, et sa succession fut vivement disputée. Pour tout autre que Frédéric, l'occasion eût été belle de se venger sur la famille d'un ennemi de tous les maux passés, et de trancher la difficulté survenue entre les seigneurs de Rimini et le saint-siége par l'occupation à son profit du territoire en litige ; mais il ne se laissa pas aller à la tentation, et ce fut au contraire grâce à son entremise que la souveraineté des Malatesta fut rétablie sur Rimini, sur Fano et sur une partie du vicariat de Sinigaglia. Un tel acte de générosité n'était pas dans les mœurs des hommes de ce siècle ; les Médicis, entre autres, n'avaient pas coutume de se montrer aussi désintéressés. Peut-être auraient-ils, comme Frédéric, consenti à laisser la dynastie régnante en possession de l'héritage ; mais, dans ce cas, ils n'auraient pas manqué de mettre un prix à leur clémence et d'enrichir leur trésor ou les galeries de leurs palais de quelques précieuses dépouilles. La magnificence des Médicis ne s'inspira pas toujours de l'amour des beaux-arts ni même des calculs de la politique ; elle ne fut souvent qu'un déguisement de l'avidité, et Pierre Ier, usant d'abord de l'autorité que lui transmet son père pour se rembourser sans miséricorde des avances faites aux clients de sa famille et à ses propres partisans, n'est-il pas fort au-dessous de Frédéric refusant de profiter, à peu près à la même époque, de la ruine de ses ennemis ?

La guerre soutenue contre Sigismond Malatesta n'avait pas duré moins de vingt-quatre ans. Toutefois, il ne s'était pas écoulé un moment de trêve sans que Frédéric en profitât pour continuer à l'intérieur son œuvre de civilisation. Il ouvrait des écoles, élevait des monuments où il accumulait les objets d'art, et formait la célèbre collection de manuscrits et de livres qu'augmentèrent encore ses successeurs, et qui est aujourd'hui l'une des richesses du Vatican. Cette bibliothèque d'Urbin ne fut pas, comme on l'a prétendu, la première bibliothèque publique en Italie. A Florence, Côme de Médicis, à Rome, Nicolas V, en avaient déjà créé de semblables, ou plutôt Nicolas V les avait créées toutes deux[1], et le double catalogue composé par les soins de ce savant pontife guida Frédéric dans les recherches où il apporta toute sa vie l'ardeur d'un érudit et d'un curieux. Plus d'une fois il lui arriva de les poursuivre jusque sur les champs de bataille, — témoin ce jour où, de tout le butin enlevé par son armée à la prise de Volterre, il s'empressa de réclamer pour sa part une Bible hébraïque qu'il emporta précieusement à Urbin. La conquête de ce manuscrit était la seule qu'il fît alors pour son propre compte. En s'emparant de la ville de Volterre, il agissait comme général des Florentins, à la solde desquels il s'était mis, comme il avait été, quelques années auparavant, au service du duc de Milan, puis à celui du roi de Naples. Tel était l'usage de ce temps. — Lorsque les souverains des petits Etats de l'Italie

---

[1] La collection du couvent de Saint-Marc, due à la munificence de Côme, avait été choisie et classée par Thomas de Sarzane, qui, devenu pape sous le nom de Nicolas V, forma la collection du Vatican. C'est donc à lui qu'appartient l'honneur d'avoir fondé ces deux riches bibliothèques, les plus anciennes de l'Italie. Celle des ducs d'Urbin ne fut que la troisième en date.

n'étaient pas en guerre pour défendre leurs droits personnels, ou lorsque leurs finances devenaient insuffisantes, ils ne faisaient pas difficulté de conclure un engagement temporaire avec quiconque pouvait les payer. *Condottieri* de bonne maison, ils vendaient au plus offrant leur dévouement et leur expérience, et, le pacte expiré, il n'était pas rare de les voir se mettre aux gages de l'ennemi qu'ils combattaient la veille. Cette coutume avait bien ses inconvénients. Les campagnes menées de la sorte se prolongeaient indéfiniment, parce qu'on spéculait sur la durée des opérations ou qu'on s'y ménageait avec soin; et, comme des deux côtés les soldats étaient souvent aussi désintéressés que les chefs dans la question qui s'agitait, les rencontres n'étaient pas toujours fort meurtrières. On se rappelle, entre autres, cette journée d'Anghiari, où les troupes mercenaires à la solde de Florence remportèrent la victoire sur les bandes à la solde de Milan : il y périt un seul homme ; encore, s'il faut en croire Machiavel, fut-ce d'une chute de cheval. La mêlée avait duré quatre heures.

Frédéric ne mérite pas les reproches qu'on pourrait adresser à plusieurs condottieri de ce siècle. Jamais il ne traîna la guerre en longueur pour s'épargner les dangers ou les fatigues, et ce fut à sa bonne foi autant qu'à ses succès qu'il dut son élévation et sa renommée. L'année de la prise de Volterre (1472) et les années qui suivent marquent le plus haut point de la fortune de Frédéric. Son retour à Florence, à la suite de cet important fait d'armes, avait eu l'éclat d'une entrée triomphale. Peu après, il recevait de Sixte IV le titre de duc d'Urbin [1], à l'époque même où il fiançait une de ses filles à

---

[1] On a vu qu'Odd'Antonio avait été déjà revêtu de cette dignité. Le

Jean della Rovere, neveu du souverain pontife ; le roi de Naples lui envoyait l'ordre de l'Hermine, le roi d'Angleterre celui de la Jarretière : il était devenu beaucoup mieux qu'un heureux aventurier. On voyait en lui le plus puissant défenseur du saint-siége, le soutien de tous les droits, l'arbitre de tous les différends, depuis les querelles des princes jusqu'aux contestations des érudits, et il faut ajouter que celles-ci n'étaient pas toujours à ses yeux les moins dignes d'intérêt et d'étude. Renfermé dans sa bibliothèque, il passait parfois une journée entière à méditer sur une question littéraire débattue la veille en sa présence, sur quelque passage d'un auteur ancien diversement interprété ; puis, le soir venu, il rassemblait les savants qui vivaient habituellement à sa cour, donnait son avis, qu'on acceptait comme une loi, et, si l'on avait du temps de reste, on soulevait quelque question nouvelle. Lorsque la guerre ne le retenait pas hors de ses Etats, Frédéric consacrait régulièrement plusieurs heures par jour à ces entretiens, qui bien souvent ne roulaient pas sur des sujets fort graves, et qui dégénéraient même en jeux d'esprit un peu puérils. On se réunissait à l'heure de l'*Ave Maria ;* il fallait qu'à minuit la discussion fût close, car le duc était en toutes choses ami de la règle et de la méthode. Dans les cas jugés importants, lorsqu'il s'agissait, par exemple, de trouver « un remède à l'amour [1], » ou

titre de duc ne fut pas transmis à Frédéric avec l'autorité souveraine, et pendant les trente premières années de son règne il fut appelé comte. Odd'Antonio fut donc de fait premier duc d'Urbin, comme Alexandre de Médicis fut de fait premier duc de Florence ; mais les successeurs de ces princes — dont la vie et la mort offrent d'ailleurs une grande analogie — les firent si bien oublier l'un et l'autre, qu'on s'est habitué à regarder les règnes de Frédéric et de Côme Ier comme marquant l'avénement des deux dynasties des ducs d'Urbin et de Toscane.

[1] Un des amis du duc d'Urbin, Battista Fregoso, a composé sur ce

d'établir la supériorité, aujourd'hui suffisamment reconnue, du style de Cicéron sur celui de saint Thomas d'Aquin, on s'exprimait en latin, et chacun des assistants, y compris même la duchesse et ses dames, portait la parole à son tour.

Battista Sforza, seconde femme de Frédéric, était parfaitement capable de prendre part à ces doctes luttes. De bonne heure elle avait fait ses preuves, puisque nous la voyons, âgée de moins de quatre ans, débiter une longue harangue latine à son oncle, le duc de Milan ; répondre, quelques années plus tard, aux discours des ambassadeurs envoyés à son père, et entretenir, au nom de celui-ci, une correspondance active avec les savants de toutes les provinces d'Italie. La mort de la duchesse, survenue au bout de treize ans de mariage, affligea profondément Frédéric ; mais il ne paraît pas qu'elle ait pu le distraire de ses occupations favorites et modifier, même dans les premiers moments, les habitudes de son esprit. Dans une lettre adressée au secrétaire du duc de Milan, qui lui avait écrit à l'occasion de la mort de Battista, lettre conservée à la bibliothèque du Vatican, le duc d'Urbin trouve moyen, au milieu de l'expression de ses regrets, de rendre hommage au talent épistolaire de l'auteur, et il le félicite en connaisseur sur le « brillant » de son style de condoléance. Frédéric, on le voit, n'était pas exempt du travers à la mode : comme les autres lettrés de son temps, il sacrifiait au culte du beau langage jusqu'au sentiment personnel, jusqu'à l'indépendance de la pensée.

D'où venait cette tendance, alors si générale, à l'affecta-

---

sujet un traité curieux, —*Anteros, sive De amore*, Milan, 1496,— dont il existe une traduction française sous ce titre : *Deux livres du contr'amour de messire Fregose, ou Dialogues de Baptiste et Platière contre les folles amours*. Paris, 1581.

tion et au pédantisme? La question mérite bien qu'on y réponde en quelques mots. Au quinzième siècle, l'étude des monuments de l'antiquité, que Côme et Laurent de Médicis avaient les premiers remise en honneur et qui devait, dans le siècle suivant, enfanter des chefs-d'œuvre, n'avait encore inspiré qu'un enthousiasme stérile, qu'une impuissante manie d'imitation. Ce retour vers le passé équivalait pour tout le monde à un progrès définitif, et le but unique semblait être de transporter intacts dans le monde moderne les spéculations et le langage de la philosophie ancienne. A Urbin comme à Florence, comme dans tant d'autres villes qui s'intitulaient, chacune de son côté, l'*Athènes* de l'Italie, la dévotion à l'antiquité devint bientôt de l'idolâtrie. Les noms d'Aristote et de Platon furent les mots d'ordre qui rallièrent toutes les sectes de logiciens ; — les ouvrages grecs ou latins, la loi invariable de la raison et du goût. De là cette ostentation de *classicisme* qui caractérise les productions de la littérature italienne au quinzième siècle, à quelque genre qu'elles appartiennent, morale, histoire ou poésie. De peur de s'écarter des modèles, on ne fit guère que les copier. Bien plus : on épura, sous prétexte d'atticisme, jusqu'aux écrits des Pères de l'Église, et, à force de réagir contre les formes, on finit par attaquer implicitement la doctrine. Le paganisme, qui n'avait été d'abord qu'un caprice élégant, une formule de l'érudition, s'infiltra par l'habitude dans le fond même des croyances. Il faussa les mœurs et la foi de l'époque, comme il en avait faussé l'esprit, et un prélat de la cour d'Urbin, l'évêque de Gubbio, écrivant au pape qu'un de ses parents avait à son lit de mort reçu les derniers sacrements, pouvait, sans scandaliser personne, voir dans cet acte de piété chrétienne un moyen d'*apaiser les dieux.*

C'est cet entraînement de tous les esprits vers l'érudition à outrance et le zèle pédantesque de l'antiquité qu'activèrent singulièrement Frédéric et les savants qu'il avait appelés auprès de lui. Une multitude de traductions dédiées au duc d'Urbin, à l'instigation duquel elles avaient été entreprises, attestent son ardeur à propager le goût des ouvrages classiques. Quelques-unes attestent aussi l'esprit d'adulation des traducteurs, et la dédicace que Marsile Ficin a placée en tête de la *République* de Platon peut être choisie entre autres comme spécimen du genre. L'écrivain, un des beaux-esprits de l'époque, suppose que Jupiter, las de voir les façons d'agir des humains, voulut mettre ordre aux affaires de ce monde et rappeler ceux qui le gouvernaient au respect de leurs devoirs. Il résolut donc de leur donner un modèle formé de sa propre main ; puis, son œuvre accomplie, il assembla les dieux et la leur présenta, ajoutant qu'il avait jugé bon de la nommer (non sans quelque négligence grammaticale) : *Fidem regum orbinatem ducem*, c'est-à-dire, ou à peu près : Bonne foi royale, guide de l'univers. Les habitants de l'Olympe applaudirent aux intentions de Jupiter, et, comme ils ne se piquaient pas d'être puristes, ils trouvèrent le nom bien choisi ; après quoi, l'être dans lequel s'était incarnée la volonté céleste fut dépêché vers la terre. Il y vécut fidèle à son origine et à sa mission ; seulement il n'y conserva pas dans son intégrité première ce nom reçu des dieux, et *Fidem regum*, etc., devint, selon Marsile Ficin, *Federigo Urbinate duca*. Peut-être cette fiction, par trop ingénieuse, fit-elle réfléchir Frédéric sur le danger des interprétations, et lui inspira-t-elle une juste défiance de l'exactitude des traducteurs en général. Ce qui est certain, c'est que bientôt il n'excita plus personne à traduire les chefs-d'œuvre de l'antiquité grecque. Il voulut que ses sujets pussent les lire dans le texte même, et il attira à Urbin deux Grecs fugitifs, qui y ouvrirent chacun une école. Quant au latin, il en avait fait depuis longtemps la base de l'éducation publique, et l'usage de cette langue était devenu si général, que, même pour écrire une lettre familière, on ne se servait plus de l'italien.

Les travaux scientifiques et littéraires ne furent pas l'unique objet de l'ardente sollicitude de Frédéric. Le célèbre architecte siennois Francesco di Giorgio nous apprend qu'en 1475 il était à lui seul chargé de la construction de cent trente-six édifices sur le territoire du duché, occupations auxquelles se joignaient des soins d'un autre genre; car le duc, selon sa coutume de tout résumer en préceptes, n'avait eu garde d'employer un pareil homme sans lui recommander d'écrire un traité sur son art. Les palais d'Urbin, de Cagli et de Gubbio s'enrichirent de sculptures dues, pour la plupart, au ciseau d'artistes florentins, de bronzes, de marbres antiques et (ce qui était alors un luxe presque sans exemple) d'une collection complète d'instruments de musique. La peinture ne pouvait être moins protégée que les autres arts; mais, comme l'architecture et la statuaire, elle fut pratiquée, sous le règne de Frédéric, par des hommes nés pour la plupart en dehors des Etats de ce prince. L'école d'Ombrie se formait à peine, et le moment n'était pas venu encore où le nom d'Urbin allait être inséparable de celui du peintre par excellence. Il importe cependant de voir ce qu'étaient ces prédécesseurs de Raphaël, et d'observer quelques-unes des œuvres qui devaient attirer ses premiers regards.

Il ne paraît pas que les anciens comtes de Montefeltro aient jamais eu le loisir ou la volonté de favoriser les progrès de l'art que Cimabué et Giotto venaient de régénérer en

Italie. Vers la fin du treizième siècle, un peintre de Gubbio, le miniaturiste Oderigi, s'était acquis pourtant une grande renommée ; mais aucun de ses ouvrages ne subsiste aujourd'hui, et l'on est obligé de croire Dante sur parole, lorsqu'il chante celui « qui fut la gloire de Gubbio, la gloire de l'art qu'on appelle à Paris *enluminure* [1]. » Depuis cette époque jusqu'à celle où Frédéric monta sur le trône, les peintres qui travaillaient à Urbin ou dans les villes environnantes ne s'élevèrent pas au-dessus de la médiocrité. Seul, Gentile da Fabriano mérite d'être honorablement cité, et sans partager, tant s'en faut, l'opinion de M. Dennistoun, qui compare presque ses tableaux à ceux de fra Angelico, on ne peut refuser à cet artiste de l'élégance, de la finesse et un goût d'exécution original. Frédéric avait donc beaucoup à faire pour vivifier l'école de peinture d'Urbin, s'il est permis de donner ce nom à un ensemble d'œuvres produites sans élan et en dehors d'une direction commune. Ce fut aux artistes étrangers qu'il s'adressa d'abord, et il en détermina quelques-uns à venir essayer à Urbin l'autorité de leurs exemples. Juste de Gand remplaça Gentile, qui était allé à Florence se perfectionner auprès des maîtres, et qui n'avait revu ensuite son pays natal que pour le quitter de nouveau. Lorenzo de Salerne, le Vénitien Carlo Crivelli, plusieurs autres peintres que cite Lanzi, décorèrent de fresques les églises et les palais des principales villes du duché, et furent magnifiquement récompensés par Frédéric ; mais celui auquel il accorda la préférence sur tous, et qui, pendant de longues années, resta l'objet de sa protection spéciale, fut Piero, ou Pietro della Francesca. Nul, en effet, n'était plus digne des sympathies du docte Frédéric que cet homme à

---

[1] *Purgatoire*, ch. XI.

l'esprit si profondément méditatif, dont les tableaux semblent avoir pour but la solution exacte d'un problème plutôt que l'expression d'un sentiment, et qui, jusque dans les œuvres d'imagination, apportait la rigueur des démonstrations mathématiques et les habitudes d'un logicien.

Le rôle de ce maître, méconnu quelquefois par les historiens de la peinture italienne et, à beaucoup d'égards, par M. Dennistoun lui-même, est trop considérable pour qu'il suffise de l'indiquer en passant. Pietro était né près de Borgo San-Sepolcro, petite ville dans le voisinage d'Arezzo. Sa mère, pauvre paysanne, veuve depuis peu de jours au moment où elle le mit au monde, reporta sur lui toute sa tendresse et l'éleva de son mieux ; de là ce surnom de *Fils de Françoise* qu'on donna à l'enfant, et que Pietro, devenu homme, tint pieusement à conserver. On ne sait ni de quel maître il reçut les leçons, ni dans quels travaux il signala d'abord son talent ; mais il avait acquis sans doute une certaine célébrité avant le milieu du quinzième siècle, puisqu'il fut appelé à Rimini par Sigismond Malatesta pour concourir à l'embellissement de la cathédrale que venait de construire Léon-Baptiste Alberti. Après y avoir peint quelques fresques dont un seul fragment subsiste encore, il se rendit à Urbin, où les traités qu'il composa et les leçons orales qu'il donna sur les mathématiques ne contribuèrent pas moins que ses tableaux à étendre sa réputation. Plusieurs écrivains ont prétendu que, le premier en Italie, il avait appliqué à la peinture les principes de la perspective ; d'autres attribuent l'honneur de cette découverte au Florentin Paolo Ucello ; tous s'accordent du moins à présenter Pietro della Francesca comme le plus habile géomètre qui existât alors. La géométrie et la peinture ! voilà deux termes qui semblent s'exclure, de notre temps surtout, où nous sommes habitués à voir dans l'exécution d'un tableau l'emploi de facultés d'un ordre unique, et où les peintres eux-mêmes affectent de dédaigner tout ce qui se rattache à la partie purement linéaire de leurs travaux. Au quinzième siècle, les maîtres italiens étaient à la fois plus ambitieux et plus modestes. Ils ne concentraient pas tous leurs efforts sur un seul point de l'art, et cherchaient à augmenter leur gloire en se proposant plus d'un but : voilà pourquoi ils ne jugeaient pas au-dessous d'eux de se livrer à de minutieux calculs, d'opérer avec circonspection, et d'assurer l'œuvre du pinceau par les mesures préalables du compas.

Si cependant les enseignements de Pietro della Francesca n'avaient eu pour effet que de populariser en Italie la connaissance de la perspective, il serait permis, tout en constatant ce progrès, de lui accorder seulement une importance secondaire. Des peintures qui n'offriraient d'autre mérite que l'exactitude des proportions n'auraient pas droit à une admiration fort grande et ne sauraient, en tout cas, intéresser longtemps. Celles de Pietro se recommandent par des qualités plus sérieuses, par un style fortement original, savant et naïf à la fois, et par un mélange singulier d'énergie poussée jusqu'à l'âpreté, de correction scrupuleuse jusqu'à la sécheresse. Malheureusement il n'existe que bien peu de morceaux où l'on puisse apprécier la manière de ce maître. Les nombreux ouvrages qu'il avait exécutés à Urbin sont presque tous anéantis, comme ses fresques du Vatican, que Raphaël fit, dit-on, copier par ses élèves et qu'il ne détruisit qu'à regret, et l'on serait à peu près réduit, en ce qui le concerne, aux témoignages des contemporains, si l'on ne trouvait dans l'église Saint-François, à Arezzo, un spécimen achevé de son talent[1].

[1] Encore les fresques d'Arezzo n'ont-elles pas entièrement échappé

Les peintures de Pietro dans cette église ont d'abord cela de remarquable, qu'elles représentent, non plus comme au temps de Giotto et de ses élèves, des sujets tirés de l'Évangile, mais de véritables scènes historiques : l'*Invention de la sainte Croix*, la *Vision de Constantin* et la *Défaite de Maxence*. A l'époque où elles furent entreprises, la peinture entrait dans une phase nouvelle, et déjà l'idéal chrétien avait cessé d'inspirer les artistes. Une certaine tendance à l'imitation absolue de la réalité se manifestait dans leurs travaux, tendance regrettable à beaucoup d'égards, où l'on pourrait même, comme cela est assez de mode aujourd'hui, voir le commencement de la décadence italienne, s'il était permis de confondre avec les excès que ce système engendra plus tard les immenses progrès qui en furent la conséquence directe, si, en un mot, l'on imputait aux peintres du quinzième siècle les erreurs de ceux du dix-septième siècle, en oubliant de tenir compte du rôle intermédiaire des grands maîtres. Sans Luca Signorelli, qui peignit à Orvieto le *Jugement dernier*, qualifié de nos jours, par quelques esprits un peu exclusifs, d'innovation matérialiste, peut-être Michel-Ange n'aurait-il jamais accompli les prodiges de la chapelle Sixtine ; peut-être aussi Raphaël serait-il resté inférieur à lui-même dans sa *Bataille de Constantin*, s'il n'avait été secouru par les exemples de Pietro della Francesca. Il serait facile en effet de déterminer plusieurs points de ressem-

à la fatalité qui semble poursuivre tous les travaux de Pietro della Francesca. Les tremblements de terre et la foudre les ont sillonnées de crevasses ; plusieurs parties commençaient, il y a quelques années, à s'exfolier, d'autres étaient menacées d'une détérioration prochaine. Est-il encore temps d'arrêter les progrès du mal sans employer le dangereux secours des restaurations, ou bien faudra-t-il que des retouches comme celles qui ont déshonoré la *Cène* de Léonard viennent, sous prétexte de conservation, achever la ruine de ces précieux ouvrages ?

blance entre la fresque du Vatican et celle de l'église d'Arezzo : l'une est plus généralement admirée que l'autre, et c'est justice; mais la *Défaite de Maxence* n'en demeure pas moins une œuvre très-remarquable, le plus ancien tableau de bataille de l'école italienne, digne sous plus d'un rapport d'être compté parmi les meilleurs. La mêlée des combattants, leurs gestes, l'expression de leurs visages, y sont rendus avec une apparence de vérité toute nouvelle et avec une grande force dramatique. Pourtant, quelque mouvementée que soit cette composition dans l'ensemble et dans les détails, on y sent beaucoup moins la hardiesse irréfléchie de la verve que l'opiniâtreté du raisonnement. L'aspect enchevêtré des lignes générales est le résultat de combinaisons patientes au moyen desquelles le sens de chaque partie contrarie celui de la partie voisine, de manière à simuler l'exactitude de l'imprévu pour ainsi dire. Le caractère des ajustements est aussi soigneusement étudié, et les costumes, sans être encore parfaitement conformes aux monuments de l'antiquité, révèlent déjà une recherche assidue de la fidélité historique. Enfin, comme la science de la perspective, la science des raccourcis est plus évidente dans cet ouvrage que dans aucun de ceux des peintres antérieurs.

Jusque-là on avait regardé comme une difficulté à peu près insurmontable la représentation des formes fuyantes ou modifiées en raison de la hauteur du point de vue. Faute d'étude ou d'attention, on n'osait figurer dans un espace de quelques pouces des objets dont la longueur réelle eût été de plusieurs pieds, et l'on se contentait le plus souvent de les placer de manière à en laisser voir la dimension complète. Un corps couché, par exemple, se dessinait dans un sens parallèle à la base du tableau. Un bras levé, une tête renversée, n'affectaient guère que des positions conformes à cette règle, et l'on évitait ainsi les lignes précipitées, les parties à modeler en raccourci. Pietro della Francesca se proposa au contraire de nécessiter par l'attitude de ses figures l'inégalité de proportion des détails. Il ne recula pas devant l'étrangeté que pouvait offrir l'aspect de formes diminuées ou renforcées à dessein, et, selon sa coutume, il rechercha dans les mathématiques les lois de cette nouvelle vérité pittoresque. Quelques-uns des travaux entrepris par lui pour la répandre passèrent dans les mains de son élève, fra Luca Pacioli, que Vasari accuse d'avoir dérobé à Pietro une partie de sa gloire en publiant sous son propre nom ces précieux manuscrits. D'autres traités sur la *Lumière* et la *Géométrie,* composés à la requête du duc d'Urbin, se trouvent aujourd'hui à la bibliothèque du Vatican : il ne nous est pas permis d'en parler ; mais les tableaux de Pietro della Francesca garantissent la valeur des procédés techniques qu'il recommande dans ses écrits, et l'on peut croire à la justesse de ses théories en voyant comment il savait les mettre en pratique.

Après avoir terminé ses fresques d'Arezzo et quelques tableaux à Pérouse et à Ancône, Pietro se décida à revenir auprès de Frédéric, qui lui écrivait lettres sur lettres pour hâter son retour. Chargé par le duc de la décoration de la cathédrale d'Urbin, il allait commencer ces vastes peintures, lorsqu'une cécité complète vint le condamner à l'oisiveté : rude épreuve à laquelle le digne maître eut le courage de se résigner aussitôt. Renonçant dès lors à la vaine considération que lui promettait encore la cour d'Urbin, aux offres généreuses de Frédéric, dont ses talents ne pouvaient plus payer la protection, et de qui il ne voulait pas accepter des aumônes, il alla s'ensevelir dans le bourg qui l'avait vu naître. Il y mena vingt-six ans une vie simple et noblement cachée. Mort au monde et à la gloire, redevenu l'égal des paysans qui l'entouraient, il ne s'occupa plus que de méditations pieuses, et l'homme qui avait tenu le premier rang parmi les savants et les artistes ne fut plus qu'un humble chrétien.

Pietro della Francesca eut une grande influence sur les peintres d'Ombrie et de Toscane, et ce fut à son école que se formèrent, entre autres, le Pérugin et Luca Signorelli. Cependant, au moment où il cessa de travailler, il ne laissait pas à Urbin de successeur digne de lui. Celui qu'on regardait comme tel, et qui hérita en effet de la faveur dont Pietro avait joui auprès de Frédéric, était un dominicain, fra Coradino, artiste médiocre, religieux de mœurs fort peu ascétiques, auquel son humeur joyeuse et l'apparence prospère de sa santé avaient valu le surnom de *fra Carnevale*. Il va sans dire que ce qu'on trouve le moins dans les tableaux d'un homme qui mérita d'être ainsi surnommé, c'est l'élévation des intentions et du style. On y reconnaît une certaine habileté de main, quelques velléités de progrès matériels, mais il faut y voir surtout une preuve de l'abaissement de l'art religieux en Italie à la fin du quinzième siècle. Les peintres de sujets sacrés, entraînés par le mouvement philosophique et littéraire de l'époque, cherchaient à substituer la correction à l'ingénuité de la pensée, et cette réaction contre le pur spiritualisme n'aboutissait encore qu'à des résultats négatifs. Jusqu'au jour où Léonard résuma dans son incomparable chef-d'œuvre la méthode du siècle passé et les tendances nouvelles, il ne paraissait pas possible d'allier la perfection de la forme à la profondeur du sentiment. On sacrifiait le respect de l'inspiration au culte de la beauté réelle, et l'on en était venu déjà à choisir dans la nature vivante les types que les anciens maîtres demandaient au ciel de leur révéler. Fra Angelico s'agenouillait pour peindre ses madones, et n'entrevoyait qu'à travers les larmes de la ferveur la chaste image qu'il allait retracer : trente ans plus tard, fra Carnevale se contentait de copier les modèles qu'il avait habituellement devant les yeux, et représentait la Vierge sous les traits de la duchesse d'Urbin, le Christ enfant sous les traits du fils de cette princesse. Le Florentin Botticelli introduisait invariablement dans ses *Saintes Familles* l'image de sa maîtresse, et jusque sur les murs des églises chacun reconnaissait les courtisanes travesties en personnages évangéliques. On conçoit que de pareils abus aient enflammé le zèle de Jérôme Savonarola. Ils expliquent de reste la véhémence des reproches que le *terrible frère* adressait aux peintres de son temps, et la réforme radicale qui fut un moment le fruit de ses prédications[1].

Tandis que fra Carnevale usurpait à la cour d'Urbin la place qui avait appartenu à Pietro della Francesca, un autre artiste semblait mériter davantage les encouragements de Frédéric. Il se nommait Giovanni Sanzi[2]. Peintre et poëte, il justifiait par son double talent la réputation qu'il com-

---

[1] « Vous avez placé vos idoles dans le temple de Dieu. Vos dieux, à vous, ce sont ces êtres dont les portraits profanent nos autels. Voici la Madeleine, voici saint Jean, disent les jeunes gens en voyant passer telle ou telle femme... Et vous, peintres, qui causez ces scandales en étalant dans nos églises le spectacle des vanités humaines, croyez-vous que la vierge Marie ait eu les dehors que vous lui prêtez? Je vous dis, moi, qu'elle était vêtue comme une pauvre et simple femme du peuple et qu'elle laissait à peine entrevoir son visage sous les voiles qui la couvraient... Vous faites de la mère de Jésus-Christ une effrontée, etc.» (**Prediche quadragesimali del P. F. Girolamo Savonarola recitate l'anno 1495.**)

[2] Quelques écrivains l'appellent Santi, bien que plusieurs de ses tableaux soient signés Sanzi. Un caprice euphonique de Bembo ajouta une lettre à ce nom, et le transforma pour Raphaël en celui de Sanzio.

mençait à acquérir, mais qui ne devait pas lui survivre longtemps. Quelques années après sa mort, à peine s'occupait-on de ses ouvrages; aujourd'hui on a complétement oublié le peintre jadis célèbre de la *Madone* de Cagli, l'auteur d'un poëme épique admiré à son apparition : on ne se souvient plus que du père de Raphaël. Si Giovanni Sanzi n'avait laissé que des vers, peut-être n'y aurait-il pas lieu de se plaindre de l'indifférence dont il est devenu l'objet : il raconte plutôt qu'il ne chante les hauts faits de Frédéric, et la prétendue épopée dont ce prince est le héros n'est qu'une longue chronique rimée, où l'on trouve assez de précision historique, fort peu d'imagination et de poésie; mais ses tableaux sont loin de donner raison à l'opinion qui les dédaigne. Traités dans un goût sévère qui participe à quelques égards de la manière de Pietro della Francesca, ils se distinguent par la fermeté du style, et l'on a peine à comprendre, en les examinant, l'unanimité avec laquelle les biographes de Raphaël qualifient de « pauvre peintre » l'artiste qui les a exécutés. Ce qu'ils disent de l'obscurité de sa vie ne semble pas moins inexact. Il est difficile d'admettre que Sanzi fût un homme obscur, lui que le duc et la duchesse honoraient parfois de leur visite, et qui vivait familièrement auprès d'eux. Beaucoup de détails contenus dans ses écrits attestent qu'il était en relations habituelles avec tous les personnages de la cour, qu'il jouissait à Urbin d'une considération très-grande, et que, tout en rendant hommage au talent des peintres contemporains, il ne s'immolait pas pour cela et savait fort bien se rendre justice à lui-même. L'extrême modestie dont on a lui su gré, et qu'on a jugé bon de lui attribuer à défaut d'autre mérite, pourrait bien n'être qu'une erreur de plus, et il est permis de douter que Sanzi se soit jamais avoué incapable de diriger les études de son fils. Que Raphaël, adolescent, ait été élève du Pérugin, voilà qui est incontestable ; mais par qui avait-il été placé dans l'atelier de ce maître, et qui lui avait enseigné auparavant cette « belle manière de dessiner » dont parle Vasari ? Raphaël était, dit-on, âgé de quatorze ans, lorsqu'il commença à recevoir les leçons du Pérugin. Il était né en 1483 : il dut donc quitter Urbin en 1497. Or Sanzi mourut vers la fin de 1494[1]. Comment concilier cette date avec le fait d'un voyage, en compagnie de son fils, près de trois ans plus tard, et n'aurait-on pas le droit de supposer que celui-ci fut conduit à Pérouse par son oncle Bartolomeo, devenu, comme on le sait, son tuteur ? Nous conclurions de là que Sanzi ne songea jamais à se séparer du noble enfant que le ciel lui avait donné, et qu'il se crut jusqu'à la fin de sa vie assez expérimenté pour seconder ses progrès sans emprunter le secours de personne.

Entouré de cette foule de savants et d'artistes dont les plus éminents viennent d'être nommés, Frédéric passa les dernières années de son règne dans la situation brillante que lui avaient faite ses exploits, ses goûts et la sagesse de sa politique. L'indépendance du duché une fois assurée, il ne reprit plus les armes qu'à de longs intervalles, soit pour soutenir les droits du souverain pontife, dont il se montrait l'allié fidèle, soit pour protéger les petits États du littoral de l'Adriatique contre les envahissements des Vénitiens. Nommé chef de la ligue formée à cet effet, il s'apprêtait à défendre Ferrare et se portait déjà sur le théâtre de la guerre, lorsqu'il tomba malade de la fièvre. Au lieu de se retirer à Bologne, où les médecins lui conseillaient d'aller passer la mauvaise saison, il s'obstina à entreprendre une

---

[1] Pungileone, *Elogio storico di Giovanni Sanzi.*

campagne que ses forces ne lui permettaient pas de poursuivre : il mourut au bout de quelques semaines, à peine âgé de soixante ans.

Les historiens modernes qui, avant M. Dennistoun, ont parlé de Frédéric s'accordent à le présenter comme un prince très-éclairé, un capitaine de premier ordre. Les témoignages de ses contemporains ne lui sont pas moins favorables, et le pape Pie II, qui avait recouru plus d'une fois à son expérience militaire et à son habileté diplomatique, déclarait dans un consistoire que le duc d'Urbin « voyait toutes choses avec son œil, » car, il faut bien le dire, Frédéric était borgne, et parmi tous les avantages dont les dieux se plurent à le pourvoir, au dire de Marcile Ficin, la beauté semble avoir été entièrement oubliée. Les nombreux panégyristes qui louent en lui tant de qualités diverses se taisent sur ce point. Tout en comparant leur héros aux grands hommes de l'antiquité, ils n'ont garde de pousser le parallèle jusqu'à la ressemblance physique, réserve prudente et bien justifiée par les portraits de Frédéric. Celui, entre autres, qu'on voit à la galerie des Offices, à Florence, est fait pour désappointer quiconque aurait pris dans une acception un peu trop étendue ce surnom de « Périclès, » si souvent donné au duc d'Urbin. Les peintres, il est vrai, avaient soin de ne montrer Frédéric que de profil, et réussissaient ainsi à dissimuler une des difformités de son visage. Malheureusement, l'accident qui lui avait fait perdre un œil lui avait aussi brisé le nez ; quelle que fût la pose choisie, il était au moins difficile d'atténuer à cet égard la laideur de la réalité. Défiguré dès sa jeunesse, dans un tournoi où la lance de son adversaire souleva la visière de son casque et s'enfonça obliquement entre les deux sourcils, Frédéric fit bientôt après une chute de cheval qui acheva de l'enlaidir. Quelques années plus tard, un balcon s'écroulait sous ses pieds, et il devenait boiteux pour le reste de ses jours. Sanzi, qui rapporte ces faits, s'efforce en vain de les ennoblir par l'intervention des songes, des prédictions et des phénomènes sinistres, précurseurs ordinaires de tout grand événement. Comme il ne s'agit pas ici de la mort de César, mais seulement de la perte de l'œil ou de la rupture de la jambe du duc d'Urbin, on ne saurait prendre fort au sérieux les fictions du poëte, et l'on est d'autant moins disposé à plaindre la victime de ces accidents vulgaires, qu'on se rappelle qu'elle y survécut de longues années. Le moyen d'ailleurs d'oublier l'aspect si peu épique des portraits de Frédéric, en écoutant les pompeuses lamentations de Sanzi ?

Frédéric, en se distinguant des Médicis par un caractère de loyauté qui lui est propre, leur ressemble par leurs meilleurs côtés. A l'imitation de Côme, il réussit à anéantir dans sa patrie une turbulente oligarchie, et fonda sur les ruines de la tyrannie un gouvernement paternel. Beaucoup moins libre que Laurent de donner carrière à ses goûts magnifiques, il protégea de tout son pouvoir les savants et les artistes, dont il avait fait ses amis. Il s'efforça, comme lui, de populariser en Italie les chefs-d'œuvre de l'antiquité, les découvertes scientifiques et les progrès de toute sorte. Si le rôle qu'il joue dans l'histoire de la renaissance italienne n'a pas autant d'éclat que celui d'un tel rival, il ne doit pas cependant lui être sacrifié, et ce n'est pas faire injure à la gloire de Laurent de Médicis que de rapprocher de ce grand nom le nom moins illustre du deuxième duc d'Urbin. Frédéric d'ailleurs serait le seul de sa race dont la vie pût autoriser un semblable rapprochement. Son fils, qui se montra digne de lui par la doucœur de son gouvernement, par sa munificence et son amour des lettres et des arts, n'hérita ni de son caractère résolu ni de son aptitude militaire ; il ne sut que subir avec résignation des événements funestes dont Frédéric n'eût pu triompher peut-être, mais que, sans aucun doute, il eût plus énergiquement combattus.

Guido-Paolo-Ubaldo, ou, par abréviation, Guidobaldo, seul enfant mâle issu du mariage de Frédéric avec Battista Sforza, avait douze ans lorsqu'il succéda à son père, en 1482. Incapable, à cet âge, d'exercer le pouvoir par lui-même, il se laissa guider par les anciens amis de Frédéric, et, grâce à leurs conseils, il réussit d'abord à maintenir les affaires du duché dans l'état florissant où il les avait trouvées ; mais cette prospérité ne devait pas être durable. Bien peu d'années après son avénement, le jeune duc était précipité du trône pour y faire place à César Borgia, et l'indigne pontife qui occupait alors la chaire de Saint-Pierre assouvissait son ambition furieuse sur la nouvelle proie que la trahison venait de lui livrer.

Guidobaldo avait pu apprendre déjà à connaître Alexandre VI. Prisonnier des Orsini, dans une guerre où il secondait docilement la politique du pape, il s'était vu refuser par lui le prix de sa rançon, et il avait fallu que la duchesse d'Urbin vendît tous les bijoux qu'elle possédait pour le tirer de captivité. D'autres campagnes, entreprises également sur des ordres émanés de Rome, avaient eu une issue malheureuse, parce que les secours formellement promis n'étaient jamais arrivés, et Guidobaldo, qui n'avait retiré de ses services que des infirmités cruelles, sollicitait en vain la permission de retourner dans ses Etats. Las enfin d'être le jouet de la duplicité d'Alexandre, il s'était séparé de lui pour reprendre la vie calme et studieuse que sa soumission au saint-siége l'avait seule forcé d'interrompre ; mais l'ennemi qui depuis longtemps méditait sa ruine était en mesure de ne plus la différer.

Avant d'en venir à la violence ouverte, Alexandre avait essayé de l'intrigue pour assurer à sa famille la possession du duché d'Urbin. Guidobaldo n'avait pas eu d'enfants de son mariage avec Elisabeth Gonzague, et il songeait à adopter son neveu, François-Marie della Rovere, fils de Jeanne de Montefeltro et du préfet de Rome. Lorsque ce projet fut soumis à l'approbation du pape, celui-ci y mit pour condition l'alliance de sa nièce, Angela Borgia, avec l'héritier présomptif de la couronne, auquel il accorda en revanche la dignité dont son père avait été revêtu. François-Marie, ou, comme on disait alors, le *prefettino*, fut donc fiancé à Angela et amené ensuite à la cour de Guidobaldo ; mais, le mariage ne pouvant avoir lieu avant quelques années, à cause de l'âge des deux enfants, Alexandre, dont le népotisme effréné ne s'accommodait pas des retards, jugea qu'il était plus sûr de s'emparer sans délai du duché et d'en dondonner la souveraineté à César. Guidobaldo, sans alliés, sans forces suffisantes pour résister, fut réduit en quelques jours à la nécessité de fuir. Il arriva non sans peine à Mantoue, d'où il écrivit au cardinal della Rovere, qui fut depuis le pape Jules II, le récit circonstancié de sa course à travers les montagnes et des événements qui l'avaient précédée. « Je n'ai sauvé du désastre, dit-il à la fin de cette lettre, que ma vie, un pourpoint et une chemise. » C'était certes bien peu, et cependant, en se sentant en sûreté, Guidobaldo semble croire que tout est sauvé. Il se félicite trop du succès de sa fuite, et ne se souvient pas assez qu'en succombant sans lutte il a perdu quelque chose de plus que sa couronne : vingt ans plus tard, et presque aux mêmes lieux,

François Ier avait d'autres motifs pour se consoler de la défaite de Pavie.

César Borgia entra en grande pompe à Urbin et alla s'installer au palais ducal, non sans avoir inauguré son règne par le supplice d'un de ses affidés, qui s'était engagé à lui livrer le duc et qui lui avait manqué de parole. Les jours suivants, César s'occupa de transporter à Forli les objets d'art et les livres qui avaient appartenu à Guidobaldo, après quoi il s'adressa à Louis XII et le gagna si bien, à force de flatteries, qu'il obtint de lui la sanction de tout ce qui s'était passé, et de plus un secours de quelques centaines de lances pour consolider son usurpation. Cependant, au bout de cinq mois, les soldats de l'usurpateur étaient expulsés de San-Leo, la plus forte place du duché; la nouvelle de ce succès déterminait, pendant l'absence de César, un soulèvement à Urbin, et Guidobaldo rentrait dans sa capitale, qui l'accueillait avec une joie enthousiaste. Épuisé par la fatigue et les souffrances, il fut obligé, en arrivant, de se mettre au lit et d'y rester plusieurs jours, mais il ne voulut pas qu'on fermât les portes de sa chambre au peuple, accouru en foule au palais. Chacun put venir saluer ce prince, dont la présence semblait annoncer la fin d'un régime abhorré et le retour de la prospérité et du calme : illusion de bien courte durée, puisque, quelques semaines après, César reparaissait à Urbin, et Guidobaldo prenait pour la seconde fois le chemin de l'exil.

Guidobaldo, on le voit, se résignait promptement au sacrifice de ses droits et n'essayait même pas de les défendre; mais sa sœur, mère de l'héritier présomptif de la couronne, ne faisait pas aussi bon marché des droits de son fils. Elle refusait de rendre Sinigaglia, où elle s'était enfermée après la soumission d'Urbin, et attendait courageusement que les troupes qui menaçaient la ville vinssent l'assiéger. Cependant une longue résistance était impossible. L'alliance de César avec Louis XII devenant chaque jour plus étroite, Paolo Orsini et plusieurs seigneurs italiens qui craignaient comme lui de mécontenter le roi de France s'étaient empressés d'offrir leur appui et celui de leurs confédérés pour la conquête de Sinigaglia. Une fois maître de cette place, César ne songea plus qu'à se débarrasser des nouveaux alliés qui l'avaient aidé à la prendre, et dont quelques-uns commençaient à faire sonner un peu haut leurs services. A peine entré dans Sinigaglia, il fit étrangler les principaux d'entre eux, et cet acte de perfidie atroce, que la relation de Machiavel présente froidement comme une mesure conseillée par la politique, qu'Alexandre VI osa approuver hautement, acheva de montrer au peuple du duché et à l'Italie tout entière en quelles mains était tombé le sceptre de Guidobaldo.

Tandis que le nouveau duc d'Urbin s'enivrait de son triomphe et se délassait des fatigues qu'il lui avait coûtées dans des plaisirs aussi monstrueux que ses crimes, Guidobaldo errait de Mantoue à Venise, sollicitant vainement la protection du roi de France. Plus de sept mois s'étaient passés déjà sans que sa cause trouvât de défenseurs, lorsque la mort d'Alexandre VI vint subitement changer la face des choses.

Abandonné de Louis XII, qu'alarmait enfin cette ambition insatiable, César rampa quelque temps sous la faveur douteuse du pape successeur de son père; mais Pie III mourut après un règne de quelques semaines, et l'élection de Jules II, intime ami de Guidobaldo, acheva de ruiner les espérances de l'usurpateur. Il comprit que le moment était venu de descendre d'un trône d'où il serait infailliblement précipité. Il fit plus : il sollicita de Guidobaldo une entrevue, qui ne lui fut pas refusée. S'humiliant alors devant sa victime, il demanda à genoux le pardon de ses crimes, auxquels il donna pour excuse sa jeunesse, l'iniquité de ses conseillers et les ordres d'Alexandre, qu'il qualifia sans hésiter de « brutal et d'impie[1]. » Guidobaldo savait de reste à quoi s'en tenir sur l'étendue de cette obéissance filiale, et il aurait pu objecter certains faits qui n'avaient pas laissé de procéder aussi de l'inspiration spontanée : il accueillit cependant l'expression d'un repentir qui devait trouver Jules II beaucoup plus incrédule[2] ; mais, tout en pardonnant, il n'entendait sacrifier que ses ressentiments personnels, et il s'empressa de réclamer les livres et les tableaux transportés à Forli. Cette restitution accomplie, Guidobaldo perdit jusqu'au souvenir des outrages passés, et ne vécut plus que pour s'occuper

---

[1] Baldi. *Vita di Guidobaldo I.* — On voit encore à Cagli une peinture à fresque que Guidobaldo II, cinquième duc d'Urbin, fit exécuter par Taddeo Zuccaro pour consacrer le souvenir de cette entrevue. César Borgia, dont la posture est conforme au récit de Baldi, y a l'apparence d'un homme mince et élégant, aux cheveux un peu roux, aux traits plutôt fins qu'énergiques. Fort différent du portrait de la galerie Borghèse à Rome, portrait, soit dit en passant, attribué à tort à Raphaël, le César peint par Zuccaro ne ressemble pas davantage à l'homme dont Giovio a décrit l'aspect en ces termes : « La teinte livide et les pustules qui couvraient son visage trahissaient à la fois l'impureté du sang qu'il avait reçu et ses propres vices. Le feu jaillissait de ses yeux profondément enfoncés, et son regard de vipère effrayait jusqu'à ses amis... » Voilà bien le fils d'Alexandre tel qu'on se le figure, mais non pas tel que nous le montre la fresque de Cagli : il semble, au contraire, que chez César Borgia, comme chez Saint-Just, l'extérieur fut en désaccord complet avec le caractère et les actes.

[2] On sait que Jules II retint César prisonnier à Rome, et qu'après avoir exigé de lui l'abandon de tous ses fiefs, il le chassa de l'Italie.

de ses travaux littéraires et de l'administration des Etats qui lui étaient rendus. Quelques voyages à Rome, où ses conseils ne furent pas sans autorité sur Jules II, auraient seuls dérangé le calme de son existence, si ses infirmités et des souffrances presque continuelles n'étaient venues le compromettre plus gravement. Goutteux dès sa première jeunesse, il resta, à l'âge de trente ans, perclus de tous ses membres, et les six années qui s'écoulèrent à partir de ce moment jusqu'à celui de sa mort augmentèrent encore le poids de ses maux, sans pour cela lasser sa patience ni altérer la sérénité de son esprit.

Au milieu des érudits et des poëtes qu'avait attirés son affabilité autant que sa munificence, et qui ne le surpassaient pas en savoir, Guidobaldo enchérissait sur les doctes habitudes de son père, et faisait de son palais une académie où les journées étaient partagées entre la lecture et les occupations scientifiques, où l'amour des objets intellectuels se glissait jusque dans le choix des divertissements qui remplissaient les soirées. M. Dennistoun ne semble pas établir de différence notable entre l'époque de Frédéric et celle de Guidobaldo : il faut pourtant reconnaître que les prétentions *classiques* du règne précédent commencèrent, sous Guidobaldo, à se montrer moins exclusives, et s'allièrent quelquefois au talent. Les ouvrages de Bibbiena, de Frédéric Fregoso et de plusieurs autres attestent les progrès de l'indépendance littéraire, et le style de ces écrivains, qui affecte encore les formes pédantesques de l'école, a cependant par moments une simplicité et une franchise inaccoutumées. Tout en s'inspirant des exemples de l'antiquité, on osait du moins tenir quelque compte des exigences modernes, et traduire dans la langue nationale les idées du temps. Pour la première fois, l'expression en était portée sur la scène, et l'on représentait au palais d'Urbin cette comédie de *Calandra*, qui passe pour la plus ancienne pièce régulière du théâtre italien. Le troisième duc d'Urbin encouragea de tout son pouvoir cette réaction contre l'imitation systématique des chefs-d'œuvre classiques : il les connaissait aussi bien que personne et les étudiait sans relâche ; mais, beaucoup moins absolu que Frédéric, il n'immolait pas au culte du passé le goût des tentatives nouvelles.

Guidobaldo vit venir la mort avec cette résignation qui lui avait fait accepter l'exil et qui, depuis si longtemps, l'aidait à supporter ses souffrances. Usé avant l'âge, il s'éteignit dans les bras de ses amis, qui l'avaient accompagné à Fossombrone, où il était allé chercher un climat plus doux, et, comme on lui parlait encore à ses derniers moments d'espoir de guérison, il répondit par ces vers des *Géorgiques :*

> *Me* circum limus niger et deformis arundo
> Cocyti, etc..........

unissant ainsi dans un poétique adieu à la vie le courage tranquille de l'âme au souvenir des douces études qui avaient charmé son esprit. « Aucun prince d'Italie ne fut, dit Sismondi, plus chéri de ses sujets ; » aucun ne fut plus amèrement regretté. Lorsqu'on transporta, à la lueur des torches, le corps de Guidobaldo de Fossombrone à Urbin, des milliers de citoyens vinrent tout le long de la route s'agenouiller auprès du cercueil ; d'autres suivirent en pleurant le cortége, et c'est avec l'accent d'une émotion profonde que l'un des assistants, se faisant l'interprète de la désolation publique, a décrit cette nuit « de mystérieuse terreur, où les gémissements du peuple étaient interrompus par des cris perçants que répétaient l'écho des montagnes, et les hurlements lointains des chiens de garde effrayés. »

Celui qui traçait ce lugubre tableau était le comte Balthasar Castiglione, l'un des plus fidèles amis du duc et l'auteur d'un livre autrefois célèbre. Le *Courtisan* de Castiglione est, parmi les ouvrages nés sous l'influence des ducs d'Urbin, un de ceux où se peint le mieux l'esprit de cette cour élégante. Castiglione, pour trouver des modèles du courtisan, n'avait que l'embarras du choix parmi tant de personnages d'élite avec lesquels il vivait dans une familiarité continuelle, et qui se distinguaient comme lui par les qualités de l'esprit, l'élégance des mœurs et l'exquise urbanité des manières. Son livre mérite d'être mis au nombre des meilleurs écrits italiens du commencement du seizième siècle; il trouve cependant peu de lecteurs aujourd'hui, parce que beaucoup de gens le jugent sur le titre, et se persuadent que l'art de la flatterie est le seul qu'on y professe. M. Dennistoun semble prendre à tâche de propager cette erreur, lorsqu'il s'élève contre « l'esprit d'adulation et de servilité qui a dicté ces pages malfaisantes. » Les pages dédaignées sont loin cependant de ne mériter que ce coup d'œil réprobateur, et les préceptes qu'elles contiennent eussent été dignes d'un examen plus impartial et moins rapide. Le *courtisan* de Castiglione est, avant tout, un honnête homme, un sage conseiller, et même, le cas échéant, un précepteur sévère, dont le rôle doit équivaloir à celui de « Phœnix auprès d'Achille ou d'Aristote auprès d'Alexandre. » Seulement il fera bien, s'il veut être écouté, de commencer par s'efforcer de plaire, et se gardera d'imiter Callisthènes, « qui ne savait pas donner à la vérité des formes attrayantes. » Il va sans dire que l'auteur du *Courtisan* prête à son héros les avantages naturels propres à prévenir en sa faveur : il le suppose d'une taille moyenne, « parce que les hommes de haute stature excellent rarement, dit-il, dans les exercices du corps et dans les travaux de l'intelligence. » Le portrait physique une fois tracé, et les conditions de noblesse originelle et de fortune suffisamment déterminées, Castiglione place en première ligne les qualités militaires ; puis viennent certains talents virils, utiles sur les champs de bataille comme dans les tournois ; enfin les jeux « où se développe l'élégance du corps » et la danse, dont Castiglione paraît fraire grand cas. On sait que, deux siècles plus tard, le duc de Saint-Simon tenait aussi en haute estime « l'art de mener une dame et de figurer avec honneur. » Tous deux se seraient donc entendus sur ce point, avec cette différence pourtant, que l'un croyait nécessaire d'engager les gentilshommes de son temps à s'interdire « les culbutes et la danse sur la corde tendue, » et que l'autre eût sans doute jugé superflu d'adresser un semblable conseil aux seigneurs de la cour de Louis XIV.

Un mot qui revient à chaque instant sous la plume de ce précurseur de Chesterfield, la grâce, suffit pour caractériser le livre de Castiglione et en résumer tous les préceptes ; la grâce, c'est en effet la qualité principale de cet ouvrage où se reflètent si délicatement la physionomie de la cour d'Urbin à cette époque et les traits de quelques-uns des personnages qui y tenaient le premier rang. En s'adjoignant Bembo, Octavien et Frédéric Fregoso, Julien de Médicis et plusieurs autres amis de Guidobaldo, qui, chacun à tour de rôle, débattent la question et viennent, comme les fées des contes, douer de tous les dons l'être en faveur duquel on les consulte, Castiglione nous montre les hommes les plus compétents en pareille matière et les plus capables de justifier leurs théories par la pratique. Courtisans achevés, ils laissaient bien loin derrière eux les graves docteurs qui les avaient précédés dans ce palais d'Urbin, où les discussions philosophiques étaient encore à l'ordre du jour, mais où la liberté de la pensée et la recherche de l'agrément remplaçaient, dans les entretiens comme dans les écrits, l'intolérance des principes et les formes d'une argumentation scolastique. « Après souper, dit Castiglione, on se réunissait dans l'appartement de la duchesse ; tantôt la musique et la danse remplissaient la soirée, tantôt on soulevait des questions intéressantes, ou bien on choisissait à tour de rôle quelque jeu qui pût fournir aux assistants l'occasion d'exprimer leurs sentiments secrets... Nous prenions à ces divertissements un plaisir extrême, parce que les plus nobles seigneurs et les beaux esprits les plus fameux de toute l'Italie se trouvaient alors rassemblés à Urbin... » Un jour où la compagnie est en quête d'un amusement nouveau, quelqu'un propose de travailler de concert à la définition d'un parfait courtisan. Tous aussitôt d'entrer dans ce dessein : chacun donne son opinion ; on contredit ou on soutient celle qui vient de se produire ; on se laisse aller de temps en temps aux digressions et aux récits d'anecdotes ; de là une conversation pleine de sens, d'abandon, de mouvement, que Castiglione se charge de résumer, à peu près comme Molière se suppose le secrétaire des gens qu'il a mis en scène dans la *Critique de l'Ecole des femmes.*

A ce groupe de lettrés se mêlaient quelques dames qui partageaient avec la duchesse le soin de présider le cercle et qui y faisaient admirer les grâces de leur esprit autant que l'étendue de leur érudition. Depuis longtemps déjà les femmes recevaient, en Italie, à peu près la même éducation que les hommes [1]; mais elles n'en profitaient plus pour s'ar-

---

[1] Un écrivain du seizième siècle, Lodovico Dolce, formule ainsi, dans son *Instituto delle donne*, le programme des études auxquelles une

roger les mêmes droits et s'affubler d'une sorte de caractère public. Le temps était passé où elles adressaient en latin aux papes et aux rois de longues harangues politiques, où Isotte Nogarola, qu'on appelait *la grande* Isotte, et Ippolita Sforza discouraient au congrès de Mantoue sur l'opportunité de la guerre à déclarer aux Turcs. Les théologiennes étaient également hors de mode, ou, si quelques femmes étudiaient encore le *Dialogue explicatif* [1] composé par Isotte sur la faute de nos premiers parents, aucune d'elles, du moins, n'essayait de donner un pendant à cet écrit étrange, dans lequel l'auteur plaide pour Ève contre son frère, défenseur d'Adam, le tout à grand renfort de citations tirées des classiques, et par-devant un honnête podestat qui, la cause entendue, prononce ses conclusions. Tout aussi instruites, mais beaucoup moins pédantes que leurs mères, les dames italiennes du commencement du seizième siècle ne participèrent qu'avec un zèle tempéré par la réserve aux progrès de cette dernière période de la renaissance. Elles les déterminèrent souvent par des encouragements, très-rarement par leurs propres ouvrages, et, sans rechercher au

---

jeune Italienne est tenue de se livrer : « Les saintes Ecritures et les commentaires des Pères de l'Eglise doivent être nuit et jour entre ses mains. Il faut qu'elle sache à fond sa propre langue et le latin. Le grec n'est pas indispensable. Platon (traduit), Sénèque et d'autres philosophes lui enseigneront la morale ; elle trouvera dans Cicéron les meilleurs exemples de style et les plus sages conseils. » L'auteur recommande ensuite à ses lectrices d'approfondir les historiens classiques, mais il prohibe les œuvres des poètes latins, sauf quelques fragments de Virgile et d'Horace. En revanche, il autorise, il prescrit même la lecture assidue de Dante et de Pétrarque, attendu qu'ils prêchent, « l'un la philosophie et les vertus chrétiennes, l'autre l'amour le plus pur et le plus honorable. »

[1] *Dialogus quo utrum Adam vel Eva magis peccaverit, quæstio satis nota, sed non adeo explicata, continetur.*

dehors l'éclat de la célébrité personnelle, elles se contentèrent d'influencer dans le demi-jour de leurs palais les travaux des écrivains et des artistes qui venaient auprès d'elles recevoir des inspirations ou des avis. Tel fut le rôle de la duchesse d'Urbin et de ses amies. Si l'on était tenté de rapprocher de ces femmes distinguées nos *précieuses* et les *bas-bleus* d'Angleterre ou de Genève, la comparaison tournerait tout à l'avantage de la cour d'Élisabeth Gonzague. On y retrouverait peut-être le germe de ce sentimentalisme galant qui devait fleurir à l'hôtel de Rambouillet ; mais on y reconnaîtrait des doctrines littéraires d'un ordre supérieur, et, à coup sûr, plus de bienveillance, d'enjouement et de grâce que dans les salons *blueistes* de Londres.

Emilia Pia, qui joue un rôle si brillant dans le *Courtisan* de Castiglione, pourrait être regardée comme le type de ces grandes dames italiennes, moitié savantes, moitié femmes à la mode, sous le patronage desquelles se plaçaient les érudits et les poëtes. Veuve, dès sa jeunesse, d'un frère naturel de Guidobaldo, elle respecta fidèlement la mémoire de son mari, et n'accepta que l'amitié de gens fort disposés à lui offrir l'hommage d'un autre sentiment. Bembo, par exemple, tout occupé qu'il était alors de sa liaison, platonique, dit-on, avec Lucrèce Borgia, se sentait cependant le cœur assez vaste pour y donner place à « la beauté cruelle dont le nom trompeur exprimait la pitié. » Bien qu'il ne se fît pas faute de distractions de plus d'un genre, il ne renonça pas à son amour, encore moins aux *concetti* poétiques que cet amour lui inspirait, car, selon l'usage du temps, il décrivait avec une soigneuse attention un martyre qu'il semble au fond avoir très-patiemment supporté. La vertu d'Emilia ne ressort pas seulement des plaintes un peu bruyantes et des pleurs étudiés de Bembo ; on en trouverait ailleurs des preuves plus touchantes, ne fût-ce que dans ces simples mots, *à de chastes cendres,* inscrits sur le médaillon sculpté où les traits de cette gracieuse femme furent reproduits après sa mort. Quant à son esprit et à l'aménité de son caractère, comment ne pas ajouter foi aux témoignages si précis de Castiglione et d'autres bons juges contemporains? Tantôt Emilia est « le lien qui unit toutes les volontés et les enchaîne sans les blesser jamais; » tantôt on nous la peint comme « l'âme de tous les plaisirs de la cour, la muse de la conversation, etc. » Julien de Médicis va plus loin encore en l'égalant tout net à « Amalasonte, reine des Ostrogoths, et à Théodelinde, reine des Lombards [1]. » Quoi qu'en dise Julien, le nom d'Emilia Pia brille d'un éclat plus doux. On ne saurait y voir que le synonyme de l'élégance sans prétention et du savoir modeste; mais cela suffira peut-être pour qu'on le prononce avec un accent de sympathie, et l'on saura gré à celle qui le portait d'avoir préféré à l'ambition de devenir célèbre le désir d'être aimable et chère à ses amis.

Cette recherche de la grâce qui caractérisait à la cour de Guidobaldo les mœurs et les productions littéraires commençait aussi à devenir sensible dans les œuvres des artistes d'Urbin. L'architecte Bramante, dont plusieurs souverains de l'Italie se disputaient déjà les services, le peintre Timoteo Viti, ou della Vite, qui ne se soumit que beaucoup plus tard au joug de l'école romaine, quelques autres encore, faisaient de la correction élégante et du goût la marque distinctive de leur manière. Enfin le moment était venu où le génie qui atteignit à la perfection de la grâce allait anéantir jusqu'aux derniers vestiges de l'affectation et de la roideur.

[1] *Il Cortegiano,* lib. III.

Il semble qu'en apparaissant à cette époque, amie de la science, mais désabusée du pédantisme, avide du mieux, mais déjà familiarisée avec le bien, Raphaël ne pouvait arriver plus à point. Comment le duc d'Urbin ne songea-t-il pas à le retenir auprès de lui, ou du moins à le rappeler, à la nouvelle de ses éclatants succès? Comment Guidobaldo, et plus tard son successeur François-Marie, purent-ils se montrer indifférents à une telle gloire? Il y aurait lieu de s'en étonner et d'accuser l'aveuglement de ces princes, si l'on ne tenait compte de certaines circonstances qu'il est à propos de noter. Raphaël, on s'en souvient, avait quitté sa ville natale en 1497 ; il la revit au bout de deux années, à une époque où Guidobaldo, menacé à la fois par le pape et par le roi de France, n'avait pas le loisir de s'occuper de ce talent naissant. Le jeune Sanzio dut reprendre le chemin de Pérouse, et il ne se décida à revenir à Urbin que lorsque le duc, réintégré dans ses Etats, put travailler en paix à y faire fleurir les arts. Giovanni Sanzi avait laissé à la cour de nombreux amis : le fils du peintre-poëte fut donc accueilli avec bienveillance, et il aurait pu dès lors faire tourner cette faveur au profit de sa fortune en acceptant les travaux qu'on s'empressa de lui offrir ; mais il avait de plus nobles desseins, et ne se jugeait pas encore mûr pour la gloire. La seule grâce qu'il fût venu solliciter était le moyen d'aller étudier à Florence les ouvrages des grands maîtres, et il voulait, avant d'entreprendre ce voyage, se munir de quelques lettres de recommandation auprès des chefs de la république. La lettre bien connue que lui donna la sœur du duc d'Urbin n'atteste pas seulement l'intérêt que lui portait cette princesse ; elle ôte tout prétexte au reproche d'indifférence qu'on pourrait adresser à la famille de Montefeltro, protectrice naturelle de Raphaël.

Personne n'ignore que, pendant ce premier séjour à Florence, l'élève jusque-là si docile du Pérugin prit de plus en plus possession de lui-même, et qu'il entama cette série d'œuvres exquises, dites de sa *seconde manière*. Ces œuvres, les aurait-il produites, s'il fût resté dans sa patrie, et ne les devons-nous pas en grande partie aux facilités qu'il trouva à Urbin pour faire son voyage de Toscane? En supposant que le patronage de Guidobaldo n'ait eu d'autre résultat que de laisser Raphaël libre de choisir le milieu le plus favorable à ses études, ne faudrait-il pas encore en reconnaître l'opportunité, puisque cette liberté même fut si bien employée et si féconde? D'ailleurs le duc ne s'en est point tenu là : en 1506, il attire auprès de lui le jeune maître et lui confie l'exécution de deux tableaux qu'il veut offrir au roi de France [1] ; il lui commande son portrait, celui de la duchesse, beaucoup d'autres ouvrages, dont quelques-uns seulement purent être achevés. Raphaël, impatient de retourner à Florence, où son talent devait grandir encore, ne consentit à accomplir qu'une partie de sa tâche. Il résista aux instances du duc, aux séductions d'une cour qui semblait avoir été formée tout exprès pour abriter ce doux génie, et il s'éloigna d'Urbin pour n'y plus revenir. On sait le reste : au bout de peu d'années, l'ancien protégé de la princesse Jeanne de Montefeltro était devenu le favori de deux papes, le chef d'une école brillante, une sorte de grand seigneur dont l'ambition ne s'effrayait même pas, dit-on,

---

[1] Le petit *Saint Michel* et le *Saint Georges* qui lui sert de pendant, aujourd'hui au musée du Louvre. — Un autre *Saint Georges*, que Raphaël peignit à cette même époque, fut envoyé au roi d'Angleterre par Guidobaldo, créé deux années auparavant chevalier de la Jarretière. De là les insignes de cet ordre que porte le saint, et qui seraient un anachronisme inexplicable, si l'on n'y voyait une allusion à la distinction accordée au duc par Henri VII.

de la dignité de cardinal. Désormais rien ne pouvait le rappeler à Urbin : tous ses intérêts, au contraire, le retenaient à Rome, et pendant les douze années qu'il y passa, il ne paraît pas qu'il ait été fort jaloux de conserver des relations directes avec la famille de ses premiers bienfaiteurs. Une lettre qu'il avait écrite de Florence à son oncle maternel, peu de jours après la mort de Guidobaldo, exprimait en termes convenables son respect pour la mémoire de ce prince; l'année suivante, il peignait, sous les traits du jeune duc d'Urbin, un des personnages de *l'École d'Athènes*; enfin il retrouva au Vatican Bibbiena, Bembo, Castiglione, qu'il avait connus à la cour de Guidobaldo, et par eux encore il dut se rattacher au souvenir de sa patrie; — mais ce fut tout.

A partir de ce moment, la vie et les travaux de Raphaël demeurent en dehors de notre sujet. Nous ne suivrons donc pas M. Dennistoun dans les longs détails où il a cru devoir entrer. Un peu trop résolu peut-être à absoudre le grand maître de certains torts que l'opinion publique lui attribue depuis trois siècles, il n'hésite pas à nier sans commentaires l'exactitude des faits embarrassants. La mort de Raphaël, par exemple, n'est à son avis que le résultat d'une pleurésie gagnée dans une antichambre du pape. Bien plus, la liaison avec la Fornarina est elle-même traitée de fable, ou à peu près, par M. Dennistoun, qui, on le voit, pousse loin l'incrédulité. Au lieu de se défier à ce point des témoignages les plus formels et les plus authentiques, ne pourrait-on, en les acceptant, essayer d'en atténuer l'effet, et le mieux ne serait-il pas de présenter, à défaut de justification, des excuses? On en trouverait aisément dans l'état des mœurs à cette époque. Les courtisans de Léon X n'avaient pas en général des principes bien sévères, et, si leur conduite offensait la morale, elle ne nuisait ni à leur considération, ni à leur fortune. Les longues et très-publiques amours de Bembo ne l'empêchèrent pas d'être compris, à la fin de sa vie, dans une promotion de cardinaux. Bien d'autres personnages, revêtus comme lui de la pourpre romaine, semblaient autoriser les faiblesses par l'exemple et consacrer en quelque sorte la légitimité du désordre. Appartenait-il à Raphaël de se montrer plus rigoriste? Il est permis de regretter qu'il n'ait pas eu ce courage, mais on ne saurait en tout cas s'en étonner.

L'époque que nous venons de parcourir, et qui prend fin avec le dernier prince de la maison de Montefeltro, fut pour le duché d'Urbin une époque de gloire et de progrès de toute sorte. Quarante années de prospérité continue signalent le règne de Frédéric. Celui de Guidobaldo, interrompu quelque temps par une odieuse usurpation, s'achève, comme il avait commencé, dans le calme et libre développement de la littérature et des arts. Les règnes suivants offrent sans doute une succession de faits dignes de remarque ; mais, au point de vue de l'art italien et de son histoire, le rôle des princes della Rovere n'a pas la même importance que celui de leurs prédécesseurs. A Urbin, comme dans le reste de l'Italie, la renaissance a dépassé son âge d'or ; elle va bientôt entrer dans une période où tout commence à décliner, et, bien que la dynastie nouvelle s'efforce de continuer l'œuvre si noblement entreprise, le succès est déjà plus rare et la protection moins éclairée. Le petit nombre d'artistes éminents qui apparaissent dans la seconde moitié du seizième siècle ou qui s'attardent jusque dans le dix-septième sont impuissants à arrêter la décadence du goût, et, lorsqu'on voit les Médicis eux-mêmes employer toute leur influence à accréditer des nouveautés décevantes, a-t-on le droit de reprocher aux ducs d'Urbin de suivre un tel exemple et de céder à l'entraînement général vers les fastueuses productions de la médiocrité?

II. — DUCS DE LA MAISON DELLA ROVERE.

Le caractère aventureux de François-Marie, héritier de Guidobaldo, diffère essentiellement de celui de son père adoptif, et s'il fallait chercher dans la famille du quatrième duc d'Urbin l'exemple des inclinations guerrières qu'il manifesta toute sa vie, ce serait sur Jules II, à ce qu'il semble, qu'il conviendrait de jeter les yeux. Aussi le pape, qui se reconnaissait dans son neveu, le jugea-t-il digne de commander ses armées, à l'âge où le plus souvent on débute dans la carrière militaire. François-Marie n'avait que dix-huit ans lorsqu'il fut nommé capitaine général des troupes de l'Eglise. Bien peu après, il dirigeait en cette qualité l'expédition entreprise en Romagne pour forcer les Français à évacuer l'Italie et réduisait Mirandola. Jules II, dont la clémence était loin, comme on sait, d'égaler le courage, avait bonne envie de se venger sur cette ville de l'invasion française, et de mettre à sac sa nouvelle conquête; mais François-Marie se montra plus généreux, et, grâce à son intervention, Mirandola fut sauvée du pillage. — Qu'on ne se hâte pas de tirer de ce fait une conclusion trop favorable à la modération du jeune prince. On va voir qu'il suivit assez mal, pour son propre compte, les inspirations qu'il suggérait aux autres, et qu'après avoir conseillé de pardonner à des ennemis communs, il ne sut pas faire aussi bon marché de ses ressentiments personnels.

Jules II s'était retiré à Ravenne après la prise de Mirandola, laissant au duc d'Urbin le soin de défendre Bologne, de concert avec le cardinal de Pavie, nommé à cet effet second chef de l'armée. Une fois sous les murs de la place, François-Marie proposa de s'y jeter et d'y attendre les Français ; mais le cardinal, qui avait avec eux des intelligences secrètes, manœuvra si bien, qu'une nuit le maréchal Trivulce put se rendre maître de Bologne presque sans coup férir. Contraint de battre en retraite, François-Marie se replia sur Ravenne, où le cardinal, qui l'avait devancé, employait le temps à l'accuser auprès du pape des perfidies et des lâchetés qu'il avait commises lui-même. Il le déposséda du commandement, lui reprocha publiquement sa prétendue trahison, et le traita avec une violence telle, que le duc, indigné, sortit sur-le-champ du palais. Au moment où il mettait le pied dans la rue, le cardinal la traversait à cheval, suivi d'une pompeuse escorte. Ivre de furie à la vue de ce calomniateur, François-Marie se précipite sur lui, le jette à terre et le poignarde. Notons en passant que les cent hommes d'armes qui accompagnaient le prélat ne songèrent ni à le défendre ni à le venger : spectateurs impassibles de cette scène, ils laissèrent faire le duc en toute liberté et continuèrent leur chemin sans s'être assurés de sa personne ; mais le pape n'était pas d'humeur à partager leur indifférence. Le moment d'ailleurs semblait mal choisi pour se permettre un acte de cette espèce. La perte de Bologne, la guerre à soutenir contre la France, le concile schismatique de Pise, créaient à Jules II de terribles embarras : on conçoit que la nouvelle du meurtre de son favori, lui arrivant par surcroît, n'ait pas dû le trouver en veine d'indulgence. De retour à Rome, il somma le duc d'y venir rendre compte de sa conduite. Celui-ci obéit ; mais, comme le cas était délicat, il emmena avec lui Castiglione, l'homme le plus propre à l'en tirer sans grand dommage. Grâce à cette précaution, François-Marie n'eut à subir qu'une courte détention préventive. Les six cardinaux chargés d'instruire le procès, et qui, au fond, ne savaient pas mauvais gré au jeune prince de les avoir délivrés d'un collègue qu'ils détestaient, se laissèrent aisément convaincre par Castiglione. L'effervescence de l'âge servit d'excuse au crime, et, une habile plaidoirie de Philippe Beroaldo aidant, le tribunal signa une déclaration d'acquittement. Cela n'eût pas suffi peut-être pour absoudre le coupable aux yeux du souverain pontife; mais, au commencement de l'année suivante, François-Marie reprenait Bologne et trouvait ainsi un moyen beaucoup plus sûr d'obtenir son pardon. De nouvelles conquêtes achevèrent de le remettre en crédit, et il recevait l'investiture de la seigneurie de Pesaro en récompense de ses services, lorsque la mort de Jules II et l'avénement de Léon X vinrent le priver d'un puissant protecteur et lui susciter un ennemi.

Rien ne pouvait lui faire présumer qu'à l'affection que lui témoignait depuis longtemps le cardinal Jean de Médicis succéderait bientôt l'inimitié de Léon X. François-Marie s'y attendait au contraire si peu, qu'il avait contribué de tout son pouvoir au succès de l'élection. Le nouveau pape et son frère Julien, celui-là même que nous avons vu au nombre des interlocuteurs dans le *Courtisan* de Castiglione, Laurent, leur neveu, et leur cousin Jules de Médicis avaient été, pendant leur exil, les hôtes de Guidobaldo. L'héritier de celui-ci croyait donc assurer sa propre indépendance en travaillant à l'élévation d'une famille que la sienne avait si noblement secourue. Ici encore on saisit les traits distinctifs des deux races : la générosité des ducs d'Urbin ne sert qu'à éveiller l'ambition des Médicis, et la perfidie de Léon X met en relief la crédule loyauté de sa victime. L'un cherche dans l'ingratitude et les intrigues un moyen d'accroître sa puissance et l'autorité de sa maison ; l'autre fonde toute sa politique sur la reconnaissance du pontife et sur la bonne foi qu'il lui suppose. Leur situation respective ne tarda pas à se dessiner nettement. A peine sur le trône, Léon X retira des mains de François-Marie le bâton de capitaine général pour le donner à Julien de Médicis. A la mort de son frère, dont les scrupules entravaient encore l'exécution de ses projets, il saisit un prétexte pour rompre ouvertement avec le duc ; il osa évoquer de nouveau l'affaire du meurtre du cardinal de Pavie, affaire dans laquelle il s'était prononcé comme juge trois ans auparavant ; une bulle d'excommunication fut lancée, et le lâche Laurent, instrument docile des volontés de son oncle, se laissa appeler au gouvernement du duché d'Urbin. Les cardinaux, qui devaient pour la plupart leur élévation à la famille della Rovere, ne tentèrent même pas de s'opposer à cette usurpation. Ils approuvèrent dans un consistoire les mesures prises contre François-Marie par Léon X, et Bembo souscrivit comme les autres à l'acte d'injustice qui dépouillait le fils de ses bienfaiteurs.

Forcé de se courber devant l'orage, François-Marie se retira à Mantoue ; mais, tout en abandonnant ses Etats comme Guidobaldo, il se garda bien d'imiter la conduite passive de ce prince et sa résignation philosophique. Au bout de quelques mois, il s'avançait en Romagne, suivi d'une poignée de soldats mercenaires que la vente des bijoux de la duchesse, sa femme, lui avait permis de réunir, et il reparaissait dans sa capitale, où des émissaires avaient préparé un soulèvement. Le pape, effrayé de ce coup de main, se hâta d'appeler au secours de Laurent Charles-Quint et le roi de France. Quelle résistance François-Marie pouvait-il opposer aux forces combinées de tels ennemis? Une partie des villes du duché l'avait, il est vrai, reconnu ; mais les forteresses demeuraient au pouvoir de l'usurpateur. Le duc ne voulait pas sacrifier inutilement la vie de ses défenseurs ; il ne voulait pas davantage céder une seconde fois à l'agression sans avoir cherché à la repousser, et ce fut pour sortir de cette perplexité qu'il adressa à Laurent le chevaleresque cartel que voici : « Comme il sied à un prince, quelle que soit la cause pour laquelle il combat, de s'efforcer d'atteindre son but en répandant le moins de sang possible ; comme il doit particulièrement épargner le pays sur lequel il a l'espoir de régner, je pense que l'expédient qui m'est venu à l'esprit conviendra au seigneur Laurent autant qu'à moi-même... Je propose donc audit seigneur d'amener, en tel lieu qu'il choisira, contre un nombre égal d'adversaires, quatre mille hommes, ou trois mille, ou cinq cents, ou vingt, ou quatre, ou même un nombre de combattants plus restreint, pourvu que lui et moi nous y soyons compris. Enfin, s'il préfère se mesurer avec moi seul, ce sera mieux encore, car la mort de l'un de nous deux résoudra sur-le-champ la question en litige et abrégera les angoisses de tout le monde... Je crois que ces propositions, si raisonnables, seront reçues avec plaisir, et je demande qu'on me réponde dans un délai de trois jours. » Laurent, pour toute réponse à un défi qu'il n'était nullement disposé à accepter, retint ceux qui le lui avaient apporté, et, dans l'espoir d'apprendre d'eux quelque chose de plus utile, il les fit mettre à la torture.

En s'avisant de cet expédient « si raisonnable » selon lui, François-Marie faisait acte de naïveté autant que de bonne foi et de courage. Il ne lui était guère permis de compter qu'un ennemi, sûr de gagner autrement la partie, consentirait à la jouer sur un coup de dé ; mais, quand il vit que cette dernière chance lui échappait, il ne songea plus qu'à faire payer cher la victoire et à harceler le vainqueur. Réduit à la nécessité de se jeter dans une guerre de partisan, il soutint longtemps une lutte héroïque contre les trois plus grandes puissances de l'Europe. Les rares soldats qui lui étaient restés fidèles finirent, eux aussi, par l'abandonner, et, après avoir accepté la capitulation offerte par le pape, François Ier et l'empereur, il se retira de nouveau à Mantoue, auprès de la duchesse sa femme, à laquelle il donna, en échange des bijoux qu'elle avait vendus pour lui, soixante-quatre étendards enlevés à l'ennemi dans cette campagne. Remis en possession de ses Etats, à la mort de Léon X, par une bulle d'Adrien VI, il soutint énergiquement les droits de ce pontife, puis ceux de Clément VII, son successeur, sans pouvoir toutefois arrêter la marche sur Rome du connétable de Bourbon. La paix générale de l'Italie, négociée en 1529, vint enfin mettre un terme aux agitations politiques et aux guerres qui avaient marqué jusque-là le règne du quatrième duc d'Urbin. Dès lors François-Marie sut maintenir son indépendance sans recourir aux armes, et, pendant les neuf dernières années de sa vie, il ne quitta plus le duché que pour entreprendre quelques voyages diplomatiques.

Le successeur de Guidobaldo ne fut pas seulement un infatigable soldat, un intrépide capitaine. Son caractère inébranlable et l'excès de son courage donneraient l'idée d'une sorte de Charles XII italien, si l'on oubliait de remarquer quelques points de dissemblance qui ne sont pas à l'avantage du héros suédois. Rien, par exemple, n'autorise à penser que celui-ci ait fait trêve à ses préoccupations ordinaires pour s'intéresser à la poésie et aux arts : le duc d'Urbin, au contraire, trouvait le temps, même au milieu de ses anxiétés ou de ses désastres, de correspondre avec l'Arioste, qui mettait alors la dernière main à son *Roland ;* avec Michel-Ange, chargé, comme on sait, par la famille della Rovere d'élever à Jules II ce tombeau colossal dans la composition duquel le *Moïse* n'entrait primitivement que comme accessoire. Plus tard, il donnait à Titien le nom d'ami, et les magnifiques portraits du duc et de la duchesse qui ornent aujourd'hui la galerie des Offices à Florence montrent de quelle façon le grand peintre savait reconnaître cette amitié. Il achevait aux portes de Pesaro le palais de l'*Imperiale*, s'efforçait d'y faire revivre les mœurs littéraires de la cour de ses ancêtres, et rappelait auprès de sa personne les savants qu'avait protégés Guidobaldo, mais que les troubles et la guerre tenaient depuis longtemps éloignés du duché. Beaucoup d'entre eux s'étaient un peu pressés de fuir et de contracter ailleurs des engagements plus fructueux ; quelques-uns même, en acceptant les bienfaits des Médicis, s'étaient, à l'imitation de Bembo, rangés assez ouvertement du côté des persécuteurs de François-Marie ; cependant, lorsque ses affaires commencèrent à être en situation meilleure, ils parurent se souvenir davantage des liens qui les rattachaient à ce prince ; ils renouèrent avec lui des relations intimes, et ceux qui ne purent le rejoindre à Pesaro participèrent aussi aux derniers actes de son règne par les écrits sur diverses questions qu'ils lui adressaient assidûment.

A côté de ces hommes que d'anciens services ou l'éclat de leur réputation rendaient plus considérables qu'aucun des nouveaux courtisans du duc, on distinguait encore Carlo Gabrielli, Filippino Doria et plusieurs autres descendants des premières familles d'Italie, qui ajoutaient à la gloire de leurs noms une certaine illustration littéraire. Les hôtes de l'*Imperiale* se montraient donc les dignes successeurs des hôtes du palais d'Urbin : seulement ils ne continuaient pas, sans la modifier à quelques égards, la tradition que leur avait léguée le siècle précédent. Les abstractions philosophiques et la recherche de l'idéal n'occupaient plus exclusivement la pensée de ces savants, un peu convertis par les événements à l'étude des réalités. Tout en professant encore l'amour de l'antiquité et le culte désintéressé de l'histoire, on tenait fort grand compte des faits contemporains et de leurs conséquences. On n'agitait plus aussi souvent des questions d'érudition pure ou de curiosité ; mais chaque jour on approfondissait davantage celles où la vie politique du pays et les conditions d'existence de son gouvernement pouvaient trouver quelque garantie. Les productions scientifiques ou littéraires de la cour de Pesaro à cette époque semblent, pour la plupart, inspirées par ce besoin des notions exactes et ce sentiment de l'utilité actuelle. Ce qui fit leur succès alors leur ôte tout attrait aujourd'hui, et les plans financiers, les maximes administratives ou les théories diplomatiques des conseillers de François-Marie nous laissent forcément aussi indifférents que le traité composé par le duc sur *les avantages et les inconvénients de la guerre*.

Les arts eux-mêmes se ressentaient, dans le duché d'Urbin, de ce goût général pour les solutions pratiques, et ne dépassaient que rarement les termes du positif. L'architecture fortifiait les villes et ne les embellissait plus. La peinture et la sculpture, descendant des régions de l'idéal dans le domaine de l'histoire contemporaine, retraçaient sur les murs de l'*Imperiale* les hauts faits et les malheurs de François-Marie. Toutefois, lorsque le duc eut pris possession de cette résidence, construite par Léonore Gonzague, sa femme, pour fêter son retour, et qu'elle avait voulu surtout consacrer à sa gloire, il y ajouta des décorations moins conformes aux tendances nouvelles, et l'enrichit de tableaux, de statues et d'objets d'art de toute sorte dont l'amour du beau avait seul inspiré le choix. Raphaël de Colle, Dosso de Ferrare, Bronzino et plusieurs autres peintres célèbres vinrent concourir à l'ornementation du palais que le père du Tasse indiquait, quelques années plus tard, comme « le plus beau séjour qu'un prince pût choisir en Italie. » Il ne reste aujourd'hui que bien peu de vestiges de cette ancienne magnificence. L'*Imperiale*, après avoir servi de maison de retraite aux jésuites portugais chassés par le marquis de Pombal, est devenue une métairie, et l'état de dégradation où se trouve la somptueuse villa des ducs d'Urbin contraste étrangement avec l'inscription qui les invite encore à « s'y reposer de leurs fatigues à l'abri de la poussière et du soleil. » Un autre palais, édifié dans la ville même de Pesaro, et qui, depuis la réunion du duché aux États de l'Église, est occupé par les cardinaux légats, a gardé plus de traces du luxe presque royal de la famille della Rovere. Le souvenir de François-Marie ne s'y rattache pas aussi directement que celui de ses successeurs : on ne saurait oublier cependant que ce prince passa quelque temps dans cette demeure, et qu'il y mourut, à peine âgé de quarante-huit ans.

Les historiens ont attribué cette mort au poison, et Pierre-Louis Farnèse et Louis Gonzague ont été tour à tour l'objet de leurs accusations. Tous deux cherchaient à se venger du duc et n'étaient pas hommes à se montrer fort scrupuleux sur l'emploi des moyens : il se peut qu'ils aient été les instigateurs du crime ; mais ce fut un troisième qui se chargea de l'exécution. Un barbier mantouan, que François-Marie avait depuis peu à son service, introduisit le poison dans l'oreille, et, au bout de quelques jours de souffrances cruelles, la victime expirait sous les yeux mêmes du meurtrier. Le corps, revêtu d'une riche armure et du manteau ducal, fut exposé dans une salle du palais où l'on avait réuni en trophées les armes et les drapeaux enlevés autrefois à l'ennemi; puis on le transporta à Urbin en grande pompe, et, les cérémonies des funérailles terminées, chacun prêta serment de fidélité au nouveau duc.

Guidobaldo II, fils et successeur de François-Marie, n'hérita qu'en partie des qualités militaires de son père et des qualités d'un autre ordre qui avaient distingué les princes de la maison de Montefeltro. Son règne, qui ne dura pas moins de trente-six ans, aurait été d'ailleurs exempt de vicissitudes, comme il fut dépourvu de gloire, si une grave rébellion, suscitée à Urbin par la création d'un impôt, n'était venue tout à coup en suspendre la tranquillité et le cours un peu monotone. Le duc, disent les historiens, ne déploya pas seulement en cette occasion une énergie qu'aucun de ses actes précédents n'avait permis de soupçonner, mais que la défense de ses droits rendait nécessaire; il exerça des rigueurs inutiles auxquelles on s'attendait encore moins, et poursuivit sa vengeance bien au delà de la justice. Même après la complète soumission de la ville, il dépouilla les femmes et les enfants des rebelles qu'il avait fait mettre à mort; il voulut que les cadavres fussent jetés pêle-mêle dans une terre non consacrée, et l'évêque de Pesaro, qui avait demandé pour eux une sépulture chrétienne, fut exilé comme un complice. Ces mesures de sévérité excessive, en rappelant au peuple ce qu'il avait souffert sous la tyrannie de César Borgia, et plus récemment sous celle des Médicis, lui apprirent à confondre dans sa haine ses oppresseurs étrangers et le fils de ses souverains. Pour la première fois, le nom de Guidobaldo, ce nom que depuis près d'un siècle on était accoutumé à vénérer, fut prononcé avec colère. Comme pour honorer encore la mémoire du prince qui l'avait porté, on cessa de le donner à celui qui ne s'en montrait plus digne, et Guidobaldo II ne fut pour ses sujets que *Guidobaldaccio*.

Il serait injuste de conserver au nom du cinquième duc d'Urbin cette terminaison méprisante. Guidobaldo II, inférieur sans doute à ses prédécesseurs et même à son fils, ne mérite pas d'être rangé parmi les princes absolument nuls, encore moins parmi les tyrans. S'il apporta en effet à la répression de la révolte d'Urbin quelque chose de plus que de la fermeté, s'il eut le tort, qu'on ne saurait non plus dissimuler, d'épouser en secondes noces Victoire Farnèse, fille de l'homme que l'opinion publique accusait de la mort de François-Marie, il ne donne pas, en dehors de ces deux faits, matière à de graves reproches. Quoiqu'il n'ait paru que rarement sur les champs de bataille, il s'y conduisit de manière à se concilier l'estime des puissances qui l'employaient, et la république de Venise et le pape, dont il commanda tour à tour les armées, reconnurent en plusieurs circonstances l'utilité de ses services. Le duché d'Urbin lui dut l'établissement d'une école d'artillerie et les fortifications de Sinigaglia, qui firent de cette place un boulevard contre l'invasion des Turcs sur les côtes de l'Adriatique. Enfin la libéralité de Guidobaldo envers ses amis, le besoin qu'il eut de s'entourer d'écrivains et d'artistes, attestent que, comme protecteur des lettres et des arts, il n'aurait pas dégénéré de sa famille, s'il avait mis dans la répartition de ses faveurs autant de discernement que de munificence ; on lui sait moins de gré de l'estime qu'il témoigna au Titien et à l'Arioste, lorsqu'on se rappelle ses liaisons avec un peintre comme Zuccaro et un poëte comme l'Arétin.

L'auteur de ces écrits fangeux dont on n'ose même pas citer les titres, le pamphlétaire éhonté qui se faisait gloire de ses souillures et qui trafiquait ouvertement de l'éloge ou de la diffamation, occupa en effet auprès de Guidobaldo une position de confiance, et vécut avec lui dans une sorte de familiarité. On trouve dans l'histoire de ce règne plus d'une preuve irrécusable du fait. S'agit-il pour le prince d'aller complimenter Charles-Quint au nom de la seigneurie de Venise, l'Arétin l'accompagne et le conseille. Plus tard, il s'installe au palais de Pesaro et n'en sort que lorsque l'arrivée imprévue d'un rival l'oblige à mettre sa plume venimeuse au service de nouveaux patrons. Dans quel abaissement était tombé l'art des Bembo et des Castiglione, et qu'aurait pensé celui-ci des courtisans qui se chargeaient de continuer ses leçons?

Le nouveau venu était le Florentin Doni, l'auteur de la *Zucca* et d'autres satires licencieuses à peu près oubliées, mais qu'un succès de vogue accueillit à leur apparition. Pendant plusieurs années il parcourut les principales villes de l'Italie, acceptant de toutes mains le prix de ses joyeusetés ou de ses injures, et levant sur la crainte qu'il commençait à inspirer un tribut assez considérable pour faire figure et trancher de l'homme à la mode. Ces heureux débuts le mirent en goût de pousser plus loin l'entreprise. Il résolut de disputer à l'Arétin lui-même le monopole de la faveur des princes, et, pour se débarrasser plus promptement de ce redoutable ennemi, il s'en vint le surprendre à Pesaro et l'attaquer en face avant de lui avoir déclaré la guerre. La brusquerie de l'agression déconcerta d'abord le possesseur de l'emploi convoité. Cependant, comme il ne s'agissait en somme que de retourner ses armes familières contre l'agresseur, il répondit aux premiers pamphlets par une lettre outrageante. La lutte ainsi engagée, on en arriva vite de part et d'autre à laisser de côté les épigrammes pour recourir aux personnalités les plus violentes, à d'incroyables invectives[1] : le tout, selon Doni, « en l'honneur de Dieu et de la sainte Église, et pour la défense des bons chrétiens. » L'Arétin, du moins, ne parlait qu'au nom de la philosophie, et, tout en donnant à ce mot une étrange signification, il ne se mêlait pas d'y accoler celui de religion : c'est le seul témoignage qu'il soit permis de rendre en sa faveur. Encore une épitaphe anticipée composée par Francesconi assigne-t-elle à cette retenue un autre motif que le respect[2]; mais Doni ne craignit jamais de placer sous le couvert des principes sacrés les emportements et les obscénités de sa plume. Sa victoire sur l'Arétin lui tint lieu d'honnêteté personnelle, et l'on ne voulut pas s'apercevoir qu'une fois maître de la place, il imitait exactement, pour s'y maintenir, celui qu'il en avait dépossédé. Il fut imité à son tour : la flatterie devenant une source assurée de fortune, ce fut à qui trouverait les formules les plus pompeuses pour célébrer les vertus et le génie de Guidobaldo. De peur de rien omettre, on trouva plus simple de placer à la suite de ce nom toute la série des qualités humaines, et les sonnets qu'Atanagi, entre autres, a consacrés à la louange du duc d'Urbin ne sont que l'assemblage rimé de tous les mots impliquant une idée de supériorité quelconque. Gardons-nous de confondre avec ces poésies vénales celles que dicta à l'Arioste le souvenir de l'hospitalité qu'il avait reçue à Pesaro, quelques

---

[1] Le titre d'un factum publié par Doni en 1556 suffira pour faire pressentir le ton et la manière de l'auteur, et nous dispensera d'autres citations. Voici ce titre, que nous abrégeons : *le Tremblement de terre ou la Chute du gigantesque, effroyable et immonde Antechrist, livre dédié à Pierre Arétin, source infecte, fontaine empestée d'où découlent toutes les infamies, bras putréfié de l'imposture publique*, etc.

[2] « Ci-gît l'Arétin, poëte toscan, qui calomnia tout le monde, à l'exception du Christ. La raison en est simple : il ne le connut pas. »

canzoni d'Annibal Caro et l'*Amadis* de Bernardo Tasso, malgré les couleurs un peu trop brillantes du portrait de Guidobaldo, tracé dans le onzième chant. De telles œuvres contrastent heureusement avec les écrits que nous avons mentionnés, comme la protection légitime dont le père du Tasse fut l'objet semble une expiation des grâces accordées aux Arétin et aux Doni.

Bernardo Tasso avait été longtemps secrétaire de Ferdinand Sanseverino, prince de Salerne. L'habileté avec laquelle il s'était acquitté de plusieurs missions importantes, le talent qu'annonçaient ses premières compositions littéraires, furent d'abord généreusement rémunérés. Bernardo put acheter à Sorrente une petite maison où il se retira avec sa femme, et où Torquato naquit en 1544. Il y mena huit ans cette vie calme et studieuse dont ses *Lettres* nous offrent le poétique tableau ; mais le prince de Salerne passa au service de la France, et Bernardo, privé de son bienfaiteur, dut s'arracher à ses travaux pour aller chercher fortune à Rome et un peu plus tard à Ravenne. Il y végétait depuis quelques mois, écrasé par la misère et le désespoir où l'avait jeté la mort de sa femme, lorsqu'il reçut de Guidobaldo l'invitation de se rendre auprès de lui. Établi, à son arrivée à Pesaro, dans une villa attenante au palais et qui existe encore, il acheva en paix son *Amadis*, commencé depuis quatorze ans. Son fils ne tarda pas à le rejoindre, et il lui fut permis de profiter des leçons qu'on donnait au prince héritier. A compter de ce moment, les deux Tasse se virent traités à la cour avec une bienveillance qui ne se démentit pas et que justifiaient complétement le caractère et le talent de l'un, les éclatants débuts de l'autre. Ce nom promis à la gloire inspirait déjà le respect, et l'on pressentait peut-être qu'il allait être immortalisé par le chantre de la *Jérusalem*, quand il devait encore son illustration principale à l'auteur de l'*Amadis*.

Le long poëme de Bernardo Tasso eut, à l'époque de sa publication, un succès presque égal à celui qu'avait obtenu, quarante ans auparavant, la brillante épopée de l'Arioste. Aujourd'hui il faut quelque courage pour mener à fin la lecture des cent chants dont se compose cet interminable *Amadis*, et nous ne croyons pas qu'arrivé au bout de l'entreprise, on soit tenté d'imiter Guidobaldo, qui la recommençait, dit-on, plusieurs fois par an. Beaucoup de morceaux révèlent sans doute une certaine richesse d'imagination ; quelques descriptions se distinguent par la grâce du style et la fraîcheur du coloris ; mais le ton général de l'œuvre a quelque chose de délayé et de factice. On y reconnaît la facilité de la main, pour ainsi dire, plutôt que la force de la pensée : en un mot, la manière de Bernardo est celle des peintres de l'époque, qui, suppléant au sentiment par la pratique, commençaient à faire montre de dextérité et ne visaient plus qu'à éblouir.

Le moment de la décadence absolue n'était pas encore venu pour la peinture italienne, mais déjà tout menaçait ruine, et les artistes, qui prétendaient se lancer dans des voies inexplorées, retombaient à leur façon dans l'esprit de système, que, depuis les conquêtes de la renaissance, on aurait pu croire anéanti. Un goût arbitraire, une méthode conventionnelle, reprenaient leur empire comme au temps des écoles primitives, et, bien que les formes fussent loin d'être les mêmes, elles n'en trahissaient pas moins l'indigence du fond et l'asservissement de la pensée. Plus de nouveautés originales, plus d'efforts inspirés. A peine la puissante génération des grands maîtres a-t-elle disparu, que la génération qui lui succède semble prendre à tâche de méconnaître tant de nobles leçons pour se jeter dans le *maniérisme* et donner l'exemple, qui devait être si universellement suivi, de l'irréflexion et du caprice. Dans le duché d'Urbin, comme partout en Italie, l'art ne fut bientôt plus que l'expression, sinon l'accessoire, du luxe. Les artistes, transformant leurs ateliers en manufactures, se mirent à fabriquer à la hâte, comme pièces d'ameublement, des tableaux religieux ou historiques auxquels l'uniformité des apparences ôtait toute signification morale, et qu'on pouvait suspendre indistinctement aux murs des églises ou des palais. Par voie de transaction et d'échange, l'architecture et la sculpture accommodèrent les monuments à la destination indécise que la peinture venait de leur donner. On altérait les proportions et surtout le caractère de la construction primitive pour plaquer çà et là des ornements de fantaisie qui n'avaient d'autre raison d'être que le mépris des principes et du bon sens. Tous les arts dépérissaient, usés par cette fièvre de production qui s'était emparée de quiconque avait en main un ciseau ou une palette. Encore quelques années, et, après avoir repris un semblant de vie sous l'influence du régime expectant des Carrache, ils allaient mourir des remèdes imposés tour à tour par les *naturalistes*, disciples du Caravage, et par les *idéalistes* de l'école du chevalier d'Arpin.

Rien n'autorise à penser que Guidobaldo ait compris l'imminence du danger, ni qu'il ait cherché à arrêter dans ses États les progrès de la contagion : il semble au contraire qu'il ait eu à cœur de les hâter. On le voit, il est vrai, recevoir Titien avec de grands honneurs et lui donner une escorte qui l'accompagnera jusqu'au terme de son voyage ; mais il fait à peu près le même accueil à Taddeo Zuccaro, quand celui-ci revient importer dans sa patrie ce goût déplorable et cette manie de la facilité qu'il était allé puiser à Rome. Frédéric Zuccaro, dont le style est plus lâche encore, hérite de la faveur accordée à son frère et prélude, par ses innombrables tableaux improvisés à Pesaro et à Urbin, aux grossières peintures qui profaneront la coupole de la cathédrale de Florence. Enfin le Baroccio, c'est tout dire, fut le peintre privilégié de Guidobaldo et de son fils. En comblant de bienfaits et de distinctions de toute sorte l'auteur de tant d'œuvres énervées, de ces fades enluminures qui ne sont pas même à la vraie peinture religieuse ce que les vers de Louis Racine sont à la poésie des Psaumes, les deux derniers ducs d'Urbin achevèrent de mettre en honneur dans le pays de Raphaël le culte du médiocre et d'y propager le désordre des idées. On n'essaya plus dès lors de discerner le mérite de la renommée ou de la multiplicité des productions. Tel peintre passait pour un grand maître qui n'avait qu'une méthode négative et, pour toute qualité, que l'absence de défauts évidents ; tel autre arrivait au succès en couvrant hardiment une toile en quelques jours. Au milieu de ce conflit de vanités et d'erreurs, il y eut dans le public un redoublement de passion pour le spectacle offert à ses yeux ; on s'engoua de l'art qu'on ne savait plus admirer. Les artistes de bas étage, en s'affublant de notoriété, se persuadèrent qu'ils avaient conquis la gloire, et le nombre des peintres célèbres grandit en raison de l'abaissement de la peinture.

Il serait inutile d'insister sur l'histoire de cette affligeante décadence, qui commence avec la seconde moitié du règne de Guidobaldo II et s'achève avant la fin du règne suivant. A quoi bon enregistrer à la suite les uns des autres les talents dégénérés qui pullulent dans le duché d'Urbin, et classer pour mémoire des œuvres sans valeur ? Les seules où l'on retrouve encore quelque ressouvenir des anciens principes et une sorte de respect de la saine vérité pittoresque appartiennent à un genre inférieur. Ce n'est ni sur les murs des édifices ni sur les vastes toiles qu'il faut désormais chercher les traces de l'habileté raisonnée et du goût. Quelques figures d'ornement peintes sur des vases ou sur des assiettes de faïence, tels sont les monuments d'art les plus dignes d'attention que nous ait légués cette époque ; encore ces humbles produits ne sauraient-ils être comparés, sous le rapport du style, aux produits de même nature des époques précédentes. Les lignes compliquées ont succédé aux formes élégantes dont Timoteo della Vite et Raphaël lui-même ne dédaignaient pas de fournir les modèles. La céramique reçoit sans doute de grands perfectionnements matériels, mais elle se ressent aussi de l'influence désastreuse exercée sur tous les arts du dessin par Zuccaro et le Baroccio, et, quoiqu'elle ne la subisse que de loin, elle s'associe cependant aux innovations et aux abus.

Fort différentes à tous égards des *terre invetriate* de Luca della Robbia, des poteries de Bernard Palissy et de la faïence fine, dite de Henri II, les faïences peintes sorties des fabriques de Pesaro, de Gubbio et de plusieurs autres villes du duché, furent recherchées dans toute l'Europe depuis la fin du quinzième siècle jusqu'au commencement du dix-septième. On ne les considérait d'abord que comme des raretés curieuses, des pièces d'apparat propres à être placées sur les crédences, à côté des vases de métal, et les ducs d'Urbin réservaient pour eux seuls ou offraient en cadeau à quelques souverains étrangers les objets de ce genre confectionnés dans la manufacture de Pesaro, la plus ancienne fabrique de faïence italienne. Peu à peu le secret se divulgua : l'industrie nouvelle prit une extension assez grande pour que ses produits se trouvassent au niveau de toutes les fortunes, et les peintres les plus renommés profitèrent avec empressement d'un moyen qui leur permettait de populariser leurs compositions sans recourir à la gravure. Les pièces de vaisselle où l'on voit retracés les chefs-d'œuvre de Raphaël sont aujourd'hui l'ornement des collections publiques ou privées ; on oublie aisément la destination primitive de ces pièces pour admirer la fidélité de la traduction ou l'habileté personnelle du traducteur. Les faïences peintes, au contraire, qui ne font que rappeler confusément les originaux, semblent, par cela même, plus conformes à nos habitudes actuelles. Il y a sans doute entre ces plats grossièrement coloriés et les œuvres d'art qu'ils reproduisent la même disproportion de mérite qu'entre nos modernes papiers peints à sujets, nos devants de cheminée, et les tableaux plus ou moins célèbres que les fabricants ont pris pour modèles. Il serait permis d'expliquer ainsi l'espèce d'anomalie qu'on remarque dans beaucoup d'autres faïences anciennes peintes d'après des modèles inconnus. A une grande force d'invention s'unit souvent une étrange faiblesse d'exécution. Ces faïences, que l'on vendait autrefois à vil prix, ont dû être ornées à la hâte par quelques artisans obscurs : de là l'imperfection du dessin et du modelé. Elles reproduisaient les compositions, oubliées ou perdues aujourd'hui, de quelque maître : de là l'excellence de la ligne et l'élévation du style. Ce qui constitue la valeur de pareils ouvrages reste donc indépendant de la céramique même ou ne s'y rattache qu'indirectement ; c'est sur des spécimens plus complets que l'attention doit s'arrêter.

Les faïences de luxe fabriquées dans le duché d'Urbin formeraient à elles seules une collection où l'on pourrait suivre l'histoire des modifications successives de l'école d'Ombrie aussi bien que les progrès industriels accomplis dans cette partie de l'Italie, durant une période d'environ cent cinquante années. Les plus anciennes représentent des sujets sacrés et se recommandent surtout par la précision du dessin. Puis, à mesure que se répand la passion du *classicisme*, les portraits des héros de l'antiquité, les sujets tirés de Virgile et d'Ovide, remplacent les scènes évangéliques. Les formes ont moins de sécheresse, la palette minérale s'enrichit de tons plus éclatants; mais aussi une certaine affectation archaïque se glisse sous le pinceau des peintres sur faïence, et leur travail, en apparence plus libre, a cependant moins d'originalité que celui de leurs prédécesseurs. Au seizième siècle, l'art arrive à son apogée. La fabrique établie à Castel-Durante sous la protection spéciale du duc d'Urbin l'emporte sur toutes les autres par le talent des artistes qu'elle emploie et la qualité de sa poterie. Des vases de grande dimension, des devants d'autel, des plaques ou tableaux sur faïence, attestent l'extrême habileté des sculpteurs et des peintres réunis dans cette fabrique, ou plutôt dans cette académie. Enfin le plus célèbre de tous ces artistes, Horace Fontana, devient, selon les termes un peu ambitieux cités par Passeri [1], un autre « Horatius Coclès, » qui entrave à lui seul la marche de l'étranger et assure la

---

[1] *Istoria delle pitture in majolica*. — Des fabriques rivales de celles de Pesaro et de Castel-Durante s'étaient multipliées en Italie et particulièrement en Toscane. Horace Fontana, dont le talent n'avait pu être égalé, bien que les Florentins prétendissent le contraire, envoya à ses détracteurs, à titre de défi, une peinture sur faïence représentant l'armée de Porsenna arrêtée par Horatius Coclès. Au bas de cette peinture, chef-d'œuvre de l'auteur, on lisait : *Orazio solo contra Toscana tutta* : double allusion à l'échec subi par le roi d'Etrurie et à la lutte victorieuse de l'artiste avec les descendants des Etrusques.

gloire de son pays. A partir du règne de Guidobaldo II, l'usage de la faïence peinte achève de se propager dans le duché d'Urbin, et se substitue, dans la confection des objets de toute sorte, à l'emploi du bois, du métal et de l'ivoire. Les coffrets qu'on avait coutume d'offrir aux fiancées quelques jours avant leur mariage furent alors remplacés par des coupes ou des vases sur lesquels étaient figurés de tendres emblèmes, et qu'on emplissait de pièces d'or ou de bijoux. Les seigneurs faisaient peindre sur des poteries d'ornement, sur les pièces principales d'un service, souvent même sur de simples assiettes, le portrait des dames auxquelles s'adressaient leurs hommages, et le nom du modèle, accompagné des épithètes *bella*, *diva*, etc., venait aider à la ressemblance ou dénoncer les vœux d'un cœur épris. On sait que l'esprit de galanterie n'inspirait pas toujours les artistes chargés de l'exécution de ces ouvrages, et il n'est pas rare de rencontrer dans les cabinets des curieux certains sujets assez conformes à ceux que Jules Romain et Marc-Antoine avaient traités à Rome pour *illustrer* les sonnets de l'Arétin. D'autres abus survinrent. Insensiblement, la céramique se réduisit au rôle d'une industrie vulgaire. On finit par délaisser non-seulement le genre historique, mais même la tradition d'art nationale; on copia les dessins flamands de préférence aux cartons italiens, et l'avilissement de la peinture sur faïence, dont l'importation des porcelaines orientales allait compléter la ruine, suivait de près l'année où le dernier prince de la maison della Rovere était monté sur le trône.

Tous les arts s'anéantissent à cette époque dans le duché d'Urbin. Les artistes, nous l'avons dit, y sont plus nombreux que jamais, mais ils ne luttent entre eux que d'exagération et de mauvais goût. Les élèves et les imitateurs du

Baroccio, peintres, architectes ou statuaires, se précipitent tête baissée dans le gouffre où les entraîne leur maître. Rien ne surnage, rien ne ressort de cet océan de mauvaises œuvres, — ou plutôt rien ne se perd que le talent, puisque aujourd'hui encore l'Italie est inondée des productions des *Baroccisti*. Faut-il ajouter qu'elle semble fière de les posséder, qu'elle leur donne place dans ses plus belles galeries, et qu'à Florence même, à quelques pas de la Tribune, une salle du palais des Offices porte le nom du chef de cette détestable école?

Le règne de François-Marie II, sixième et dernier duc d'Urbin, tient donc, dans l'histoire de l'art, une place inférieure encore à celle du règne précédent, et le seul mot de *décadence* suffirait pour le caractériser, s'il était permis de méconnaître ce qui l'honore à d'autres égards. Les progrès des sciences et de slettres en Italie, depuis la fin du seizième siècle jusqu'au milieu du dix-septième, se résument en un petit nombre d'œuvres conçues ou exécutées pour la plupart sous le patronage de François-Marie II, et le nom de ce protecteur du Tasse, de Guarini et du naturaliste Aldovrandi, brille d'un éclat plus pur qu'aucun de ceux des princes qui eurent quelque influence sur la destinée de ces hommes célèbres.

On a vu que Bernardo Tasso avait été rejoint à la cour de Pesaro par son fils, alors âgé de treize ans. François-Marie et Torquato, rapprochés d'abord par la communauté de leurs études et de leurs jeux, s'étaient liés ensuite d'une amitié plus sérieuse, et lorsque, après une séparation de quelques années, ils se retrouvèrent à Pesaro, tous deux eurent le tort de vouloir vivre comme autrefois sur le pied de l'égalité : tort d'autant plus grave que la princesse d'Urbin, femme du jeune héritier du trône, se trouvait nécessairement en tiers dans leur intimité. La présence du poëte mit en péril la paix domestique des époux, ou plutôt elle vint porter une atteinte nouvelle à cette paix, déjà fort compromise ; pour peu qu'on se rappelle dans quelles conditions s'était accompli le mariage, on comprend aisément qu'il n'ait amené de part et d'autre que des difficultés et des regrets.

Lucrèce d'Este, sœur d'Alphonse II, duc de Ferrare, était déjà âgée de trente-cinq ans à l'époque où elle avait épousé François-Marie, qui n'en comptait que vingt-deux. A cette disproportion d'âge s'ajoutait une extrême différence d'inclination et d'humeur. Le prince d'Urbin aimait passionnément l'étude, et n'interrompait ses occupations sédentaires que pour chasser une ou deux fois par semaine. Son esprit méditatif, sa piété, la simplicité de ses manières, lui avaient valu de bonne heure le surnom de « prince-moine, » et son aversion pour les affaires faisait dire de lui par son père « qu'il était moins propre à régner sur des hommes que sur des livres. » Lucrèce, au contraire, aurait donné toutes les bibliothèques du monde pour la conduite d'une intrigue politique. Active, impérieuse, elle avait passé sa jeunesse à s'agiter dans une situation secondaire, à rêver des alliances qui lui permettraient de jouer le premier rôle, et lorsqu'elle eut enfin réussi à s'assurer la possession d'un trône par son mariage avec le prince héritier d'Urbin, elle crut pour le coup que l'instant était venu d'exercer cette domination à laquelle elle n'avait cessé de prétendre. Malheureusement pour elle, elle avait compté sur le concours de son mari, ou tout au moins sur son obéissance, et l'un et l'autre lui firent défaut. Aux vues ambitieuses de la princesse, à toutes ses provocations, François-Marie opposait une froideur et une force d'inertie décourageantes, quelquefois même des refus articulés avec une netteté un peu rude ; après quoi il s'enfonçait plus que jamais dans la retraite et laissait sa femme dévorer à loisir son humiliation et son dépit. Qu'on se figure Mlle de Montpensier mariée au Dauphin fils de Louis XV, et l'on aura, grâce à cet anachronisme, à peu près l'équivalent de ce que devait être l'union du prince et de la princesse d'Urbin. Celle-ci, voyant à la fin que ses tentatives pour participer au gouvernement de l'État risquaient fort de demeurer infructueuses, même après la mort du duc régnant, essaya de satisfaire autrement ses passions romanesques et son goût pour les aventures. Elle se corrigea de l'ambition pour s'abandonner au désir de plaire, et son cœur s'ouvrait à peine à ce sentiment tardif lorsque le Tasse, qu'elle avait connu à la cour d'Alphonse, vint la rejoindre à Pesaro.

Il y était appelé par François-Marie, jaloux de retrouver un ami dans l'auteur déjà illustre de l'*Aminta*, et d'assister à ses côtés à une nouvelle représentation de cette pièce qu'on avait jouée une première fois au palais de Ferrare avec un immense succès. L'accueil qu'elle reçut à Pesaro fut plus brillant encore; seulement elle ne parut pas sur le théâtre. Le Tasse la lut en présence du vieux duc et de toute la cour; puis il en fit une seconde lecture au prince et à la princesse, qui, après avoir mêlé leurs applaudissements à ceux de la foule, s'étaient réservé le plaisir d'entendre l'*Aminta* sans entourage d'étiquette et sans distraction. Dans la disposition d'esprit où se trouvait alors Lucrèce, il était difficile que cette séduisante poésie ne lui inspirât qu'une admiration stérile et que le poëte lui-même n'eût point quelque part à ses pensées. Qu'on se rappelle, entre autres, ces beaux vers du premier acte, si bien faits pour donner à réfléchir à celle qui les écoutait : « Aimons! Il n'est point de trêve avec les années; la vie humaine s'écoule et disparaît.

Aimons ! le soleil meurt et renaît; mais nous, nous fermerons bientôt les yeux à sa lumière, et notre sommeil durera une éternelle nuit. » Lucrèce, âgée alors de près de quarante ans, sentait peut-être qu'elle n'avait pas de temps à perdre pour mettre le conseil à profit : elle ne tarda pas à le suivre assez ouvertement pour que le Tasse et François-Marie n'eussent, chacun en ce qui le concernait, aucun doute sur l'état du cœur de la princesse ; mais ils s'en émurent inégalement. Occupé ailleurs, l'un répondit avec une extrême réserve à la bienveillance au moins empressée qu'on lui témoignait, et se contenta de célébrer dans des sonnets plutôt galants que tendres « les charmes mûris surpassant en beauté les espérances du jeune printemps ; » l'autre enjoignit à sa femme d'observer plus de retenue, sous peine de se voir renvoyer à son frère. Une telle menace n'était pas de nature à effrayer beaucoup Lucrèce : le Tasse allait retourner à Ferrare, et celle-ci, sûre de l'y retrouver, sollicita elle-même une séparation à laquelle le prince se hâta de consentir. Elle partit donc et n'essaya même pas, lorsque la mort de Guidobaldo l'eut faite duchesse d'Urbin, de revenir prendre auprès de son époux le haut rang qu'elle avait autrefois si ardemment désiré. De son côté, le nouveau duc était loin de songer à un rapprochement, et il ne paraît pas que, pendant les vingt années qui précédèrent la mort de Lucrèce, il se soit plaint le moins du monde de son propre isolement. Le *journal* sur lequel il inscrivait soigneusement ses réflexions et jusqu'aux actes les moins importants de sa vie ne contiendrait rien, à compter de l'époque de la séparation, qui de près ou de loin se rattachât au souvenir de l'exilée, si l'on n'y lisait, à la date de 1598, ces lignes écrites en forme de simple *memento* : « 14 février. J'envoie l'abbé Brunetti à Ferrare pour visiter la duchesse ma femme, malade depuis quelques jours. — 15 février. J'apprends que Mᵐᵉ Lucrèce d'Este, duchesse d'Urbin, ma femme, est morte dans la nuit du 11. — 19 février. L'abbé Brunetti revient de Ferrare. »

Le Tasse, au contraire, ne cessa jamais d'être pour son ami d'enfance l'objet de la plus vive sollicitude. Le trouble qu'il avait involontairement jeté dans le palais ducal n'altéra que fort peu son intimité avec le duc, et nullement le zèle de celui-ci pour la gloire de l'auteur de la *Jérusalem*. On sait que ce poëme ne reçut pas, à son apparition, l'accueil qu'il méritait, et que le Tasse engagea, pour se défendre, une ardente polémique avec ses ennemis : François-Marie le secourut alors de la double influence qu'il devait à son titre de prince et à sa réputation de connaisseur. Initié par le poëte lui-même au secret de ses travaux, il avait vu s'achever à Castel-Durante le chef-d'œuvre pour lequel il n'avait rêvé que des admirateurs, et qui rencontrait surtout des envieux. A la première nouvelle de cette injustice, il écrit lettres sur lettres aux souverains et aux érudits pour leur proposer une sorte de croisade contre les détracteurs de la *Jérusalem ;* il réclame hautement pour le Tasse les hommages de toute l'Italie : en s'adressant à lui, il l'exhorte à se soustraire aux intrigues et aux cabales qui l'entourent à Ferrare, et ne se lasse pas de lui offrir à Pesaro une hospitalité moins suspecte et des honneurs plus dignes de son génie. Malheureusement le Tasse succombait déjà sous le poids de ses agitations morales : en proie aux terreurs religieuses, aux craintes que lui inspiraient à un même degré ses ennemis déclarés et ses amis les plus sincères, il tremblait pour son salut, pour sa gloire et pour sa vie. Retenu auprès d'une femme dont le nom même est une énigme, de cette Léonore en qui l'on a voulu voir tantôt la sœur d'Alphonse, tantôt une dame de sa cour [1], il n'ose sacrifier son amour à ce qu'il croit le soin de sa sûreté, et ce n'est qu'après s'être longtemps débattu dans les liens qui le retiennent qu'il s'enfuit de Ferrare et se réfugie à Pesaro. A peine a-t-il accepté un asile dans le palais de François-Marie, qu'il en sort brusquement, entraîné par une force irrésistible vers les lieux mêmes qu'il vient de quitter, et où il ne trouve que le dédain et bientôt la captivité. Ni cette apparente ingratitude ni les malheurs qui en furent la suite ne purent lasser la patience et la bonté du duc d'Urbin : il resta fidèle jusqu'au bout à l'ami dont il avait voulu assurer le repos, et qui ne répondait plus que par des témoignages de défiance aux lettres qu'il lui envoyait pour ranimer son courage. Lorsqu'à force de sollicitations et de démarches faites ou provoquées par lui, François-Marie eut obtenu d'Alphonse que le Tasse fût rendu à la liberté, il écrivit à celui-ci pour le supplier presque de se fixer à Pesaro au lieu de se rendre à Naples; mais le grand et misérable poëte,

---

[1] Cette question des amours romanesques du Tasse, question si souvent examinée et cependant encore sans solution définitive, a été de nouveau traitée à fond par M. Dennistoun. Comme tous les écrivains qui l'ont précédé, l'auteur des *Mémoires* hésite entre les diverses interprétations à donner à la conduite et aux chants passionnés du poëte. Quel qu'ait été d'ailleurs l'objet de cette passion, il est certain qu'elle seule causa la colère du duc de Ferrare et la disgrâce où tomba son ancien protégé. Une bien belle strophe que M. Dennistoun a omis de citer, et qu'on trouve dans les *Manoscritti inediti di Torquato Tasso*, publiés en partie à Lucques de 1837 à 1839, ne peut laisser aucun doute sur ce fait. « Puissant seigneur, s'écrie le poëte enfermé à l'hôpital Sainte-Anne, tu aurais pu m'arracher la vie : c'est le droit des monarques; mais m'arracher cette raison que je tiens de la bonté infinie, parce que j'ai écrit d'amour (d'amour auquel la nature et le ciel nous invitent), c'est un crime pire que tout autre crime. J'ai demandé mon pardon, tu me l'as refusé. Adieu; je me repens à jamais de m'être repenti. »

qui en était venu à regarder sa *Jérusalem* « comme un enfant adultérin dont il fallait désavouer la naissance, » ne pouvait être plus juste envers ses amis qu'il ne l'était alors envers lui-même : il crut que l'invitation affectueuse du duc d'Urbin cachait des chaînes et des embûches nouvelles ; il refusa, et, traînant de ville en ville son indigence et sa sombre mélancolie, il ne voulut ou ne put pas se souvenir qu'il s'était condamné par ce refus à la douloureuse existence qu'il appelait énergiquement « une mort continuelle. »

Les *Lettres* et le *Journal* de François-Marie prouvent que son zèle pour les œuvres et les hommes supérieurs eut souvent un plus heureux succès. La situation de Pesaro, sur la route de Lorette et de Rome, attirait dans cette ville des voyageurs de tous les rangs, et le duc ne manquait pas d'arrêter au passage ceux que leur mérite recommandait à sa vigilante protection. Ce fut ainsi qu'au retour d'un pèlerinage qu'il avait accompli à Lorette, Galilée se trouva obligé pour ainsi dire de séjourner quelque temps au palais ducal. François-Marie, plus curieux encore de science que de poésie, n'était pas homme à se contenter de cette courte visite. Galilée une fois parti, il s'établit entre le duc et lui une correspondance régulière, dont malheureusement il n'existe pas un seul fragment aujourd'hui. Une correspondance semblable, que François-Marie avait ouverte avec Ulysse Aldovrandi, amena celui-ci de Bologne à Pesaro, où il commença la publication de son immense ouvrage sur l'histoire naturelle. D'autres savants, plusieurs poëtes, au premier rang desquels il convient de citer Guarini, que le duc honorait d'une affection toute particulière, des théologiens et des professeur célèbres quittaient le pays où ils étaient nés pour venir se ranger autour de ce prince, qui ne se croyait sur le trône que pour faire fleurir les sciences et les lettres. Le reste lui importait assez peu, et, comme son mariage avec Lucrèce ne lui avait pas donné d'héritier, il aurait volontiers abandonné le gouvernement de l'Etat à Clément VIII, qui le pressait fort de ne pas différer son abdication, s'il n'avait été arrêté par la crainte de rendre ses sujets malheureux en les laissant sous la domination pontificale. Le peuple, que cette crainte préoccupait plus vivement encore, voulait que le duc se remariât, et le saluait à son passage de ce cri expressif : *Serenissimo, moglie!* François-Marie dut se rendre à des vœux si contraires à ses propres désirs. En 1604 il épousa Livia, fille d'Hippolyte della Rovere et petite-nièce, par son père, de Guidobaldo II, et l'année suivante il annonçait lui-même la naissance du prince Frédéric à la foule que l'anxiété avait fait accourir sous les fenêtres du palais : « Mes amis, Dieu nous a donné un fils, » s'écria le duc. On juge des transports de joie qui éclatèrent à cette nouvelle. Qui se serait douté alors qu'un jour François-Marie et le peuple regretteraient amèrement la naissance de ce fils tant désiré, et que Frédéric, sur qui on fondait de si douces espérances, deviendrait bientôt un objet de haine et de mépris ?

La constitution délicate du jeune prince ne permettait pas qu'on usât envers lui de la sévérité nécessaire à l'éducation d'un homme. De peur de fatiguer son enfance, on l'avait tenu éloigné de toute occupation sérieuse ; on n'osait opposer à ses caprices une volonté qui les maîtrisât, et cette excessive indulgence acheva de gâter un naturel d'ailleurs peu favorisé. Frédéric, ignorant le devoir aussi bien que l'étude, se livra de très-bonne heure à des excès qui ruinèrent sa frêle santé et effrayèrent François-Marie. Le vieux duc n'avait eu jusque-là pour son fils qu'une aveugle faiblesse ; il essaya de se montrer rigoureux, et se décida à grand'peine à l'éloigner momentanément de lui. L'année suivante, il le maria à la princesse Claude, fille du grand-duc de Toscane, et, le croyant corrigé de ses vices et de ses habitudes passées, il eut l'imprudence de mettre à exécution le projet, tant de fois caressé, d'une abdication formelle. Il confia à ces indignes mains la direction des affaires publiques et se retira à Castel-Durante. Frédéric, débarrassé du seul témoin qui pût lui faire obstacle, se hâta d'installer au palais des débauchés de bas étage ; il ordonna des fêtes dans la ville en l'honneur d'une comédienne qu'il avait prise pour maîtresse ; quelques jours après, il donnait à des comédiens les places de ses gentilshommes ; un peu plus tard, il se faisait acteur lui-même, et remplissait de préférence les rôles de valet, ceux où l'obscénité du geste et de la parole était la condition ordinaire du succès. En un mot, cette cour des ducs d'Urbin, si longtemps le modèle de la courtoisie et de l'élégance, devint un réceptacle d'infamies dignes des plus vils des empereurs romains. La mort vint mettre un terme à ces honteuses extravagances. Un matin, Frédéric, qui avait comme de coutume paru la veille sur le théâtre, fut trouvé inanimé dans son lit, et la nouvelle de cette fin subite fut reçue dans tout le duché avec une satisfaction au moins égale à celle qui, dix-huit ans auparavant, avait accueilli les paroles d'allégresse de François-Marie.

Frédéric ne laissait qu'une fille ; ainsi la branche mâle de la famille della Rovere allait s'éteindre avec François-Marie, et celui-ci, obligé maintenant de remonter sur ce trône d'où il avait été si heureux de descendre, prêta de nouveau l'oreille aux propositions de la cour de Rome. Urbain VIII venait de succéder à Grégoire XV : sous son pontificat, les intrigues pour la possession future du duché recommencèrent avec plus de suite et d'activité que jamais. Aux hésitations du vieux duc, que retenait encore sa répugnance à dépouiller sa petite-fille, on opposa habilement la perspective de la guerre qu'entraînerait une succession contestée; on l'effraya, au nom de ses peuples, sur les malheurs qui pourraient s'ensuivre. De son côté, le grand-duc de Toscane, Ferdinand II, qui avait été fiancé à la fille de Frédéric, offrit de renoncer pour sa femme et pour lui à toute prétention sur le duché, à la condition que la princesse serait déclarée héritière de tous les biens allodiaux et des propriétés particulières de son grand-père. François-Marie finit par acquiescer à ces arrangements. En 1626, il signa la cession des Etats d'Urbin au saint-siége, et, se réservant seulement le titre de souverain et le droit de grâce, il se retira à Castel-Durante, où il mourut, à l'âge de quatre-vingt-deux ans, en 1631.

Les *Mémoires sur les ducs d'Urbin* s'arrêtent à cette date, limite naturelle du sujet que M. Dennistoun avait entrepris de développer. Nous disions en commençant que ce livre était une œuvre complète, trop complète peut-être, en ce sens que l'auteur n'y omet rien de ce qui se rattache, même de fort loin, aux événements de toute espèce qui signalèrent pendant deux siècles les règnes des princes de Montefeltro et della Rovere : nous en avons extrait, en y ajoutant le résultat de nos propres informations, les faits relatifs à l'histoire de l'art italien pendant et après la renaissance, et, envisagé sous cet aspect, qui n'est qu'une des faces qu'il présente, l'ouvrage de M. Dennistoun mérite encore un sérieux examen. Faut-il y voir en effet une simple étude archéologique, une sorte de cours pittoresque d'un art qui n'est plus à notre usage? N'est-il possible d'y puiser que des renseignements sur des faits qu'on avait jusqu'ici négligé d'éclaircir, sur des hommes qui, même à côté des Médicis, ont eu leur part d'influence et de gloire? en un mot, cette réhabilitation des ducs d'Urbin ne doit-elle servir qu'à satisfaire la curiosité? Nous ne le croyons pas. Outre l'intérêt que peut offrir en soi cet épisode de la renaissance italienne, il reste encore quelque profit à faire pour nous-mêmes, quelque conclusion à tirer du spectacle qui nous est donné. Que l'on veuille bien comparer, par exemple, la marche de la peinture dans le duché d'Urbin, depuis ses premiers pas jusqu'à sa chute, à l'histoire de la peinture dans notre pays, et l'on verra, toute proportion gardée entre le caractère national et la valeur même des productions, qu'au fond l'analogie est assez grande entre les deux écoles. Toutes deux se révèlent tard, lorsque ailleurs on est depuis longtemps déjà familiarisé avec le talent et le succès. C'est par la force qu'elles débutent, par les savants travaux qu'inspirent une pensée virile et le culte de l'antiquité. Bientôt la grâce, se joignant à cette gravité magistrale, annonce la perfection : Raphaël succède à Pietro della Francesca, comme chez nous Lesueur à Poussin, et, dans un autre ordre d'art, Racine à Corneille. A peine ce progrès s'est-il manifesté, que la peinture devient lourdement fastueuse en prétendant à la grandeur. Les décorations héroïques du palais de Versailles étalent cet amour excessif de la pompe et du luxe qui s'était trahi déjà sur les murs de l'*Imperiale*. Le besoin du nouveau, la manie du facile et de l'agréable, ne tardent pas à remplacer la passion pour le style académique, et l'on ne se soucie plus que de l'art qui enjolive des objets usuels, ou qui se réduit aux proportions d'un jeu futile de l'esprit. Les traits qui distinguent les œuvres de l'école d'Ombrie à la fin du seizième siècle ne se retrouvent-ils pas dans les œuvres produites en France vers le milieu du dix-huitième? Les faïences d'Urbin, avec leurs arabesques, leurs emblèmes galants et leurs petites scènes érotiques, diffèrent-elles beaucoup, quant à l'intention, des éventails et des dessus de porte peints par Lancret, Boucher et leurs élèves? Enfin, lorsque la peinture, telle que l'avaient comprise les grands maîtres, n'existe plus, à vrai dire, dans le duché d'Urbin, le nombre des artistes s'accroît à l'infini. Tous ne rêvent qu'aux moyens d'arriver le plus rapidement possible à la notoriété et à la fortune. C'est à qui déploiera non pas le génie le plus inventif, mais l'adresse la plus productive. De ce côté encore, n'y aurait-il pas lieu à quelque rapprochement entre le règne des derniers ducs d'Urbin et la période où nous sommes? Tranchons le mot : ce sont deux époques de décadence, — avec cette différence toutefois que l'une a abouti à la ruine absolue, définitive, et que l'autre est loin encore de paraître irrémissiblement condamnée.

Sans parler de quelques illustres exceptions à la loi qui pèse aujourd'hui sur l'ensemble de l'école française, nous ne voulons pour preuve de la vitalité de notre art que la diversité même des tentatives qui se succèdent depuis plusieurs années. Il est vrai qu'à force de les voir se multiplier et se contredire les unes les autres, nous avons quelque peu perdu la foi dans l'avenir, et qu'en peinture comme ailleurs on en est venu à douter du lendemain ; mais ce n'est pas un motif pour désespérer du bien qu'il peut amener. Gardons-nous seulement de prendre pour des signes de force et d'imagination ce qui n'est que le vain témoignage du matérialisme de la pensée ou de l'audace de la main. Qu'une même réprobation enveloppe les sauvages doctrines des apôtres de la réalité vulgaire et les prétentieuses fantaisies des *Baroccisti* de notre temps. L'art tombe vite de la décadence dans l'opprobre et la mort, lorsqu'il n'a plus pour mobile que le caprice, pour but que la négation des principes éternels de la vérité et du beau : la fin de l'école d'Ombrie est un exemple qui doit nous servir de leçon.

1851.

V

UN BAS-RELIEF D'ANTONIO ROSSELLINO.

« La peinture et la sculpture, dit Vasari, ces deux sœurs nées le même jour et gouvernées par la même âme, n'ont jamais fait un pas l'une sans l'autre. » Cela est vrai surtout des progrès qui s'accomplirent en Italie à partir de la première renaissance. Dans d'autres pays, en France par exemple, les deux arts ne suivent pas toujours cette marche parallèle. La sculpture ne laisse pas d'abord de devancer la peinture d'assez loin et de se comporter vis-à-vis d'elle bien moins en sœur jumelle qu'en aînée. Quelle distance entre les monuments que nous ont légués nos sculpteurs du moyen âge et les œuvres du pinceau appartenant à la même époque ! Quelle inégalité entre les statues qui décorent la cathédrale de Chartres ou la cathédrale de Reims et les miniatures, les verrières même, si belles qu'elles soient, peintes au temps où le ciseau taillait ces robustes images ! Le treizième siècle, l'âge d'or, à vrai dire, de l'architecture et de la sculpture nationales, demeure dans notre pays une période presque stérile pour la peinture ; ou plutôt celle-ci, tout en multipliant ses produits, ne fait pas acte de force personnelle, de vie propre. Elle s'immobilise dans l'imitation de certaines formes conventionnelles, dans la pratique de certaines traditions étrangères à la recherche du vrai, et lorsque, trois siècles plus tard, la statuaire française a reçu sous la main de Jean Goujon sa consécration définitive, aucun maître n'a paru encore dont l'influence ait renouvelé chez nous, constitué même la doctrine pittoresque. Jean Cousin, malgré la noblesse de ses aspirations et l'énergie de ses efforts, les artistes qui travaillent à Fontainebleau, malgré leurs visées ambitieuses, les dessinateurs de *crayons*, malgré la finesse souvent exquise de leur manière, n'ont et ne sauraient avoir dans l'histoire de la peinture en France que le rôle de précurseurs. Ils annoncent les progrès futurs de notre école plutôt qu'ils n'en installent la gloire; ils ne font que reconnaître, que préparer la voie où de plus hardis et de plus forts entreront bientôt pour la parcourir jusqu'au bout. Cousin est, si l'on veut, le Ronsard de cette autre Pléiade, en ce sens qu'il garde parmi les artistes contemporains l'attitude et le bon vouloir d'un réformateur : il ne s'ensuit pas toutefois que l'art soit régénéré pour cela. A peine réussit-il à laisser pressentir sa régénération prochaine, et si la sculpture a produit déjà plus d'un chef-d'œuvre digne des chefs-d'œuvre littéraires qui vont suivre, le temps n'est pas venu où la peinture française aura dans Poussin son Corneille : elle n'a eu encore que ses Brantôme ou ses Amyot dans les *portraitistes* du seizième siècle.

En Italie, au contraire, nul temps d'arrêt, nulle inégalité de croissance entre les diverses branches de l'art, une fois que la séve a commencé d'y circuler et d'y stimuler la vie. Tandis que Nicolas de Pise et ses disciples ouvrent pour la sculpture l'ère des progrès féconds et des réformes décisives, Giunta de Pise, Ventura et Ursone de Bologne, Margaritone d'Arezzo, d'autres peintres encore, antérieurs même à Cimabué, s'emparent des exemples fournis par le ciseau pour essayer de donner à leurs propres travaux une correction relative et une certaine vraisemblance. Avec Cimabué, et surtout avec Giotto, le progrès se continue, les intentions s'affirment, une sorte d'âpre véracité devient l'élément essentiel, la condition nécessaire de toute œuvre du pinceau : de même que les statues ou les tombeaux sculptés dans les églises accusent de plus en plus cette énergique naïveté du style, cette mâle sincérité. Tout change, il est vrai, après que les deux générations des *Giotteschi* ont, dans leurs tableaux aussi bien que dans leurs bas-reliefs, achevé de définir la doctrine du maître et d'en populariser les principes. Depuis le *Triomphe de la Mort* peint à Pise par Andrea Orgagna, le sculpteur du tabernacle d'Or-San-Michele, jusqu'aux fresques de Lorenzo de' Bicci sur les murs de l'hôpital de Santa-Maria Nuova à Florence, depuis la porte de bronze ciselée par Andrea Pisano pour le baptistère de Saint-Jean et les bas-reliefs qui décorent la façade de la cathédrale d'Orvieto, jusqu'au tombeau de Francesco Pazzi dans le cloître de Santa-Croce, le nombre est grand de ces œuvres austères où le ciseau et le pinceau semblent avoir obéi aux mêmes inspirations, à la même discipline, aux mêmes lois. Mais lorsque cette première révolution est partout accomplie, lorsque les élèves de Giotto et les successeurs de ceux-ci ont pieusement continué jusqu'à la fin du quatorzième siècle la tradition inaugurée par le chef de l'école, une nouvelle phase commence où l'art italien, sans abjurer au fond ses croyances, s'efforce d'en varier ou d'en assouplir les termes. Quelque chose d'ému et d'attendri s'insinue sous la majesté du style ; la diversité des expressions et des types rajeunit les lignes consacrées et en vivifie l'aspect sans y introduire le désordre. C'est l'époque où fra Angelico peint ses doux chefs-d'œuvre, où Masaccio interprète la réalité contemporaine avec une sagacité admirable, tandis que Ghiberti cherche à allier, dans ses deux célèbres *Portes*, la correction de l'art antique au sentiment religieux du moyen âge, que Luca della Robbia trouve le secret de fixer sous l'émail le chaste sourire de ses *Vierges*, et que le plus grand des sculpteurs italiens avant Michel-Ange, Donatello, réussit à concilier l'ingénuité avec la science, l'exquise délicatesse dans le faire avec la fermeté des intentions. Survient Michel-Ange, qu'il suffit de nommer pour rappeler les œuvres les plus prodigieuses de l'art moderne et la réforme la plus radicale que jamais artiste ait osé entreprendre. Réforme légitimée d'abord par l'éclat des succès, révolution glorieuse tant qu'elle se poursuit sous l'autorité directe et par les mains du maître, mais bientôt excessive, comme toutes les révolutions ; pernicieuse, ridicule même, lorsqu'elle prétend s'installer comme un principe et que les sophistes pittoresques s'efforcent d'ériger en système le régime de la fantaisie et de la violence. Tout est entraîné alors dans ce mouvement de vertige, tout se précipite vers la ruine. La décadence de la statuaire suit d'un pas égal la décadence de la peinture, jusqu'au jour où l'art italien tout entier, façonné au joug des Borromini et des Bernin, achève de s'affaisser, de s'humilier encore, et tombe, d'excès en excès, dans la décrépitude, l'inertie et la mort.

Nous n'avons pas à insister ici sur cette époque finale, ni à saluer d'hommages, qui ne sauraient être que des redites, la gloire sans rivale des maîtres appartenant au seizième siècle. Ce que nous voudrions seulement rappeler en quelques mots, c'est la période intermédiaire entre les premières conquêtes et les triomphes éclatants, entre les débuts et le moment où l'art parvient à son apogée ; c'est le rôle, un peu oublié en France, de ces sculpteurs, disciples ou imitateurs de Donatello, qui, tout en continuant la tradition du maître, surent la développer dans le sens de leurs propres inspirations et ajouter à la physionomie de l'école des agréments d'autant plus caractéristiques qu'ils contrastent avec la fierté prochaine des formes et la solennité de l'attitude. La très-fidèle eau-forte, d'après un bas-relief d'Antonio Rossellino, qu'a gravée M. Haussoullier pour la *Gazette des Beaux-Arts,* est un témoignage des inclinations communes à la plupart des sculpteurs italiens du quinzième siècle, un spécimen des moyens employés par eux pour définir ces tendances. Recherche de l'idéal dans l'expression plutôt que dans la beauté, dans la netteté plutôt que dans l'ampleur du style, fine précision, grâce intime et élégamment familière, — toutes ces qualités, florentines par excellence, recommandent le travail d'Antonio Rossellino et expliquent, avec une autorité beaucoup plus éloquente que la parole, ce que nous essayerons simplement de commenter.

Donatello, nous l'avons dit, exerça une influence décisive sur le mouvement de la sculpture italienne au quinzième siècle. Le seul rival qu'on puisse lui opposer parmi les sculpteurs appartenant à la même époque, Lorenzo Ghiberti, demeure, sinon étranger aux secrètes aspirations de l'école, au moins à peu près isolé par sa manière des tentatives *naturalistes* qui se poursuivent autour de lui. Ses efforts pour restaurer dans l'art les formules païennes, pour s'assimiler le goût et le style propres à l'antiquité, devaient, il est vrai, trouver leur équivalent dans le domaine littéraire et servir bientôt d'encouragement ou d'exemple aux entreprises de l'esprit de *classicisme,* surexcité ensuite jusqu'à la manie par les platoniciens, amis de Laurent de Médicis. Mais, pour la sculpture comme pour la peinture, le moment n'est pas venu encore des imitations archaïques, et, tout en applaudissant aux studieux essais de Ghiberti, les artistes réservent leurs préférences et leur zèle pour des travaux plus voisins de la réalité. Ils choisissent leurs modèles dans le milieu où ils vivent eux-mêmes, les éléments de leur idéal parmi les exemplaires contemporains. De là ce caractère de vraisemblance et cette signification toute nationale que la sculpture florentine garde au quinzième siècle plus visiblement peut-être qu'à aucune autre époque; de là cette rigueur dans l'expression, cette élégance dans la pratique, élégance un peu subtile parfois, mais le plus souvent ingénieuse sans excès; de là, enfin, cette curiosité de l'esprit et de la main, cette sagacité pénétrante, ce goût pour l'analyse et ces scrupules qu'attestent les œuvres de Donatello et des siens. Plus tard, l'ambition viendra d'éblouir le regard, qu'on ne songe encore qu'à persuader; le besoin de dominer se substituera au désir de plaire, et, l'érudition archéologique aidant, on triomphera, comme d'une résistance au progrès, de la science sans faste et de la bonne foi obstinée des derniers *quattrocentisti*. Toujours est-il que ceux-ci, même à côté de leurs illustres successeurs, ne perdent rien de leur autorité propre et de leurs priviléges.

Il faut le dire pourtant, la réforme introduite dans l'art italien, et en particulier dans la sculpture, à partir de la seconde moitié du quinzième siècle, ne fut pas de tous points un bienfait. Si, du côté de la correction, du charme et de la délicatesse du style, le progrès est manifeste sur le passé, cette amélioration ne se produit pas sans dommage pour la gravité des intentions, pour la sainteté de la pensée. Comme toujours, les sujets religieux servent de thème aux travaux de l'ébauchoir ou du pinceau; mais l'art, autrefois pénétré de la séve chrétienne jusque dans sa substance et dans sa moelle, ne l'accepte plus que comme un principe d'animation extérieure, comme un moyen de vivifier l'épiderme.

Préoccupés avant tout des perfectionnements techniques, les artistes prennent à tâche de caresser l'imagination plutôt qu'ils ne s'imposent le devoir de renseigner le cœur, de fortifier la foi. Ils ont cessé d'être des ouvriers évangéliques pour devenir les artisans du succès profane et personnel. Le champ où leurs pères travaillaient à préparer la moisson de Dieu, ils l'ensemencent maintenant pour leur propre compte, et si une apparence plus attrayante est promise aux fruits qu'il doit porter, ces fruits auront perdu en vertu saine et en saveur ce qu'ils auront acquis en beauté. Veut-on des exemples ? Il suffira de citer, entre bien d'autres, ces élégants monuments funéraires, ces riants tombeaux que Mino da Fiesole, Desiderio da Settignano et Bernardo Rossellino ont sculptés dans les églises de Florence ou des lieux environnants, à la Badia, à Santa-Croce, à San-Romolo de Fiesole, à San-Domenico de Pistoïa. Voilà certes des chefs-d'œuvre de goût, des spécimens excellents de l'art de cadencer des lignes et de séduire les yeux par la grâce des agencements, par la souplesse du modelé ; mais, en dehors de cette fine harmonie pittoresque, quel profit tirer du spectacle? Y a-t-il là, comme dans les monuments de l'art primitif, une leçon vraiment chrétienne, un conseil, un enseignement moral? Non, le temps est déjà loin où le pinceau d'Orgagna retraçait avec une vigueur sans merci la Mort et ses sinistres œuvres, où la terrible fresque du Campo-Santo de Pise dénonçait aux vivants la fragilité de la vie, le néant des choses humaines et l'éternité des justices divines. Plus de ces rudes avertissements désormais, plus de ces pieuses menaces. L'inspiration dantesque, que continuait cette sévère théologie pittoresque, a fait place à une philosophie accommodante qui glisse galamment sur les vérités pénibles, pour n'insister que sur les vérités de forme ou d'agrément.

Il semble que, sous la main des nouveaux maîtres, tout poëme doive se convertir en sonnet, toute affirmation dogmatique en allusion, tout symbole sacré en principe d'ornementation pure, et que la mort elle-même n'ait le droit de se laisser pressentir qu'à la condition de n'effrayer personne et d'affecter des dehors exquis.

On peut donc, dans une certaine mesure et en face de certains ouvrages, accuser l'insuffisance du sentiment religieux chez ces aimables maîtres florentins de la fin du quinzième siècle : insuffisance relative toutefois, qui devait, par la comparaison avec un récent passé, justifier les colères d'un Savonarola, mais qui apparaît presque comme un témoignage d'orthodoxie et de ferveur auprès des formules insignifiantes ou des fantaisies de l'art moderne. Au point de vue du beau proprement dit, l'école de Donatello ne défierait pas non plus tous les rapprochements, toutes les critiques. Si l'art a mieux à faire qu'à enjoliver la réalité et à s'arrêter par là aux surfaces de notre intelligence ; s'il lui appartient de nous émouvoir, de nous convaincre par la majesté du vrai, le moindre débris de la statuaire grecque aura en ce sens une bien autre autorité que le plus élégant monument de la sculpture florentine. Celle-ci n'exprime qu'une certaine vérité de circonstance, de race, de pays ; elle murmure à notre esprit, pour ainsi dire, des confidences à la fois raffinées et familières. L'art grec parle haut, il proclame la vérité absolue, et, sans circonlocutions, sans artifices de langage ni procédés de rhétorique, il met à la portée de tous le vrai qu'il a découvert dans le réel, l'idéal qu'il a dégagé du fait. Voilà pourquoi il est plus vraiment humain, plus universel qu'aucun autre. Mieux qu'aucun autre aussi, il précise les ressources, les conditions expresses du moyen. La sculpture antique est strictement de la sculpture, et non un mode d'expression complexe, un mélange d'éléments empruntés. La sculpture florentine, au contraire, telle que l'ont comprise et pratiquée les prédécesseurs immédiats de Michel-Ange, participe de l'orfévrerie et de la peinture. Par l'extrême délicatesse des combinaisons linéaires et du travail, elle transforme en joyaux de marbre ou de bronze les bas-reliefs, les médaillons, qu'enchâssent d'ailleurs des ornements d'architecture fouillés avec un soin minutieux : par la recherche de la physionomie intime, par ses habitudes d'imitation scrupuleuse en face des moindres phénomènes de la vie, elle semble s'approprier quelque chose de la tâche et des procédés du pinceau. Aussi, de nos jours encore, trouve-t-elle surtout des admirateurs parmi les peintres, tandis que les statuaires, naturellement plus exigeants en matière de beau plastique, préfèrent demander à l'art grec des modèles et des leçons.

Et cependant ces velléités pittoresques, ces déviations, si l'on veut, une fois constatées, comment marchander les éloges à cette série d'œuvres charmantes qu'ouvrent les premières figures modelées par Donatello, et qui va se continuant, avec une variété infinie dans les termes, jusqu'au *David* d'Andrea Verrocchio, conservé au musée des Offices, jusqu'à la *Chaire* de Benedetto da Maïano à Santa-Croce? Où trouver, sinon dans les morceaux de la main de Donatello lui-même, des équivalents à cette gracieuse gaucherie de l'enfance, à ces premiers essais de la force, de la pensée, de la vie, qu'expriment si ingénument et si finement tout ensemble les images de *San-Giovannino*, par Michelozzo Michelozzi? Quelle profonde intelligence du caractère moral et, en même temps, quelle science de la forme attestent les bustes sculptés par Mino da Fiesole, ceux, entre autres, de Bernardo Giugni, de Léonardo Salutati, de Piero de

Medici ! Quelle précision, quelle sincérité, hardie même parfois jusqu'à la bizarrerie, dans les ouvrages de Desiderio de Settignano, le mieux doué peut-être, le plus naïvement habile de tous les disciples de Donatello ! Enfin, sauf les réserves qu'autorise la recherche, un peu intempestive en pareil cas, des gentillesses du style, qui hésiterait à reconnaître une rare valeur, une signification d'élite, au monument dédié, dans Santa-Croce, à la mémoire de Leonardo Bruni par Bernardo Rossellino, et au tombeau sculpté par Antonio, son frère, dans l'église de San-Miniato al Monte ? « Morceau merveilleux, » dit Vasari, et qui mérite en effet d'être cité non-seulement comme un témoignage accompli du talent de l'artiste, mais aussi comme le résumé des aspirations, des doctrines, des qualités communes à toute l'école, et des progrès qu'elle a su réaliser.

Le tombeau érigé dans l'église de San-Miniato est celui d'un jeune cardinal portugais, Jacques, mort avant vingt-six ans et, nous dit l'épitaphe, aussi illustre par la naissance, aussi remarquable par sa beauté qu'exemplaire par la pureté de ses mœurs[1]. Tout, dans l'œuvre de Rossellino, a le double caractère que commandaient ces chastes cendres et ces souvenirs de gloire humaine ; tout exprime le luxe, mais un luxe discret, l'innocence virginale et la paix, mais une paix sans roideur, une innocence sans niaiserie. Rien de moins

---

[1] Voici cette épitaphe, dont les termes à la fois élégants et simples sont bien d'accord avec la mémoire qu'ils consacrent et avec l'œuvre d'art qu'ils accompagnent :

REGIA STIRPS. JACOBUS NOMEN. LUSITANA PROPAGO.
INSIGNIS FORMA. SUMMA PUDICITIA.
CARDINEUS TITULUS. MORUM NITOR. OPTIMA VITA.
ISTA FUERE MIHI. MORS JUVENEM RAPUIT.
VIX. ANN. XXV. M. XI, ETC.

austère assurément, rien de plus touchant au fond que cette douce figure livrée à la mort sans combat, et couchée sur son lit funéraire dans la première fleur de la grâce et de la jeunesse. Ce n'est pas le sommeil de l'aigle fatigué de ses luttes et de son vol, c'est le repos de la colombe à peine sortie de l'arche pour essayer de prendre pied sur la terre, et déjà revenue au gîte céleste. Singulière puissance de l'art qui nous apitoie, après quatre siècles, sur la destinée d'un inconnu, et qui, par la simple représentation d'un fait, par la seule vraisemblance d'un portrait, remue les fibres les plus secrètes du cœur et en provoque toutes les tendresses!

— Sous le rapport purement décoratif, l'impression produite n'est pas moins vive. Bien que la donnée et les combinaisons architecturales soient ici à peu près les mêmes que dans la plupart des monuments contemporains ; bien que, suivant la coutume, des figures d'anges veillent au chevet du lit et voltigent, sous les rideaux de marbre, autour du médaillon d'où la Vierge et son divin fils abaissent leurs regards vers le mort, il y a une harmonie si parfaite entre les diverses parties de la composition, un goût si personnel d'exécution dans cette ordonnance connue et traditionnelle, qu'on se prend presque à oublier ce qu'on a vu ailleurs pour accueillir comme une révélation ce qui n'est, en réalité, qu'un exemple plus concluant. Ajoutons que, dans la chapelle où s'élève le *Tombeau du cardinal de Portugal*, l'ornementation générale achève de définir les qualités et les coutumes de la sculpture florentine au quinzième siècle. En face du monument, un beau siége en marbre dont les lignes correspondent aux divisions du lambris et se prolongent ou s'assouplissent en raison de l'unité à conserver ou de la variété à introduire, — dans les compartiments des voûtes, quelques terres émaillées qu'on doit mettre au nombre des meilleurs ouvrages exécutés par Luca della Robbia avec l'aide d'Octavien et d'Augustin, — d'autres éléments de décoration encore, font de cette chapelle un véritable sanctuaire de l'art et du goût *quattrocentisti*.

A ne parler que de ce qui appartient à Rossellino et des titres qui recommandent son talent, on ne saurait sans doute confondre dans une admiration égale le monument de San-Miniato et le modeste bas-relief dont la *Gazette des Beaux-Arts* a donné une reproduction. Importance des compositions, expression des formes, tout diffère dans les deux œuvres, — tout, jusqu'à la matière employée, puisque, au lieu d'un marbre travaillé à loisir, il ne s'agit ici que d'une terre cuite où l'empreinte de l'ébauchoir apparaît toute vive et laisse par cela même à la pratique une correction un peu inachevée. N'y a-t-il pas toutefois dans ces premiers aveux du sentiment, dans cette habileté prise sur le fait pour ainsi dire, et se trahissant par des demi-mots, quelque chose d'aussi décidément expressif, de plus expressif même souvent, que dans les travaux où toutes les ressources de l'exécution ont été épuisées?

Qu'on ne se méprenne pas, d'ailleurs, sur ces imperfections matérielles, sur ces empressements de l'outil, fort différents des négligences ou des mensonges. Lors même qu'il procède par indications sommaires, le style florentin au quinzième siècle est plus explicite, plus utilement vrai, plus savamment châtié que ne le sera, dans d'autres écoles et dans d'autres temps, le faire à outrance de certains artistes. Une esquisse de Masaccio ou une maquette de Donatello en dira plus long sur le caractère des objets représentés que le tableau le mieux fini de Gérard Dow, que le marbre le plus patiemment limé par Canova. Sans avoir une signification aussi ouvertement magistrale, la *Madone* de

Rossellino peut au moins confirmer ce que les œuvres des maîtres nous auront appris à cet égard. Elle a de plus ce privilége de nous faire pressentir dans notre propre pays un talent, une école même dont l'Italie à peu près seule est en mesure de divulguer les mérites [1]. Rapproché par le souvenir des sculptures qui décorent les églises de la Toscane et le musée des Offices, un pareil monument n'est, il est vrai, qu'un témoignage secondaire, un fait accessoire, à côté de preuves et de faits bien autrement éloquents. Vu ici, dans le milieu où nous vivons, il suffirait presque pour nous désabuser du faux goût; il suffit, en tout cas, pour rappeler aux uns, pour révéler aux autres ce que l'école flo-

[1] L'extrême rareté en France des sculptures de Rossellino n'est, en effet, ni un accident ni une exception, en ce qui concerne les ouvrages florentins du quinzième siècle. L'école tout entière est le plus souvent absente de nos grandes collections publiques, ou elle n'y est représentée que par quelques rares morceaux, comme le *Portrait de Beatrix d'Este* au Musée du Louvre, et la *Tête de jeune fille,* par Mino da Fiesole, au cabinet des médailles et antiques de la Bibliothèque impériale. Ce n'est que dans certaines collections particulières qu'on peut trouver sur ce point des enseignements tout à fait significatifs. Ainsi, entre autres objets précieux, M. Piot possède un buste en marbre de *saint Jean-Baptiste enfant*, sculpté par Donatello avec un art incomparable. Un autre ouvrage de premier ordre, dû aussi au ciseau de Donatello, — une *Sainte Cécile* en pierre grise, et représentée sous les traits d'une jeune fille de la famille des Valori, orne le cabinet de M. Gabriel de Vendeuvre. M. Ilis de Lasalle, à côté d'un beau choix de bronzes italiens, conserve pieusement une charmante *Tête d'enfant* attribuée par cet amateur si éclairé à Desiderio da Settignano. M. Thiers, M. Gatteaux, M. Timbal, M. de Férol, possesseur du bas-relief de Rossellino dont nous venons de parler, quelques amateurs encore, non moins heureux, non moins bien inspirés, ont réussi à recueillir des ouvrages appartenant à la même école. Ce sont là d'excellents spécimens, sans nul doute, mais des spécimens accessibles seulement aux regards de quelques privilégiés. Il serait bien souhaitable que des monuments analogues trouvassent dans nos musées mêmes une publicité plus vaste et plus facile.

rentine du quinzième siècle a de grâce sans afféterie, de simplicité sans sécheresse, de science sans pédantisme. École riche entre toutes, où chaque maître compte autant de rivaux que de disciples ; école bénie dans ses efforts vers le mieux, dont chaque pas est un progrès, chaque tentative une découverte, et qui, de fra Angelico à Filippino Lippi, de Brunelleschi à Leo-Battista Alberti, de Ghiberti à Verrocchio, de Finiguerra à Pollaiuolo, se signale dans tous les arts, introduit partout les innovations fécondes, et finit, de conquête en conquête, par trouver ses titres suprêmes de noblesse et son expression parfaite sous la main de Léonard.

1861.

VI

RAPHAEL ET LES PRÉRAPHAÉLITES

A PROPOS
DU TABLEAU APOLLON ET MARSYAS.

Si jamais homme a eu le privilége de captiver sans relâche les regards de la postérité, s'il est un maître dont les œuvres semblent dès longtemps classées avec exactitude et les progrès successifs définitivement constatés, c'est à coup sûr le peintre, illustre entre tous, du *Sposalizio* et des *Stanze*, des *vierges* et de *la Transfiguration*. L'immense célébrité qu'il obtint de son vivant, la sympathie qu'inspirent, même aux générations qui surviennent, la beauté de l'âme et du corps, les glorieux et charmants souvenirs d'une vie trop tôt brisée, — tout, jusqu'à ce nom angélique si dignement porté, devait concourir à préserver Raphaël de l'indifférence ou des méprises de l'histoire ; tout assurait à la mémoire du *divin* artiste, comme aux moindres travaux qu'il a laissés, une popularité exceptionnelle. Cependant telle a été l'incroyable fécondité de ce pinceau que, de nos jours encore, elle se manifeste par quelque témoignage imprévu, par quelque admirable morceau échappé jusqu'ici aux traditions et aux catalogues. Telle est, d'autre part, l'éternelle nouveauté des œuvres du maître le plus universellement connues, qu'il reste toujours quelque chose à découvrir et à louer là même où les commentaires semblaient désormais superflus et toutes les formules d'éloge épuisées.

Il y a peu d'années, la fresque de Sant'Onofrio, à Florence, était rendue à l'admiration publique, après trois cents ans d'oubli : voici qu'un petit tableau d'un caractère tout différent, mais non certes d'un moindre mérite, — *Apollon et Marsyas*, — achève de nous révéler la féconde adolescence de ce noble génie. Depuis que M. Passavant a publié, sur la vie et les travaux de Raphaël, une série complète de faits et de documents, que pouvait-on, en apparence, ajouter aux éclaircissements fournis par ce livre, qui résume et achève les informations antérieures? Et pourtant voici qu'en traitant un sujet analogue, en prenant même pour objet principal de son travail les peintures du maître qui ont été le plus souvent étudiées, l'auteur d'un *Essai sur les fresques du Vatican*, M. Gruyer, trouve le secret de louer Raphaël sans tomber dans les redites, d'ajouter nombre d'observations utiles aux renseignements et aux avis que tant d'écrivains nous avaient donnés avant lui.

Toute proportion gardée d'ailleurs entre l'importance des deux faits, — la découverte d'un tableau de Raphaël et la publication d'une étude judicieuse sur les *Stanze*,— on peut dire que ces faits se produisent aujourd'hui avec une opportunité particulière. Qui l'aurait cru en effet? Raphaël a besoin de se défendre et d'être défendu. Pour la première fois, sa cause est non pas, grâce à Dieu, compromise, mais audacieusement trahie par quelques-uns. Le nom qui, depuis plus de trois siècles, représente dans l'art la perfection suprême nous est proposé, par les apôtres d'une esthétique nouvelle, comme le synonyme du faux talent, de l'erreur et de l'afféterie pittoresques. Je n'exagère rien. On peut lire dans les écrits du théoricien le plus autorisé de la secte préraphaélite, M. Ruskin, la condamnation en termes exprès des « beautés écœurantes de Raphaël, » d'étranges aperçus sur « son art à la fois insipide et empoisonné, » sans compter les jugements qui flétrissent telle composition en particulier, *la Transfiguration*, par exemple, ou « cette monstruosité infinie, cette œuvre toute d'hypocrisie » qui représente *Jésus-Christ donnant les clefs du paradis à saint Pierre*. Hâtons-nous de le dire, l'outrage n'est pas venu de notre pays. Quelles qu'aient pu être, en matière d'art, les erreurs de la critique française, jamais on n'a eu à lui reprocher de pareilles témérités, de pareilles fautes. Si même un homme se fût rencontré parmi nous qui, pour la nouveauté du fait, eût imaginé de s'en prendre au génie de Raphaël, sa fantaisie, à coup sûr, n'eût pas trouvé de complices. En Angleterre, les choses se sont passées autrement. Le *Pre-Raphaelitism* ou *Pre-Raffaellitism*, suivant l'orthographe adoptée d'abord par M. Ruskin et revisée ensuite par l'un de ses adversaires, M. Young, est aujourd'hui une doctrine publiquement professée par les uns, pieusement acceptée par les autres, prise au sérieux à peu près par tout le monde, sauf à produire jusqu'ici plus de manifestes écrits que de tableaux et à se formuler vaillamment dans les spéculations de la théorie en attendant les démonstrations de la pratique.

Le préraphaélitisme, — mot pédantesque de quelque façon qu'on l'écrive et, soit dit en passant, presque aussi maussade que l'idée qu'il exprime, — le préraphaélitisme est une pure négation de l'art tel que l'ont pratiqué les successeurs du Pérugin, et en particulier l'illustre élève de celui-ci. Or, au nom de quel principe s'avise-t-on de supprimer ainsi tous les progrès accomplis depuis la fin du quinzième siècle? S'agit-il d'une réforme de la peinture au point de vue mystique, d'une réaction contre le paganisme de la renaissance dans le sens des efforts tentés par l'école allemande contemporaine? Nullement; l'anglicanisme d'ailleurs s'accommoderait assez mal d'un art renouvelé des *quattrocentisti* florentins. Aussi la doctrine des préraphaélites de Londres n'a-t-elle rien de commun avec l'ascétisme pittoresque de M. Overbeck et de ses disciples. Ce n'est pas pour restaurer l'art religieux suivant les formes d'expression primitives qu'elle condamne les perfectionnements introduits dans l'exécution matérielle par Raphaël et les autres grands maîtres italiens. Ces progrès, elle les répudie non pas en tant que concessions au *réalisme*, — autre mot fâcheux du vocabulaire moderne, — mais au contraire à titre d'imitation insuffisante et de transcription infidèle de la réalité.

Il semble au surplus que cette impuissance à comprendre les chefs-d'œuvre de l'école italienne et, en général, les conditions idéales de la peinture, soit en Angleterre un vice du tempérament national, puisque les plus grands esprits eux-mêmes n'ont pas été sans infirmité sur ce point. Lord Byron écrivait d'Italie à M. Murray : « Je ne connais rien à la peinture et je la déteste, à moins qu'elle ne me rappelle quelque chose que j'ai vu ou que je crois possible de voir. C'est pourquoi je cracherais volontiers sur tous les saints et autres sujets d'une moitié des tableaux que je rencontre dans les églises et dans les palais. De tous les arts la peinture est le moins naturel, le plus artificiel, celui qui en impose le plus à la bêtise des hommes. Je n'ai jamais vu de tableau ou de statue qui ne fût à plus d'une lieue au-dessous de ma conception ou de mon attente ; mais j'ai vu plusieurs montagnes, j'ai vu des mers, des fleuves, des sites et deux ou trois femmes qui ont été au delà…; j'ajouterai quelques chevaux, le lion d'Ali-Pacha et un tigre de la ménagerie d'Exeter-Change [1]. » Nous ne savons si les préraphaé-

---

[1] Nous ajouterons, nous, pour compléter la liste et pour montrer

lites s'autoriseraient des paroles de Byron, mais on peut dire que la sauvage profession de foi du poëte contient en germe toute leur doctrine. A quoi tend cette doctrine en effet? A évincer si bien « l'artificiel » que l'art se trouve du même coup supprimé, ou que du moins il ait pour fin unique l'effigie à outrance de la réalité. Plus d'interprétation, plus de style, plus de sentiment personnel à propos des modèles qu'il s'agit de reproduire ; le fait palpable, poursuivi jusque dans ses conséquences infimes, le détail accepté sans contrôle et formulé sans réserve, sans modification d'aucune sorte, tel sera l'objet du travail ; la naïveté brutale de l'instrument photographique, voilà les conditions de véracité imposées au peintre. Nous n'avons pas à examiner ici comment les artistes anglais s'acquittent de la triste tâche que leur ont infligée les prédications de M. Ruskin, ni à rechercher les premiers symptômes du radicalisme actuel dans les tableaux de M. Turner et de ses disciples, œuvres *préraphaélites* si l'on veut, bizarres à coup sûr, dont l'écrivain s'est servi d'abord comme d'arguments pour étayer sa thèse. On se rappelle sans doute, et cela suffit, les toiles de la nouvelle école qui figuraient à l'exposition universelle ouverte à Paris en 1855. Ce que nous voulons seulement indiquer, c'est l'esprit dans lequel est conçue cette prétendue réforme et le genre d'accusations portées contre Raphaël par les théoriciens du parti.

Si la sincérité du sentiment en face de la nature est le principe et la condition nécessaire de toute œuvre d'art, en

qu'en matière de peinture lord Byron ne se trompait pas moins dans ses admirations que dans ses mépris, l'*Agar*, du Guerchin, que possède le musée Bréra à Milan : tableau d'un sentiment et d'une exécution vulgaires, mais qui, au dire d'un témoin oculaire, M. Beyle, avait le privilége « d'électriser » cette âme si dédaigneuse de l'art et des vrais chefs-d'œuvre.

revanche rien de plus malencontreux, rien de plus déplaisant que l'effort pour paraître ingénu. Que dirait-on de Célimène cherchant à se donner les airs d'Agnès, ou d'un vieillard qui, en témoignage de sa candeur, se remettrait volontairement à balbutier la langue des enfants? C'est pourtant à cette coquetterie fardée d'innocence, à cette ingénuité systématique, que les préraphaélites prétendent réduire de nos jours l'inspiration et les formes pittoresques. En affectant de se montrer naïfs ils courent risque d'être accusés de niaiserie; en voulant trop être sincères ils ne réussissent qu'à devenir indiscrets. Enregistrez un à un, si bon vous semble, mille accidents dont l'œil et l'esprit n'ont que faire, mais ne nous donnez pas pour une image du vrai les servilités de votre pinceau; car ce vrai, dont il fallait définir et résumer les caractères, vous n'aurez su qu'en surcharger l'apparence et en morceler l'expression.

La convention et la routine, disent M. Ruskin et ses disciples, ont faussé le goût public; il nous faut le redresser à tout prix et ramener l'art dans ses voies naturelles. — Rien de mieux s'il s'agissait seulement de réagir contre les excès de la pratique. L'école anglaise, en particulier, ne pourrait que gagner à ce mouvement de retour vers des principes qu'ont singulièrement méconnus les imitateurs de Lawrence, les dessinateurs de vignettes et les peintres contemporains de paysage et d'animaux. Malheureusement, au lieu de s'en prendre aux vrais coupables, on essaye de mettre en cause ceux-là mêmes qu'il n'est pas permis de soupçonner; au lieu d'accuser la fausse facilité, le culte des recettes et des traditions vulgaires, en choisissant bien près de soi des exemples concluants, on veut démêler les symptômes du mal à travers les siècles et dans les œuvres des plus grands maîtres. Que dis-je? c'était peu de rendre ces anciens maîtres responsables des entraînements qui ont suivi, il fallait que leur imagination personnelle ou leur science fût résolûment condamnée au nom du progrès moderne, et que la renaissance des arts en Angleterre au dix-neuvième siècle fît justice de la renaissance italienne au seizième siècle, — le tout sans préjudice des vengeances à exercer ailleurs, en France et dans les Pays-Bas par exemple. M. Ruskin, entre autres aperçus qui se recommandent du moins par une incontestable nouveauté, n'a-t-il pas signalé chez Rembrandt et chez Corrége « des erreurs fatales et constantes dans l'emploi du clair-obscur? » N'a-t-il pas assez nettement dit son fait à Claude le Lorrain et mesuré la distance qui sépare ce prétendu maître, tantôt « à l'intelligence étroite, » tantôt aux instincts de « correction futile [1], » de M. Turner, « le plus grand paysagiste qui ait jamais vécu [2]; » M. Turner, « envoyé par Dieu comme un prophète pour révéler les mystères de l'univers; » M. Turner, « qui se dresse comme le grand ange de l'Apocalypse, revêtu d'un nuage, couronné d'un arc-en-ciel et tenant dans sa main le soleil et les étoiles [3]? » On conçoit qu'après de pareilles fantaisies lyriques le même écrivain, le même poëte, devrais-je dire, n'ait pas craint d'attribuer le rôle d'un Giotto moderne à M. Millais [4], — le peintre de cette *Mort d'Ophelia* que nous avons tous vue à Paris il y a quelques années, sans nous douter probablement que tant de petites fleurs et de petites herbes, tant de minutie dans le style, tant d'exiguïté dans le sentiment, pouvaient équivaloir à la manière sobre et ferme, à l'ample majesté du *trecentista* florentin. Savions-nous du moins

[1] *Modern Painters*, t. III, part. IV, p. 328; t. IV, part. V, p. 57.
[2] *Ibid.*, t. I, part. II, p. 411.
[3] *Ibid.*, t. I, chap. VII, p. 92.
[4] *Notice for the Arundel-Society*, p. 23.

que « le tableau de M. Hunt, *Isabella and Claudio*, l'emporte à certains égards sur tout ce qui a été produit dans les diverses périodes de l'art [1]? » Quant à Raphaël, il ferait bien apparemment, s'il ressuscitait aujourd'hui, d'étudier, comme tous ses confrères, *Isabella and Claudio;* mais il aurait avant tout un compte sévère à rendre des méfaits qu'il a commis ou provoqués, méfaits que nous étions exposés à ignorer longtemps encore, si M. Ruskin n'avait eu le don singulier de les apercevoir et le courage de les dénoncer. Cela s'explique : il est bien difficile, par exemple, quand on visite la *chambre de la Signature* au Vatican, de reconnaître dans cette chambre l'antre même d'où sont sortis les fléaux qui ravagent l'art depuis trois siècles. Faute d'avertissement contraire, on se croit généralement en face de radieux chefs-d'œuvre, dignes de leur renommée universelle, et l'on s'avise d'autant moins de résister à l'admiration qu'on éprouve, que le consentement de tous autorise de reste cette impression personnelle. M. Ruskin n'entend pas que l'erreur se prolonge : « Ne voyez-vous pas, s'écrie-t-il, que Raphaël a figuré côte à côte, sur ces murs, le royaume de la théologie, où règne le Christ, et le royaume de la poésie, où trône Apollon? C'est dans ce lieu, c'est à cette heure que la décadence intellectuelle et la décadence de l'art ont commencé pour l'Italie [2]. » Tenons-nous-le pour dit, bien que tout le mal peut-être ne soit pas venu de là, et que l'on puisse trouver dans des monuments antérieurs, dans le poëme de Dante entre autres, quelques symptômes d'une « décadence » analogue. On pourrait objecter encore que, si voisines qu'elles soient l'une de l'autre, ces deux fresques, —la *Dispute du Saint Sacrement* et le *Parnasse*,— se recom-

[1] *Lectures on Achitecture and Painting,* p. 231.
[2] *Lectures,* p. 213.

mandent, après tout, par l'appropriation du style, par l'élévation du sentiment et la perfection de la forme ; en un mot, par un incomparable ensemble de toutes les qualités qui font le peintre ; mais nous nous garderons d'insister. A quoi bon d'ailleurs discuter les arrêts de l'école préraphaélite ? Les citer, c'est en faire justice, et le mieux est de se fier sur ce point au sens commun. Aussi bien le moment est-il venu d'en appeler à Raphaël lui-même des paradoxes que ses œuvres suscitent, et d'opposer un témoignage imprévu de son génie aux attaques d'une critique sans mesure et d'un dogmatisme sans raison.

Singulier contraste, c'est à Londres même, au moment à peu près où l'école préraphaélite formulait ses plus audacieuses prétentions et M. Ruskin ses plus violents réquisitoires, qu'un nouveau tableau de Raphaël vint à être mis en lumière. Et, pour que la leçon fût plus sévère encore, le démenti péremptoire de tous points, il se trouva que cet ouvrage appartenait à la première manière du maître, à l'époque par conséquent où il en était encore à interroger naïvement la nature, sans système préconçu, mais aussi sans servilité, sans recherche puérile, mais non certes sans de pieux scrupules. Jamais exemple plus significatif ne fit ressortir les caractères de l'ingénuité véritable ; jamais œuvre ne détermina mieux la limite entre la délicatesse et la mesquinerie, entre la précision et la curiosité minutieuse. Le temps n'est pas arrivé sans doute où le peintre d'*Apollon et Marsyas* aura pris pleinement possession de lui-même, où son pinceau dominera chaque forme, son génie chaque condition d'un sujet. Pour le moment, Raphaël se cherche et s'étudie encore. S'il n'hésite pas, à vrai dire, en face de sa tâche, il n'ose qu'à demi s'abandonner à ce qu'il sent, de peur d'exprimer incomplétement ce qu'il voit, et cette défiance se trahit par quelque chose de formel et d'inexpérimenté tout ensemble ; mais quelle grâce dans cette inexpérience même, quelle fraîcheur d'inspiration sous ces dehors un peu timides, quel charmant mélange de secrète indépendance et de discipline, d'originalité personnelle et d'aptitude à s'assimiler les mérites ou les découvertes d'autrui ! On le sait, l'art de Raphaël, comme celui de Mozart, est la somme même des qualités que les autres maîtres ont possédées isolément : le petit tableau d'*Apollon et Marsyas* annonce déjà cette faculté souveraine de correction et d'harmonie. Il est à la fois un témoignage des propres instincts de Raphaël et un résumé de tous les progrès, de tous les mouvements qui se sont succédé dans l'école italienne, depuis le jour où les vieux maîtres florentins ont popularisé les premières notions du vrai jusqu'au moment où les exemples de l'antiquité grécque sont venus révéler le secret du beau. Et si notre pensée va de l'œuvre à l'ouvrier, comment ne pas éprouver pour celui-ci une admiration attendrie ? Que l'on se figure ce beau jeune homme au visage de vierge, au front doux et radieux, traçant d'une main inspirée des formes nobles comme sa pensée, élégantes comme sa personne : on n'aura pas seulement une image accomplie du génie dans sa fleur ; on pressentira l'idéal même de la perfection humaine. Jean-Jacques Rousseau, pour peindre l'éveil ou plutôt les premiers rêves de l'amour, nous montre dans son *Émile* une jeune fille dont le cœur, en attendant des émotions moins abstraites, s'ouvre à une passion romanesque pour Télémaque. Ah ! que Sophie eût bien mieux placé sa tendresse si, au lieu de remonter aux âges et aux héros fabuleux, elle se fût arrêtée au siècle de Raphaël et à Raphaël lui-même !... Mais revenons au fait actuel, à ce tableau tel que nos yeux le voient, tel que nous pouvons le juger aujourd'hui. Et d'abord est-ce une œuvre bien authentique ? Cette œuvre a-t-elle une origine connue, une histoire ? En un mot, si incontestable qu'en soit le mérite, laisse-t-elle cependant, sur la question d'attribution, place au doute ou à la méprise ?

Le tableau d'*Apollon et Marsyas*, transporté depuis peu à Paris, fut acquis à Londres, au mois de mars 1850, par un homme dont la clairvoyance en matière d'art a suscité, en plus d'une occasion, d'assez graves embarras aux directeurs de la *National Gallery* [1]. Mieux inspiré, cette fois encore, que les experts de profession, M. Morris Moore sut reconnaître un chef-d'œuvre dans ce petit tableau, qu'on avait, après la mort du dernier possesseur, mis en vente avec d'autres objets d'art, et qu'une étrange erreur du catalogue attribuait à Andrea Mantegna. Bien qu'il eût été publiquement exposé pendant les six jours qui précédèrent la vente, l'*Apollon* ne fut donc, à vrai dire, mis en lumière qu'à partir du moment où M. Moore l'eut offert et recommandé à l'admiration de la foule. Dans le monde des artistes et des connaisseurs désintéressés, bien des gens applaudirent. Quelles furent ailleurs les conséquences de la publicité donnée au chef-d'œuvre que l'on ignorait ou que l'on dédaignait la veille ? C'est ce que nous ne voulons pas rechercher, quoique certains faits publiés par la presse anglaise ou italienne autorisent peut-être une enquête sur ce point.

---

[1] Nous n'avons pas à intervenir ici dans les questions d'un intérêt tout national qui, après avoir occupé, il y a quelques années, la presse anglaise et l'une des deux chambres, sont encore agitées de temps à autre par les anciens combattants des deux partis. Il s'agissait et il s'agit encore de la restauration de certains tableaux, de l'acquisition de certains autres. Sous le pseudonyme de *Verax*, M. Morris Moore publia, en 1846, dans le *Times* une série d'articles qui provoquèrent l'examen des faits par une commission officielle.

Il nous suffira de dire que, par une coïncidence singulière, au moment même où le nouveau tableau de Raphaël commençait à émouvoir l'opinion, un dessin identique à ce tableau, et conservé depuis longtemps à l'Académie de Venise, cessait de figurer parmi les autres dessins de la galerie. N'y avait-il là qu'un pur effet du hasard ? l'intention de supprimer un terme de comparaison aussi favorable à la cause de M. Moore que fâcheux pour la cause contraire était-elle étrangère au fait de cette disparition ? Peu importe, après tout. Le dessin a reparu ; il est inscrit dans le catalogue des objets d'art de l'Académie de Venise sous le nom de Raphaël : on peut donc aujourd'hui contrôler l'authenticité du tableau par l'étude d'un dessin déclaré authentique [1], et puiser d'abord dans ce rapprochement des éléments précieux de conviction.

La pièce que possède l'Académie de Venise est, comme la plupart des dessins de Raphaël à l'époque de sa première manière, exécutée à la pointe d'argent. Elle mesure quel-

---

[1] Objectera-t-on que la composition dessinée porte en marge le nom de Benedetto Montagna, inscrit il y a une trentaine d'années par Cicognara ? On ne saurait cependant se méprendre sur le sens de cette inscription ni sur l'intention de celui qui l'a tracée. Benedetto Montagna a gravé sur le même sujet une pièce bien connue des iconophiles : il est au moins vraisemblable qu'en inscrivant le nom du graveur sur le dessin, Cicognara aura voulu noter un souvenir personnel ou indiquer une comparaison à faire entre les deux ouvrages. Comment supposer, en effet, qu'un juge aussi expert ait cru reconnaître ici la manière de Montagna, manière bien différente à tous égards, bien éloignée de cette délicatesse et de cette grâce ? Ce qu'il est permis de penser seulement, c'est que Cicognara aura été la cause involontaire de l'erreur relative au tableau, et que l'analogie entre les noms du graveur et du peintre aura fait attribuer à Andrea Mantegna, puis vendre sous son nom, une œuvre qui ne lui appartenait pas plus que le dessin de l'Académie de Venise ne peut appartenir à Benedetto Montagna.

ques centimètres de moins que la composition peinte, mais cette différence n'existe que dans le champ de la scène, les dimensions des figures étant d'ailleurs exactement les mêmes. En outre, l'exécution de ces figures est, dans le dessin, beaucoup plus avancée, beaucoup plus précise que l'exécution des objets environnants, comme il arrive d'ordinaire lorsqu'un peintre n'a voulu tracer qu'un *carton*, c'est-à-dire un modèle qu'il reportera ensuite sur la toile, et dans lequel, les lignes accessoires une fois indiquées, il s'attache à l'étude de quelques formes principales, au modelé de certains morceaux essentiels. Nous insistons sur ces détails matériels, sur ces inégalités dans le travail du crayon, pour faire ressortir les vices d'une hypothèse qui tendrait à établir la priorité du tableau. On a prétendu en effet, — et nous avons vu récemment cette opinion reproduite dans un recueil qui s'adresse particulièrement aux artistes, — on a décidé, un peu trop de mémoire, que le dessin de Venise était une copie, de la main de Raphaël, il est vrai. mais en définitive une copie d'après le tableau nouvellement découvert. Or par quel prodige Raphaël, en copiant celui-ci, aurait-il fait preuve d'aveuglement ou d'infidélité fâcheuse ? comment aurait-il modifié certains détails pour en diminuer le charme ? comment expliquer de très-notables différences, toutes à l'avantage de l'œuvre peinte, dans l'ordonnance des lignes qui encadrent les deux scènes ? Au centre de la composition dessinée, par exemple, un arbre se dresse, sans profit pour l'aspect pittoresque, et divise le fond en deux parties à peu près égales ; les montagnes qui s'élèvent à l'horizon viennent assez malencontreusement s'engager dans la tête de l'Apollon, à la hauteur du menton. Rien de pareil sur la toile, ou, pour parler plus exactement, sur le panneau. L'arbre n'existe pas ; l'horizon s'abaisse au-dessous de l'épaule, de manière à laisser la tête du dieu dominer en se détachant sur le ciel. Si le dessin a précédé le tableau, quoi de plus aisément explicable que ces variantes dans la composition? elles deviennent des améliorations introduites par le pinceau à mesure qu'il entreprend de transcrire ou de reviser chacune des données primitives. Si, au contraire, le tableau est antérieur au dessin, si Raphaël n'a pris le crayon que pour faire œuvre de copiste, il faut reconnaître qu'il n'a pas eu l'intelligence du texte original, qu'il en a mal à propos dénaturé les termes, et qu'en plus d'un passage, sa traduction procède par des contre-sens. Il n'avait pas coutume pourtant de dégrader ainsi ses modèles, et ce n'est pas de la sorte qu'il traduisait le Pérugin peu auparavant. Non, le dessin et le tableau sont bien de la même main ; ils résultent l'un de l'autre, mais dans un sens opposé à celui qu'on a prétendu rétablir, et comme la fresque de *l'École d'Athènes*, à Rome, résulte du carton exposé aujourd'hui dans une salle de la bibliothèque ambroisienne, à Milan. De deux choses l'une : ou Raphaël est l'auteur du dessin et du tableau, puisque celui-ci est la conséquence et le complément de l'œuvre très-légitimement attribuée à son crayon, ou bien il n'a fait ni l'un ni l'autre, et alors le moyen de trouver parmi les artistes contemporains un maître dont le nom puisse, avec quelque apparence de justesse, être substitué au sien?

Par le goût pittoresque et les caractères du style, l'*Apollon* se rattache à l'école florentine et appartient aux premières années du seizième siècle. Quel serait, à cette époque et dans cette école, le talent dont la portée et les allures habituelles pourraient autoriser le soupçon? Il faut d'abord mettre hors de cause Léonard, Michel-Ange, fra Bartolommeo et Andrea del Sarto. La manière propre à chacun de ces grands artistes est en opposition trop formelle avec celle-ci pour que personne, même entre les moins clairvoyants, s'y méprenne. Tout d'ailleurs dans ce tableau révèle, nous l'avons dit, la jeunesse de l'imagination et de la main. Or, au moment où il a dû être peint, les maîtres que nous venons de nommer avaient, sauf Andrea del Sarto, dépassé depuis longtemps l'âge des débuts. Parmi les artistes moins éminents ou moins avancés dans la vie, qui choisir? Filippino Lippi, Raffaele del Garbo, Raffaellino da Colle? Mais, si charmantes que soient les œuvres dues aux pinceaux de ces disciples du nouvel art gréco-florentin, en est-il une seule où le sentiment de la nature vivante s'allie aussi heureusement qu'ici à l'intelligence de l'antique? En est-il une où le coloris ait acquis cette souplesse et le dessin cette délicatesse sans contrainte, cette fluidité pour ainsi dire? Que si l'on veut découvrir en dehors de l'école toscane l'auteur d'une production florentine pourtant au premier chef, les recherches seront plus stériles encore. A quel maître s'arrêter en effet? Sera-ce au Pérugin, dont le talent, foncièrement monotone et invariablement exploité, exclut de reste l'idée d'une transformation pareille? Sera-ce à Lorenzo Costa, à Timoteo Viti ou à Francesco Francia? Je sais que ce dernier nom, d'ailleurs un peu trop en faveur aujourd'hui, a été prononcé, mais, il faut le dire, assez à la légère. C'était beaucoup déjà que le peintre bolonais eût été officiellement déclaré l'auteur de l'admirable portrait d'homme qui figure dans le grand salon du Louvre, et que jusqu'ici l'on avait donné à Raphaël. Le doter par surcroît de l'*Apollon* nous semble bien autrement imprudent, et nous avons peine à comprendre que la manière lisse et effacée, le sentiment un peu éteint de Francia, aient pu être confondus avec ce style si net et ces intentions si fines. Resterait, comme ressource extrême, l'hypothèse d'un maître inconnu ; mais alors il faudrait admettre que ce maître n'a produit rien d'autre, ou que tous ses tableaux ont été perdus, car on aura beau examiner de près les peintures anonymes de l'époque, on ne retrouvera nulle part quelque trace des qualités qui apparaissent ici. Et puis, comment expliquer la similitude singulière entre ces qualités et celles qui appartiennent en propre à Raphaël ? comment supposer que des facultés si ouvertement exceptionnelles aient été le partage de deux individus, de deux organisations jumelles ? La meilleure raison de croire que le peintre du *Sposalizio* est bien aussi le peintre de l'*Apollon*, c'est que nul, excepté lui, n'eût été capable de traiter ainsi cet ouvrage. Les preuves historiques d'authenticité manquent jusqu'à un certain point : soit, il y a toutefois un autre ordre d'évidence qui doit prévaloir sur le silence des biographes, sur le défaut ou l'insuffisance des traditions, et nous ne savons pas, en pareil cas, d'indices plus sûrs, de témoignages plus concluants, que le caractère même de l'œuvre et le genre de beauté dont elle est empreinte.

Le tableau d'*Apollon et Marsyas* marque la phase intermédiaire entre l'époque des premiers essais tentés par Raphaël pour affranchir son talent et le moment où ce talent, une fois instruit auprès des maîtres de Florence, achève de prendre confiance et de se définir ; pour nous servir des termes consacrés, il marque le passage de la première à la seconde manière. L'*Apollon* doit donc avoir été peint après le *Sposalizio* et un peu avant la *Déposition au tombeau* qui orne la galerie Borghèse à Rome, par conséquent entre les années 1504 et 1507. C'est ce qui ressort, malgré la différence des sujets, du goût d'exécution commun aux trois tableaux et du développement progressif des mêmes principes. Comme dans la plupart des œuvres de Raphaël antérieures aux *Stanze*, la mise en scène est ici fort simple, la composition dépourvue de tout appareil dramatique. Si l'on juge, au point de vue de nos idées modernes, le calme des expressions et des lignes, on s'étonnera peut-être que deux personnages dont l'un songe, après tout, à faire écorcher l'autre, puissent se trouver ainsi face à face sans se témoigner réciproquement plus de mauvais vouloir. Ce n'est pas de la sorte assurément que les peintres de l'école espagnole comprendront, un siècle plus tard, le même sujet, et lorsque Raphaël lui-même le traitera une seconde fois, sur les murs du Vatican, il ne se contentera plus de cette sobriété dans le geste, de ces attitudes paisibles. Au commencement du seizième siècle toutefois, le goût des réalités violentes était encore très-peu répandu en Italie, particulièrement dans les écoles de Toscane et d'Ombrie, où se perpétuaient les doctrines des *quattrocentisti*. Qu'on se rappelle les œuvres de ceux-ci : à l'exception des scènes de la vie de Constantin, peintes par Piero della Francesca dans l'église Saint-François, à Arezzo, des fresques de Luca Signorelli à Orvieto, et de certains ouvrages de Paolo Uccello à Florence, les monuments qui nous restent de l'art italien au quinzième siècle n'accusent ni de fort vives préoccupations dramatiques, ni même la recherche du mouvement. Tout y respire une majesté tranquille, tout y est non pas engourdi, mais en repos. La découverte des fragments antiques et le culte dont ils devinrent l'objet n'avaient pas peu contribué sans doute à développer ces tendances au calme pittoresque, naturelles d'ailleurs chez les grands maîtres italiens. En refusant à son tour d'agiter les traits de ses héros et les lignes de la composition, Raphaël ne suivait donc pas seulement ses instincts : il obéissait aussi à une loi commune et continuait une tradition.

Toutefois, — et c'est là un des caractères essentiels du tableau, — l'expression, si contenue qu'elle soit, ne s'annihile pas ici, comme dans les œuvres du Pérugin, par exemple, sous le charme un peu doucereux de l'aspect. La passion, pour se manifester discrètement, n'est ni sacrifiée, ni absente. Apollon, debout à droite, un bras replié sur la hanche, l'autre élevé à la hauteur de la tête, le long d'un bâton dont la ligne inflexible soutient et fait valoir les souples contours du corps, Apollon écoute avec une sérénité dédaigneuse les maigres sons que tire de la flûte son prétendu rival. La tête du dieu, rayonnante de jeunesse et de beauté, rappelle par la forme des traits, et aussi par l'élégante disposition de la coiffure, ces têtes de femme au front développé, au masque un peu court, aux cheveux blonds et voltigeants, dont on trouve le principe dans les jeunes filles du *Sposalizio* et le type achevé dans les *vierges*. Cette tête d'Apollon est en quelque sorte la signature même de Raphaël; elle seule prouverait l'authenticité du tableau, si la main qui l'a peinte ne se trahissait ailleurs par des témoignages aussi peu équivoques. Les bras et le torse, modelés dans les détails avec une singulière finesse et dans l'ensemble avec beaucoup d'ampleur, accusent, il est vrai, plus ouvertement que les traits du visage l'étude des statues antiques; mais sous ces dehors empruntés le sentiment personnel du maître se fait largement jour encore. Quelque chose de cette fleur de grâce qui s'épanouira plus tard dans les figures nues de Jésus et de saint Jean-Baptiste vient adoucir et pour ainsi dire parfumer la majesté un peu solennelle de la forme. Enfin il n'est pas jusqu'aux jambes, presque grêles à force de délicatesse dans les contours et dans les attaches, qui n'achèvent de convaincre le regard et de révéler le pinceau coupable de ces exagérations charmantes.

Assis en regard d'Apollon, sur un tertre dont les lignes presque parallèles laissent deviner le siége sur lequel le modèle était placé dans l'atelier, Marsyas représente le vrai dans son acception tout humaine. Les formes du corps, non pas vulgaires, mais belles d'un certain beau familier, le ton hâlé des chairs, les cheveux bruns et ras plantés au-dessus d'un front sans noblesse, tout fait contraste avec l'élégance de dessin, la fraîcheur de coloris et l'expression d'intelligence qui caractérisent l'autre figure. Il est clair qu'en opposant à la beauté raffinée d'Apollon la beauté un peu abrupte de Marsyas, Raphaël a voulu faire pressentir l'infériorité intellectuelle, la grossière vanité de celui-ci. Qu'on ne se méprenne pas néanmoins sur les moyens employés pour la traduire. Ici même l'imitation de la réalité n'est pas si absolue qu'elle supprime toute liberté d'interprétation, toute aspiration vers le mieux. Seulement ces intentions s'arrêtent à des modifications de surface, à une sorte d'idéal extérieur que la largeur de l'exécution résume et définit tout entier. Rien de plus opportun sans doute au point de vue du sujet, mais aussi rien de plus malaisé quant à la pratique, surtout si l'on tient compte de l'exiguïté de la figure et de la pose qui lui est donnée. Tous ceux que l'expérience a familiarisés avec les conditions matérielles de la peinture savent quelles difficultés présente l'*emmanchement* anatomique — pour parler la langue des ateliers — dans certaines attitudes où la forme, un peu altérée par les accidents d'un demi-raccourci, garde cependant en partie le caractère et l'aspect accoutumés. Quelque indécision dans le coup d'œil, et le dessin s'immobilise ou s'alourdit ; quelque excès de clairvoyance au contraire, et ce qui devait indiquer un mouvement délicat se résout en agitation pédantesque. Le grand point en pareil cas est de réussir à faire deviner la structure intérieure sans l'expliquer outre mesure, et de tenir compte des déformations partielles de l'enveloppe sans en fausser pour cela le principe. Il faut enfin, ici comme dans le domaine littéraire, savoir trouver le mot unique, la seule nuance qui corresponde exactement à la subtilité de l'intention, et se garder aussi bien des expressions forcées que des termes d'à peu près.

Certains détails du *Marsyas* — l'attache du cou et des épaules, les bras et les mains, dont le mouvement est rendu avec une merveilleuse justesse, et en général toutes les parties supérieures de la figure — sont des spécimens achevés de cet esprit de précision et de réserve. C'est ce que l'on peut dire aussi du paysage servant de fond à la scène, des terrains formant le premier plan, et des divers accessoires qui, depuis la lyre et le carquois d'Apollon jusqu'aux oiseaux volant dans le ciel, intéressent le regard sans le distraire du sujet principal, et se subordonnent à l'effet de l'ensemble sans rien perdre pour cela de leur signification propre : mérite rare surtout à cette époque, où l'art florentin, un peu entravé encore par les traditions du moyen âge, hésitait, dans la représentation des objets secondaires, entre une simplicité d'exécution parfois excessive et une exactitude trop minutieuse. Il appartenait à Raphaël de concilier, en face de la nature inanimée, l'ampleur du style inauguré par les *giotteschi* et la pénétrante sagacité des peintres du quinzième siècle. Ajoutons qu'en s'appropriant les qualités diverses des grands dessinateurs ses devanciers, il empruntait aussi aux coloristes ses contemporains cette fermeté de ton et d'effet dont les écoles lombarde et vénitienne semblaient seules posséder le secret. Le paysage, dans *Apollon et Marsyas*, résume les progrès accomplis jusqu'alors par les maîtres, si différentes qu'aient pu être les aspirations et la méthode de chacun d'eux. Le ciel, clair et doré comme les *ciels* de Carpaccio, baigne d'une chaude lumière les montagnes qui s'étagent à l'horizon et les terrains dégradés dans cette gamme de tons un peu roux qu'affectionnaient Cima da Conegliano et Jean Bellin. Vers le milieu du tableau, un chemin sablonneux serpente entre des tertres d'où s'élancent des arbrisseaux dessinés dans le style du Pérugin, et se perd derrière les plans savamment compliqués au delà desquels on aperçoit les sinuosités d'une rivière, puis un château flanqué de tours et de tourelles : demeure toute féodale, assez dépaysée il est vrai dans ce sujet mythologique, mais, au point de vue pittoresque, heureusement combinée avec les lignes du fond[1]. Sur un pont qui relie le château à la plaine, d'infiniment petites figures — souvenir des miniatures florentines — vont et viennent à pied ou à cheval, tandis qu'au premier plan des fleurs et des herbes dessinées avec une précision exquise rappellent, sous des formes plus irréprochables encore, le goût et la manière d'Andrea Mantegna.

On le voit, dans le paysage aussi bien que dans les figures, ce qui distingue le tableau d'*Apollon et Marsyas* des œuvres peintes précédemment par Raphaël, c'est à la fois un senti-

---

[1] Notons en passant une objection qu'on a voulu tirer du caractère des fabriques qui ornent le paysage. Raphaël, a-t-on dit, n'aurait pas commis cet anachronisme de grouper dans un même tableau des figures de la fable et des monuments appartenant au moyen âge. A ce compte, et dans l'ordre des sujets religieux, il faudrait retrancher aussi de l'œuvre du maître la *Belle Jardinière*, la *Vierge au chardonneret*, le *Massacre des Innocents*, vingt autres compositions où l'anachronisme n'est pas moins flagrant entre l'âge de l'architecture et l'époque où vivaient les personnages représentés.

ment plus personnel quant au fond, et, quant au mode d'exécution, une science plus profonde des ressources pittoresques mises en circulation par les autres maîtres. Ici le progrès est considérable, non-seulement sur le *Sposalizio*, mais aussi sur le *Saint George* et le petit *Saint Michel*, conservés l'un et l'autre au Musée du Louvre, sur le *Rêve du Chevalier* que possède la *National Gallery* : et cependant l'*Apollon* doit avoir suivi d'assez près les tableaux que nous venons de mentionner. A quelle époque précise a-t-il été peint? C'est ce qu'il serait téméraire de prétendre déterminer, bien que, nous l'avons dit, l'*Apollon* soit évidemment antérieur à la *Déposition au tombeau* que l'on voit dans la galerie Borghèse. Vasari parle, sans en spécifier les sujets, de deux tableaux faits par Raphaël pendant son second séjour à Florence, et donnés par lui à Taddeo Taddei, « tableaux, ajoute l'écrivain, qui participent tout ensemble de l'ancienne manière de Pierre (Pérugin) et de cette autre manière très-préférable, comme on le dira plus tard, que Raphaël dut à ses nouvelles études[1]. » Le chef-d'œuvre qui nous occupe est-il l'un de ces deux tableaux ? Il appartiendrait alors à la fin de l'année 1504 ou au commencement de 1505, et le jeune maître l'aurait exécuté à vingt et un ans. Ou bien faut-il conjecturer que l'*Apollon* a été peint pendant le séjour que Raphaël, après avoir quitté Florence, fit à Urbin, auprès de ceux qui avaient été ses premiers protecteurs? On expliquerait ainsi l'existence du tableau en Angleterre, où peut-

---

[1] M. Quatremère de Quincy (**Histoire de la Vie et des ouvrages de Raphaël**) cite la phrase du biographe arétin, mais non sans en altérer le sens. Suivant la traduction qu'il donne, les deux ouvrages auraient été de caractère différent. « L'un rappelait encore, dit-il, l'école du Pérugin, l'autre annonçait déjà la seconde manière de Raphaël. » Vasari, au contraire, constate le mélange des deux manières dans l'exécution de chacun des tableaux.

être il aurait été transporté dès l'origine. On sait en effet—
et nous avons eu ailleurs occasion de constater le fait — que
le duc Guidobaldo Ier, pour remercier Henri VII, qui lui
avait envoyé l'ordre de la Jarretière, fit hommage à ce prince
d'un *Saint George*, commandé tout exprès à Raphaël, avec
injonction au peintre d'orner la jambe gauche du saint des
insignes de l'ordre. Il n'est pas impossible que le petit
tableau offert à Henri VII ait été accompagné d'un autre, et
ce qui permet d'attribuer cette origine à l'*Apollon*, c'est le
caractère même du sujet et de l'ouvrage : caractère tout à
fait conforme aux goûts archéologiques, au *classicisme* de
Guidobaldo et des lettrés qui composaient sa cour. Dans ce
cas, Raphaël aurait peint *Apollon et Marsyas* à l'âge de
vingt-trois ans et dans l'année 1506.

Qu'importe au surplus cette question de date, puisque
l'erreur ne saurait porter que sur une différence de quelques
mois ? Le point essentiel à établir, c'est l'authenticité de
l'œuvre, quels qu'en puissent être d'ailleurs l'origine et l'âge
exact. Or le doute ne peut exister sur ce point. Le tableau
d'*Apollon et Marsyas* est parfaitement authentique. Il l'est à
nos yeux autant que pas un autre parmi les tableaux anonymes, autant que cette admirable *Sainte Famille* de
Michel-Ange qui figurait récemment à l'exposition de Man-
chester, et que, soit dit en passant, M. Morris Moore a également signalée le premier, quoi qu'aient pu dire ensuite des
ouvriers de la dixième heure pour s'attribuer l'honneur de
la découverte[1]. De plus, que l'on examine les tableaux de
petite dimension peints par Raphaël à l'époque de sa première manière, on n'en trouvera aucun qui fasse pressentir
aussi bien les chefs-d'œuvre qui vont suivre. L'*Apollon*

---

[1] Voyez à ce sujet le *Morning Chronicle* du 10 juin 1858.

d'ailleurs est mieux qu'une promesse. Il rend manifestes déjà les incomparables qualités du maître et cet instinct de la perfection en tout genre dont le ciel avait doué son harmonieux génie. L'harmonie, c'est là, en effet, le mérite par excellence de Raphaël. C'est cette aptitude à comprendre et à concilier toutes les conditions pittoresques, tous les éléments du vrai, toutes les formes du beau, qui donne à ses œuvres une valeur et une sérénité suprêmes. On sait la légende de ces deux peintres dont l'un se croyait sans rival parce qu'il avait pu tracer à main levée un cercle parfait dans sa circonférence; l'autre survint qui, sans hésiter, planta un point précisément au milieu du cercle. Toute proportion gardée entre l'adresse et le génie, on peut rapprocher du dernier fait le rôle de Raphaël dans l'histoire de la peinture et le genre de progrès qu'il détermina. Les maîtres antérieurs avaient, en se frayant des voies différentes, parcouru le champ de l'art jusqu'aux dernières limites. Restait à en embrasser l'étendue d'un coup d'œil, à marquer le point central où convergeraient toutes ces voies ouvertes ; par un privilége que nul ne devait posséder après lui, Raphaël sut discerner cet exact milieu. Ses découvertes personnelles, les inspirations ou la science de ses devanciers, il maintint le tout dans un si juste équilibre que la perfection de l'art semble s'être personnifiée en lui. Seul entre tous les peintres, il a produit des œuvres irréprochables sans froideur, magistrales sans parti pris apparent ni sacrifice d'aucune sorte. Ce sont là, dira-t-on, des vérités vulgaires. Plaise à Dieu qu'elles paraissent telles en effet, et que, dans le domaine des arts comme ailleurs, le lieu commun nous tienne aguerris contre les paradoxes et les sophismes ! C'est quelquefois un devoir pour la critique d'insister sur ces banalités saines, qui, familières de longue main à tous les esprits, semblent à de certains moments n'avoir profondément convaincu personne : sorte de monnaie courante dont chacun se sert par habitude, sauf à n'en vérifier fort attentivement ni le poids ni le titre, et à se formaliser assez peu des tentatives que fait, pour la déprécier, le charlatanisme esthétique. Rappeler aujourd'hui, même en termes succincts, les droits de Raphaël à notre admiration, ce sera, si l'on veut, tomber forcément dans les redites et prêcher des gens de tout temps convertis. N'en va-t-il pas pourtant des vérités de l'art comme des vérités appartenant à un ordre moral plus élevé encore ? Ne faut-il pas, sous peine de laisser la foi vaciller et défaillir, faire valoir auprès des croyants eux-mêmes les raisons qu'ils ont de croire et les maximes qui les obligent ? Notre époque, on le sait, ne pèche pas, en matière d'art, par une excessive obstination dans les principes. Trop de manifestations contradictoires, trop d'enthousiasme ou d'agressions injustes, trop de revirements en tous sens, nous ont appris à redouter sur ce point les caprices de l'opinion. Et quand on voit, de progrès en progrès, l'erreur ou l'esprit de dénigrement attenter jusqu'à la gloire la plus légitime qui fut jamais, jusqu'au talent le plus complet que le monde ait connu, on se trouve, même au risque de prendre un soin superflu, autorisé à recourir aux preuves cent fois invoquées déjà; on est autorisé surtout à encourager avec un surcroît de sympathie les travaux inspirés par le zèle du vrai, où l'on ne rencontre ni arrière-pensée hautaine, ni phraséologie impertinente, ni prétention à ce pontificat esthétique qu'on hésite si peu de nos jours à s'arroger. Aussi un livre dont nous parlions en commençant est-il le bienvenu au moment où nous sommes et dans l'atmosphère qui nous entoure; l'essai de M. Gruyer sur *les fresques de Raphaël au Vatican*, œuvre très-méritoire, très-digne d'être consultée en tout temps, a le caractère aujourd'hui d'une œuvre de circonstance et l'utilité d'un plaidoyer.

L'auteur de l'étude sur les *Stanze* n'a pas voulu toutefois entrer directement dans la polémique pour venger la cause de Raphaël. A en juger par le calme du ton et la quiétude de sa foi personnelle, on dirait presque qu'il ne soupçonne nulle part l'incrédulité et le schisme, ou que, pour faire justice des égarements d'autrui, il lui suffit d'exposer simplement la vérité qu'il possède. Ce livre ne contient donc qu'une réfutation implicite des fausses doctrines que nous signalions tout à l'heure ; mais, si indirecte que semble la leçon, elle n'en a pour cela ni une signification plus douteuse ni une moindre portée. S'agit-il, par exemple, d'expliquer, à propos de la *chambre de la Signature,* ce rapprochement de deux scènes, l'une chrétienne, l'autre mythologique, dont M. Ruskin se scandalise si fort : pas un mot d'allusion aux reproches formulés par l'écrivain préraphaélite. Seulement, afin de nous prémunir contre quelque erreur analogue, l'historien de Raphaël indique en passant le véritable caractère et, même au point de vue religieux, la connexité des deux sujets. En regard de la *Dispute du Saint Sacrement,* qui « résume, dit-il, la légende catholique des âges fervents..., l'*École d'Athènes* et le *Parnasse* montrent toutes les sagesses et toutes les gloires poétiques de l'humanité adoptées par le christianisme et réconciliées en son nom. » En approfondissant ainsi l'intention morale qu'exprime chaque sujet, en ajoutant à l'appréciation judicieuse de chaque détail des considérations sur l'ensemble des œuvres laissées par Raphaël au Vatican, sur les progrès successifs du maître, et sur le mouvement des idées, des faits au milieu desquels il a vécu, l'auteur de cet *essai* nous a donné un livre beaucoup plus instructif, beaucoup plus complet à tous égards que les travaux de simple description publiés sur les *Stanze* par Bellori au dix-septième siècle, et par M. Paolo Montagnani il y a trente ans.

Un autre mérite de ce livre, — mérite assez rare dans les écrits contemporains sur l'Italie, — c'est que, tout en célébrant la vigueur et la fécondité de l'art ancien, il n'accuse pas avec plus de sévérité que de raison la stérilité présente. L'auteur ne prend pas occasion de l'admiration que lui inspirent les grands maîtres de la renaissance pour outrager leurs derniers descendants, pour signaler, comme on le fait d'ordinaire, une débilité et une impuissance radicales là où les occasions manquent en réalité autant peut-être que les forces. Sa réserve sur ce point, ou plutôt sa sympathie, n'est que justice. Si bien déchu en effet que semble dans le domaine des arts le génie italien, il a eu cependant, même de notre temps, d'éclatants retours de grandeur. Et s'il est permis d'ailleurs de blâmer chez la plupart des artistes toscans ou romains des habitudes un peu trop résignées, une tendance trop peu combattue à s'accommoder de l'inaction, c'est à la condition d'honorer ce qu'ils gardent plus pieusement, ce qu'ils portent aussi haut que personne, — le sentiment de la dignité nationale, l'instinct et l'enthousiasme du beau, la mémoire et le culte des chefs-d'œuvre.

On ne saurait en dire autant de la nouvelle école anglaise, au moins en ce qui concerne le respect des origines et des ancêtres. Reynolds lui-même, — le Raphaël, toute proportion gardée, d'un groupe d'artistes dont Thomas Hudson serait le Pérugin, et Lawrence le Jules Romain, — Reynolds est jugé avec une rigueur excessive par M. Ruskin et par ses adhérents, qui ne montrent à l'égard de Wilson ni plus d'indulgence ni plus de justice. Libre à eux, au surplus. S'ils veulent renier les gloires qui leur appartiennent, s'il leur plaît, en revanche, de saluer dans M. Turner le messie de l'art anglais, dans M. Hunt et dans M. Millais les apôtres du nouvel évangile, c'est à de plus intéressés que nous dans la question à défendre un passé moins riche sans doute que celui des autres écoles, et qui cependant n'est pas sans honneur. Mais que l'esprit de révolte ose viser beaucoup plus haut, que la négation même de l'art revête la forme d'un traité, et le mépris pour les grands artistes l'apparence d'une opinion légitime, — voilà qui devient plus dangereux, et qui nous trouvera moins aisément résigné. N'exagérons rien toutefois : l'excès du mal peut engendrer quelque bien. Peut-être, même en Angleterre, de nouveaux théoriciens surgiront-ils qui, au lieu d'user leur temps et leurs paradoxes au dénigrement impossible des anciens chefs-d'œuvre, à la glorification compromettante de quelques talents contemporains, comprendront qu'il est plus logique, et surtout plus utile, de prêcher la vérité au nom des maîtres que de proscrire ceux-ci au nom de la vérité. Peut-être M. Millais et les autres artistes dont le talent s'égare aujourd'hui se lasseront-ils de leur attitude de sectaires, et se décideront-ils à consacrer à l'étude du vrai les forces qu'ils dépensent dans une lutte stérile avec le réel. L'école anglaise, livrée depuis le commencement du siècle au goût conventionnel et factice, aura pu ainsi tirer quelque profit de son radicalisme actuel. Quant au préraphaélitisme proprement dit, après avoir excité quelque temps dans le public une sorte de curiosité, cette doctrine, qui tire son unique valeur de l'excentricité des principes, ne réussira même plus à scandaliser personne. Il adviendra d'elle ce qui est advenu déjà de certaines petites églises qui ont essayé de s'installer sur les ruines des dogmes consacrés et des vérités-éternelles. Les prétendus Luther se verront réduits au seul rôle qui soit à leur taille, au rôle de La Réveillère-Lepeaux. Comme la secte des *théophilanthropes* succombait, il y a soixante ans, sous le poids de l'indifférence et du ridicule, le préraphaélisme tombera bientôt dans le discrédit et l'oubli, et, il faut l'avouer, jamais résultat n'aura été plus désirable ni châtiment mieux mérité.

Hélas ! nous aussi, nous avons en un certain sens nos préraphaélites, et nous n'hésiterions pas à formuler quelque vœu semblable sur l'avenir de leur doctrine, si cette doctrine existait à vrai dire ; si ce titre de *réalistes,* choisi par ceux qui ne demandent pas à la matière de penser, qui ne lui demandent que d'être, impliquait rien de plus qu'un simple non-sens et des intentions, après tout, assez bénignes. Ici nulle innovation, nul étalage de théories. En reprenant sans bruit, sans gros livres, sans programme altier, quelque chose de l'œuvre tentée autrefois par Michel-Ange de Caravage et par Valentin, le réalisme contemporain n'aspire pas, que nous sachions, à renouveler l'art de fond en comble, ni même à régenter l'école française : il voudrait simplement détourner sur soi un peu de l'attention que nous accordons volontiers à tout ce qui s'affiche sous une étiquette quelconque, à ce qui, même aux dépens du reste, offre quelque apparence de nouveauté. L'humilité du dogme réaliste suffit-elle pour nous rassurer, et n'y a-t-il là, dans l'avenir, que des fantaisies à peu près inoffensives? Nous ne demandons pas mieux que de le croire, tout en appréciant le danger d'une sécurité trop grande sur ce point. La santé de l'esprit peut perdre quelque chose à ce contact, même momentané, avec l'erreur, et le plus sage serait sans doute de s'isoler complétement d'une atmosphère où notre goût au moins risque de se vicier. Les grands exemples contemporains commencent à nous manquer ; la mort fait chaque jour quelque vide nouveau dans notre école : est-ce le moment de fermer les yeux au mal, et ne devons-nous pas au contraire redoubler de vigilance pour en prévenir l'envahissement? Encore une fois, le réalisme n'aura pas raison de notre passé, de nos instincts, de nos souvenirs anciens et récents. Il ne saurait s'implanter sur les ruines de l'art français, de l'art de Poussin et de Lesueur, continué jusqu'ici par tant de disciples fidèles ; mais c'est trop que d'avoir à subir de pareilles tentatives, dussent-elles, comme nous l'espérons, n'aboutir qu'à une émotion passagère. Quant au préraphaélitisme anglais, il a, on ne peut le méconnaître, des appétits bien autrement révolutionnaires. Il en veut à l'art de tous les temps et de tous les pays, aux renommées les plus hautes, aux principes le plus universellement respectés. Si rassuré que l'on puisse être sur l'issue des deux entreprises, on doit avoir à cœur d'en signaler l'audace ou la pauvreté, et c'est par l'exemple de Raphaël lui-même qu'il nous a paru opportun de combattre ces impertinentes doctrines, ces pitoyables ambitions.

1858.

VII

FRANCESCO FRANCIA.

L'école bolonaise, la dernière des grandes écoles italiennes, à ne considérer que la valeur des œuvres et l'originalité relative des maîtres qu'elle a produits, l'école bolonaise a eu, du moins, l'honneur de succomber après toutes les autres, en tentant un effort suprême au milieu de la décadence générale. Effort insuffisant quant aux résultats, et d'ailleurs frappé d'impuissance dès l'origine, en raison des principes mêmes qui l'inspiraient; laborieuse ambition de l'esprit plutôt qu'entraînement spontané, mais, après tout, ambition généreuse, puisqu'elle tendait à faire justice des avilissements du talent et du goût. Tout ce que peut réaliser dans l'art la science sans le génie ou la volonté sans l'invention; tout ce que l'érudition, le raisonnement, l'expérience pittoresque peuvent donner d'éloquence au pinceau, l'époque à la fois brillante et stérile que personnifient les Carrache se l'est approprié et nous l'a transmis. Qu'y a-t-il cependant au fond de cette érudition excessive? Quelle vie secrète anime ce travail de compilation? Quelle sève circule sous ces dehors artificiels? Il en est à peu près du tempérament intime que révèlent les œuvres bolonaises comme de la santé factice des plantes élevées en serre chaude. Un développement stimulé par une action toute scientifique, des allures contraintes à force de précautions ou de stratagèmes, un éclat à demi effacé faute d'atmosphère naturelle et de sucs inhérents au sol : voilà ce que nous offrent, dans le domaine de l'art aussi bien que dans l'ordre des phénomènes physiques, ces produits obtenus, en quelque sorte, contre la volonté divine et par l'effet seul d'habiles combinaisons.

Il ne conviendrait pas d'ailleurs de reprocher uniquement aux Carrache et à leur école ce défaut d'ingénuité et d'inspiration personnelle. La réforme entreprise par Louis avec le concours de ses deux cousins, Augustin et Annibal, résume dans un fait principal l'histoire de la peinture bolonaise ; elle en marque du moins la phase la plus importante, en ce sens qu'à des talents à peu près isolés succèdent, vers la fin du seizième siècle, des talents soumis à une même discipline et poursuivant côte à côte le même but ; mais il semble que cet éclectisme dont les Carrache devaient faire le fondement même de leur système, il semble que les doctrines négatives qu'ils allaient ériger en religion aient été de tout temps à l'état d'instincts chez les artistes de leur pays. Si l'on rapproche ceux-ci, à quelque époque qu'ils appartiennent, des autres maîtres italiens, les plus éminents d'entre eux n'auront plus qu'une physionomie secondaire. Ne cherchez pas dans leurs ouvrages l'équivalent de ce style ferme et fin, de ces formes d'expression exquises qui distinguent la vieille manière florentine. Vous ne sauriez non plus y rencontrer la fierté robuste de l'école romaine, ni les riches harmonies du coloris vénitien, ni la grâce des maîtres de Parme ou de Milan. Un peu de tout cela, mais dénaturé, fondu, amalgamé jusqu'à l'effacement de chaque principe essentiel ; des qualités de tout genre amoindries par une assimilation forcée, des intentions sans originalité propre, des erreurs même sans naïveté : tels sont ici les éléments et les caractères du travail. Les tableaux peints à Bologne au moment où naissent ailleurs les chefs-d'œuvre de l'art italien, les compositions religieuses, les portraits, les sujets allégoriques, signés même des noms les plus célèbres, n'expriment rien de plus que l'à peu près du bien. Ce serait être trop sévère que de voir dans ces travaux de pures contrefaçons : il n'y aurait que justice toutefois à les accepter comme des interprétations de seconde main, où l'on constatera l'absence de défauts plutôt que l'empreinte de qualités formelles. Pour définir en un mot les coutumes et le génie de l'école bolonaise, on peut dire qu'elle déconcerte l'admiration presque aussi sûrement qu'elle se préserve du blâme, et que, mise en regard des autres écoles italiennes, caractérisées chacune par quelque perfection spéciale, elle représente dans l'art la perfection de la médiocrité.

Ce jugement qu'il est permis de porter sur les œuvres des peintres bolonais en général, le plus indépendant en apparence et le mieux inspiré d'entre eux, Francesco Francia lui-même ne nous semble pas devoir l'infirmer. L'époque où parut Francia est, à vrai dire, celle des premiers développements de la peinture dans son pays ; et cependant rien dans les travaux du fondateur de l'école n'accuse hautement la sincérité, la hardiesse, cet esprit d'aventure, si l'on veut, qui anime d'ordinaire les maîtres primitifs et qui vivifie les jeunes entreprises. L'art à Bologne n'a pas eu de jeunesse. Il débute par la virilité, mais par une virilité sans vigueur et sans initiative. Il est tout d'abord prudent jusqu'à la timidité, réservé jusqu'à la froideur. Lorsque, plus tard, il veut, sous le pinceau du Primatice, faire montre d'abondance et de verve, il garde encore, sous ces dehors pompeux, une insuffisance de sentiment, une sorte de malaise moral, qui trahit ses humbles origines. Au lieu de se jouer en grand seigneur dans le luxe comme dans son atmosphère naturelle, il ne sait que s'affubler d'opulence avec l'empressement indiscret d'un parvenu. Francia n'a sans doute ni ces inclinations ni ces visées fastueuses ; sa manière est exempt d'ostentation, mais elle est aussi dépourvue d'ampleur, de résolution, de cette franchise pittoresque propre aux maîtres de haute race. Rien de plus convenablement ordonné, rien de plus sage, au double point de vue du dessin et du coloris, que les nombreuses compositions religieuses qu'a laissées ce judicieux artiste. Mais, parmi les tableaux de sa main, quel est celui où l'on surprendra la trace d'une émotion profonde, l'expression d'une pensée tout à fait neuve? En face de ces *Madones* assises sur un trône autour duquel quelques saints personnages se groupent dans un ordre invariable, on rend hommage au talent du peintre, au bon vouloir de son pinceau : on n'entend ni la voix du poëte ni ce cri de l'âme, pour ainsi dire, qui s'échappe des œuvres inspirées. L'exécution même, châtiée mais imparfaitement savante, le style, coulant mais non limpide comme ce qui jaillit de source, appellent l'estime sans pour cela commander l'admiration. Plutôt adroit que supérieurement habile, plutôt correct à la surface que foncièrement irréprochable, Francia, avec son imagination restreinte, ses procédés de composition immuables, sa manière un peu lisse et monotone, nous apparaît comme un autre Pérugin, mais un Pérugin en retard sur le premier, et qui d'ailleurs n'a pas eu de Raphaël.

Nous disions tout à l'heure que Francia méritait le titre de fondateur de l'école bolonaise, en ce sens du moins que, s'il ne vint pas le premier, il exerça sur l'art de son pays une influence que personne n'avait su conquérir avant lui. Lorsqu'il naquit, vers le milieu du quinzième siècle, plus d'un peintre déjà avait travaillé à Bologne. Dès le temps où Cimabué entreprenait à Florence la réforme que Giotto allait si puissamment continuer, peut-être même antérieurement à ces premières tentatives d'affranchissement, quelques artistes, dont l'histoire a conservé les noms, s'étaient approprié, tant bien que mal, la manière grecque et essayaient d'en populariser les traditions[1]. Plus tard, le miniaturiste Franco, dont Dante a célébré le talent, Jacopo Avanzi, Lippo di Dalmasio; enfin un élève de celui-ci, Marco Zoppo, le dernier des anciens peintres bolonais avant Francia, plusieurs autres encore ont laissé des ouvrages non sans mérite, mais où l'on ne saurait suivre ni les progrès d'une doctrine commune ni les développements de certains principes une fois formulés par un maître. Il en est tout autrement des œuvres produites sous l'autorité de Francia. Lui régnant, les artistes bolonais obéirent aux mêmes lois et ne connurent plus qu'une même méthode. Cette unanimité fut, il est vrai, d'assez courte durée. Les élèves de Francia ne transmirent pas à leurs propres élèves la docilité dont ils avaient fait preuve; l'école, à peine constituée, se divisa dès la seconde génération, et l'imitation de la manière romaine, importée à Bologne par le Bagnacavallo, ayant suscité d'autre part le goût et bientôt la manie du style *michelangesque,* ce qu'on avait pu prendre au début pour un événement décisif dans l'histoire de l'art national ne fut, en réalité, qu'un accident dont les travaux de Francia et de ses principaux élèves résument

---

[1] Guido, Ventura, Ursone. Les œuvres d'Ursone, suivant Lanzi, remonteraient à l'année 1248, c'est-à-dire à une époque où Cimabué, né en 1240, n'était pas encore sorti de l'enfance.

à eux seuls l'origine, les caractères et les conséquences.

Francia, ou plutôt Francesco Raibolini, — ce nom de Francia ayant été emprunté par l'artiste à un orfévre chez lequel il avait été d'abord mis en apprentissage, — ne révéla son talent de peintre qu'à une époque de la vie où les maîtres ont d'ordinaire donné déjà toute la mesure de leur génie, à un âge que n'ont pas même atteint quelques-uns d'entre eux, Raphaël et Giorgione, par exemple. Il avait près de quarante ans lorsque, à la suite de quelques essais poursuivis en secret, il peignit, en 1490, le tableau d'autel de la chapelle des Felicini, dans l'église de la Miséricorde, tableau qu'il signait ainsi : *Franciscus Francia aurifex*, comme pour excuser son inexpérience pittoresque, et rappeler en même temps les titres qu'il s'était acquis dans un autre ordre d'art et de travaux. Calcul d'amour-propre ou modestie, la précaution, en assurant le succès de l'œuvre, fut profitable à la réputation du maître. On s'étonna de ce nouveau genre de mérite chez un homme qui, depuis longtemps, avait fait ses preuves comme graveur de monnaies et de médailles, mais dont l'habileté, jusqu'alors toute spéciale, ne permettait de pressentir ni cette sûreté de pinceau ni cette science du coloris. D'ailleurs il ne s'agissait pas seulement ici d'une conquête personnelle, des développements inattendus d'un talent. En manifestant sous une forme imprévue ses propres aptitudes, Francia introduisait aussi un perfectionnement considérable dans la pratique de l'art lui-même. Des contours et un modelé plus souples, des formes plus vraisemblables, un goût de composition moins aride : voilà les progrès que la nouvelle manière tendait à populariser et qui devaient bientôt supprimer ou réduire l'importance attribuée aux essais antérieurs de l'école bolonaise. Celle-ci, grâce à Francia, participait maintenant au mouvement qu'activaient à l'envi les grands maîtres de Florence, de Padoue et de Venise ; elle commençait à prendre rang, sinon à côté, au moins à la suite des autres écoles italiennes, et, sans pouvoir se glorifier d'un Léonard, d'un Mantegna ou d'un Bellini, elle trouvait, dans le talent qui venait de se révéler, un honneur sérieux pour le présent, pour l'avenir un engagement et un exemple.

Le succès qui avait accueilli le premier tableau de Francia se renouvela, dans le cours de la même année, à l'occasion d'un autre tableau peint pour Jean Bentivoglio, et se confirma de plus en plus à l'apparition des œuvres qui suivirent. La réputation du maître grandit vite et si bien, qu'au bout de quelque temps elle balançait, si elle ne dépassait même, celle des peintres contemporains les plus renommés, et que, parmi les élèves formés à l'école de ceux-ci, plus d'un venait achever son éducation à Bologne. A plus forte raison, les artistes bolonais recherchaient-ils avec empressement des leçons qui intéressaient à la fois les progrès de leur talent et leur orgueil national. Ajoutons que, tout en dirigeant assidûment cette nombreuse école, tout en exécutant pour son propre compte des tableaux et des peintures à fresque, Francia trouvait le temps de dessiner des modèles pour la gravure, de graver lui-même des médailles ou des nielles et de remplir les fonctions de *maître des coins* de la monnaie. Qui sait même? Peut-être est-ce à lui que revient en grande partie l'honneur d'avoir déterminé les progrès de l'imprimerie italienne au seizième siècle ; peut-être, en rapprochant certaines dates, en étudiant certains faits récemment commentés par un écrivain des plus autorisés en pareille matière[1], acquerra-t-on la conviction

---

[1] Voyez le très-intéressant travail publié par M. Panizzi sous ce titre : *Chi era Francesco da Bologna?* Londres, 1858. Entre autres documents

que l'inventeur des caractères typographiques employés par Alde Manuce, ce *Franciscus Bononiensis* dont le nom figure dans la préface du *Virgile* de 1501, n'était autre que Francia lui-même.

Au reste, pour apprécier en dehors de la peinture les talents de Francia, il suffit de recourir à certains témoignages incontestables, et de consulter les médailles et les pièces qu'il a ou signées de son nom ou mises en circulation comme siennes, à l'époque où il était directeur de la Monnaie. Ainsi le médaillon de Jean Bentivoglio est un beau spécimen de son habileté dans un art où, soit instinct plus vif, soit expérience plus complète du moyen, il déploie d'ordinaire des qualités qu'on ne retrouve qu'à un degré inférieur dans les productions de son pinceau. Et cependant, même ici, quelque chose reste à souhaiter de cette vérité

à l'appui de son opinion, M. Panizzi transcrit un passage de la dédicace placée par Girolamo Soncino en tête des *Poésies de Pétrarque*, 1503 ; passage où Alde Manuce est formellement accusé d'avoir « dérobé à François de Bologne l'honneur d'une invention appartenant tout entière à celui-ci, la fonte des caractères typographiques imitant l'écriture cursive. » De son côté, François de Bologne réclama publiquement ses droits de priorité. Il établit en son propre nom une imprimerie dans sa ville natale, et publia, en 1516, cinq ouvrages, dont le dernier, imprimé comme les précédents en caractères italiques, parut au mois de décembre. Or, sans insister sur d'autres faits diversement significatifs, il convient de faire remarquer que Francia mourut dans les premiers jours de janvier 1517 ; qu'à partir de cette époque, aucun nouvel ouvrage ne sortit des presses de François de Bologne, bien que celui-ci, dans la préface d'un des livres édités par lui à la fin de 1516, eût pris l'engagement « d'imprimer successivement en caractères semblables » les œuvres des poëtes italiens et des classiques latins. Cette coïncidence entre le moment où Francia cessa de vivre et le moment où François cessa de travailler est, sinon un argument tout à fait décisif, au moins une présomption en faveur de l'opinion qui confond en une seule personne l'artiste et l'imprimeur bolonais.

pénétrante, de ce sentiment intime de la physionomie que recèlent d'autres ouvrages, moins séduisants peut-être au premier aspect, mais plus éloquents au fond, plus sûrement persuasifs. L'incomparable fermeté des formes, l'expression franche et précise qui caractérisent les médailles florentines et pisanes, ce qu'on pourrait appeler la vive arête du style, semble, dans le portrait de Bentivoglio, adouci et comme émoussé par les caresses d'un outil plutôt curieux et patient que naturellement habile. Cette préoccupation de la dextérité, cette recherche trop assidue de l'adresse matérielle, est sensible surtout dans les pièces où le graveur, au lieu de l'image d'un personnage contemporain, n'a eu à figurer qu'un type imaginaire. Quelquefois même, dans les œuvres de l'orfévre bolonais, la mollesse de l'exécution vient amoindrir encore des intentions déjà un peu faibles, un peu incertaines : témoin la pièce de monnaie frappée en mémoire de l'entrée de Jules II à Bologne, après l'expulsion de Bentivoglio. Rien de plus excusable, au surplus, rien de plus naturel que l'espèce d'hésitation avec laquelle Francia a exécuté cet ouvrage. En consacrant le souvenir du triomphe de Jules II, en inscrivant sur la monnaie nouvelle ces mots : *Bononia per Julium a tyranno liberata,* peut-être s'acquittait-il à contre-cœur de sa tâche. Pouvait-il ne pas se souvenir qu'après tout ce « tyran » avait été pendant de longues années son protecteur et son ami, et que ces fonctions de maître des coins qui valaient aujourd'hui à l'artiste la confiance du nouveau souverain, il les tenait de celui-là même dont on lui ordonnait de célébrer la chute? Dès lors l'insuffisance du travail tournerait à l'honneur du caractère de l'homme, et, sauf à faire ses réserves sur les résultats palpables de l'épreuve, il faudrait du moins savoir gré à Francia de l'avoir plutôt subie qu'acceptée.

Quels qu'aient dû être, à un certain moment de la vie de Francia, les regrets ou le trouble causés par les événements politiques, cette vie fut, en général, brillante et heureuse. Honoré de tous, recherché des grands, tant à cause de ses talents qu'à cause de son amabilité naturelle et des grâces de son esprit, Francia connut tous les genres de jouissances que peut ambitionner l'amour-propre d'un homme du monde et d'un artiste. Il connut aussi les joies plus sérieuses de la famille et le bonheur de voir un fils continuer, en même temps que les saines traditions du foyer, l'art et les succès paternels. Enfin, double bonne fortune qui explique en partie la popularité attachée à son nom et les sympathies persistantes de la postérité, il eut l'insigne honneur de trouver dans Marc-Antoine un interprète, et dans Raphaël un ami. Disons plus, peut-être l'anecdote, bien suspecte pourtant, relative aux témoignages de cette amitié même et à l'étrange influence qu'ils auraient exercée sur Francia, a-t-elle mieux servi la cause et la mémoire de l'artiste que ne l'eussent fait les œuvres ou les témoignages authentiques; peut-être, en ajoutant quelque chose de romanesque aux souvenirs de cette vie et de ce talent, une tradition très-probablement mensongère a-t-elle achevé de les consacrer et de les maintenir en faveur.

Les biographes nous disent qu'après avoir achevé sa *Sainte Cécile,* Raphaël adressa directement à Francia ce tableau, destiné, comme on sait, à l'église de *San Giovanni in Monte,* à Bologne. Une lettre, dont on a souvent cité les termes, accompagnait l'envoi, et Raphaël, en soumettant la *Sainte Cécile* au jugement de son ami, priait celui-ci de réparer les avaries que le tableau pourrait avoir subies pendant le voyage, et même de corriger de sa main ce qui lui semblerait défectueux. Loin de découvrir des imperfections dans le chef-d'œuvre recommandé à ses soins, le pauvre homme y aurait, au contraire, trouvé des beautés telles qu'il en serait mort, séance tenante, d'humiliation et de dépit. Rien de mieux : mais il est au moins probable que Francia n'avait pas attendu jusqu'à ce jour pour savoir à quoi s'en tenir sur le mérite d'un artiste avec lequel il était en relation d'amitié depuis plusieurs années déjà. Il connaissait personnellement Raphaël, et personnellement aussi il était connu de lui, puisque celui-ci lui écrivait, à la date du 5 septembre 1508 : « Votre portrait est très-beau et si vivant qu'il me trompe quelquefois moi-même. Je crois être avec vous et vous entendre parler. » Or comment, à l'époque où il avait vu, soit à Rome, soit à Florence, le divin maître, Francia n'aurait-il pas vu, par la même occasion, quelque chose de sa main ? Dira-t-on que, tout ému qu'il eût pu être par le spectacle des œuvres précédentes de Raphaël, Francia ne prévoyait pas celle-ci, et qu'en face d'un pareil miracle de l'art, il dut être saisi d'étonnement, d'épouvante en quelque sorte ? Il n'y avait rien là pourtant qui ne donnât raison à ses propres pressentiments, à l'opinion publiquement exprimée dans un sonnet que l'on a conservé, et où il qualifiait de peintre par excellence, de « peintre des peintres, ce bienheureux jeune homme, en si glorieux chemin déjà au printemps de la vie, et qui arrivera Dieu sait où, quand l'âge et l'expérience auront perfectionné ses talents. » Un mot encore. Cette œuvre aux beautés meurtrières, cette *Sainte Cécile* dont l'aspect donnait la mort à qui se reconnaissait incapable de peindre quelque chose d'équivalent, est-on certain seulement que Francia l'ait eue devant les yeux ? Francia, on en a la preuve aujourd'hui, mourut le 5 janvier 1517. La lettre et le tableau de Raphaël arrivèrent-ils à temps à leur adresse ? C'est là un fait moins clairement établi et de l'authenticité duquel on peut douter, faute de dates précises et de documents positifs.

Il suffit, au surplus, d'examiner les ouvrages qu'a laissés Francia pour n'ajouter qu'une foi médiocre à ces ravages de la passion, à ces transports de vanité et d'envie dans le cœur d'un homme dont l'imagination semble si paisible, le pinceau si honnêtement inspiré. Talent doux, aimable, calme souvent jusqu'à la froideur, il s'accommode mal des arrière-pensées qu'on lui prête; et si les peintures irritées, le faire sauvage d'un Andrea del Castagno sont bien d'accord avec les souvenirs sinistres qui se rattachent à ce nom, toute idée de découragement violent se trouverait étrangement démentie par le caractère habituel des œuvres qu'a signées Francia. Ici, en effet, rien que de régulier; rien qui trahisse une autre ambition que le désir d'accomplir sa tâche en conscience, d'utiliser les dons reçus de Dieu, et de vivre en paix avec l'art. L'auteur de la *Madone* peinte pour la famille Felicini, et de tant d'autres compositions religieuses d'où la force est absente, mais où le sentiment ne manque ni d'élévation ni de grâce; le peintre à qui l'on doit plusieurs *portraits* plutôt séduisants que profondément expressifs[1], n'est pas, nous l'avons dit, un maître de premier

---

[1] Objectera-t-on le *Portrait d'homme* vêtu de noir que possède le Musée du Louvre? Cet admirable portrait est, depuis peu d'années seulement, attribué à Francia. L'opinion qui l'attribuait auparavant à Raphaël était très-probablement erronée; mais on n'est guère mieux autorisé, selon nous, à classer parmi les œuvres bolonaises un morceau qui, par le caractère du dessin et la qualité même du ton, semble plutôt appartenir à l'école florentine. C'est ce qu'on peut dire aussi d'un autre *Portrait d'homme* conservé au Musée de Montpellier, portrait non moins beau que le portrait mentionné ci-dessus et qui, comme celui-ci, a longtemps passé pour une œuvre de Raphaël.

ordre ; il n'a pas ce qui n'appartient qu'aux organisations tout à fait supérieures, l'imprévu dans l'invention et l'autorité absolue dans le style. En revanche, même en dehors de l'importance qu'il garde comme chef de l'école bolonaise, il possède, au moins à l'état d'intentions, des qualités assez sérieuses, il fait preuve d'une habileté d'exécution assez réelle pour mériter une des premières places dans la classe des maîtres secondaires. Raphaël, qui s'y entendait, je pense, écrivait de Rome à Francia, au sujet des *Vierges* que celui-ci était sur le point d'envoyer au cardinal Riario et à un autre prélat : « Je les admirerai avec ce goût et cette satisfaction qui me font toujours rechercher et louer les *Vierges* de votre main, car je n'en connais pas de plus belles, de plus dévotement peintes, de mieux faites. » Raphaël, à vrai dire, en connaissait « de plus belles, » à commencer par les siennes et par les *Madones* de fra Angelico qu'il avait vues à Florence ; mais, à part quelque excès de courtoisie, quelque exagération dans les formes, l'éloge était mérité. Parmi les peintres italiens qui ont cherché, au commencement du seizième siècle, à concilier les pieuses traditions du moyen âge avec les progrès accomplis dans le domaine purement pittoresque, Francia est un de ceux dont les efforts ont été le plus méritoires et le plus sagement dirigés. Sa manière, dépourvue sans doute, dans les sujets sacrés, de cette simplicité énergique, de cette ferveur que respirent les œuvres des *Giotteschi*, est exempte du moins de l'élégance païenne dont l'art de la Renaissance devait d'abord se faire une ressource auxiliaire et bientôt un moyen d'expression principal. Si Francia n'appartient déjà plus à l'austère famille des peintres religieux avant tout, il ne vient pas encore grossir les rangs de ces artistes exclusivement habiles qui ne verront dans les scènes chrétiennes qu'un prétexte aux hardiesses du dessin ou aux séductions du coloris ; comme aussi, par les caractères un peu effacés du style, par la prudence un peu timide du sentiment, il demeure exclu de ce groupe d'élite qui personnifie les derniers progrès de la peinture italienne. Ses œuvres, en un mot, sont une sorte de trait d'union entre les travaux incomplets des maîtres primitifs et les œuvres parfaites des Léonard et des Raphaël ; ou bien (qu'on nous passe cette vieille image mythologique), sur le Parnasse au sommet duquel trônent les héros de l'art, Francia n'a su que s'installer à mi-côte, se faire une place en vue, mais d'un accès relativement facile, et se tenir à égale distance des talents aux inclinations médiocres et des talents hautement inspirés.

VIII

FRANÇOIS PRIMATICE.

S'il fallait rendre le Primatice responsable de toutes les licences pittoresques, de toutes les exagérations auxquelles on s'abandonna, en France aussi bien qu'en Italie, vers la fin du seizième siècle ; s'il était permis de confondre certaines inclinations du maître avec les vices manifestes et les emportements des disciples, on ne saurait accuser trop sévèrement le funeste talent dont les succès amenèrent ce débordement d'œuvres mensongères jusqu'à l'impudence, turbulentes jusqu'à la folie. Il ne convient pas toutefois de juger ainsi l'artiste bolonais. Toute proportion gardée entre les deux chefs d'école, autant vaudrait s'en prendre à Michel-Ange des excès commis par les tristes héritiers de sa doctrine, ou, dans un ordre de faits différent, condamner avec la même rigueur les imprudences politiques des révolutionnaires de 1789 et les abominables iniquités des terroristes. Le Primatice, d'ailleurs, a bien assez de ses propres fautes, il autorise assez ouvertement le reproche, pour qu'on s'abstienne à son égard des récriminations indirectes et que, du moins, on ne lui fasse pas porter la peine des torts qu'il n'a pas eus personnellement.

Comme le Parmesan, son contemporain, le Primatice n'appartient à la famille des grands maîtres qu'à titre de parent éloigné ou, si l'on veut, de descendant illégitime. Il garde sans doute quelque chose des traits distinctifs de la race, une certaine noblesse naturelle, une véritable aisance dans les allures et dans la physionomie du talent. Mais cette aisance semble moins habituellement procéder d'un fonds de vigueur et de certitude morale que d'un contentement irréfléchi de soi ; cette expression de noblesse s'exagère trop souvent et dégénère en ostentation. Chez lui rien ne subsiste de la grâce discrète, de la sérénité avec laquelle les artistes italiens de la belle époque, et Raphaël mieux qu'aucun autre, instruisaient la pensée et les yeux de la foule. A voir ces œuvres pompeusement futiles, ces scènes composées au bout du pinceau et au hasard de l'heure présente, on croirait que la peinture n'a d'autre principe que la fantaisie, d'autre fin que l'étalage de la facilité, et que l'office du peintre est de nous montrer non pas ce qu'il a senti en face de la nature, mais ce qu'il lui a plu d'imaginer en dehors d'elle. Et cependant, malgré sa manière conventionnelle, malgré les caractères outrés et les jactances trop fréquentes de son style, le Primatice mérite qu'on honore en lui un des derniers représentants, une des dernières gloires de l'art italien. Le Primatice est un talent de décadence, sans doute, mais c'est encore un grand talent, une intelligence puissante et bien munie, en comparaison des esprits faux et des faux savants qui vont suivre. C'est un artiste enfin par l'abondance des idées pittoresques, par la hardiesse de la mise en œuvre, par l'habileté de la pratique. Si l'on a le droit de blâmer l'excès de cette habileté même, si le maître, en plus d'un sens, a mésusé des dons reçus, toujours est-il que ne cède pas qui veut à de pareils entraînements, et que, pour dépenser avec cette prodigalité regrettable, il faut, avant tout, être en fonds de richesses.

De tous les peintres italiens, au surplus, le Primatice est celui qu'on peut le plus facilement connaître et juger ici même, le seul dont il nous soit donné d'apprécier le mérite ou les faiblesses sans sortir de notre pays. La vie presque tout entière du maître bolonais s'écoula en France. C'est en France, pendant près de quarante années, que se succédèrent les témoignages variés de ce talent, les monuments d'architecture, de peinture et de sculpture à l'exécution desquels cet artiste, en crédit constant sous les règnes de quatre rois, participa soit directement, soit par l'entremise des interprètes qu'il avait choisis, et qu'il n'était pas homme à livrer sans contrôle à leurs propres inspirations. Bien que plusieurs de ces monuments ne subsistent plus aujourd'hui, ceux qui ont survécu sont assez nombreux encore et surtout assez importants pour qu'il semble superflu de chercher ailleurs des spécimens aussi authentiques peut-être, mais, en tous cas, moins significatifs.

Le Primatice n'était âgé que de vingt-sept ans lorsqu'il vint à Fontainebleau (1531) partager avec le Rosso la direction des travaux d'art que le roi faisait exécuter dans son palais. Comment, à une époque où il était encore assez près de ses débuts, le jeune peintre avait-il pu gagner si bien la confiance de François Ier, que celui-ci l'appelât, de préférence à tout autre, à de pareilles fonctions? Quels gages avait-il donnés, quelle célébrité avait-il acquise, pour qu'on le proposât ainsi en exemple à l'école française et qu'on l'investît d'un pouvoir attribué peu auparavant à des maîtres tels que Léonard et Andrea del Sarto? En réalité, la faveur accordée par le roi au Primatice n'était ni le résultat d'un choix direct et libre ni la récompense d'un talent éclatant : c'était plutôt une sorte de compensation à des désirs déçus, un moyen terme entre l'honneur impossible de posséder à la cour les plus illustres artistes italiens et le déplaisir d'en être réduit aux forces, bien douteuses encore, de l'école nationale. On sait les efforts tentés par François Ier pour attirer et fixer auprès de lui les sculpteurs et les peintres qu'une vaste renommée désignait tout d'abord à son choix : efforts stériles, du moins après la mort de Léonard et la fuite d'Andrea, ou qui ne devaient aboutir qu'à des conquêtes secondaires. Il avait rêvé d'employer au profit de la France le tout-puissant ciseau de Michel-Ange : il dut s'accommoder des outils adroits et des agréables œuvres de Benvenuto Cellini. Une autre fois, c'était Jules Romain qu'il essayait de séduire, et celui-ci répondait aux offres du roi en lui envoyant, à tire de remplaçant, le Primatice.

Jules Romain, d'ailleurs, était mieux que personne en mesure de garantir les aptitudes et le savoir du nouvel hôte de François Ier. Après quelques années passées dans l'atelier d'Innocenzio da Imola, puis dans celui du Bagnacavallo, le Primatice était venu à Mantoue, en 1525, se mettre sous la discipline de Jules, et depuis lors il avait activement coopéré à tous les travaux entrepris par le peintre attitré de Frédéric de Gonzague. Quelques parties importantes de la décoration du palais du Té, citées par Vasari comme étant entièrement de la main de l'élève, mériteraient d'être attribuées au maître : elles se recommandent par la franchise de l'exécution, par l'élégance de la pratique, soit que cette élégance se révèle dans le modelé d'un bas-relief, soit qu'elle vivifie le style d'une peinture à fresque. Il n'y a rien là toufois qui appartienne en propre au Primatice, rien qui accuse des qualités plus hautes qu'une docilité intelligente et une sage abnégation en face des modèles dessinés qu'il s'agissait de transcrire. En se séparant de Jules Romain, le Primatice avait donc à fournir ses preuves, non pas d'habileté, mais d'imagination personnelle. Il entrait, à son tour, dans cette période décisive qui, pour ce même Jules Romain, s'était ouverte après la mort de Raphaël. Il lui restait, en un mot, à faire acte d'artiste à ses risques et périls, après avoir longtemps abrité son talent sous la protection d'un talent supérieur, sous l'autorité d'un chef publiquement intéressé au succès et, par conséquent, seul responsable.

Lorsque le Primatice vint s'établir à Fontainebleau, où le Rosso l'avait précédé d'une année, celui-ci travaillait déjà de tout son cœur à contraindre et à fausser le goût de l'école française, en imposant brusquement le spectacle des contrefaçons *michelangesques* à des gens accoutumés à un tout autre régime. Au lieu de chercher à séduire les artistes de notre pays et de guider leur inexpérience sans effaroucher leur foi, le Rosso entendait procéder par voie d'intimidation et installer de vive force le culte des doctrines les plus antipathiques aux inclinations, aux habitudes, au génie même de l'art national. A peine arrivé, il s'était mis à l'œuvre. Sans perdre son temps à sonder le terrain qu'il s'agissait de féconder, il avait traité tout d'abord en pays conquis ce sol libre pourtant, et ennemi au fond des éléments de vie artificielle qu'on prétendait y implanter. Au bout de quelques mois, le réformateur florentin avait achevé, pour la décoration du palais de Fontainebleau, *Bacchus et Vénus*, l'*Amour et Psyché,* d'autres compositions encore où s'étalaient toutes les formules emphatiques, toutes les exagérations de style, tous les procédés pédantesques en honneur, de l'autre côté des monts, dans la nouvelle école académique. Les peintres français et le gros du public prisèrent assez peu cet essai de civilisation pittoresque, mais le roi et la cour se tinrent pour satisfaits ou firent mine de l'être.

François Ier voulut même que les Italiens amenés en France par le Rosso eussent pour compagnons des artistes nés dans nos provinces; afin qu'en travaillant ainsi sous une direction officielle, tous, nationaux et étrangers, contribuassent à l'envi au progrès désiré et au triomphe de la bonne cause.

Les choses en étaient là quand le Primatice fut appelé, à son tour, à régenter notre école ou, tout au moins, à partager l'empire qu'un autre avait déjà commencé d'exercer. Avec le nouveau venu le danger était moindre. Sans doute le Primatice — il l'a bien prouvé depuis lors — n'était pas disposé à s'enquérir de fort près des mœurs intellectuelles, des goûts, des aptitudes pittoresques propres à la nation qui l'adoptait par ordre du roi ; il avait probablement le même mépris que le Rosso pour la manière un peu minutieuse, mais profondément sincère, de nos vieux maîtres imagiers, pour le sentiment judicieux de nos *portraitistes,* pour cette expression d'exactitude, de sagacité, de raison en toutes choses qui caractérisait déjà l'art français et qui, s'affirmant de plus en plus, malgré les efforts de domination et les bruyants succès de l'art étranger, devait, dans le siècle suivant, se formuler avec une autorité suprême sous le pinceau de Nicolas Poussin. Il avait du moins, ce qui manquait absolument au peintre florentin, l'instinct de la grâce et une certaine amabilité dans les intentions dont on pouvait être touché ici, sauf à faire ses réserves quant aux allures conventionnelles et à l'élégance tourmentée du style.

Les premiers ouvrages exécutés à Fontainebleau par le Primatice tendaient, en raison de ce fonds d'agrément même et de cette délicatesse relative, à compromettre auprès du roi le crédit naissant du Rosso. Or le Rosso n'avait dans le caractère ni moins de roideur ni moins de morgue que dans le talent. Il fit de son mieux d'abord pour paraître dédaigner le rival qu'on lui opposait. Puis, le nombre des partisans de celui-ci grossissant à mesure que les années se succédaient, et la meilleure part des travaux, des honneurs, des récompenses de toute sorte devenant le lot habituel du Primatice, le moment arriva où le dédain ne suffit plus : il fallut recourir à d'autres moyens de défense, aux plaintes et aux accusations formelles ; de très-vifs démêlés s'ensuivirent, si vifs même que, pour mettre fin à des scènes qui menaçaient parfois de tourner au tragique, le Primatice sollicita et obtint du roi l'autorisation de reprendre le chemin de l'Italie. On donna pour prétexte à ce voyage une mission assez semblable à celle qui, vingt ans auparavant, avait été confiée à Andrea del Sarto ; mais cette fois l'argent et les bonnes intentions de François Ier ne demeurèrent pas stériles pour la France. Le rival évincé du Rosso fit consciencieusement mouler à Rome les plus belles statues antiques, il acquit de nombreux objets d'art, et le tout vint à point nommé enrichir les jardins et les palais du roi. Tandis que le Primatice s'acquittait ainsi de sa nouvelle tâche, celui qui l'avait contraint de s'en charger et qui commençait à peine à retrouver pour lui-même le champ libre, le Rosso mourait subitement et volontairement, dit-on, à Paris. Le Primatice, on le conçoit, n'eut garde, à cette nouvelle, de demander une prolongation de congé. Il se hâta de terminer les opérations entreprises, encaissa les moules qu'il devait rapporter en France, liquida ses comptes, et se mit en route. Vers le commencement de 1542 il reparaissait à la cour et reprenait, sur l'ordre du roi, la direction de tous les travaux interrompus par la mort de son altier prédécesseur.

Si, en rentrant dans le palais de Fontainebleau, le maître bolonais n'avait plus à craindre d'y rencontrer le Rosso, il allait en revanche y trouver, dans la personne de Benvenuto Cellini, un émule d'humeur aussi vaniteuse pour le moins et de mœurs plus farouches encore. L'occasion ne tarda pas, pour le Primatice, d'apprécier, par expérience, les façons d'agir de l'orfévre florentin, quand celui-ci croyait avoir à se plaindre des gens. Au bout de quelques mois, à propos d'une statue colossale dont chacun des deux prétendait fournir le modèle, le Primatice avait reçu de Cellini cet avertissement péremptoire : « Si jamais j'apprends que d'une manière ou d'une autre vous parliez de cette commande qui m'appartient, tenez pour certain, messer Francesco, que je vous tuerai comme un chien [1]. » Le souvenir d'un pareil incident ne devait pas s'effacer de la mémoire des deux parties intéressées, et, tant qu'elles restèrent en présence, c'est-à-dire pendant trois années à peu près, le roi, la duchesse d'Étampes, d'autres personnages de la cour, eurent souvent à intervenir pour apaiser des ressentiments qui, d'un côté du moins, se traduisaient tantôt en violences ouvertes, tantôt en prétentions ridicules. Cellini céda la place à la fin. Il s'en retourna, de guerre lasse, à Florence, non sans emporter la conviction qu'il avait joué en tout ceci le rôle du plus honnête homme du monde, et — méprise tout aussi forte — qu'il venait de doter la France d'un chef-d'œuvre en y laissant son vaste et insignifiant bas-relief, la *Nymphe de Fontainebleau*.

Une fois débarrassé des deux ennemis que le sort lui avait suscités coup sur coup, le Primatice jouit jusqu'au terme de sa vie d'un crédit assuré et d'un empire si étendu, que l'autorité même attribuée à Lebrun dans le siècle suivant semble presque étroite en comparaison de cette omnipo-

---

[1] *Vita di Benvenuto Cellini, scritta da lui medesimo*, p. 433.

tence. Héritier du Rosso et, un peu plus tard, de Cellini, dans les fonctions qu'ils avaient remplies, l'un comme chef des sculpteurs et des fondeurs employés par le roi, l'autre comme directeur des travaux de peinture qu'une légion de disciples français et italiens avait à exécuter d'après les cartons du maître, il obtint ensuite la survivance de Philibert Delorme dans la charge de surintendant des bâtiments royaux. A la cour de Henri II comme à la cour de François Ier, sous le règne de Charles IX comme sous celui de François II, on le voit, déjà comblé d'honneurs et de bienfaits, recevoir d'année en année des récompenses nouvelles, acquérir un surcroît de faveurs et demeurer jusqu'au bout l'arbitre souverain de toutes les questions d'art, le maître privilégié auquel chacun s'adresse en toute occasion. S'agit-il de fournir les dessins des tombeaux de François Ier, du roi son fils et du successeur de celui-ci ; d'ériger à la mémoire de Henri II un autre monument dans l'église des Célestins à Paris ; veut-on des modèles pour les tapisseries et les objets d'ameublement, des projets de décorations pour les fêtes publiques, des plans pour la construction d'édifices nouveaux, pour l'achèvement et l'embellissement des monuments anciens ; faut-il enfin orner de fresques les murs d'un oratoire ou les murs d'une salle de bal, peindre un tableau d'histoire ou le portrait de la favorite, le Primatice suffit à ces œuvres diverses; c'est lui qui a la haute main sur tout, qui imagine ou qui règle tout ; rien ne se fait, même dans un ordre de travaux secondaires, qu'il ne le prenne à son compte, rien ne se produit qu'il n'y ait préalablement apposé sa griffe. Aussi que d'empressements autour de lui, quelle docilité, quelle déférence de la part des artistes qu'il emploie et qui, sous peine de se voir condamner à l'inaction, n'aspirent qu'à contenter le maître, n'osent agir que dans le sens exprès de sa volonté! Les plus considérables d'entre eux, — Niccolò dell' Abbate, par exemple, qui, avant de devenir un aide du Primatice, avait acquis sous son propre nom une véritable célébrité en Italie, — les peintres ou les sculpteurs dignes eux-mêmes du titre de maître, se dévouent si bien à la gloire de leur chef, qu'ils n'ont garde d'informer la postérité de leur participation personnelle à l'accomplissement de la tâche. Nulle part une signature, un monogramme, une indication quelconque qui permette d'attribuer à l'un plutôt qu'à l'autre l'exécution de tel morceau dont l'invention seule, peut-être même l'invention partielle, appartient au Primatice. Quelques faits de détail sont, il est vrai, parvenus jusqu'à nous, mais confondus avec des faits de tout autre sorte ou relégués dans les comptes des bâtiments royaux, dans des recueils de documents arides, à l'usage à peu près exclusif des érudits. Du reste, rien qui intéresse directement l'histoire de l'art contemporain, rien qui définisse les origines, les développements successifs, l'importance relative des talents groupés autour du Primatice. Un seul talent résume l'art si fécond de cette époque, un seul artiste est officiellement accrédité, un seul nom sûrement populaire. Si variés que soient d'ailleurs les titres accolés à ce nom, il n'en demeure pas moins invariablement en évidence, et que le Primatice s'appelle abbé de Saint-Martin, prieur de Brétigny, conseiller ou aumônier du roi, c'est toujours lui qui figure au premier rang et qui, en matière de beaux-arts, jouit partout d'une autorité sans réplique [1].

[1] Quant aux détails de la vie privée, aux particularités purement biographiques, on peut consulter sur ce point deux documents significatifs : l'un est le testament du Primatice, écrit en 1563, et publié par Gaye; *Carteggio inedito d'artisti*, t. III; l'autre, un travail de

A ne considérer dans la vie du Primatice que la somme des succès obtenus et l'influence exercée par le maître, on peut donc dire que peu d'artistes ont fourni une carrière aussi brillante. Mais si l'on isole ce talent des circonstances tout exceptionnelles au milieu desquelles il s'est produit, si l'on examine ces œuvres en elles-mêmes, abstraction faite des traditions et des souvenirs qui s'y rattachent, nul doute que, sans en méconnaître la valeur, on ne refuse d'en accepter les exagérations ou les faiblesses. Prenons pour exemple le monument le plus important qui ait survécu de tous les travaux de peinture exécutés par le Primatice dans

---

M. l'abbé Tisserand, travail inséré dans le *Bulletin du Comité de la langue, de l'histoire et des arts de la France*, t. II, 1853-1855, et ayant pour titre : *Renseignements sur les peintres, les sculpteurs, les architectes et les jardiniers ingénieurs qui ont travaillé ou séjourné, ou qui sont morts à Fontainebleau depuis 1542 jusqu'à 1661.* Les dispositions testamentaires du Primatice prouvent que celui-ci, tout en faisant les affaires de l'art, n'avait pas laissé de gouverner assez bien les siennes, puisque, indépendamment des dots constituées d'avance à ses deux nièces et de la pension léguée à l'une d'elles, il était en mesure de transmettre à ses neveux des biens considérables en terres et en maisons; le tout, sans compter les chevaux, les objets à son usage personnel et les sommes d'argent qu'il partage entre ses serviteurs et les pauvres. D'un autre côté, il résulte des recherches faites par M. l'abbé Tisserand que le Primatice savait remplir de bonne grâce les devoirs que lui imposaient sa haute fortune et sa situation à la cour. Dans l'espace de dix années, on voit son nom figurer dix fois sur les registres baptistaires de la paroisse d'Avon-Fontainebleau, et ces enfants, dont le Primatice est si volontiers le parrain, appartiennent presque tous à des familles d'artistes ou d'artisans, — depuis le fils du peintre Philippe Léonard jusqu'au fils du maître serrurier du roi. Enfin, pour tous les faits relatifs non-seulement à la vie du Primatice, mais à celle des différents artistes de l'époque, est-il besoin d'indiquer un ouvrage bien connu et le plus propre à faire loi en pareille matière : la *Renaissance des arts à la cour de France*, par M. le comte Léon de Laborde?

le palais de Fontainebleau, — la célèbre salle dite de *Henri II*. Ici, certes, la splendeur de l'ensemble éblouit au premier aspect le regard. En face de cette décoration magnifique, de cette richesse des lignes et du coloris, il est impossible de ne pas admirer l'abondance des idées pittoresques que l'artiste a suspendues comme des guirlandes de fleurs aux murs de cette salle de fête; il est impossible de ne pas être frappé d'abord de l'harmonie somptueuse et facile qui relie les unes aux autres les diverses parties d'un aussi vaste travail. Au prix de quels sacrifices toutefois cette harmonie est-elle achetée! Quelles incorrections, quelles injures à la vérité et au goût sous ces dehors de facilité et d'élégance! Voilà ce qu'un examen de quelques instants révélera aux moins clairvoyants, voilà ce qui refroidit si vite et si bien la sympathie, que l'on se prend presque à être fatigué du spectacle dont on était charmé tout à l'heure, et que les yeux, choqués trop souvent par les licences du style, n'essayent même plus de distinguer entre une habileté mensongère et des témoignages d'habileté véritable, entre les fanfaronnades et les hardiesses légitimes, entre les excès de la manière et les forces vives du pinceau.

Il serait très-injuste néanmoins de reléguer les peintures de la *Salle de Henri II* parmi les œuvres indignes d'étude. Tout n'a pas un caractère absolument artificiel dans ces formes d'expression pompeuses, tout n'est pas clinquant dans ce luxe. La manière du Primatice a cela d'excusable qu'elle semble procéder d'une inclination même de l'esprit, d'une sorte d'affectation involontaire et, pour ainsi parler, naturelle. Elle a cela de méritoire qu'elle atteste le dédain des réalités vulgaires, et que, tout en exagérant la grandeur ou la grâce, elle tend du moins à nous faire pressentir un certain idéal. Idéal de convention, soit, mais non sans charme et d'une signification très-préférable en somme au pur langage de la matière. Je m'explique : sans doute, dans la stricte acception du mot, l'intention morale est absente de ces compositions brillantes avant tout, de cette poésie à fleur de peau, de ces œuvres essentiellement pittoresques. Il ne faut y chercher, bien entendu, ni l'expression d'une pensée religieuse, ni l'image des passions humaines, ni même la trace d'une idée philosophique, si peu austère, si modeste qu'elle soit. Tout émane ici de la fantaisie, tout semble avoir pour objet l'étonnement ou le plaisir des yeux. D'où vient pourtant que l'art si ouvertement sensuel du Primatice réussit souvent à intéresser l'imagination, que de tels caprices, de telles extravagances même, ont une élégance secrète, et qu'un peintre dont l'unique souci, en apparence, est d'afficher la dextérité, laisse au moins soupçonner des facultés plus hautes et une plus noble ambition? N'y a-t-il rien de plus qu'un faux semblant de science ou une vaine adresse de main dans ces groupes aux attitudes tourmentées, il est vrai, jusqu'à la frénésie, dans ces figures si démesurément sveltes qu'elles cessent d'être élégantes pour devenir chimériques? Malgré le pédantisme de son pinceau et la grâce parfois monstrueuse dont il affuble la forme humaine, le Primatice garde au fond quelque chose de l'ample sentiment, du grand goût, de la puissance propres aux maîtres italiens. Ses écarts, si blâmables qu'ils soient, accusent encore une organisation d'élite, et là même où il se complaît le plus effrontément dans les bizarreries et les sophismes, il ne lui arrive du moins ni de déshonorer son style par une expression grossière, ni de l'appesantir par des redites. Artiste à la fois très-inventif et superficiellement inspiré, talent incorrect et savant tout ensemble, on dirait que le Primatice ne peut entrevoir une pensée qu'à travers les procédés de la rhétorique, ou que son imagination, impatiente des règles naturelles, a besoin, pour se donner carrière, des excitations factices, des illusions, des sortiléges. Séduit par les promesses décevantes de la fée, il rejette, il n'entend même pas les judicieux conseils de la muse.

Parmi les peintures de la *salle de Henri II* qui expriment le plus clairement ces déréglements de l'esprit et ces habitudes systématiques, ce goût pour l'aventure en même temps que cette confiance dans les recettes, on peut citer le pendentif où les Grâces sont représentées dansant devant les dieux, et un autre compartiment où le Primatice nous montre *Apollon au milieu des neuf Sœurs*. On chercherait vainement dans ces deux compositions une attitude, une forme, un contour qui n'accuse la manière et le parti pris. Pas une tête dont le mouvement ne diffère, sans motif, du mouvement général du corps, pas une figure qui ne s'agite à outrance, là même où la violence du geste semble le moins opportune. Telle muse caressant les cordes d'une guitare se démène et s'évertue à la façon d'une pythonisse; Apollon prend, pour jouer du luth, la pose ou plutôt l'élan d'un athlète dans le gymnase. Partout des intentions emphatiques, des lignes tourmentées, un style tantôt prolixe, tantôt agressif et fastueux jusqu'à l'impertinence. Fâcheuse manie du luxe pittoresque, et manie d'autant plus regrettable que certains morceaux, exécutés apparemment dans un moment d'heureuse distraction, laissent deviner ce que le Primatice aurait pu faire s'il avait consenti à modérer ses prétentions académiques. Quel contraste, par exemple, entre la fausse grandeur des figures qui entourent Apollon et le véritable charme que respire la tête d'une muse jouant de la flûte! Du côté opposé, une autre muse, dont les mains tiennent un cahier de musique, est dessinée sinon sans quelque affectation encore, au moins sans cette grâce surchargée qu'on retrouve partout ailleurs ; comme, aux deux places correspondantes, dans la composition qui représente l'Olympe, la figure de l'Amour et celle de Vénus rachètent en partie ce que les morceaux environnants — le groupe des trois Grâces entre autres — étalent d'élégance difforme ou de force inutile.

Des divers travaux exécutés par le Primatice, dans le palais de Fontainebleau, les peintures de la *salle de Henri II* sont, nous l'avons dit, les plus considérables qui subsistent aujourd'hui. Les autres spécimens du talent de l'artiste qu'offrent certaines parties de la *galerie de François Ier*, de l'ancienne chambre dite *d'Alexandre*, chambre convertie depuis longtemps en escalier, la décoration du vestibule qui précède la Porte Dorée, quelques sujets traités dans des proportions plus restreintes, quelques fragments conservés au milieu des transformations successives du palais, ne font que reproduire des qualités et des défauts dont on a vu ailleurs un témoignage parfaitement significatif. Suit-il de là toutefois que le pinceau du Primatice n'ait connu que des formules invariables, qu'il se soit condamné en toute occasion à ne pratiquer que les règles de la poétique admise, à ne retracer que des sujets d'un même ordre et en vertu des mêmes moyens ? Sans doute, le Primatice n'a jamais songé à renouveler complétement sa manière. Il n'était pas de ces esprits que tourmente le besoin ou la folie du mieux, de ces artistes avides de progrès auxquels la révélation d'une des faces de l'idéal ne saurait suffire, et qui ne se souviennent de leurs découvertes que pour s'exciter à des conquêtes, à des découvertes nouvelles. Le fonds qui lui appartenait dès le début, les ressources faciles qu'il trouvait en lui-même, il semble les avoir exploités jusqu'au bout en parfaite sécurité de conscience, et sans autre ambition secrète que le désir de mettre en évidence son savoir-faire accoutumé. Il lui est arrivé pourtant de diversifier l'expression de cette habileté même et de montrer, au moins dans les formes du style, une souplesse qu'on aurait quelque peine à pressentir en examinant seulement les travaux que nous venons de mentionner. D'autres travaux, malheureusement détruits dans le siècle dernier, mais dont la gravure nous a conservé l'ordonnance et les apparences générales, — les fresques qui ornaient les murs de la *galerie d'Ulysse,* — prouvent que le Primatice ne s'est pas toujours contenté de grouper et de peindre, suivant des procédés convenus, des figures purement décoratives. Il a voulu aussi, il a su être peintre d'histoire, dans le sens, il est vrai, tout épique du mot, et représenter certains faits humains sous des dehors un peu fastueux encore, mais assez vraisemblables, après tout, les sujets et les héros une fois donnés. Ces compositions sur la vie et les aventures d'Ulysse se distinguent d'ailleurs des œuvres précédentes du Primatice[1] par une juste énergie dans le dessin et par une sobriété relative dans le style qu'il faudrait louer presque comme des mérites d'un autre âge, à cette époque d'excès, de pédantisme et de décadence pour la peinture italienne. Vasari, l'un des plus coupables pourtant, l'un des plus compromis dans le mouvement qui entraînait l'art vers sa ruine, Vasari, tout Florentin qu'il est,

---

[1] Vasari (*Descrizione dell' opere di Francesco Primaticcio*) dit que les fresques de la *salle de bal,* ou *salle de Henri II,* étaient déjà terminées à l'époque où l'on entreprit la décoration de la *galerie d'Ulysse.* Désignée dans les comptes des bâtiments royaux sous le nom de *galerie de la Basse-Cour,* la *galerie d'Ulysse* fut peinte par le Primatice, avec le concours très-actif de Niccolò dell' Abbate, de 1559 à 1561. Il n'y a donc qu'un intervalle de neuf années entre l'achèvement de ce vaste travail et la date de la mort du maître.

parle avec l'accent d'une vive sympathie des efforts tentés ici par le peintre bolonais et par Niccolò dell' Abbate pour réagir jusqu'à un certain point contre les doctrines qu'il prétendait lui-même faire prévaloir. Il en parle, à la vérité, sur la foi d'autrui, puisqu'il n'avait pas vu de ses yeux ces peintures « dignes, dit-il, d'éloges extraordinaires, » et si bien reliées entre elles par « l'unité de l'exécution, qu'on les dirait faites en un seul jour ; » mais, à part les procédés matériels et le travail même du pinceau, il avait pu pressentir le mérite de l'œuvre dans les reproductions dessinées qui en indiquaient au moins l'intention générale et l'esprit. Il lui appartenait dès lors de louer cette œuvre éloignée de ses regards, comme il appartient aujourd'hui à ceux qu'ont informés les planches gravées par Van Thulden, de s'associer à ces éloges.

Dans cet examen de la vie et des ouvrages du Primatice, nous avons cherché surtout à déterminer les caractères personnels d'un talent, à en apprécier isolément la valeur. Nous le disions en commençant, faire porter à ce talent le poids des fautes commises par les tristes imitateurs qu'il a suscités, ce serait manquer de discernement aussi bien que d'équité. Y aurait-il, dans un autre sens, moins d'imprudence ou d'injustice à accepter sans contrôle l'opinion, fort généralement répandue, qui attribue au Primatice le rôle d'un prophète dans l'histoire de l'art français ? De tout temps, à notre avis, on a beaucoup exagéré les bienfaits de l'influence italienne, au seizième siècle, sur les travaux des peintres et des sculpteurs de notre pays. Nous n'avons pas à juger ici les essais, assez dignes d'attention néanmoins, antérieurs à cette époque. Nous ne voulons pas rechercher dans quelle mesure les hommes que l'on prétendait arracher à la barbarie avaient besoin, en effet, d'être civilisés ; jusqu'à quel point on pouvait tenir en mépris des gens dont les aïeux avaient, entre autres œuvres méritoires, sculpté les figures des porches latéraux de la cathédrale de Chartres, peint les plus belles verrières que l'on connaisse encore aujourd'hui, et enrichi de miniatures exquises les pages des chroniques et des missels. Il s'agissait, je le veux bien, d'initier la France aux progrès qui venaient de s'accomplir au delà des monts, d'enhardir et de stimuler par l'exemple le talent de nos modestes *imagiers*. Mais les artistes qu'on proposait à ceux-ci pour modèles, ces étrangers qu'on investissait des fonctions de grands justiciers de l'art français, étaient-ils eux-mêmes à la hauteur d'un tel rôle? A Dieu ne plaise qu'en posant cette question à propos de quelques maîtres secondaires, nous osions attenter à la gloire des maîtres souverains; que nous essayions d'escamoter, au profit de notre école, les titres qui appartiennent, par droit imprescriptible, à la plus riche, à la plus noble école du monde! La prééminence de l'art que personnifient Léonard, Michel-Ange et Raphaël — pour n'en citer que trois parmi les plus illustres — ne saurait être, en aucun cas, contestée sans impiété ni méconnue sans ridicule. Aussi cet art incomparable et ces grands noms demeurent-ils ici hors de cause. Ce que nous voulons dire seulement, c'est que, dans une sphère bien moins haute, dans un tout autre ordre de talents, les apôtres venus d'Italie à Fontainebleau, les Rosso et les Primatice, ne firent que populariser momentanément parmi nous un évangile dont les enseignements, utiles à quelques égards, viciaient, sur beaucoup d'autres points, les inclinations naturelles et les croyances de l'art français. Que, sauf des exceptions assez nombreuses d'ailleurs, sauf les dessinateurs de *crayons* et les peintres de portrait au seizième siècle, l'école nationale ait subi docilement le joug de la nouvelle foi, le fait est certain et ne souffre pas de réplique. Mais il n'en va pas ainsi quant à la permanence de cette docilité ; il n'en va pas ainsi des leçons léguées aux générations qui ont suivi, et du profit que, même à une époque fort rapprochée du règne de Primatice, les peintres ont tiré de ces prétendus bienfaits.

Où sont, en effet, les signes évidents de progrès, les preuves de l'action salutaire exercée par le Primatice? Les trouvera-t-on dans les peintures de Toussaint Dubreuil et d'Ambroise Dubois[1], dans ces contrefaçons d'un art dont les qualités principales sont la facilité et la verve, et qui n'apparaît ici qu'appesanti par les calculs ou refroidi par les hésitations du goût? Sera-t-on plus aisément convaincu en face des peintures décoratives de Fréminet dans la chapelle de Fontainebleau? Mais, sans parler du style païen qui fausse le sens de ces scènes religieuses, peut-on n'y pas reconnaître, au point de vue purement pittoresque, l'exagération systématique, la forfanterie, l'abus du moyen? Si la renaissance française date, en effet, de l'époque où de telles œuvres se produisirent, il faut avouer que notre école a débuté comme les autres ont fini, et que sa régénération même aurait partout ailleurs les caractères de la décadence. Dira-t-on que la tradition italienne ne devait pas être immédiatement féconde; que, la part une fois faite aux méprises des premiers disciples, il est juste de reporter aux maîtres de Fontainebleau l'honneur des progrès qui

---

[1] On sait qu'Ambroise Dubois était né à Anvers ; mais comme il vint en France dès sa jeunesse, comme il y produisit tous ses ouvrages, exécutés sous l'influence des doctrines qui prévalaient alors, il peut être classé parmi les artistes français du seizième siècle, au même titre que ses compatriotes Philippe de Champagne et Gérard Edelinck dans le siècle suivant.

s'accomplirent ensuite et qu'ils avaient au moins préparés? Ces progrès, au contraire, ne deviennent vraiment sérieux qu'à partir du moment où les peintres français répudient les exemples qu'on leur avait imposés d'abord. Si l'influence exercée par le Primatice et les siens a été, comme on le prétend, décisive, d'où vient qu'on n'en retrouve plus de traces dans les travaux qui se sont succédé depuis le dix-septième siècle jusqu'à nos jours? D'où vient que depuis Poussin et Lesueur jusqu'à David, jusqu'à M. Ingres, les peintres qui honorent le plus notre école ont toujours marché en sens contraire du point de départ qu'on assigne à l'art national? Non, l'importation de la manière italienne n'a pas, dans l'histoire de la peinture française, le caractère et les conséquences d'une révolution radicale. Elle n'a fait que susciter une émeute, une insurrection passagère contre des principes mal définis encore, mais, au fond, beaucoup plus vivaces, beaucoup plus conformes à nos instincts que ces expédients et ces théories un moment érigés en lois. La preuve en est jusque dans les œuvres les moins indépendantes en apparence, jusque chez les artistes le plus ouvertement compromis. Jean Cousin lui-même, tout *italianisé* qu'il se montre dans le *Jugement dernier,* Jean Cousin ne laisse pas de démentir son parti pris d'imitation, et de garder, sous des formes artificielles, la sincérité de son sentiment, la netteté bien française de sa pensée. Les peintres de notre pays ne sont donc, quoi qu'on en ait dit et comme on s'est trop facilement résigné à le croire, ni des affranchis, ni des parvenus, ni les descendants bâtards du Rosso et du Primatice. Ils sont, grâce à Dieu, de race libre, de lignée indigène et légitime. S'il fallait absolument leur trouver, parmi les artistes étrangers, non pas des ancêtres directs, mais d'assez proches parents, mieux vaudrait encore assigner pour origine à l'art délicat de nos vieux *portraitistes* l'art des Van Eyck et des Memling que prétendre rattacher la manière, sensée avant tout, de nos peintres d'histoire aux provocations et aux fantaisies des maîtres florentins ou bolonais.

Dans le domaine de l'architecture et dans celui de la statuaire, l'influence italienne a été, sans contredit, plus positive et, aussi, plus heureuse. Personne ne sera tenté de méconnaître ce que l'art national a gagné en correction et en élégance depuis l'introduction des ordres antiques et du style italien dans les formes architectoniques. On ne songera pas davantage à refuser aux maîtres florentins la gloire d'avoir très-utilement conseillé le ciseau de nos sculpteurs du seizième siècle : mais, qu'il s'agisse d'élever un monument, de modeler une statue ou un bas-relief, jamais les artistes de cette époque ne descendent au rôle de plagiaires. Dans les œuvres de ces imitateurs discrets, le génie français apparaît seulement modifié. Avec des moyens d'expression nouveaux et sous l'empire des exemples d'autrui, il ne fait que se perfectionner, il achève de se définir. Peut-on oublier d'ailleurs que, dans cette carrière où tous s'empressent, les derniers venus n'ont pas tardé à atteindre, à dépasser même leurs devanciers? Niera-t-on que les maîtres aient si vite et si bien cédé le pas aux disciples, qu'il est impossible de trouver en Italie, vers la fin du seizième siècle, un architecte rival de Philibert Delorme, de Jean Bullant ou de Pierre Lescot, un sculpteur comparable, même de loin, à notre Jean Goujon?

Quant au Primatice, quelque dangereuses à un moment donné, quelque inutiles depuis lors qu'aient été pour l'école française sa tradition et sa doctrine, il n'en demeure pas moins un artiste éminent, un des plus brillants talents appartenant à la dernière phase de la renaissance italienne. Nous nous servons à regret du mot consacré, car le temps est loin déjà où la renaissance de l'art s'est accomplie. L'art que personnifie le Primatice n'a plus de promesses ; le sentiment qui l'inspire n'est plus ni la vaste espérance, ni l'ardente bonne foi de la jeunesse ; c'est plutôt, sous les dehors de l'emportement, l'aveugle satisfaction de soi, la quiétude systématique d'une conscience vieillie. Et cependant, malgré ces symptômes d'épuisement, plus d'un témoignage survit de la vigueur originelle ; sous ces premières rides de l'âge on retrouve quelque chose de la beauté passée, quelques restes de la grâce saine qui s'épanouissait au début. La physionomie du peintre de la *salle de Henri II* et de la *galerie d'Ulysse,* les caractères de son talent à la fois florissant et fardé, expriment bien ce mélange de force native et de dépérissemement, de noble passion et de débauche, de majesté véritable et de coquetterie. Ce n'est plus ni la naïveté fière des maîtres primitifs, ni la sérénité, la certitude des maîtres par excellence : c'est l'expression de l'élégance et de la grandeur encore, mais d'une élégance sans retenue, d'une grandeur sans mesure, qui ne réussissent qu'à éblouir le regard et à fasciner un moment l'intelligence, au lieu de nous inspirer une admiration irrévocable et de porter la conviction dans notre esprit.

IX

BENVENUTO CELLINI.

S'il convenait de juger du goût public d'après certaines opinions et certains écrits, on serait tenté de prendre pour un penchant de notre époque l'esprit d'agression contre les gloires consacrées, tandis que l'audace aventureuse érigée en génie réussit assez souvent à usurper nos respects ou notre indulgence. Ne s'est-il pas rencontré des historiens qui n'ont voulu voir dans Louis XIV qu'un sot fastueux, imposant seulement par la solennité de l'attitude ; dans Henri IV, rien de plus qu'un espiègle politique? Tout récemment un grand poëte, hélas! bien mal inspiré ce jour-là, n'essayait-il pas de faucher sur la tombe de La Fontaine « le vert laurier » qu'avait chanté Alfred de Musset, victime, lui aussi, d'une injustice à peu près semblable? De telles fantaisies, il est vrai, ne sauraient avoir des conséquences fort graves. Chacun, en pareil cas, est plus ou moins en mesure de reviser les décisions de la critique; mais dans le domaine des arts le contrôle est plus difficile, et l'opinion publique moins bien aguerrie contre les caprices de ceux qui prétendent la réformer. Il faut, pour avoir le droit de répudier sur ce point leur influence, posséder soi-même des connaissances toutes spéciales, une expérience que beaucoup d'entre nous n'ont pu acquérir. Plus le terrain est périlleux, plus il importe cependant que la critique y vienne marquer sa place, en recueillant sur des questions mal comprises, sur des hommes mal jugés, tous les faits propres à éclairer l'opinion. Les difficultés d'une pareille tâche n'ont rien qui doive l'effrayer. Pourvu qu'en protestant contre des renommées usurpées elle évite de compromettre la cause des maîtres véritables, pourvu qu'elle ne pousse pas la sévérité jusqu'au dénigrement systématique, elle peut parler avec confiance, avec l'espoir, le désir au moins de voir en définitive des vérités utiles prévaloir sur de passagères erreurs.

D'ailleurs est-ce le cas d'être timide quand il s'agit non-seulement d'un talent secondaire mal à propos classé parmi les talents supérieurs, mais encore d'un caractère qui nous convie effrontément à observer ses faiblesses, d'une vie qu'ont agitée toutes les passions mauvaises, et qu'on a jugée presque toujours avec une incroyable indulgence? On rencontre dans l'histoire de l'art de ces noms peu respectables à tous égards, auxquels une vénération traditionnelle reste attachée, et qui semblent avoir le double privilége de la popularité sans cause bien définie et de la gloire sans contrôle. Quel nom d'artiste, par exemple, est plus universellement célèbre que le nom de Benvenuto Cellini? Les aventures de cet étrange héros, le soin qu'il a pris de nous informer de ses mérites et de nous détailler les moindres événements qui marquèrent sa vie, — sauf à surfaire singulièrement le tout, — expliqueraient, je le veux bien, la notoriété, mais ne suffisent pas, tant s'en faut, pour justifier une aussi vaste renommée. Si l'on examine les œuvres de Cellini, abstraction faite de ce qu'il en a dit lui-même, nul doute qu'il n'y ait beaucoup à rabattre de l'estime qu'on leur accorde en général; nul doute qu'on n'arrive à s'étonner que ce talent, humble en soi, ait pu être exhaussé au niveau des plus grands. Benvenuto Cellini fut tout au plus un artiste de second ordre, un *petit maître*, comme on dit de certains artistes de l'Allemagne et des Pays-Bas : pourtant, suivant le préjugé commun, il va de pair avec les maîtres illustres. Le roman, le théâtre ont fait d'un industrieux orfévre un homme de génie, et — transformation plus radicale encore — d'un abominable *bravo* le type des générosités de l'âme, un rêveur, presque un martyr. Rien de moins élégiaque, à coup sûr, qu'un personnage de cette trempe, rien de moins équivoque que sa physionomie. Il faut essayer de replacer sous son vrai jour et de réduire à ses justes proportions cette figure tantôt affublée, on ne sait pourquoi, de poésie et de mystère, tantôt démesurément grandie.

Si l'on se proposait seulement de contredire l'opinion en ce qui concerne des travaux admirés un peu à la légère, si nous n'avions d'autre dessein que de discuter la valeur de quelques œuvres, l'entreprise pourrait paraître inopportune, en tout cas assez oiseuse. Qu'importe, après tout, pourrait-on, dire, un nom de plus ou de moins sur la liste des anciens maîtres ou une méprise qui ne ferait de tort qu'à la hiérarchie des talents? Le grand mal, par exemple, que Carlo Dolci, l'un des plus chétifs peintres de l'école italienne, soit estimé fort au-dessus de son mérite par bon nombre de gens? Le goût seul est compromis dans une erreur de cette espèce, et ceux qui la commettent ne gagneraient à être éclairés qu'un sentiment plus exact des conditions extérieures de l'art. Soit, mais le nom de Cellini soulève des questions plus hautes. La loi même du beau, inséparable du bien, ce qu'on pourrait appeler la moralité esthétique, est ici directement en cause, et l'étude des travaux de l'orfévre florentin, combinée avec l'examen des faits biographiques, nous découvre à la fois l'insuffisance de ce talent et l'origine de ses faiblesses. Elle prouve une fois de plus qu'il n'y a ni inspiration sûre sans l'honnêteté du cœur, ni art sérieux sans la dignité de la vie. A ce titre, la publication récente, ou plutôt la réimpression des écrits de Cellini, peut avoir son utilité, même en dehors de l'Italie. Est-ce, en effet, seulement à Florence ou à Rome que les artistes contemporains ont besoin d'être prémunis contre les entraînements de la vanité, contre l'amour des succès faciles, et ne pourrait-on constater plus près de nous les symptômes d'égarements semblables? Jamais, en France, les talents n'ont été aussi nombreux qu'aujourd'hui ni aussi habituellement encouragés; jamais, à un certain point de vue, l'habileté n'a été plus commune, et cependant l'école française n'est plus à la hauteur où elle se maintenait encore il y a quelques années, parce que l'esprit de spéculation inspire trop souvent ces talents, parce que l'habileté semble bien moins le fruit des recherches studieuses que l'expression d'une vaine adresse. Il y a de notre temps quantité de peintres, de sculpteurs, de graveurs : sauf quelques exceptions qui se signalent d'elles-mêmes, il n'y a plus d'artistes, c'est-à-dire d'hommes pour qui l'art soit mieux qu'un métier, le succès autre chose que le bruit du moment. Sera-t-il superflu dès lors d'invoquer l'exemple même des tristes effets que produit dans l'art l'avilissement du sens moral, et, comme autrefois à Sparte, de chercher à dégoûter ceux que tenterait l'ivresse par le spectacle de ses excès?

On connaît assez généralement la *Vie de Cellini,* écrite par lui-même; mais ses *Traités de l'orfèvrerie et de la sculpture* n'ont pas obtenu à beaucoup près la même popularité, bien que ces ouvrages, moitié autobiographiques, moitié didactiques, accusent aussi nettement que le premier les habitudes intellectuelles, le genre d'habileté et le caractère de l'auteur. Il est vrai que depuis l'année où parut la première édition, publiée du vivant même de Cellini, en 1568, et aujourd'hui fort rare, les *Traités* ont été singulièrement modifiés par les éditeurs successifs, et accommodés plus ou moins adroitement au goût de chaque époque. Bien plus, cette première édition, imprimée pourtant avec le consentement de Cellini, ne reproduit que sous une forme tantôt abrégée, tantôt ouvertement infidèle, le texte original. L'artiste s'était-il défié de son style? avait-il demandé à quelque écrivain de profession d'en polir les aspérités, de supprimer les incorrections grammaticales et même certaines vivacités de langage qui pouvaient blesser quelque chose de plus que la syntaxe? Le fait semble assez probable. Quoi qu'il en soit, les *Traités*, tels qu'on les avait jusqu'ici, n'existaient qu'à l'état de version incomplète et défigurée. L'un des plus actifs et des plus érudits entre ces écrivains italiens qui se sont associés pour remettre en lumière les documents authentiques sur l'art de leur pays, M. Carlo Milanesi, a restitué le texte conformément aux manuscrits mêmes, et fait revivre ainsi la vérité après trois siècles de méprise ou d'oubli. C'est en partie à M. Milanesi que l'on devait déjà l'excellente édition de Vasari, publiée à Florence dans le cours des dernières années; son récent travail n'a guère une moindre importance, bien que dans un sens tout opposé. Il nous permet de juger, en regard de la vie des grands maîtres et sur des preuves irrécusables, la vie, la pensée, toute la physionomie morale d'un personnage qui appartient à une autre race, à cette famille des aventuriers de l'art dont Salvator Rosa devait, cent ans plus tard, renouveler le type. Contrôlés les uns par les autres, les écrits de Cellini et les témoignages de son habileté pratique font bien connaître la valeur réelle de ce talent. Le tout nous montre clairement ce que la réputation de l'artiste doit au savoir-faire de l'homme, et dans quelle mesure il convient de ratifier la gloire qu'il s'est décernée à lui-même ou que d'autres lui ont attribuée de confiance.

I

Si l'on demandait à bon nombre de ceux qui s'intitulent les admirateurs de Benvenuto Cellini sur quels spécimens de sa manière se fonde leur admiration, la réponse ne leur serait pas toujours facile. Les œuvres authentiques de Cellini dans l'ordre d'art qui lui a valu la meilleure part de sa réputation, c'est-à-dire dans l'orfévrerie, sont des plus rares : tel qui salue en lui le prince des orfévres n'a peut-être jamais vu un objet ciselé de sa main. Beaucoup de gens connaissent, il est vrai, sa statue de *Persée* à Florence, mais il est permis de se demander jusqu'à quel point cette œuvre de grande statuaire peut justifier la renommée de l'artiste. Quant aux œuvres moins ambitieuses qui sortaient de sa boutique pour orner les médailliers ou les dressoirs, les habits sacerdotaux ou les costumes de fête, le nombre en est aujourd'hui si restreint que quelques lignes suffiraient pour en dresser le catalogue ; encore faudrait-il parcourir bien des pays, explorer bien des collections, avant d'avoir acquis à cet égard les notions nécessaires. Rien de plus naturel au surplus que cette rareté extrême des ouvrages de Cellini. La valeur intrinsèque ou la fragilité des matières, les variations du goût, tout concourait ici à multiplier les chances de destruction. On n'a guère tenu compte pourtant d'un fait qui commandait au moins quelque scrupule dans le classement des morceaux conservés. Toutes les pièces d'orfévrerie, tous les bijoux appartenant à l'école italienne et au seizième siècle, quel qu'en soit d'ailleurs le caractère ou le mérite, ont été sans hésitation attribués à un seul homme. Quiconque a visité l'Italie sait par expérience à quoi s'en tenir sur ce point, et quel large impôt la prétendue fécondité de Cellini prélève sur l'attention des voyageurs. Le nom de Cellini est devenu une sorte d'étiquette banale sous laquelle on range pêle-mêle les produits qui ont survécu, à peu près comme on a voulu rendre Jules Romain responsable de toutes les copies, bonnes ou mauvaises, exécutées d'après Raphaël. L'art de l'orfévrerie est aujourd'hui si complétement identifié avec ce nom, qu'il semble même que rien de sérieux n'avait été fait en Italie avant la venue du maître : erreur formelle qu'il convient d'abord de relever.

L'exemple donné par les orfévres fut le premier terme des progrès qui s'accomplirent en Italie depuis le moyen âge jusqu'à la fin du quinzième siècle. Les sculpteurs, les peintres, les architectes éminents de cette époque ont tous, ou presque tous, fait leur apprentissage dans une boutique d'orfévrerie, et, pour n'en citer que quelques-uns entre les plus illustres, Jean de Pise, Orgagna, Filippo Brunelleschi, se sont instruits d'abord à cette modeste école. Un peu plus tard, Donatello, Verocchio, vingt autres maîtres diversement célèbres se signalèrent au début par leur habileté à ciseler des vases ou des statuettes, à sertir des pierres précieuses, à nieller des patènes ou des coupes. Lorsque ensuite ils eurent fait leurs preuves dans un ordre d'art plus élevé, il leur arriva souvent de revenir à ces travaux humbles en apparence, mais dignes d'eux encore par le caractère de grandeur qu'ils savaient leur imprimer. Ainsi, au moment de terminer les portes du baptistère de Florence,

— œuvre fameuse dès le principe et déjà qualifiée par tous d'incomparable, — Ghiberti enchâssait des diamants dans une tiare d'or décorée de figurines que lui avait commandée le pape Eugène IV. Quelques années auparavant, nous le voyons occupé d'un travail semblable pour le pape Martin V, et de la monture d'un cachet pour Jean de Médicis, fils de Côme. Enfin depuis le *paliotto* d'or du dixième siècle qu'on admire dans l'église de Saint-Ambroise, à Milan, jusqu'au beau devant d'autel en argent qui orne la cathédrale de Pistoie, et dont l'exécution presque tout entière appartient au quatorzième siècle, depuis les médailles jusqu'aux nielles, nombre de monuments attestent avec quelle supériorité l'orfévrerie était pratiquée en Italie avant que Benvenuto Cellini y appliquât son talent.

Dans la langue moderne, ce mot « orfévrerie » a perdu en grande partie sa valeur et presque complétement changé de sens. Il ne sert plus en général qu'à désigner des produits où l'art n'est intéressé que d'assez loin : il est donc nécessaire, pour l'intelligence même de notre sujet, de lui restituer la signification qu'on lui attribuait autrefois. « A proprement parler, dit M. Milanesi dans la judicieuse introduction qui précède les *Traités* de Cellini, l'orfévrerie est l'art de travailler l'or. Au moyen âge, puis à l'époque de la renaissance, on donnait le nom de pièce d'orfévrerie à toute sculpture en or, en argent, en cuivre, ou même en étain et en plomb. Souvent, faute de matières précieuses, les artistes façonnaient des matières vulgaires avec autant de soin et de zèle que s'ils eussent eu des trésors sous la main ; la grossièreté de l'élément premier était rachetée ici par la noblesse et par l'élégance de la forme... La religion, les mœurs de la noblesse, le luxe, procuraient jadis aux orfévres, principalement en Italie, une ample besogne et de

continuels encouragements. Aussi, malgré les discordes et les guerres qui ravagèrent les États italiens jusque vers le milieu du seizième siècle, l'orfévrerie garda-t-elle à Florence, à Venise, à Gênes, une importance plus considérable que partout ailleurs. Elle intervenait nécessairement dans la décoration des églises et des autels ; elle enrichissait les vases sacrés aussi bien que la vaisselle de table, les reliquaires où se conservaient les ossements des saints comme les menus objets de la toilette des femmes... C'était elle enfin qui fournissait au guerrier ses armes, au pontife sa triple couronne, à l'empereur son diadème, au prince son collier, au gentilhomme, au capitaine, au magistrat, ces petits médaillons qu'il était d'usage d'attacher au bonnet. »
— Voilà qui définit suffisamment le rôle des anciens orfévres italiens et les conditions particulières qui leur étaient faites. Quant au degré de considération qu'un tel genre d'industrie mérite en général, Cellini a pris soin de le déterminer dans une lettre au duc Côme, écrite en 1548. « L'art de l'orfévrerie, dit-il, est plus grand qu'aucun autre (*maggiore di tutte*), car si l'on veut en exploiter toutes les ressources, il faut un matériel qu'on n'acquerra pas pour cinq cents écus. » A merveille, si l'excellence d'un art doit se proportionner au prix des instruments de travail ; mais n'y a-t-il pas ici, sous une autre forme, quelque chose de cette naïveté intéressée que Molière a mise en scène, et ne pourrait-on voir tout uniment dans le fier artiste florentin un ancêtre de M. Josse ?

On ne court guère le risque de calomnier Cellini en lui prêtant sur ce point des arrière-pensées toutes personnelles. Ses écrits respirent un tel contentement de soi, il a de lui-même et de ses œuvres une opinion si imperturbablement favorable, qu'il ne saurait sans doute juger avec moins d'indulgence que son propre talent l'art auquel il avait voué sa vie, sa vie tout entière. On ne doit pas l'oublier en effet, Cellini rompit avec la tradition de ses devanciers, qui n'étaient orfévres qu'à leurs heures et à la condition de devenir peintres, sculpteurs ou architectes. La voie ne s'élargit pas pour lui : il suivit jusqu'au bout le même sentier, côtoyant à peine l'art sérieux et se faufilant plus ou moins adroitement à travers les difficultés que d'autres écartaient de haute lutte. Parfois, il est vrai, il lui arriva d'aborder la statuaire monumentale ; mais quelque réputation qu'ait encore aujourd'hui l'une de ses œuvres en ce genre, on y reconnaît plus de savoir-faire que de vraie science, l'intelligence des détails plutôt qu'un large sentiment de la forme ; en un mot, le goût et la main d'un orfévre se trahissent encore dans le *Persée* au moins autant que la main et les intentions d'un sculpteur. Un jour aussi, Cellini fournit quelques dessins pour fortifier deux des portes de Florence, la *Porta al Prato* et la *Porticciuola :* ce ne sont là toutefois que de rares accidents dans sa carrière d'artiste, et, s'il n'avait pas mis tant de zèle à publier jusqu'aux moindres particularités qui en accompagnèrent l'exécution, de pareils travaux n'auraient peut-être gardé jusqu'à notre temps ni une importance bien sérieuse ni une popularité bien grande. Cellini, quoiqu'il ait fort à cœur dans ses écrits de nous laisser persuadés du contraire, est donc avant tout et à peu près exclusivement un orfévre. Reste à savoir quelles innovations il a introduites dans son art, quels progrès distinguent les ouvrages qu'il a laissés des ouvrages de ses prédécesseurs, et de quelle autorité sont pourvus les livres où il propose ses opinions théoriques comme des règles et sa manière comme un exemple.

A l'époque où Cellini commença son apprentissage, menant de front d'ailleurs avec l'étude du dessin l'étude de la musique, dont son père voulait qu'il fît son occupation principale, l'orfévrerie, telle qu'on la pratiquait à Florence, continuait le mouvement qui, depuis plus d'un demi-siècle, avait renouvelé les autres arts. On était en 1515. L'influence exercée d'un bout à l'autre de l'Italie par la découverte des monuments antiques, le culte en toutes choses des modèles grecs et romains, l'action des *platoniciens,* secondée par les artistes contemporains, et si puissamment développée par les maîtres nés vers la fin du quinzième siècle, — tout avait, sinon radicalement transformé, au moins profondément modifié le goût, le style, le génie florentins : révolution heureuse à bien des égards, mais en un certain sens excessive, et dont le tort principal fut d'étouffer la sincérité du sentiment sous un appareil scientifique, l'inspiration évangélique sous des formes païennes. Est-il besoin d'ajouter que ce reproche n'effleure même pas certaines gloires au-dessus de toute atteinte, et de déclarer hors de cause un sculpteur comme Michel-Ange, des peintres comme Raphaël et Léonard? Profiter des exemples antiques à la manière de ces maîtres immortels, ce n'est certes ni imiter mal à propos, ni enfreindre les lois de l'art chrétien : c'est au contraire l'achever et en compléter l'expression par un élément nouveau, — le beau extérieur et la correction suprême. Aussi doit-on hautement réprouver les efforts d'une petite secte dont le puritanisme étroit voudrait assigner pour date à la décadence de l'école italienne le moment où elle donna les témoignages les plus éclatants de sa grandeur ; mais, toutes réserves faites en ce qui concerne les chefs-d'œuvre de la renaissance, il faut reconnaître que le mouvement que l'on a qualifié ainsi introduisit, avec le progrès, certaines habitudes de pédantisme et de caprice. En répudiant ses propres traditions pour s'inspirer un peu inconsidérément de l'antique ou pour faire à la fantaisie une part trop large, l'art florentin, sous le pinceau ou le ciseau de bien des hommes habiles, perdit en partie ce caractère de sincérité et d'émotion intime qui avait signalé ses débuts. Il lui resta un goût pittoresque exquis, une finesse d'exécution admirable : il n'eut plus, il eut du moins plus rarement une grande portée morale et des formes d'expression strictement appropriées aux exigences de chaque sujet. Pour ne citer qu'une œuvre appartenant directement à l'orfévrerie, les ornements en bronze ciselés par Verocchio sur le tombeau de Jean et Pierre de Médicis, dans l'ancienne sacristie de Saint-Laurent, à Florence, montrent assez que, même avant la fin du quinzième siècle, l'exacte relation entre la décoration et la destination spéciale d'un monument avait cessé d'être une loi. Rien de plus ingénieux, au point de vue de l'harmonie linéaire, que ces guirlandes de fleurs et de fruits s'échappant, au sommet du sarcophage, de coquillages disposés en forme de cornes d'abondance; rien de plus élégamment ajusté que les rinceaux qui s'élancent des angles du monument pour aller s'épanouir sur ses faces; mais en quoi cette riante ornementation indique-t-elle une sépulture, et une sépulture chrétienne? La croix même est absente, et si la bague ornée d'un chaton, emblème adopté d'abord par les Médicis, si les noms inscrits dans le porphyre informent suffisamment nos regards, rien ne nous parle de la mort dans ce tombeau, qu'on pourrait, sans en outrager le caractère, réduire à l'office et aux proportions d'un coffret. Combien d'autres travaux, tantôt inutilement magnifiques, tantôt plus agréables que de droit, n'attestent-ils pas ce désaccord entre les intentions de l'artiste et l'objet du travail ! Trop souvent, dans la seconde moitié du quinzième siècle, les œuvres de l'art florentin, œuvres charmantes, à n'en estimer que la valeur pittoresque, ont ces mêmes dehors de grâce sans signification bien précise, sans raison d'être nécessaire, cette même élégance savante quant à la distribution des lignes, mais au fond vide de sens. Les vases sacrés, les reliquaires, accusent le besoin d'agrément à tout prix auquel obéissaient les orfévres formés à l'école du paganisme, et qui, d'abus en abus, devait amener une confusion de principes telle que les mêmes modèles servissent indistinctement pour l'exécution d'un surtout de table et pour l'ornement d'un autel.

Benvenuto Cellini ne fut donc ni le seul ni le premier coupable en recherchant de préférence à l'éloquence exacte du style, les formes propres surtout à caresser le regard. Ajoutons que son talent s'appliqua le plus souvent à des objets purement de luxe, à des travaux d'une destination toute mondaine. Une imagination capricieuse était de mise là plutôt qu'ailleurs, et l'artiste, en écoutant principalement sa fantaisie, ne fit jusqu'à un certain point qu'user de son droit, quoiqu'il ait cru devoir insister dans ses écrits sur la justesse ou la profondeur des pensées qu'il entreprenait de traduire. Il arrivait bien parfois que quelque spectateur ne pût saisir du premier coup d'œil ces intentions un peu trop subtiles. Un jour, par exemple, le dessin d'une fontaine projetée pour le palais de Fontainebleau fit dire à François Ier « qu'en dépit de tous ses efforts pour comprendre ce que pouvait signifier ce projet, il n'en devinait pas le premier mot. » Mais Cellini n'était pas homme à reproduire un aveu aussi compromettant pour sa gloire s'il n'y trouvait un correctif suffisant dans les compliments que le roi lui adresse ensuite à tout hasard, et surtout dans les louanges qu'il se prodigue de sa propre autorité. S'agit-il de patrons moins courtois ou moins généreux que François Ier, Cellini, en parlant d'eux, a un moyen fort simple de se consoler de leur mauvais vouloir ou de leur parcimonie : il les traite, sans marchander, « d'ânes, » comme Octavien de Médicis, de « diables incarnés » ou « d'ivrognes, » comme le cardinal d'Este et le pape Paul III lui-même.

On le voit, les façons d'agir de Cellini ne continuent pas plus les habitudes morales des artistes ses devanciers que les conditions mêmes de l'art italien, vers le milieu du seizième siècle, ne rapellent les conditions premières. Le temps semble loin déjà où le suffrage des gens de goût était mis à plus haut prix que l'argent ou la partialité des grands, où Raphaël lui-même, si sûr qu'il fût de ses propres forces, demandait des avis aux Castiglione et aux Bembo, et modifiait patiemment l'expression de sa pensée jusqu'à ce qu'il eût contenté ces juges difficiles. Maintenant un simple orfèvre prétend être cru sur parole quand il affirme son infaillibilité, et honoré à l'égal des plus nobles maîtres pour le moindre ouvrage sorti de ses mains. Tout témoignage d'improbation ou même de froideur prend à ses yeux les proportions d'un attentat dont il ne se vengera pas seulement en travaillant à mieux faire : Pierre Arétin a enseigné à ses contemporains des moyens plus faciles de maîtriser l'opinion, et Cellini est de ceux à qui la leçon a profité. C'est en flattant qui le récompense, en injuriant qui le délaisse, en imposant partout sa personne au moins autant que son talent, qu'il saura réduire à peu près tout le monde à une sorte d'admiration forcée ou bien au silence : triste exemple de ce que peut l'esprit de jactance et d'intrigue, mais aussi exemple bon à méditer ! Quand les artistes s'appliquent à exagérer ainsi leur importance, quand ils mettent une vanité bruyante à la place d'une juste fierté, et l'intérêt personnel au-dessus du zèle de l'art, ils réussissent quelquefois à surprendre le succès ; ils peuvent même, comme Cellini, abuser pour un temps la postérité : à un certain moment la lumière se fait néanmoins, la fraude se décèle, et ce moment ne tarde pas toujours à venir. Pour notre siècle surtout, instruit sur ce point par de bien fréquentes expériences, les méprises ne sauraient être durables. Maintenant que toutes les jongleries sont usées, toutes les manœuvres percées à jour, l'artiste qui essaye ou qui essayera d'escompter la gloire ne fera pas longtemps des dupes, et le moindre châtiment qui l'attende est le dédain à courte échéance et un irrévocable oubli. — Mais revenons aux œuvres de Cellini et à l'époque de ses débuts.

Le premier ouvrage du jeune orfévre fut un fermoir de ceinture en argent qu'il exécuta à Florence, et sur lequel — écrivait Cellini quarante ans plus tard — on voyait agencés, « suivant le goût antique, des guirlandes de feuillage, des figurines d'enfants et des masques extrêmement beaux. » Puis, à la suite d'une rixe qui avait fait scandale, — car, en même temps que sa carrière d'artiste, Cellini commençait cette carrière de spadassin dont il a si complaisamment raconté les odieuses prouesses, — il alla se fixer à Rome. Quelques pièces d'orfévrerie fabriquées dans cette ville pour l'évêque de Salamanque, quelques bijoux vendus à des femmes de la haute société romaine, ne tardèrent pas à le mettre à la mode, et deux ans s'étaient à peine écoulés qu'il avait obtenu la faveur de Clément VII : faveur toute particulière, à ce qu'il semble, et qu'accrurent encore certains services, fort étrangers à l'art, rendus au pape pendant le siége de Rome. Ces services d'ailleurs, il est au moins probable que Cellini en exagère passablement l'étendue et le nombre. Qu'il se soit vaillamment conduit pendant la lutte engagée sous les murs du château Saint-Ange, cela est possible ; mais la portée de ses coups est si infailliblement heureuse pour la cause qu'il défend, il prend à son compte la mort de tant de gens, et des meilleurs, qu'on ne saurait suivre d'un œil très-confiant la longue liste de ses succès. Si le connétable de Bourbon tombe pour ne plus se relever, c'est l'arquebuse de Cellini qui l'a renversé ; si le prince d'Orange est atteint à son tour, c'est encore Cellini qui a frappé ce second chef de l'armée impériale. Enfin au dernier moment un coup de canon vient-il à décider, sinon la victoire, au moins la cessation des hostilités, c'est que le feu a été mis à ce canon par la main de Cellini. A certains moments pourtant, il s'occupait d'une autre besogne dans ce même château Saint-Ange, d'où il foudroyait si bien l'ennemi. Chargé par Clément VII de démonter toutes les pierreries de la chambre apostolique et d'en faire fondre l'or, afin d'assurer au pape des ressources en cas de fuite, il s'acquittait de sa tâche entre deux décharges d'artillerie, sauf — c'est lui qui nous l'apprend — à prélever sur les lingots quelque chose pour son propre compte, en vue du lendemain. Notons aussi qu'en racontant à deux reprises l'opération qu'il dut accomplir par ordre du pape, il ne trouve pas une parole de regret pour les anciens monuments de l'art qui périrent ainsi sous ses doigts. Dans sa *Vie*, il mentionne simplement le fait ; dans son *Traité de l'orfévrerie*, il en prend occasion pour recommander le mode de construction du fourneau dont il s'est servi. Et cependant quels trésors d'invention et de goût, combien d'ouvrages précieux à divers titres sont venus s'anéantir dans le creuset de Cellini !

Aucune de ces œuvres, il est vrai, n'intéressait directetement l'artiste, aucune d'elles n'était signée de son nom : qu'eût-il pensé ou dit des mains impies qui, dans une circonstance pareille, eussent détruit avec indifférence ses propres travaux, — le bouton de chape, par exemple, qu'il allait l'année suivante ciseler pour Clément VII, et qu'il nous décrit dans son *Traité,* non sans se comparer à « Phaéton, fils du Soleil, » sauf cette différence toutefois que « Phaéton se rompit le cou à la suite de son entreprise, et que lui, Benvenuto, retira de la sienne infiniment d'honneur et de profit? » Nous ne savons dans quelle mesure le pape se fût accommodé de l'hyperbole. Il est certain du moins que Clément VII suivit de fort près les progrès du travail, et qu'il en pressa l'achèvement avec autant de zèle que s'il se fût agi d'un monument à la gloire de son règne. On s'étonnera peut-être qu'une œuvre aussi peu considérable, qu'un simple bouton de chape en un mot, ait pu exciter à ce point la sollicitude de Clément VII ; mais il ne faut pas oublier que celui-ci, tout Médicis qu'il était, n'avait hérité de sa famille ni le goût éclairé d'un Laurent ni les nobles passions d'un Léon X. Il ne faut pas oublier non plus qu'excepté Michel-Ange, d'ailleurs assez mal en cour à cette époque, les maîtres qui venaient d'illustrer les règnes de Jules II et de Léon X avaient tous cessé d'exister. Enfin les années qui suivirent le siége de Rome étaient-elles un moment propice aux vastes entreprises, et ne semble-t-il pas naturel que, faute de grandes ressources en tout genre, on se contentât du peu qu'on avait sous la main? Ce joyau si cher à Clément VII, et plus cher encore à Cellini, avait au surplus en soi une certaine importance. Bien qu'il ne subsiste aujourd'hui que dans la description qu'en a donnée l'artiste, on peut, sur ce seul document, pressentir les conditions compliquées, les difficultés matérielles, et même en partie les caractères, le style de ce travail. L'ensemble de l'œuvre avait les dimensions d'une main ouverte. On voyait au milieu une figure représentant Dieu le père, entourée d'anges ciselés les uns en ronde-bosse, les autres en bas relief, les autres enfin presque à plat dans l'or, suivant l'éloignement progressif des plans et la distance où apparaissait chaque groupe. Cette figure principale, assise dans l'attitude de la bénédiction, reposait sur un énorme diamant acheté autrefois par Jules II au prix de trente-six mile écus. Bon nombre d'autres pierres précieuses enrichissaient le fond et le cadre de la composition, que décoraient aussi des émaux de différentes couleurs. Enfin, sur la face interne de la plaque, se dessinaient en creux et en relief des mascarons, des coquillages et divers sujets d'ornement.

Benvenuto Cellini, on le voit, avait, dans l'exécution du bouton de chape de Clément VII, fait acte d'orfèvre, de joaillier et de graveur. Sans doute le choix de certains objets, l'idée d'associer, par exemple, à une image de la Divinité des mascarons et d'autres ornements de pure fantaisie, n'indique ni un goût très-sévère ni un sentiment très-exact des convenances morales du sujet. Le tout attesterait plutôt, et une fois de plus, ce besoin commun aux artistes de l'époque d'introduire les formules païennes jusque dans l'expression des dogmes bibliques. Quant aux procédés employés pour sertir ces pierreries, pour ciseler ces figures et pour incruster ces émaux, ils constituaient du moins un progrès, et l'on voit par tous les détails où Cellini entre à ce propos qu'il perfectionna véritablement, au point de vue technique, la méthode de ses prédécesseurs. Au point de vue technique, avons-nous dit : c'est là en effet qu'il convient de se placer pour faire à ce talent sa meilleure part.

Une grande habileté de main au service d'un esprit peu étendu, mais délié, une sorte de dextérité dans les habitudes intellectuelles aussi bien que dans la pratique, tels sont les caractères qui distinguent en général les œuvres de Cellini. Le bouton destiné à fermer la chape de Clément VII n'avait probablement pas un autre mérite. Ce travail toutefois n'autorise que des conjectures, et il est temps d'invoquer des témoignages plus décisifs, de consulter, en regard des allégations de l'artiste, les travaux de sa main qui ont survécu.

Benvenuto Cellini cite avec orgueil les médailles qu'il fit à diverses époques, médailles universellement admirées, dit-il, et préférées par les bons juges aux chefs-d'œuvre de l'antiquité. Nous doutons qu'aujourd'hui les mêmes préventions puissent subsister, et qu'en examinant, côte à côte avec les œuvres de l'artiste en ce genre, non pas les monuments antiques, mais seulement les pièces qu'ont laissées les anciens orfévres italiens, on attribue à celles-ci un mérite moindre qu'aux pièces sorties de l'atelier de Cellini. Le contraire arrivera plutôt, et ce sera justice. Ainsi, que l'on rapproche de cette médaille de Clément VII, dont l'auteur se montre si fier, les médailles exécutées vers le milieu du siècle précédent par Pisanello et Matteo de' Pasti, on sentira ce que le portrait du pape a de grêle dans le dessin, d'indéterminé dans la physionomie, tandis que les portraits voisins apparaîtront avec l'accent de la vie, l'ampleur du style, ecaractère de chaque modèle clairement défini. Même résultat, et peut-être plus significatif encore, si l'on substitue l'effigie de Clément VII l'effigie de Paul III, ou cette médaille d'Alexandre de Médicis dont Lorenzino s'était chargé fournir l'inscription, alors qu'il méditait pour le tyran de Florence on sait quel autre mode d'apothéose. Comparé à l'art des maîtres antérieurs et même de quelques maîtres contemporains, — le Grechetto et Bernardi entre autres, — l'art de Cellini n'exprime plus que l'industrie matérielle, l'habile emploi du moyen ; encore ce genre de mérite n'est-il pas si personnel à l'orfévre florentin qu'on ne puisse le retrouver à peu près au même degré dans les œuvres des disciples, dans la médaille, par exemple, où Paolo Poggini a reproduit les traits de Philippe II. Il ne s'agit donc pas ici d'une manière particulière d'apercevoir et de rendre la nature ; il s'agit seulement d'une pratique adroite, soigneuse souvent jusqu'à la minutie, et de procédés assez indépendants du sentiment. Or de tels secrets sont de ceux qui se divulguent, et l'on conçoit que Cellini ait pu les révéler tout entiers dans son *Traité de l'orfévrerie*, comme on comprend qu'il se soit rencontré des gens pour s'en emparer et les exploiter à leur tour. Soyons juste pourtant : à certains moments Cellini a su montrer un talent d'un ordre plus élevé, le jour surtout où il fit la médaille de François Ier, œuvre d'un caractère héroïque sans emphase, d'une expression nette sans sécheresse, et dont l'exécution, çà et là un peu précieuse encore, accuse cependant plus que de coutume le goût et la recherche du grand style.

Il est singulier que Cellini, si attentif d'ordinaire à mentionner jusqu'aux moindres de ses ouvrages, ait passé celui-là sous silence dans son *Traité* aussi bien que dans sa *Vie*. A plusieurs reprises il parle de la médaille qu'il grava pour Clément VII ; il ne dit pas un mot de la médaille de François Ier, médaille parfaitement authentique pourtant, signée de son nom comme la première, et le meilleur spécimen de son talent en ce genre. Une pareille omission est d'autant plus digne de remarque que tout ce qui se rattache au séjour de l'artiste en France, à ses travaux dans ce pays, et même à des faits en dehors de son art, est rapporté par lui avec une complaisance extrême, et plutôt amplifié qu'amoindri : témoin certaine description des voyages de la cour, dans laquelle il représente le roi ne se rendant d'une résidence à une autre qu'escorté de dix-huit mille hommes, sans compter douze mille chevaux dont l'unique office est de traîner ses bagages. Comment un homme si bien instruit des habitudes de François Ier a-t-il pu oublier qu'il avait fait le portrait de ce souverain magnifique ? Comment a-t-il laissé échapper une occasion si belle de vanter son propre talent et de nous rappeler la haute faveur dont il était l'objet ?

Quoi qu'il en soit, on sait que Benvenuto Cellini quitta le service de Paul III pour venir en France, et qu'il passa cinq années à peu près tant à Fontainebleau qu'à Paris. Les années précédentes avaient été marquées par bien des aventures. Meurtres, emprisonnements, agitations de toute sorte, y compris de honteuses amours, rien ne manque à cette phase de la vie de l'artiste, et la période suivante sera digne en tous points de celle-ci. Les mœurs de l'époque étaient-elles donc telles qu'elles comportassent naturellement cet incroyable mélange d'appétits sauvages et d'intelligence raffinée, d'immoralité et de talent, d'élégance d'esprit et de bassesse d'âme ? On l'a prétendu quelquefois, et l'on a voulu excuser ainsi la candeur effrontée avec laquelle Cellini se glorifie d'un assassinat aussi bien que d'une œuvre d'art, d'une nuit de débauche aussi bien que d'une heure d'inspiration. L'auteur d'une traduction, d'ailleurs très-recommandable, de la *Vie* de Cellini, M. Léclanché, va même jusqu'à dire dans l'avant-propos de son ouvrage : « Les passions de Cellini furent les passions de l'Italie tout entière, ses erreurs les erreurs de son temps, ses excentricités, les excentricités de toute la renaissance. » A Dieu ne plaise qu'il faille confondre tous les personnages ou seulement les artistes du seizième siècle avec un « excentrique » de cette sorte, les faiblesses de Raphaël, que d'ailleurs il payait de sa vie, avec des « erreurs » qui ôtaient la vie aux autres, les nobles passions et la fierté de Michel-Ange avec cette vanité folle et ces passions de grand chemin ! Non, l'homme qui frappe sans marchander, à Florence, à Rome, à Paris, quiconque offense son amour-propre ou gêne son ambition ; le *bravo* qui le plus souvent brandit son poignard en face de ceux dont il n'a rien à craindre, et qui le tire dans l'ombre lorsqu'il rencontre des adversaires redoutables ; le satrape de bas étage qui se venge des cœurs qui lui échappent en ensanglantant jusqu'à ses plaisirs [1], — un tel homme ne saurait personnifier toute une classe, encore moins toute une époque. Que par quelques côtés il représente les mœurs italiennes et les sensualités de la renaissance, je le veux bien ; mais gardons-nous de voir en lui un caractère générique et un type. Une société composée de pareils hommes serait tout simplement un assemblage de bandits, et pour associer des confrères dignes de lui à un artiste de cette trempe, il faudrait grouper non les artistes contemporains, purs au moins de pareils crimes, mais ceux qui à diverses époques se sont signalés par quelque détestable forfait, — Andrea del Castagno, par exemple, le meurtrier de Domenico Veneziano, et Belisario Corenzio, qui empoisonna, dit-on, le Dominiquin.

Il est présumable que Cellini arrivait à la cour de France

[1] On trouvera un révoltant exemple de la cruauté de Cellini dans ce qu'il raconte, au second volume de sa *Vie*, d'une de ces *donne de' suoi piaceri* qui lui avait préféré certain garçon employé dans la maison en qualité de teneur de livres.

précédé seulement de sa réputation d'habile orfévre. Accueilli par le roi avec une singulière bienveillance, il se vit, dès les premiers jours, accablé de faveurs et de travaux. Aux commandes qu'il lui avait faites, François Ier ajouta bientôt des lettres de naturalisation, le titre de seigneur du Petit-Nesle, — château construit, on le sait, à peu près sur le terrain qu'occupent aujourd'hui les bâtiments de l'Institut, — enfin le don viager de cette demeure et le droit de l'habiter seul. Quant à la dernière clause, elle ne laissait pas, il est vrai, d'entraîner quelques difficultés d'exécution. Bien des gens installés de longue main dans le château ou dans ses dépendances refusèrent d'abord de céder la place. On jugera du nombre des familles et de la variété des industries réunies au Petit-Nesle lorsque nous aurons dit qu'à l'époque où Cellini voulut prendre possession de son domaine, il s'y trouvait, entre autres établissements, un jeu de paume, une distillerie, une imprimerie et une fabrique de salpêtre. Le nouveau seigneur du lieu n'était pas homme à réclamer ses droits dans la forme ordinaire : il arma ses élèves et ses ouvriers, livra un véritable assaut aux récalcitrants, bouleversa leurs habitations et jeta leurs meubles par les fenêtres. Par malheur, quelques-uns de ceux qu'il venait d'évincer ainsi étaient les protégés de la duchesse d'Étampes, dont Cellini n'avait pas su, tant s'en faut, se concilier les bonne grâces. Informée de l'affaire, la favorite en instruisit à son tour le roi, qui commença de reconnaître aux façons d'agir de l'artiste moins d'opportunité qu'à son talent. Les juges intervinrent ensuite, et le procès suivit son cours jusqu'au jour où les intéressés retirèrent eux-mêmes leur plainte après une entrevue avec l'accusé, entrevue dont celui-ci nous a transmis les détails. « Lorsque je me vis, dit-il, sous le coup des sentences que tous ces avocats avaient obtenues contre moi, et sans appui d'aucune sorte, j'appelai à mon aide une longue dague que je possédais, car j'ai toujours eu le goût des belles armes. L'homme à qui je m'adressai d'abord fut celui qui m'avait intenté cet injuste procès. Un soir, je lui portai avec ma dague tant de coups dans les jambes et dans les bras, en évitant de le tuer toutefois, que je le mis hors d'état de marcher dorénavant. J'allai ensuite trouver l'acheteur qui avait pris l'affaire à son compte [1], et je le tailladai si bien, lui aussi, que la fin du procès s'ensuivit. Rendant grâces à Dieu de cela comme de toutes choses, j'espérai alors pouvoir vivre quelque temps sans être molesté. »

Voilà donc Cellini, sa vengeance et ses dévotions une fois accomplies, libre de se remettre à l'œuvre et de poursuivre en paix les travaux que lui a confiés le roi. De ces travaux, qui occupaient, outre le maître lui-même, un nombre considérable d'apprentis et d'élèves, bien peu subsistent aujourd'hui. A l'exception de la *Nymphe de Fontainebleau,* vaste et faible ouvrage dont nous parlerons plus loin, les morceaux que l'on possède en France n'ont qu'une importance médiocre, sinon même une authenticité douteuse. Les riches candélabres en argent faits pour le palais de Fontainebleau ont disparu, comme l'aiguière et le bassin offerts à François 1er par le cardinal d'Este, et la seule pièce d'orfévrerie appartenant à cette époque qui puisse nous donner une idée complète de la manière de Cellini, c'est à

---

[1] Cellini, dans un passage précédent de son livre, explique ce qu'il faut entendre par ces mots. Suivant lui, il était d'usage en France que l'on achetât une plainte portée devant les tribunaux comme on escompte aujourd'hui un papier de commerce. Moyennant une somme proportionnée à l'importance de l'affaire en litige, on se substituait dans tous les droits du premier plaignant, et celui-ci, désintéressé de fait, ne figurait plus au procès que pour la forme.

Vienne, au cabinet des antiques, qu'il faut aller la chercher : nous voulons parler de cette salière d'or destinée autrefois à orner la table royale, et qui passe pour le chef-d'œuvre de l'artiste [1]. Lui-même semble avoir pensé qu'on devait en juger ainsi, ou que du moins un tel morceau importait singulièrement à sa gloire, car il en a décrit la composition et les détails avec un soin minutieux. « La salière du roi, dit-il, était de forme ovale, de la grandeur de deux tiers de brasse environ, tout entière d'or, et travaillée au ciselet [2]. Comme je l'ai dit à propos du modèle, j'avais représenté la Mer et la Terre sous la forme de deux figures assises... La Mer portait un trident dans la main droite, et dans la gauche une barque délicatement ciselée, destinée à contenir le sel. Au-dessous de cette figure se groupaient quatre animaux marins, ayant chacun le poitrail, les jambes de devant et les sabots d'un cheval, et le reste du corps d'un poisson. Leurs queues, armées de nageoires, s'entrelaçaient les unes dans les autres le plus agréablement du monde. La Mer, assise au-dessus du groupe, dans une attitude tout à fait noble, était environnée d'une multitude d'animaux marins et de poissons se jouant dans les flots, dont j'avais reproduit au naturel la forme et la couleur, grâce à un excellent travail d'émaillure. J'avais donné à la Terre l'apparence d'une femme parfaitement belle, entièrement nue comme la figure d'homme qui représentait la Mer, et tenant dans une main

---

[1] L'œuvre dont il s'agit a été transportée en Autriche vers la fin du seizième siècle, à titre de cadeau fait par Charles IX à l'archiduc Ferdinand.

[2] Notons en passant — car c'est là un des caractères distinctifs de la manière de Cellini — que tous les ouvrages de sa main en ce genre, tous les objets de menue orfévrerie et de bijouterie qu'il a laissés, sont exécutés en vertu du même procédé. Rien n'y est fondu ni estampé : le ciselet seul a fait les frais du travail.

la corne d'abondance. Sa main gauche supportait un petit temple d'ordre ionique travaillé avec une finesse extrême et disposé de manière à recevoir le poivre. Aux pieds de cette femme j'avais réuni les plus beaux des animaux qui habitent la terre, et imité les terrains, les rochers, soit en employant l'émail, soit en laissant paraître le champ même de l'or. L'ensemble de mon travail reposait sur un socle d'ébène le long duquel j'avais distribué quatre figures d'or, un peu plus saillantes qu'en demi-relief, et représentant la Nuit, le Jour, le Crépuscule et l'Aurore. Enfin quatre autres figures de même grandeur, personnifiant les quatre vents, étaient travaillées et émaillées en partie avec toute la grâce et l'adresse que l'on pourra s'imaginer. Lorsque je présentai cette salière au roi, il poussa un cri de surprise, et la contempla longtemps sans pouvoir rassasier ses yeux. Il m'enjoignit ensuite de la reprendre et de la garder chez moi jusqu'à nouvel ordre. Je la remportai donc au logis, et j'invitai aussitôt à s'y rendre quelques-uns de mes plus chers amis ; puis je dînai joyeusement avec eux, après avoir placé sur la table cette salière, dont nous fûmes ainsi les premiers à faire usage. »

Sauf quelque inexactitude dans la description de certains détails, — inexactitude qu'expliquent d'ailleurs les vingt années écoulées entre la date du travail et l'époque où l'auteur en rendait compte de mémoire, — les renseignements que Cellini nous donne sur son ouvrage permettent d'en apprécier assez bien l'intention générale. On peut, sans courir le risque de se tromper, pressentir d'après le texte une composition sufisamment ingénieuse, des éléments pittoresques choisis avec à propos ; mais on serait mal venu à croire Cellini sur parole, quand il s'applaudit de l'art avec lequel ces éléments sont mis en œuvre, ces principes de composition développés. Il y a dans l'aspect de l'ensemble quelque chose de grêle et de lourd en même temps, dans les lignes un certain trouble qui fait hésiter le regard, et l'empêche de saisir une silhouette générale, un galbe bien défini. L'angle ouvert que forment les deux figures de la Mer et de la Terre, assises chacune de son côté et se penchant un peu en arrière, est accidenté par la saillie des jambes, qui se replient, sans qu'il résulte de cette combinaison de formes rien de plus qu'une agitation inutile. L'enchevêtrement massif des animaux accumulés entre la base et les figures fait ressortir d'autant plus les lignes à la fois lâches et tourmentées de celles-ci. Ajoutons que le dessin du groupe principal offre le même mélange de recherche excessive et de mollesse. Les figures de la Mer et de la Terre n'ont pas moins chacune de vingt ou vingt-cinq centimètres : leurs dimensions, si restreintes qu'elles soient, ne pouvaient faire obstacle à une expression plus large de la forme, et les statuettes que nous a léguées l'antiquité montrent assez que l'ampleur du modelé ne dépend pas de la grandeur du champ où l'on opère. Si donc Cellini n'a pas mieux rempli sur ce point les conditions de sa tâche, la faute ne peut être imputée qu'à lui. Quant aux travaux d'un ordre plus directement matériel, quant aux opérations qui n'exigent que l'adresse de la main et une expérience profonde des procédés, la salière de François Ier prouve que Cellini excellait à les accomplir. Nul ne sut mieux que lui associer l'émail à l'or, exprimer curieusement un détail avec l'outil le plus rebelle, en un mot résoudre, sinon les difficultés de l'art, au moins toutes les difficultés du métier. C'est en cela, il faut le reconnaître, que consiste sa vraie supériorité ; c'est là le genre de mérite que mettent en relief, aussi bien que les ouvrages dont nous avons parlé, les coupes conservées aujourd'hui dans le cabinet des *Gemme* à Florence, le médaillon en or ciselé et émaillé que l'on voit dans la collection de Vienne et qui représente les amours de Jupiter et de Léda, d'autres pièces qu'il faudrait citer à côté de celles-ci, si l'on ne craignait de multiplier les exemples outre mesure. Le tout, très-remarquable au point de vue de la fabrication, n'a, au point de vue de l'art, qu'un intérêt bien moindre, une valeur souvent contestable.

Mais, dira-t-on, c'est prendre trop au sérieux ce qui n'a en soi qu'une portée et un caractère fort peu graves. Est-ce quand il s'agit de pièces d'orfévrerie et de bijoux qu'il convient de demander à l'art des formes d'expression puissantes, et l'artiste n'aura-t-il pas assez fait, en pareil cas, s'il a su donner à sa pensée un tour délicat et facile? Sans doute il ne faut pas la main d'un Michel-Ange pour agencer de menus ornements ou pour ciseler des figurines ; il ne faut pas viser à renfermer un poëme épique dans les proportions d'un sonnet. Suit-il de là toutefois que cette délicatessse puisse impunément dégénérer en mesquinerie, et cette facilité en purs tours d'adresse? Une part, et une part nécessaire, n'est-elle pas à faire aussi à la justesse des intentions, à la précision du style, à l'élévation du sentiment? Puisque l'allégorie, l'allusion morale ou poétique interviennent dans le travail, que ce travail au moins ne soit pas en désaccord avec les souvenirs qu'il réveille ou les idées qu'il prétend exprimer. S'agit-il de combinaisons absolument décoratives, de formes associées les unes aux autres sans signification positive, sans autre fin que le plaisir des yeux : il faut que, même ici, le caprice ait sa raison d'être, que ces lignes, ces formes impossibles empruntent une certaine vraisemblance de l'ordre dans lequel elles auront été disposées. Veut-on des exemples? les ornements gravés par les *niellatori* florentins au quinzième siècle expliqueront ce que nous essayons d'indiquer. A coup sûr, de pareils ouvrages ne reproduisent guère les réalités qui nous entourent ; ils en définissent tout au plus quelques fragments accouplés comme au hasard, et l'on dirait au premier abord que ces éléments à peu près chimériques auraient pu, sans dommage pour la composition, se coordonner tout autrement. Si l'on examine pourtant la distribution des divers détails, si l'on scrute la pensée qui les a groupés ainsi, on reconnaîtra qu'ils résultent logiquement les uns des autres, que, telle forme une fois donnée, telle autre ne l'avoisine qu'à titre de corollaire et de complément indispensable. Et quelle aisance dans ces déductions pittoresques! quelle science sous cette grâce! quel accent magistral dans ces œuvres presque microscopiques! Dans les œuvres de Cellini, au contraire, une sorte de bizarrerie pédantesque, quelque chose de surchargé ou d'interrompu mal à propos déconcerte le regard. Le style, capricieux sans ingénuité et laborieux sans précision, exprime des intentions précieuses plutôt que fines, une originalité recherchée plutôt qu'un goût vraiment original; en un mot, ce talent, quelque indépendance qu'il affecte, manque pour ainsi dire d'instinct. Rien de l'étrangeté exquise qui caractérisait les travaux de l'ancienne école florentine dans ces ornements, dans ces figures où l'instrument se montre si habile et la main qui le dirige si incomplétement inspirée; pas une tête dont l'expression vous émeuve, pas une forme ressentie et traduite à la manière des dessinateurs de haute race. Cellini connaît à merveille tous les secrets de la pratique, il parle correctement la langue de son art ; mais entre un artiste de cette sorte et un maître la distance ne reste pas moins grande qu'entre un versificateur et un poëte. Aussi en est-il des écrits qu'il a laissés comme de ses autres œuvres : ils ne sauraient être consultés avec fruit qu'à titre de renseignements techniques. Ne cherchez pas dans son *Traité de l'orfévrerie* ces vives lueurs qui éclairent çà et là les livres didactiques de Leo Battista Alberti ou les *Lettres* de Poussin : vous n'y trouverez, à côté de beaucoup de détails sur ses succès personnels et sur ses aventures en tout genre, que des préceptes fort étrangers à l'esthétique. Cellini se contente de nous faire part des moyens de fabrication qu'il a éprouvés, et le plus souvent, j'en conviens, perfectionnés. Ses confidences peuvent être utiles aux hommes du métier, intéresser même d'autres lecteurs, parce qu'elles révèlent l'état de l'industrie italienne au seizième siècle ; mais celui qui les a écrites se montre ici tel qu'il nous apparaît comme artiste, et, pas plus que son burin ou son ciselet, sa plume n'est en mesure de répandre des enseignements hautement profitables ni des exemples vraiment féconds.

Le rôle de Benvenuto Cellini, en tant qu'orfévre, relève donc du métier plus immédiatement que de l'art. Son talent de sculpteur et les préceptes qu'il donne sur la statuaire tendent-ils à démentir l'opinion que nous venons d'exprimer ? En interrogeant les travaux qui ont rempli la seconde moitié de sa carrière, il sera facile de reconnaître ce qu'il y a au fond d'impuissance sous ces nouveaux dehors d'autorité, et quelle insuffisance d'imagination, de sentiment, de science même, cachent ces faux chefs-d'œuvre, admirés en général beaucoup trop sur la foi de l'auteur.

II

« Afin de bien établir mon crédit et d'inspirer une pleine confiance à quiconque lira ce livre, dit Cellini au début de son *Traité de la sculpture*, je mentionnerai tout de suite les grands ouvrages en bronze que j'ai exécutés dans la célèbre ville de Paris, pour l'illustre roi François Ier. » Et plus loin : « Ces vieux maîtres (ceux qu'il avait rencontrés ici) bénissaient le jour et l'heure où ils m'avaient connu. » Quoi de plus clair? Au ton dont Cellini affirme ses talents et ses services, on doit croire que nous avons affaire à l'un des princes de l'art, et qu'il n'y a pas à discuter les titres d'un homme aussi sûr de son fait. Si l'on s'avise pourtant de contrôler l'importance qu'il se donne par l'examen de ses œuvres mêmes, on trouvera un orgueil passablement déplacé dans ces façons de grand seigneur, et sous ce fier langage un large fonds de hâblerie. Et d'abord, pourquoi nos « vieux maîtres » se seraient-ils montrés si reconnaissants envers l'artiste florentin? Qu'apprirent-ils, que pouvaient-ils même apprendre à son école? Il leur enseigna, nous dit-il, certains procédés de fonte plus sûrs ou moins compliqués que les procédés jusqu'alors en usage ; mais en dehors de ces indications toutes matérielles quelles leçons leur donna-t-il? Si tant est qu'en France on ait béni sa venue, il ne paraît pas, en tout cas, qu'on ait fort pieusement accepté son influence. Rien de plus naturel d'ailleurs : les sculpteurs français de cette époque avaient sous les yeux d'assez bons modèles pour qu'il leur fût très-peu nécessaire de recourir aux exemples de Cellini.

Quelle était en effet la situation de notre école au moment

où Cellini prétendait s'attribuer ce rôle de messie? Léonard de Vinci et Andrea del Sarto étaient venus en France quelques années auparavant. Merveilleusement propres l'un et l'autre — le premier surtout — à diriger l'art de notre pays dans le sens de ses inclinations naturelles, le temps et peut-être l'occasion leur avaient manqué pour déterminer dans le domaine de la peinture un progrès décisif. Nos peintres, qui, par malheur, allaient se soumettre si docilement au joug du Rosso et du Primatice, n'avaient pu ou n'avaient pas su accepter une discipline bien autrement conforme à leurs instincts. Au lieu de chercher dans les exemples de Léonard le secret d'assouplir leur style un peu sec, mais non sans finesse, ils s'étaient pour la plupart évertués à contrefaire ce que l'on appelait alors la grande manière florentine, et l'on peut dire que, sauf dans les travaux des *portraitistes*, la peinture française débutait en quelque sorte par la décadence ; mais il n'en allait pas ainsi de la sculpture, qui depuis bien des années d'ailleurs n'en était plus en France à ses débuts. Sans parler des monuments antérieurs, de cette longue série de beaux ouvrages que leur avait légués le moyen âge, nos sculpteurs du seizième siècle pouvaient puiser des inspirations et des conseils dans les morceaux signés par des maîtres contemporains. Déjà le *Tombeau de François II, duc de Bretagne*, monument dû au ciseau de Michel Colombe, et que l'on admire aujourd'hui à Nantes, les tombeaux sculptés par Jean Juste à Tours et à Saint-Denis, avaient ouvert pour la statuaire française une ère nouvelle et annoncé les œuvres qui allaient éclore sous la main de Ligier Richier, de Pierre Bontemps et de Germain Pilon. Pas plus que la sculpture, l'architecture n'attendait, pour devenir florissante, qu'un artiste étranger vînt donner à la France des exemples qu'elle était plutôt en mesure de fournir aux autres pays. Serlio lui-même, appelé d'Italie par François Ier, n'eut-il pas lieu de reconnaître avec quelle supériorité l'art était pratiqué chez nous ; et lorsqu'il fut question de reconstruire le Louvre, ne déclara-t-il pas que les projets de Pierre Lescot méritaient à tous égards d'être préférés aux siens ? On l'ignore ou on l'oublie trop souvent, — et les écrits de Cellini ne tendent pas à réformer sur ce point nos erreurs, — les sculpteurs et les architectes français du milieu et de la fin du seizième siècle n'auraient pas rencontré à Florence ou à Rome non-seulement des maîtres, mais même des égaux. Loin d'avancer un paradoxe, on rétablit au contraire un fait en disant qu'on trouverait difficilement alors dans l'école italienne des rivaux à opposer aux sculpteurs et aux architectes qui se succédèrent en France depuis Jean Cousin jusqu'à Jean Goujon, depuis Pierre Lescot jusqu'à Philibert Delorme.

A l'époque où Cellini vint s'installer à Paris (1540), plusieurs de ces excellents artistes n'avaient pas, il est vrai, produit encore leurs plus importants ouvrages ; mais le nombre de ceux qui avaient fait leurs preuves était assez considérable déjà pour que le nouveau venu dût au moins tenir compte d'une école à laquelle ne manquaient ni les précédents ni l'activité. Et cependant il semble qu'en se mettant ici à la besogne, il ait eu pour mission d'initier à l'art un peuple qui jusque-là n'en avait rien pu savoir ! Entreprend-il, sur l'ordre du roi, de composer et d'exécuter l'ensemble d'une décoration pour la porte du palais de Fontainebleau, on dirait presque qu'il y va de l'avenir de la sculpture en France, et qu'une pareille tâche aux mains d'un pareil homme servira d'immortel exemple à quiconque essayera de manier un ébauchoir. Il n'est pas inutile d'ailleurs de faire remarquer que celui qui s'érigeait ainsi en initiateur souverain en était lui-même à commencer son apprentissage de sculpteur. En Italie, Cellini n'avait produit encore que des ouvrages d'orfévrerie et de joaillerie, ce qui ne l'avait pas empêché, à son arrivée en France, d'exiger un traitement annuel égal au traitement alloué autrefois à Léonard de Vinci. C'était bien le moins que, pour consoler le roi de la mort d'un grand peintre, il lui promît tout d'abord un grand sculpteur, et qu'il songeât à doter notre pays d'un équivalent en bronze ou en marbre de la *Joconde*, dût ce futur chef-d'œuvre être son coup d'essai. Or ce morceau destiné à nous révéler les conditions du beau et du grand style, ce modèle qui devait populariser parmi nous toutes les perfections de la statuaire, on sait la mine qu'il fait aujourd'hui au Louvre, à côté des spécimens de la sculpture française. Expiation bien méritée des vantardises de Cellini : sa *Nymphe de Fontainebleau,* placée en regard des œuvres de Jean Cousin et de ses successeurs, ne réussit qu'à rendre sensibles la vanité de ce talent qui prétendait régénérer l'art de notre pays et l'autorité de l'école que Cellini dédaignait si cavalièrement.

De toute la décoration imaginée par l'artiste florentin, il n'est resté que le vaste bas-relief de bronze où il a représenté cette *Nymphe*. Les ornements qui l'accompagnaient n'existent plus ; quelques-uns même n'ont jamais été terminés. Il n'est donc pas possible d'apprécier la partie architectonique du travail, et l'on a pour tous documents sur ce point les détails que Cellini a pris soin d'enregistrer lui-même, — détails auxquels se mêlent, comme de coutume, force particularités biographiques et des souvenirs recueillis par l'écrivain avec un cynisme naïf : témoin l'effort de mémoire qu'il lui faut faire pour constater les droits d'aînesse d'une fille née de ses amours avec une pauvre créature nommée Jeanne qu'il avait séduite à Paris. « Jeanne me donna une fille, dit-il. De tous les enfants que j'eus, celui-là, autant qu'il m'en souvient, fut le premier[1]. » Mais revenons à l'œuvre qui préoccupait bien autrement sa sollicitude paternelle, à cette *Nymphe de Fontainebleau*, dont il parle du moins sans nulle crainte de méprise, sans incertitude d'aucune sorte.

La figure destinée à couronner la porte principale du palais de Fontainebleau était primitivement une allusion à l'origine de la résidence royale construite par François Ier. Elle devait personnifier une source, la fontaine de Belle-Eau, découverte un jour à la chasse par un chien de la meute royale. Sous le règne de Henri II, elle changea de sens comme de destination : on l'envoya au château de Diane de Poitiers, à Anet, grossir le nombre des images de la déesse que la maîtresse du logis reconnaissait pour sa patronne. Diane ou nymphe, qu'importe le nom au surplus? Les intentions allégoriques ont dans le travail de Cellini un caractère si équivoque, que le champ reste libre aux interprétations. Il ne s'agit ici en effet ni d'une Diane se manifestant,

---

[1] Le nouvel éditeur des *Traités* a placé en tête de l'ouvrage un tableau de la descendance de Cellini. Il résulte de ce tableau que Cellini eut deux enfants légitimes, six enfants naturels, et que, non content de cette postérité directe, il y ajouta le surcroît d'un fils d'adoption. Les devoirs de la paternité ne lui semblaient pas, il est vrai, si rigoureux qu'il hésitât à s'en affranchir quand ces devoirs menaçaient de compromettre sa liberté ou son repos. Cellini adopte un fils en 1560 : on le voit bien peu après revenir sur le fait de cette adoption et l'annuler par acte authentique. Quelques années auparavant, il était devenu père, — non par voie d'adoption cette fois : « Costanza, dit-il, — l'enfant se nommait ainsi, — fut remise par moi, avec une certaine somme, à une sœur de sa mère. Depuis lors je n'ai jamais entendu parler d'elle. »

comme la Diane de Jean Goujon, dans sa beauté radieuse et dans sa gloire, ni d'une chaste naïade, d'une *Source* comme celle dont le pinceau d'un grand maître nous révélait naguère la mystérieuse demeure. Cellini nous montre simplement une femme nue, se reposant au bord de l'eau, en compagnie d'un cerf que ne paraissent pas émouvoir plus qu'elle les aboiements de la meute qui survient. L'exécution rachète-t-elle la nullité de la composition? Il suffit de se rappeler les ouvrages des maîtres antérieurs — les figures en demi-relief de Donatello, de Rossellino et de Desiderio da Settignano, par exemple — pour sentir ce que le dessin et le modelé ont ici de faux et d'insuffisant, et quelle large part de complicité revient à Cellini dans les erreurs de l'école qui succéda en Italie à l'école de la renaissance. Les sculpteurs italiens du quinzième siècle avaient pu quelquefois manquer de puissance, s'il faut entendre par ce mot l'ampleur du faire et cette énergie qu'il n'appartint ensuite qu'à Michel-Ange de concilier avec la finesse; mais quelle délicatesse dans leur manière de rendre la nature, quelle correction savante sans ostentation, rigoureuse sans sécheresse! La manière de Cellini au contraire est à la fois grêle et emphatique, Quoi de plus inerte que la silhouette de cette longue figure où la roideur linéaire parodie la majesté? Quoi de plus vide que le modelé de la poitrine, de plus pauvre que le dessin des jambes? Des prétentions à la grandeur compliquées de préoccupations mesquines, une main habituée à exprimer des formes exiguës dépaysée dans un travail gigantesque et s'évertuant à jouer l'aisance, — voilà ce qu'accuse fort clairement l'œuvre dont l'orfévre florentin entendait se faire un titre pour prendre rang parmi les statuaires. Faut-il s'étonner, après tout, du résultat de sa tentative? Un artiste familiarisé avec les vastes entreprises peut bien, sans apprentissage préalable, mener à bonne fin des tâches de dimension et de portée plus modestes, exceller même dans cet ordre de travaux qu'il aborde pour la première fois. Qui peut le plus peut le moins ; les sculpteurs italiens l'ont prouvé de reste quand ils se sont occupés de quelque ouvrage d'orfévrerie, et l'on expliquerait par des raisons semblables la supériorité des peintres d'histoire qui ont traité accidentellement le paysage sur les paysagistes de profession ; mais, est-il besoin de le dire ? qui peut le moins ne peut pas toujours ni aussi bien le plus. On n'aborde pas tout d'un coup sans péril les plus hautes conditions de l'art, on ne devient pas d'un jour à l'autre capable de modeler à souhait une composition monumentale quand on n'a fait toute sa vie que monter des bijoux, ciseler des salières ou graver des médailles. La *Nymphe de Fontainebleau* atteste, au moins chez Benvenuto Cellini, l'impossibilité d'une transformation aussi radicale.

Il ne semble pas que François Ier ait jugé de cette façon l'essai de grande sculpture où s'était aventuré l'artiste qu'il protégeait, bien que les statues antiques moulées en Italie et rapportées à Fontainebleau eussent pu être pour lui des termes de comparaison concluants. Si l'on en croit Cellini, le roi salua sans hésiter le travail du nom de chef-d'œuvre, et l'auteur lui-même du glorieux titre d'ami. François Ier, ce jour-là ne plaçait pas très-opportunément son admiration, mais, il faut en convenir, il plaçait son amitié plus mal à propos encore. En général, la bienveillance dont il honora longtemps un pareil homme s'explique assez difficilement. Après les embarras de plus d'une sorte que suscitaient autour de lui les exigences de Cellini, après les tours pendables que celui-ci jouait à tous les gens auxquels il avait affaire, on ne comprend guère que le roi vécût dans une appréhension perpétuelle de voir s'éloigner un serviteur aussi fâcheux. Il y a bien des moments où les sentiments tout contraires de la duchesse d'Étampes et d'autres personnages de la cour semblent beaucoup mieux justifiés, et où l'on serait presque tenté de partager l'avis du comte de Saint-Paul, qui, pour rassurer François Ier sur le danger de perdre son protégé, lui proposait simplement « de le faire attacher une bonne fois à un gibet. » On ne saurait dire pourtant que le roi ait persévéré jusqu'au bout dans sa vive affection pour Cellini, ou que du moins il ne se soit jamais résigné à se passer de lui et de ses services, puisque, après l'avoir dépossédé d'une partie de ses travaux pour les confier au Primatice, il lui accorda à peu près l'autorisation de retourner en Italie. Cellini une fois parti, François Ier ne tarda pas à se refroidir singulièrement à son égard, si bien même qu'avant la fin de l'année il lui faisait écrire, non pour lui intimer l'ordre de revenir, mais pour le sommer de rendre ses comptes, sous peine de laisser en France une assez triste opinion de sa probité.

Nous avons essayé de démontrer l'insuffisance de Cellini dans la statuaire, en prenant pour spécimen de sa manière une de ses œuvres les plus importantes, la *Nymphe de Fontainebleau*. Après avoir mentionné le buste en bronze de *Côme Ier*, que possède la galerie de Florence et un grand *crucifix* en marbre placé aujourd'hui dans le monastère Saint-Laurent, à l'Escurial, il nous reste à examiner une œuvre beaucoup plus célèbre, — cette statue de *Persée* qui depuis trois siècles figure sur la place du Palais-Vieux, à Florence, et que l'on regarde en général non-seulement comme le chef-d'œuvre de l'artiste, mais aussi comme l'un des plus beaux produits de l'art italien au seizième siècle. Ici encore l'opinion s'est montrée trop favorable à Cellini;

mais, hâtons-nous de le dire, si imparfait que soit le *Persée*, il atteste du moins un zèle de l'art et des études dont on ne trouverait dans les travaux précédents ni des traces aussi profondes, ni des témoignages aussi sérieux. En outre, parmi les ouvrages de l'artiste, celui-ci est le seul peut-être qui se relie à des souvenirs honorables pour l'homme, le seul dont l'exécution ait si bien absorbé toutes les forces de sa volonté, que les mauvaises passions se soient, comme d'elles-mêmes, imposé silence, refoulées en quelque sorte sous la pression du devoir. On se rappelle ce qu'il a fallu à Cellini d'obstination et d'énergie pour mener à bonne fin ce travail. On sait avec quelle infatigable constance il lutta pendant plusieurs années contre le mauvais vouloir de ses confrères et souvent du duc lui-même, contre les défiances de la foule, et au dernier moment, contre de terribles difficultés matérielles, alors que, pendant la douteuse opération de la fonte, le fruit de ses peines, sa réputation, sa fortune, tout se jouait comme sur un coup de dé. Lui-même a raconté avec une verve et une vigueur d'accent saisissants la longue histoire de ces péripéties, et l'on ne peut, tant que dure son récit, ne pas s'associer à ces anxiétés, refuser un intérêt légitime à ces efforts, un hommage à tant de persévérance. Nous verrons tout à l'heure si, l'ouvrage achevé, les applaudissements qui en saluèrent l'apparition ne continuèrent pas, dans un autre sens, quelque chose des injustices passées, et s'il convient d'accepter sans restriction l'espèce d'admiration classique dont le *Persée* est resté l'objet.

Lorsque, après avoir quitté le service de François Ier, Cellini revint se fixer à Florence, il fut accueilli d'abord par le duc Côme avec un empressement presque égal à la bienveillance qu'il avait rencontrée à la cour de Fontainebleau cinq ans auparavant. Côme Ier n'avait pas, il est vrai, ce vif amour des arts, encore moins ces habitudes de munificence qui avaient illustré ses aïeux et qui distinguaient alors le roi de France; mais il trouvait plus près de lui, dans les exemples d'Alexandre de Médicis et de Clément VII, des souvenirs moins imposants, un rôle mieux à sa portée. En se déclarant à son tour le patron de Cellini, il ne faisait que suivre une tradition de famille, et il hésita si peu sur ce point, que dès sa première entrevue avec l'artiste il lui commanda une statue ayant pour sujet *Persée au moment où il vient de trancher la tête de Méduse*. Quelques semaines après, le modèle en petit de cette statue était déjà terminé et soumis au du duc, qui s'écria, dit-on, avec un peu plus d'enthousiasme qne de raison, puisque le *Persée* devait être placé à côté du *David* de Michel-Ange et de la *Judith* de Donatello : « Benvenuto, si tu réussis en grand comme tu as réussi dans cette statuette, l'œuvre sortie de tes mains sera plus belle qu'aucune des statues qui ornent la place [1]. » Jusque-là tout allait au mieux. Malheureusement les bonnes dispositions de Côme se changèrent assez vite en indifférence, sinon même en hostilité secrète. Des atermoiements sans fin, de vagues promesses ou fort souvent le silence, — voilà ce que le duc opposait aux suppliques de Cellini, lorsque celui-ci, à bout de ressources, se hasardait à solliciter quelques secours qui lui permissent de continuer son travail. On a bon nombre de ces suppliques, dans lesquelles, tout en qualifiant son souverain du titre d'excellemment divin protecteur (*molto divinissimo patrone*), l'artiste lui donne clairement à entendre qu'il n'a aucune foi dans sa

---

[1] Ce modèle, que l'on voit aujourd'hui dans la galerie des Offices à Florence, se recommande d'ailleurs par la verve de l'exécution et par l'unité du style : qualités qu'on ne retrouve pas au même degré dans la statue exécutée ensuite par Cellini

parole et qu'il se lasse d'en attendre les effets. Spectacle assurément fort imprévu : le beau rôle appartient ici tout entier à Cellini. Il est curieux de le voir, lui le type de la forfanterie, lui si peu désintéressé d'ordinaire, agissant avec une dignité véritable et travaillant presque sans salaire pour tenir ses engagements personnels envers un homme qui faisait si bon marché des siens.

Tout le mal d'ailleurs ne venait pas de Côme. Les officiers du palais, qui avaient reçu l'ordre de seconder l'entreprise, faisaient de leur mieux pour en entraver l'exécution. D'un autre côté, les sculpteurs s'indignaient des premières préférences du duc comme d'une injure à leur propre talent, et le plus écouté d'entre eux, Baccio Bandinelli, ne parlait qu'avec mépris de ce rival de contrebande qui s'était chargé d'une tâche bien au-dessus de ses forces. Pour plus de sûreté toutefois et pour augmenter d'autant les difficultés de cette tâche, il empêchait les aides dont Cellini avait besoin d'aller travailler chez lui. Il va sans dire qu'en face des obstacles de tout genre qu'on lui suscitait, Cellini songea d'abord à recourir aux moyens qu'il employait d'ordinaire en pareil cas ; mais, soit qu'il craignît pour lui-même les suites de nouveaux méfaits, soit que l'âge commençât à modérer sa soif de vengeance, il s'en tint cette fois aux injures et se contenta de la terreur qu'il sut inspirer à Baccio Bandinelli un jour où il se trouva face à face avec lui sur la route de Fiesole. « Bandinelli, dit-il, avait coutume de se rendre le soir à une ferme qu'il possédait au delà de l'église Saint-Dominique. Dans mon désespoir, je m'étais promis, si je le rencontrais, de me précipiter sur lui, et tandis que, cheminant dans la direction de Florence, j'atteignais la place Saint-Dominique, il apparaissait précisément à l'autre extrémité de cette place, juché sur un méchant mulet qu'on aurait pu prendre pour un âne. Décidé aussitôt à faire œuvre de sang, je marchai droit à mon ennemi, mais, en levant les yeux, je reconnus qu'il était sans armes et qu'il avait avec lui un petit garçon d'une dizaine d'années. A peine m'eût-il aperçu, qu'il devint de la couleur d'un cadavre et qu'il se mit à trembler de la tête aux pieds. Son abjecte lâcheté me fit pitié. — N'aie pas peur, vil poltron, lui criai-je ; je ne te juge pas digne de mes coups. Alors il se rassura et me regarda sans souffler mot. De mon côté, je repris possession de moi-même, et je remerciai Dieu, qui n'avait pas voulu que cet acte de fureur s'accomplît. Ainsi délivré des pensées que m'avait inspirées le démon, je sentis mon courage s'accroître et je me dis : Si, par la grâce de Dieu, je puis terminer mon travail, j'écraserai de la sorte, je l'espère, les coquins qui se sont acharnés contre moi, et ma vengeance sera bien plus sûre, bien plus glorieuse, que si je m'étais débarrassé violemment de l'un d'entre eux. Le cœur plein de ces bonnes pensées, je regagnai ma maison. » Voilà des sentiments assez nouveaux chez un homme dont la conscience était chargée d'une demi-douzaine de meurtres, et qui, bien peu auparavant, au temps de ses altercations avec le Primatice, avertissait nettement celui-ci qu'il eût à opter entre l'abandon d'un travail sur lequel, lui, Benvenuto, avait compté et la perspective « d'être tué comme un chien. » Qu'on n'attribue pourtant pas à cette modération relative la valeur d'une conversion absolue. Cellini n'est pas si bien guéri qu'en plus d'une occasion il ne revienne encore à ses habitudes passées, — certain jour entre autres où il malmène étrangement ce même Bandinelli en présence du duc et de la cour ; — mais il ne s'agit plus maintenant que d'emportements de parole, et là est le progrès.

Cependant le *Persée* n'avançait qu'à grand'peine. Pour faire face aux dépenses qu'entraînait l'exécution de cet ouvrage, Cellini était obligé bien souvent de reprendre son premier métier et de ciseler des bijoux ou des pièces d'orfévrerie. Encore ne tirait-il de ses travaux en ce genre qu'un bien mince profit, surtout lorsqu'il avait affaire à la duchesse, femme de Côme, dont la munificence, à ce qu'il semble, se restreignait dans des limites encore plus étroites que la générosité de son mari. « Je fis pour cette princesse, dit-il, une bague qu'elle envoya en présent au roi Philippe, puis divers petits ouvrages qu'elle me commandait en termes si bienveillants, que je mettais tous mes soins à la contenter. Quant à son argent, je ne le voyais guère : Dieu sait pourtant si j'en avais besoin ! » Enfin, après deux années d'efforts, de patience et d'épreuves de toute sorte, la statue se trouva achevée. Restait un point délicat, l'opération de la fonte : opération d'autant plus difficile, qu'en vertu même de la composition, plusieurs parties se détachaient de la masse principale. Dans les conditions où se trouvait alors l'art du fondeur, il fallait un surcroît de précautions et une habileté toute nouvelle pour arriver à obtenir du même jet cette masse compacte et les morceaux plus ou moins isolés d'elle, — les deux bras de *Persée*, par exemple, dont l'un tient élevée en l'air la tête de Méduse, tandis que l'autre, rejeté en arrière et encore armé du glaive, n'adhère au corps que par l'attache de l'épaule. Aussi, à mesure que le moment décisif approchait, l'incrédulité et les railleries redoublaient-elles, et le duc se montrait-il plus que jamais indisposé contre un homme que chacun accusait de présomption et de folie. Cellini cependant prenait sans se déconcerter les dernières mesures, et, le jour venu qui devait faire de lui un novateur heureux ou une dupe de son propre entêtement, il se met à l'œuvre, non sans avoir épuisé dans les préparatifs de cette opération suprême ce qu'il appelle « toutes les forces de son corps et de sa bourse. »

Nous l'avons dit, Cellini a raconté deux fois — dans sa *Vie* et dans son *Traité de la sculpture* — ses efforts pour assurer la réussite d'une entreprise qui allait décider de sa gloire, ses angoisses pendant l'opération, et enfin le succès obtenu à l'heure même où la défaite paraissait certaine. Il serait superflu d'insister beaucoup ici sur l'épisode le plus connu en général de la vie de Cellini ; mais il est impossible de ne pas reproduire au moins quelques traits d'un récit qui, toute proportion gardée entre les deux artistes, rappelle l'énergique tableau tracé un peu plus tard, et dans un cas à peu près pareil, par notre Bernard Palissy.

Tout est prêt. Après un exposé des moyens employés pour mouler le *Persée* en terre et, ce creux une fois obtenu, pour extraire la cire avec laquelle la statue avait été modelée, Cellini nous montre le bois amoncelé, le métal disposé dans le fourneau, les canaux dirigés dans le sens convenable, et les hommes qui doivent assister le maître chacun au poste assigné.

« Quand j'eus vu, dit-il, que mes aides avaient bien compris ma méthode, fort différente d'ailleurs des procédés ordinaires... je donnai vaillamment l'ordre d'allumer le fourneau. Bientôt, grâce à un excellent mode de construction, le fourneau fit vigoureusement son office, si vigoureusement même que j'étais obligé, pour maintenir toutes choses en état, de courir tantôt ici, tantôt là, me fatiguant outre mesure, et cependant ne songeant guère à m'épargner. Il arriva en outre que le feu prit à mon atelier. Nous avions lieu de craindre que d'un instant à l'autre le toit ne s'écroulât sur nos têtes, tandis que du côté du jardin le ciel chassait sur nous tant de pluie et de vent, que mon fourneau commençait à se refroidir. Je luttai pendant plusieurs heures contre ces terribles accidents, mais à la fin je me sentis vaincu, et malgré ma complexion robuste, je succombai à la fatigue. Me voilà pris d'un accès de fièvre, le plus violent qui puisse saisir un homme, et contraint d'aller me mettre au lit. Ainsi condamné à quitter la partie et désolé jusqu'au fond de l'âme, je me tournai vers ceux qui m'avaient aidé jusque-là (ils étaient dix environ, fondeurs, manœuvres, paysans ou apprentis), et m'adressant à l'un d'eux que j'avais auprès de moi depuis plusieurs années, je lui donnai mes dernières instructions, non sans m'être recommandé à tous les autres...

« Je venais de me coucher, en proie aux plus cruelles angoisses, quand je vis entrer dans ma chambre un de mes hommes dont le corps tortu avait l'apparence d'un S majuscule. D'une voix sinistre, lugubre comme la voix des sbires annonçant aux condamnés que l'heure est venue de recommander leur âme à Dieu : Benvenuto, me dit-il, votre œuvre est perdue, perdue sans ressource. A peine ce malheureux eut-il parlé, que je jetai un cri si effroyable qu'on l'aurait entendu au ciel et aux enfers. Je me précipitai hors de mon lit, et tandis que j'endossais à la hâte mes vêtements, repoussant à coups de pied et à coups de poing servantes, apprentis, quiconque se présentait pour m'aider, je m'épuisais en lamentations furieuses : — Ah! perfides, envieux que vous êtes, m'écriai-je, ceci est un crime de haute trahison envers l'art; mais, je le jure par le ciel, j'en connaîtrai l'auteur, et la vengeance que je tirerai avant de mourir sera telle que plus d'un en restera stupéfait. — J'achevai de m'habiller, et, le cœur plein de rage, je m'acheminai vers mon atelier, où je trouvai dans la consternation et l'épouvante ceux que j'avais quittés tout à l'heure en si bonne veine de courage. — Allons, leur dis-je, puisque vous n'avez pas su ou que vous n'avez pas voulu obéir aux ordres que je vous avais laissés, obéissez-moi maintenant que me voilà au milieu de vous, face à face avec mon œuvre, et que personne ne s'avise de me contredire, car en pareil cas il faut des aides et non des avis. »

Cependant on représente au maître l'impossibilité de remettre l'opération en bon train. Cellini veut d'abord étendre à ses pieds celui qui vient de porter la parole; puis, songeant qu'il a mieux à faire et que le temps presse, il se ravise, et entreprend de tout réparer de ses propres mains. Bientôt le bois, qui commençait à manquer, abonde, grâce à de nouveaux approvisionnements faits en toute hâte chez les voisins. Le métal à peine liquéfié s'était refroidi avant l'heure, et avait, pour employer un terme de fonderie, formé « un gâteau. » Un bloc d'étain est jeté dans la fournaise afin d'en stimuler l'action et de déterminer la fonte. Le feu, qui avait repris de plus belle dans la toiture, est à peu près maîtrisé, des lambeaux d'étoffe bouchent tant bien que mal les trous qui livraient passage à la pluie : bref, le succès de l'opération redevient possible, quand de nouveaux accidents compromettent tout une seconde fois, et menacent d'anéantir en même temps l'œuvre et les ouvriers.

« J'avais réussi, dit Cellini, à ressusciter un cadavre, quoique les ignorants qui m'entouraient se fussent attendus à un tout autre résultat. Mes forces étaient revenues avec la vie de mon œuvre, et j'oubliais, aussi bien que la fièvre, la peur de mourir que j'avais un instant auparavant. Tout à coup nous entendons un bruit terrible, accompagné d'un éclair éblouissant, comme si la foudre même eût éclaté sous nos yeux, phénomène effroyable qui donne le frisson à chacun de nous, et qui m'épouvante, moi, plus que personne. Cependant ce grand bruit a cessé, l'éclair s'est éteint. Nous nous regardons les uns les autres, et je m'aperçois que le couvercle de la fournaise vient de se fendre et de se soulever. Le métal liquéfié déborde et va se perdre. Vite, vite, je découvre les orifices de mon moule ; mais le bronze ne coule pas avec la rapidité accoutumée. Je comprends que ce feu d'enfer a dévoré tout l'alliage, et j'ordonne à mes aides de m'apporter sur-le-champ les plats, les écuelles, les assiettes, tous les ustensiles en étain que je possède ; j'en avais deux cents environ, que je mis un à un à l'entrée des canaux ou que je fis jeter en bloc dans la fournaise. Dès lors, chacun voyant que le bronze s'épanchait à merveille et que mon moule s'emplissait régulièrement, ce fut à qui m'aiderait avec le plus de zèle et ferait la plus joyeuse mine. Quant à moi, je surveillais tout le monde, dirigeant l'un, secourant l'autre, et répétant : O mon Dieu, mon Dieu, qui es ressuscité des morts par ta toute-puissance pour monter glorieusement aux cieux ! En un instant, le moule se trouva plein, et je tombai à genoux en remerciant Dieu dans toute l'effusion de mon cœur... »

On juge du retentissement qu'eut dans Florence un succès aussi inattendu, et de la déconvenue de ceux qui avaient compté sur un dénoûment tout contraire. Les uns criaient au sortilége et, faute de mieux, accusaient Cellini d'accointances avec le démon ; les autres acceptaient l'événement en silence, sauf à en condamner les résultats le jour où le *Persée* serait mis en place. Quant au duc, il prit tout d'abord le parti de se réjouir et de féliciter l'artiste d'aussi bon cœur que s'il se fût toujours fort intéressé à sa gloire. Une fois en veine de bienveillance, Côme ne se démentit plus.

Les figures destinées à orner le piédestal de la statue achevèrent de le mettre en belle humeur, et au bout de quelques années il avait si bien oublié le passé, il s'était si complétement rallié à la cause de Cellini, que le jour où le *Persée* fut découvert (1554), il demeura du matin au soir caché derrière les rideaux d'une fenêtre basse pour entendre les propos de la foule et savourer secrètement des louanges qui devaient aussi se formuler les jours suivants en d'innombrables sonnets, en distiques grecs et en vers latins.

La popularité rapide de l'œuvre de Cellini, les éloges presque unanimes qui en accueillirent l'apparition, ne s'expliquent pas seulement par les difficultés dont l'artiste avait su triompher au dernier moment. Une véritable nouveauté dans l'attitude et dans l'expression de la figure, l'élégance de quelques morceaux, du piédestal surtout, — bien que cette base un peu étroite ne soit pas tout à fait d'accord avec les développements de la statue, — expliquent aussi et justifient l'admiration des contemporains pour le *Persée;* mais à côté de ces qualités, dont on doit tenir compte, de bien graves défauts viennent choquer le regard. Comment ne pas être frappé, par exemple, de l'inexactitude des proportions, du rapport évidemment faux entre la longueur du torse et la longueur des membres, en un mot d'un vice de construction qui, pour employer la langue des ateliers, laisse la figure *mal ensemble*, c'est-à-dire foncièrement impossible? Une pareille faute est-elle de celles que rachètent les agréments du style, et faut-il, en considération de quelques détails, passer condamnation sur le fond même et sur les erreurs de principe? Mieux vaudrait, au contraire, que ces détails fussent traités moins délicatement, et que les formes eussent entre elles une corrélation plus directe, plus complète à tous les égards, car elles diffèrent ici d'âge et de caractère, comme elles manquent de justesse dans les proportions. Certes, le goût de l'exécution l'atteste, Cellini, en modelant sa statue, se préoccupait fort des exemples antiques : n'est-il pas étrange qu'il ait négligé de les suivre précisément là où il importait le plus de s'y conformer, et ne doit-on pas voir un véritable signe d'impuissance dans ce mélange d'incorrection radicale et de curiosité minutieuse? Je sais bien que, sur le premier point, les grands maîtres eux-mêmes ne sont pas toujours irréprochables. Sans chercher plus loin des preuves, le *David* de Michel-Ange, qui avoisine le *Persée* sur la place du Palais-Vieux, ne se recommande pas, on le sait, par un sentiment très-pur de l'harmonie ; mais il y a dans la disproportion même des formes de ce colosse, dans la bizarrerie avec laquelle ses membres sont assemblés, quelque chose de profondément instinctif, de puissant, de voulu. Le dessin général, si invraisemblable qu'il soit, a du moins sa signification propre, et, tout en ne les acceptant qu'à demi, on ne peut s'empêcher d'admirer des incorrections si fières. Cellini ne connaît pas de tels entraînements. Chez lui, l'erreur procède non d'un excès de hardiesse, mais d'une faculté d'observation peu étendue. En s'efforçant d'être vrai, il n'envisage qu'isolément chacun des morceaux à traduire, et son attention, trop concentrée sur ces vérités de détail, n'a plus de forces pour les relier entre elles et leur imprimer un caractère uniforme. De là les mérites partiels du *Persée* et l'imperfection de l'ensemble. A les examiner un à un, plusieurs fragments paraîtront dignes d'éloges. La tête, coiffée d'un casque où l'imprévu de la forme s'allie à une singulière délicatesse de style, est jeune par les traits, virile par l'expression. Le bras qui tient l'épée est modelé avec fermeté, dans la partie supérieure surtout, et, sauf quelque roideur dans les attaches, le dessin du torse a de la noblesse ; mais si l'on embrasse le tout d'un seul coup d'œil, quel désaccord entre ces diverses parties! Comment admettre que des jambes aussi vulgaires supportent ce corps héroïque, qu'un bras dessiné avec ce fin sentiment de la vérité se termine par une main aussi dépourvue d'élégance, et que çà et là une dépression des muscles accusant les fatigues de la vie puisse correspondre au caractère tout opposé de certaines formes, à la jeunesse du visage par exemple? Nous ne répéterons pas ici ce que nous avons dit déjà de l'infériorité de Cellini lorsqu'on le compare aux sculpteurs italiens ses prédécesseurs, ou même aux sculpteurs français du temps de la renaissance. Pour peu qu'on étudie sans prévention cette statue de *Persée*, on appréciera aisément la distance qui la sépare des travaux laissés par la plupart des anciens maîtres et par quelques maîtres du seizième siècle. Nous dirons seulement que notre époque même a vu se produire des œuvres supérieures à celles-ci, et que, toute proportion gardée entre des difficultés matérielles inégales, la belle figure de *Pyrrhus*, dans le groupe où Bartolini a représenté la *Mort d'Astyanax*, est traitée avec une autorité plus réelle, avec une science plus sûre que la figure modelée par Cellini.

Malgré ses défauts cependant, le *Persée* a des titres moins douteux à l'estime qu'aucune autre œuvre de la même main. C'est ici qu'on pourra le mieux apprécier le talent de l'orfévre, car, par le goût et le caractère de l'exécution, cette figure et le piédestal qui la supporte sont encore une grande pièce d'orfévrerie plutôt qu'un monument de la statuaire ; c'est ici surtout qu'on reconnaîtra les témoignages, équivoques ailleurs, d'une application sérieuse, d'un véritable respect pour l'art dans ses conditions élevées. Un pareil progrès s'explique, et, si tardif qu'il ait pu être, il n'y a que justice à le constater. Jusqu'au jour où il fit le *Persée*, comblé de faveurs en tous genres, entouré d'hommes qu'il avait amenés de gré ou de force à se fier à lui sans réserve, Benvenuto Cellini s'était mis en devoir seulement d'exploiter son heureuse fortune. Comment aurait-il pris le temps et la peine de méditer patiemment ses ouvrages, alors qu'une grande part de sa vie était donnée aux intrigues ou aux plaisirs, et que la renommée, l'argent, tout ce dont il était avide venait à lui sans contestation, presque sans effort? Point de luttes, sinon quelques rivalités où il n'y avait en jeu que l'amour-propre; point d'ambition digne d'un artiste, mais les vœux, trop bien exaucés, d'un cœur vaniteux; point de souffrances enfin, sinon les inquiétudes d'un homme qui s'agite pour se maintenir en crédit. Un jour vint où Cellini connut de plus nobles douleurs, où, son cœur s'ouvrant à une passion plus haute, il engagea courageusement avec l'idéal ce combat mystérieux qu'il avait décliné jusque-là pour des tâches beaucoup moins pénibles, pour des succès moins incertains. On ne saurait dire, en face du *Persée*, que Cellini soit sorti tout à fait victorieux de la lutte; mais il a eu du moins l'honneur de la tenter et de poursuivre en vue de l'art une tâche qu'il eût accomplie, quelques années auparavant, les yeux tournés vers un tout autre but.

Est-ce assez néanmoins? Suffit-il d'avoir, à un moment de sa vie, fait acte de bon vouloir, pour conquérir une place à côté de ceux dont l'existence tout entière a été vouée aux nobles efforts, et, telle qu'elle est, la statue de *Persée* assure-t-elle à l'artiste qui l'a produite les mêmes droits qu'aux grands artistes de l'école italienne? Nous ne le pensons pas. Très-préférable sans doute à la *Nymphe de Fontainebleau*, le *Persée* ne dépasse pas le niveau des œuvres de second ordre : il prouve une fois de plus ce qu'il y a d'excessif dans la célébrité attachée au nom de Cellini. Chez cet homme, qu'on a voulu assimiler aux hommes de génie, il y avait si peu l'étoffe d'un maître, que partout où il s'est essayé il a rencontré mieux que des rivaux. Parmi les ouvrages de sa main qui subsistent, parmi les médailles, les pièces d'orfévrerie et les statues qu'il a exécutées depuis 1524, époque de son premier séjour à Rome, jusqu'en 1570, époque de sa mort, pourra-t-on rien citer dans chaque genre dont on ne trouve ailleurs de plus beaux spécimens? Les médailles faites par Cellini ne soutiendront certes pas la comparaison avec les chefs-d'œuvre italiens du quinzième siècle : supporteraient-elles beaucoup mieux le voisinage des pièces gravées en France au dix-septième? La salière de François Ier, la monture d'une coupe en lapis-lazuli ornée d'anses en or émaillé, le couvercle, aussi en or émaillé, d'une autre coupe conservée, comme la première, dans le cabinet des *Gemme* à Florence, en un mot les pièces les plus renommées entre les bijoux et les objets d'orfévrerie ciselés par l'artiste valent-elles mieux, valent-elles même autant, au point de vue de l'imagination et du style, que les ouvrages de même sorte exécutés par des maîtres antérieurs, ou que les modèles gravés par certains orfévres contemporains? La main de Cellini est aussi sûre, aussi déliée que pas une autre ; mais ce qu'elle a façonné n'exprime rien au delà de cette singulière adresse matérielle et ne laisse pressentir, dans le goût du dessin comme dans l'ordonnance générale des lignes, ni fantaisie vraiment inspirée, ni science vraiment magistrale. Enfin le sculpteur du *Persée* — à plus forte raison le sculpteur de la *Nymphe* — ne peut être mis au même rang que les grands sculpteurs de la renaissance.

D'où vient donc la vaste réputation de Cellini ? Nous l'avons dit, du zèle qu'il a mis à la propager lui-même et de la docilité avec laquelle on l'a cru sur parole. Les œuvres de l'orfévre sont en réalité peu connues : on ne songe même pas à les distinguer d'une foule d'autres appartenant au même ordre d'art et à la même époque, parce qu'aux yeux du plus grand nombre, la question de talent personnel se confond ici avec la question historique en général. Cellini est avant tout un nom, et un nom qui résume l'ensemble des travaux d'orfévrerie accomplis au seizième siècle en Italie et même ailleurs. Ajoutons qu'en enregistrant à côté de son propre témoignage les suffrages de quelques contemporains illustres, Cellini semble défier la postérité de contredire, en ce qui le regarde, des jugements venus de si haut lieu. Le moyen de mettre en doute le mérite d'un homme que François Ier appelait « son ami, » et à qui Michel-Ange lui-même écrivait une lettre où le sculpteur des *Tombeaux des Médicis* s'humilie presque devant l'orfévre ! Pourtant, si l'on se rappelle la courtoisie proverbiale de François Ier, peut-être ne prendra-t-on pas tout à fait à la lettre cette expression de ses sentiments. Peut-être aussi se souviendra-t-on qu'il existe une autre épître de Michel-Ange, adressée cette fois à Pierre Arétin, et conçue dans les termes de la déférence. Suit-il de là qu'il faille tenir l'Arétin pour un honnête homme, et puisque Michel-Ange a consenti un jour à le traiter comme tel, n'a-t-il pas pu tout aussi bien exagérer dans la forme son estime pour le talent de Cellini? De son côté, Vasari ne marchande pas les éloges à l'orfévre florentin dans ses *Accademici del disegno*. Mais il ne sera pas inutile de faire remarquer qu'à l'époque où Vasari écrivait, Cellini vivait encore; que plus d'une fois ce même Vasari avait eu d'assez vifs démêlés avec l'irascible artiste, et qu'un jour, entre autres, il s'était vu menacer par lui de fort près dans le palais d'Alexandre de Médicis. Peut-être louait-il ici son ennemi dans une arrière-pensée de prudence et pour éviter qu'il ne lui advînt à lui-même ce qui avait failli arriver à Baccio Bandinelli.

A quoi bon au surplus discuter les témoignages d'autrui ? Que l'on consulte les travaux en tous genres qu'a laissés Cellini, les œuvres de sa plume aussi bien que les œuvres de son ciselet, on s'assurera qu'en dehors des questions de fabrication, il y a peu de profit à tirer de ses théories et de ses exemples : si la publication des *Traités de l'orfévrerie et de la sculpture* peut avoir son utilité, c'est principalement à cause du caractère tout matériel des préceptes que ces *Traités* renferment. Rapproché d'autres publications où l'art est envisagé de beaucoup plus haut, — de l'ouvrage de Vasari, par exemple, — le livre qu'a laissé Cellini fera d'autant mieux ressortir les vrais titres de l'ancienne école. Puissent les artistes italiens comprendre le rôle que ce passé leur impose ! Qu'ils désespèrent de reconquérir pleinement l'héritage de leurs ancêtres, cela se conçoit de reste. Faut-il pour cela qu'ils poussent le sentiment de leur déchéance jusqu'à s'humilier devant l'art étranger, jusqu'à porter tantôt la livrée de l'art français, tantôt quelque autre déguisement, — que dis-je ? — jusqu'à chercher dans les perfectionnements du procédé photographique les maigres succès que, faute de mieux, l'on poursuit aussi en Amérique ? D'assez grands modèles leur sont proposés, assez de traditions subsistent, pour qu'il leur soit facile de s'informer de leurs devoirs. Qu'ils laissent à d'autres les ambitions vulgaires. Peut-être sont-ils condamnés à ne représenter que des souvenirs, à perpétuer seulement le nom d'une race illustre : quoi qu'il arrive, ce nom leur reste, ces souvenirs leur appartiennent ; c'est à eux de les respecter les premiers et de porter fièrement l'indigence actuelle en se rappelant les grandeurs d'un passé qui, fort heureusement, revit ailleurs que dans les travaux de Cellini.

Quant à nous, quant à tous ceux que préoccupent les intérêts de l'art moderne et les dangers qui le menacent, l'étude des œuvres et de la vie de Cellini offre plus d'un enseignement. Elle détermine à la fois, et par un exemple contraire, les fonctions sérieuses et les conditions morales du talent : double leçon qu'il n'est pas superflu peut-être de proposer à notre école et à notre époque. N'y a-t-il pas, en effet, dans la plupart des productions contemporaines, parfois même dans les plus remarquables, quelque chose de hâtif, de superficiel, de futile, comme si elles n'avaient d'autre objet que le succès d'un moment? De là ce désir de surprendre l'attention à tout prix qui tourmente aujourd'hui les artistes, de là ces essais, tantôt prétentieusement naïfs, tantôt renouvelés des exemples du dix-huitième siècle, ou ces effigies de la réalité grossière dont s'étonnent au moins ceux qui n'en sourient pas ; de là aussi une étrange confusion dans les jugements portés sur les divers talents et dans l'estime relative où il conviendrait de les tenir. Tel d'entre eux qui se consacre exclusivement à la représentation de petites scènes familières compte autant d'admirateurs que le peintre de l'*Apothéose d'Homère;* tel autre, dont tout le mérite consiste dans une pratique adroite, est exhaussé au niveau des talents que de fortes études ont fécondés. Ainsi, en faisant une part trop large aux qualités purement matérielles ou aux inspirations capricieuses, nous continuons à notre manière la doctrine de Cellini ; nous obéissons aux principes que ses œuvres aussi bien que ses écrits tendaient à faire prévaloir. Sont-ce là cependant les exemples qui nous obligent? Notre école reconnaît des origines plus hautes et doit respecter de plus nobles traditions.

Il est d'autres traditions encore, — et celles-ci ne concernent pas seulement la valeur pittoresque des œuvres, — il est certaines habitudes morales que nous recommande la vie des anciens maîtres français, et pour lesquelles notre siècle semble avoir moins de goût que pour des mœurs à tous égards moins austères. Ne pourrait-on dire que sous ce rapport Cellini a trouvé des disciples parmi nous? Sans doute le temps est bien passé des haines furieuses et des vengeances à main armée. Pour plus d'une raison, les artistes contemporains ne songent guère à se débarrasser de leurs ennemis suivant les procédés de l'orfévre florentin : songent-ils aussi peu à l'imiter dans ses manœuvres pour s'emparer de la renommée, dans sa diplomatie vaniteuse, dans sa soif des succès fructueux? Sauf à ne répéter qu'une vérité banale, — inséparable malheureusement des souvenirs qu'éveille le nom de Cellini, — n'hésitons pas à rappeler aux artistes qu'aucun d'eux ne saurait impunément transiger avec la dignité morale, avec les devoirs de la conscience, car ces devoirs se lient de près aux conditions mêmes de l'art et se confondent avec ses lois.

1857.

X

LES CARRACHE ET LEUR ÉCOLE.

1. — LOUIS CARRACHE.

Vers 1580, à l'époque où Louis Carrache, un peu plus âgé que ses cousins Augustin et Annibal, commençait à attirer sur ses essais l'attention publique, l'Italie avait perdu les derniers représentants du beau siècle. Survivant seul à cette noble race, Michel-Ange avait pu voir d'indignes héritiers s'affubler des dépouilles de son génie et précipiter l'art vers sa ruine. Seize ans s'étaient écoulés depuis la mort du grand artiste ; mais depuis près d'un demi-siècle la peinture n'avait plus à Florence ou à Rome, à Milan ou à Parme, que l'importance d'une industrie en vogue. Les hommes qui maniaient le pinceau semblaient ne vouloir lutter entre eux que d'activité : c'était à qui improviserait en moins de jours un tableau ou une fresque, à qui escamoterait le plus lestement le succès. A Venise seulement, l'école, bien que défaillante déjà, gardait une attitude plus digne. Titien, il est vrai, venait de mourir ou plutôt il avait depuis longtemps cessé d'exister pour l'art que sa main déplorablement affaiblie s'obstina pourtant à pratiquer jusqu'au dernier moment ; mais Paul Véronèse et le Tintoret vivaient encore, et leurs œuvres, à défaut d'une haute signification morale, avaient au moins une vraie magnificence, une rare vigueur pittoresque. Partout ailleurs une sorte de grâce fade remplaçait dans les tableaux l'élégance et la finesse, comme dans les peintures monumentales l'exagération parodiait la verve et le pédantisme le savoir ; partout on acceptait comme des témoignages de progrès ces signes fastueux de décadence. En face de tant d'artistes et de productions débiles, chacun pensait de la meilleure foi du monde n'avoir affaire qu'à des talents de premier ordre et à des chefs-d'œuvre.

Les Carrache[1] eurent le mérite de prendre jusqu'à un certain point le parti de la raison contre cette démence universelle. Par aversion pour la facilité excessive et les effronteries de la manière, ils adoptèrent une méthode toute de calcul et de réserve; aux cris d'admiration qui accueillaient les extravagances ou les routines actuelles, ils répondirent par une protestation en faveur du passé. Malheureusement en voulant faire revivre les exemples anciens, les Carrache s'attachèrent moins à interpréter des principes qu'à reproduire des formes d'exécution, et celui d'entre eux à qui appartient l'honneur d'avoir protesté le premier, Louis, croyait assurer la régénération morale de l'art lorsqu'il réussissait tout au plus à en restaurer les surfaces. Après avoir anatomisé pour ainsi dire les œuvres de tous les grands artistes qui l'avaient précédé, il prétendit guérir le mal présent par sa seule expérience technique ; il voulut amalgamer les différents éléments du beau et les qualités contradictoires des maîtres en empruntant à chacun de

---

[1] Nous nous conformons en modifiant ainsi leur nom (*Caracci*) à un usage depuis longtemps consacré en France.

ceux-ci sa physionomie particulière et son excellence partielle; il choisit, classa et détermina une fois pour toutes les types qu'il s'agissait de coordonner sans en modifier sensiblement aucun. Selon lui, enfin, il ne pouvait être permis de composer, de dessiner et de colorier un tableau que les yeux fixés sur certains modèles correspondant chacun à l'une des conditions de l'art.

Proclamer une pareille doctrine c'était interdire implicitement toute originalité, toute inspiration personnelle; c'était professer, au mépris du sentiment, la religion du pastiche, le culte de l'assimilation passive : « Quiconque, disaient les Carrache dans un sonnet qui a été conservé et qu'Augustin, le plus lettré des trois, avait composé en manière de programme esthétique, quiconque veut devenir bon peintre doit suivre la voie terrible tracée par Michel-Ange, modeler son style sur le style pur et souverain du Corrège, l'ordonnance de ses tableaux sur les belles et symétriques compositions de Raphaël. » Les Carrache, en donnant cet avis à leurs élèves et en leur recommandant par surcroît « le naturel de Titien, la force d'invention du Primatice, etc., » et même « un peu de la grâce du Parmesan, » oubliaient de pressentir la difformité d'un ouvrage où viendraient se heurter des beautés de nature si diverse. Qu'ils aient voulu profiter des découvertes antérieures et combiner, en les reliant par l'unité du goût, des fragments d'ailleurs sans homogénéité très-apparente; qu'ils aient eu la pensée de créer en peinture une sorte d'ordre *composite*, rien de mieux ; mais lorsqu'ils prescrivaient aux artistes la recherche simultanée de qualités qui se démentent, faisaient-ils autre chose qu'installer le doute et introduire dans l'art un élément négatif, sous prétexte de conciliation et de progrès! L'erreur de Louis et de ses cousins est de n'avoir su envisager les œuvres de l'imagination qu'au point de vue de la correction extérieure, de la grammaire ; leur grand tort à tous trois, leur tort impardonnable, est d'avoir circonscrit l'art dans les limites de l'imitation d'autrui, et par là d'avoir, à leur manière, achevé de le matérialiser. Encore s'ils n'avaient appliqué ce principe de l'érudition à outrance qu'à la représentation de scènes sans grande portée morale ; mais c'était le plus souvent en traitant des sujets religieux qu'ils entendaient sacrifier l'instinct et l'invention à des habitudes de compilation formelle. Est-il besoin d'insister sur les points erronés d'une pareille doctrine, et faut-il remonter à Giotto, à Fra Angelico, à tous les peintres religieux par excellence pour restituer au sentiment sa place dans la tradition des sujets sacrés ? Il suffira d'opposer à ces décevantes théories l'autorité d'un homme que l'on n'accusera pas d'avoir fait en général à la science une part trop étroite. Qu'on se rappelle les paroles de Michel-Ange : « Pour peindre en quelque partie l'image vénérable de Notre-Seigneur, disait-il, ce n'est pas assez qu'un maître soit grand et habile : je soutiens qu'il lui est nécessaire d'être saint, afin que le Saint-Esprit puisse inspirer son entendement [1]. » Lequel des deux avait raison, lequel concevait l'idée la plus haute de l'art et de sa fonction — ou de Michel-Ange, faisant descendre l'inspiration du Ciel, — ou de Louis Carrache se contentant de la chercher dans les tableaux et s'appropriant pièce à pièce, à grand renfort de patience, les témoignages de la piété et du génie des autres [1] ?

---

[1] Voyez ce curieux discours de Michel-Ange sur la peinture religieuse dans les *Dialogues* de François de Hollande, publiés par M. le comte de Raczynski en tête de son ouvrage : *les Arts en Portugal*.

Louis Carrache était né à Bologne en 1555. Il avait eu d'abord pour maître Prosper Fontana, peintre médiocre, autrefois aide de Vasari dans quelques-uns de ses innombrables travaux et qui, en souvenir de cette mince gloire, contrefaisait obstinément la manière florentine. Entouré d'élèves auxquels il transmettait les pernicieux enseignements qu'il avait reçus, Fontana était en pleine possession de la renommée et du pouvoir d'un chef d'école, lorsque Louis Carrache entra dans son atelier. Il va sans dire qu'en accueillant ce nouveau disciple, le maître ne croyait se donner qu'un complice de plus ; aussi, sans même interroger les dispositions de celui-ci, se mit-il, suivant sa coutume, à lui prêcher l'immodération dans le faire, l'impétuosité pédantesque du syle et les extravagances de toute sorte dont il s'était fait une religion. Cependant, soit répulsion, soit maladresse, Louis semblait prendre le contre-pied de ses leçons. Au lieu de chercher à improviser des figures, conformément à la méthode qu'on le pressait de suivre, il étudiait timidement la nature, n'arrivait à la reproduire qu'à force de temps, d'application, de labeur, et justifiait de plus en plus le surnom de *bœuf* que lui avaient donné tout d'abord ses camarades, peu accoutumés à de pareilles lenteurs. Fontana s'aperçut bientôt qu'il perdait sa peine auprès d'un élève si mal doué, « plus propre, disait-il, à broyer les couleurs qu'à les étendre sur la toile, » et, désespérant d'en faire jamais un peintre, il lui conseilla de retourner à la boutique de Vincent Carrache, son père, qui exerçait l'état de boucher. Repoussé par Fontana, Louis se rendit à Venise et fut admis dans l'école du Tintoret. A ne considérer que le mérite du maître, c'était passer en de meilleures mains, mais c'était aussi s'exposer à des méprises et à des humiliations nouvelles. Ce que l'imitateur de Vasari avait qualifié à Bologne d'inaptitude et de lourdeur d'intelligence, parut au peintre vénitien tout aussi peu rassurant ; il n'y eut de changé que les formes du jugement, et le Tintoret, en se servant de termes un peu plus courtois, n'en donna pas moins à entendre qu'il était, quant au fond, du même avis que Fontana.

Le pauvre Louis jouait de malheur. Après avoir échoué auprès d'un homme qui faisait profession d'enseigner le dessin et le style « héroïques, » il venait de s'entendre condamner par un des plus habiles coloristes de l'époque. Le seul parti qui lui restât à prendre était de s'adresser à quelqu'un qui n'eût voué de culte exclusif ni à la convention académique, ni à la couleur. Le voilà donc en route pour Florence et bientôt installé dans l'atelier de Passignano. Cette fois du moins ses espérances ne furent pas trompées. Passignano savait par expérience combien il est difficile, au début, de se révéler tout entier et de démêler nettement soi-même les conditions qu'on sera le plus propre à remplir. Lui qui, au sortir de la boutique de libraire où son père le tenait en apprentissage, avait inutilement essayé de satisfaire Jérôme Macchietti, lui qui demanda successivement des conseils à Battista Naldini, à Frédéric Zuccharo, à Paul Véronèse, il devait mieux que personne comprendre les hésitations de Louis et en même temps cette persévérance à chercher sa voie, malgré les découragements et les obstacles. A en juger d'ailleurs par ses œuvres mêmes, Passignano se tenait en garde aussi bien contre les abus du dessin *michelangesque* que contre les excès du pinceau [1]. La pru-

---

[1] Les spécimens de la manière modeste mais non sans charme de Passignano sont très-nombreux en Italie. Nous citerons seulement les *Funérailles de saint Antonin*, peintures murales qui ornent l'église

dence d'un tel maître répondait à merveille aux dispositions de Louis Carrache, et, bien que Passignano fût un peu plus jeune que son élève, il n'en exerça pas moins sur celui-ci une influence considérable ; influence que, du reste, il avait soin de subordonner aux leçons puisées en commun dans l'étude assidue des chefs-d'œuvre. Jusque-là Louis n'avait guère fait qu'entrevoir ceux que recommandent surtout la simplicité et la grâce. Ni Fontana, ni le Tintoret n'étaient hommes à se soucier beaucoup de qualités de cet ordre ; encore moins auraient-ils permis à leur disciple de copier des ouvrages en désaccord aussi formel avec le caractère de leurs propres travaux. Maintenant les conditions étaient tout autres ; un commerce familier avec Raphaël, Léonard, Andrea del Sarto, bien loin de sembler inutile ou dangereux, était prescrit comme le plus sûr moyen de progrès. Louis passa plusieurs années à reproduire ces incomparables modèles de précision et de finesse. Une fois en veine d'imitation, il ne s'arrêta plus. La science qu'il avait acquise en étudiant les dessinateurs les plus purs, il voulut la compléter par des études tout opposées, par des emprunts faits à la fois aux dessinateurs énergiques comme Jules Romain, aux coloristes suaves comme le Corrège, ou vigoureux comme Titien. Dans ce but, il quitta Florence pour visiter Mantoue, Parme, Padoue, en un mot chaque ville d'Italie — Rome exceptée — où quelque grand peintre avait laissé trace de son génie, cherchant la perfection dans le mélange de tous les styles, et travaillant à résumer, à s'approprier les traditions et les manières des maîtres de toutes les écoles. Calcul faux, nous l'avons dit, et qui, sous une apparence

---

du couvent de San Marco à Florence, pour caractériser par un exemple principal le genre d'habileté de l'artiste.

de hardiesse, n'était au fond qu'un aveu d'impuissance ou l'ambition de la médiocrité.

De retour à Bologne, Louis Carrache, qui n'avait pas consumé moins de huit années en investigations et en travaux préparatoires, entreprit enfin de se révéler dans quelques œuvres qu'il pourrait signer de son nom, tout en restant fidèle à son système d'imitation universelle; mais ces tentatives pour remettre en honneur l'étude des grands maîtres ne rencontrèrent d'abord à Bologne ni encouragement, ni crédit. Il est vrai qu'un des premiers tableaux de Louis offrait le bizarre assemblage de trois figures traitées l'une dans le style de Raphaël, l'autre dans celui de Titien, la troisième dans le goût du Corrège, et l'on pouvait au moins s'étonner du procédé choisi par le réformateur pour professer ses doctrines. Louis Carrache ne perdit pas courage; il comprit toutefois qu'en s'obstinant à lutter seul il pourrait lui arriver de se morfondre dans des efforts éternellement stériles. Ce fut alors qu'il appela à son aide ses cousins Augustin et Annibal, et, les animant tous deux de sa pensée, il les associa bientôt à ses succès.

Les peintures du palais Fava, premier et éclatant témoignage de cette association, justifient mieux que beaucoup d'autres ouvrages des Carrache la gloire qui s'est attachée au nom des trois artistes. Sans doute cette suite de compositions sur *l'Expédition de Jason* et sur *le Voyage d'Énée* ne porte pas l'empreinte du génie. On pourrait y noter, au point de vue de l'invention et du sentiment, bien des incertitudes, bien des faiblesses; mais aussi on ne saurait y méconnaître une certaine élévation dans le style, une rare habileté d'exécution, et refuser à Louis, auteur principal et directeur responsable du travail, une supériorité très-grande sur les artistes de l'époque. Quand on rapproche ces sages peintures des œuvres désordonnées qui avaient eu jusque-là le privilége de passionner la foule, il est facile de comprendre la sympathie que dut éveiller chez des juges plus délicats un retour aussi opportun au bon sens et à la mesure. Louis Carrache eut d'abord pour lui les modérés ; puis de nouveaux efforts tentés par le peintre pour concilier l'imitation littérale de la nature avec l'imitation non moins exacte des maîtres achevèrent de le mettre en faveur. Certain tableau de sainteté où il avait introduit les portraits de deux moines et de deux religieuses parut à la fois un chef-d'œuvre de style et un chef-d'œuvre de vérité ; bref, la cause était désormais gagnée, et l'enthousiasme saisissant jusqu'aux hommes élevés dans des principes tout contraires, l'atelier des Carrache se remplit de jeunes gens avides d'oublier auprès de ces régénérateurs du goût les leçons des Fontana et des Calvart. On sait qu'au nombre des transfuges se trouvaient l'Albane, le Guide et le Dominiquin.

A partir de ce moment jusqu'à la fin de sa vie, Louis ne marcha plus qu'environné des hommages et de l'admiration de tous. Bien qu'il ne sortît de Bologne qu'à de rares intervalles et seulement pour aller travailler dans quelque ville voisine, il vit la réputation qu'il s'était acquise dans son pays natal s'étendre jusqu'aux extrémités de l'Italie. De Rome, de Milan, de Naples on lui écrivait pour solliciter quelque ouvrage de sa main. Il n'était évêque ni prieur qui n'aspirât à posséder dans sa cathédrale ou dans son couvent un spécimen de cette manière à qui l'on attribuait tous les mérites, y compris — ce qui est pour le moins contestable — une grande force d'expansion religieuse. De leur côté, les amateurs profanes, les écrivains galants et les poëtes ne marchandaient au peintre ni l'encens, d'ailleurs un peu banal en Italie, des sonnets, ni les hyperboles épistolaires. Tandis que Ferrante Carlo lui écrivait pour le plaisir, à ce qu'il semble, d'épuiser en son honneur tout le vocabulaire de la flatterie, le cavalier Marin, dans une lettre minaudière comme sa poésie, lui disait, à propos d'une *Salmacis* dont il s'agissait de différer l'envoi : « Gardez-la, je vous prie, très-prudemment, afin qu'elle n'aille pas encore opérer quelque métamorphose, parce que je sais que les tableaux de Salmacis ont le pouvoir de changer les hommes en statues par l'étonnement merveilleux qu'ils causent à ceux qui les regardent. » Après quoi le chantre d'*Adonis* se rejette sur les éloges du caractère de Louis, qu'il traite à bout portant « d'Aristide » et de « nouveau Bularis. » Sur ce point du moins, le cavalier Marin n'avait tort que dans la forme. Si inattendus que puissent être ici de pareils noms, l'idée de probité qu'ils impliquent n'est pas en désaccord avec la vie de l'homme à qui cette lettre s'adresse. Peu d'artistes en effet ont autant que Louis Carrache fait preuve de désintéressement, de modestie et de droiture. Il suffit de parcourir sa correspondance dans Bottari pour se convaincre de sa bonne foi en toutes choses et de son invariable équité. Tantôt on le voit refuser une somme d'argent qu'il juge trop considérable pour le travail à rétribuer; tantôt il s'extasie devant les œuvres de l'Albane, du Guide, de Spada même. Il met le Dominiquin au premier rang des peintres contemporains, et cela en 1617, à une époque par conséquent où peu de gens eussent été disposés à se montrer aussi justes envers la victime de Lanfranc. Dira-t-on que les louanges de Louis Carrache cachent une arrière-pensée de chef d'école, et qu'en vantant ainsi des talents formés par lui, il spécule à son profit sur les hommages qui leur sont dus? Qu'on lise le jugement, bien désintéressé cette fois, qu'il porte quelque mois plus tard sur le Guerchin et sur ses premiers ouvrages : « Il y a ici un jeune homme de Cento qui peint avec un extrême bonheur d'invention. Il est grand dessinateur et très-heureux coloriste. Il est fort laid ; mais d'un autre côté c'est un miracle de la nature : il étonne ceux qui regardent ses tableaux. Je n'en dis pas assez : il rend stupides les premiers peintres. » Enfin il n'est pas jusqu'à Michel-Ange de Caravage, dont le radicalisme farouche est assurément bien opposé à la méthode tempérée de Louis, il n'est pas jusqu'à Ribera, emporté si souvent et si loin par son amour de la réalité, qu'il ne se plaise à qualifier de « peintres excellents. »

Le maître bolonais, on le voit, n'appliquait pas seulement à l'étude des œuvres anciennes ses principes de tolérance et d'analyse impartiale. Ici encore il admettait toutes les formes du talent sans en préférer ouvertement aucune ; mais par cette impartialité même il courait grand risque d'entretenir l'erreur absolue chez les uns, le scepticisme chez les autres. C'est à ce double résultat que devait aboutir et qu'aboutit en effet l'insuffisante réforme des Carrache. Lorsque Louis mourut, en 1619, dix-huit ans après Augustin, dix ans après Annibal, il tomba sans avoir vu s'amoindrir sensiblement son autorité ni sa gloire. Le vide de ses doctrines commençait pourtant à se faire sentir ; la foi dont il était l'apôtre s'éteignait dans tous les cœurs, ou plutôt les croyances négatives qu'il avait popularisées faisaient place déjà à un vague besoin de certitude, à je ne sais quelles velléités d'audace. Triste audace d'ailleurs et qui, s'encourageant de l'impunité, de la faveur même, allait sous peu dégénérer en cynisme ! Les Carrache avaient eu raison pour un moment de l'esprit d'aventure et des outrecuidances du pinceau ; mais le remède apporté par eux ne fut et ne pouvait être qu'un palliatif. Encore quelques années, et le mal dont ils n'avaient pas su extirper les racines reparaissait plus violent, plus détestable que jamais. L'art italien venait de reprendre sous leur main une apparence de vie : après la mort de Louis il entre dans une période d'épuisement ou d'agitation convulsive qui n'accuse même plus le regret du passé, et qui ne devait avoir pour terme qu'une agonie sans éclairs de mémoire, qu'une mort sans retours de grandeur.

2. — ANNIBAL CARRACHE.

L'usage de confondre les trois Carrache dans une égale estime s'est si bien et si généralement répandu que, même en face de leurs œuvres, on ne songe guère à distinguer entre eux. Qu'une peinture à fresque ou un tableau soit de la main de Louis, d'Augustin ou d'Annibal, peu importe : le nom de la famille suffit et nous dispense d'autres informations. Il semble que les Carrache, comme autrefois les Della Robbia, aient voulu abriter leur responsabilité personnelle sous une sorte de raison sociale, ou que, par anticipation sur les mœurs littéraires de notre temps, ils n'aient su se mettre à la besogne que côte à côte, à portée de se prêter secours et de se surveiller mutuellement. Rien de moins juste pourtant. L'analogie est grande entre les travaux de Louis et ceux de ses cousins : tous trois obéissaient à des doctrines identiques, à un système pittoresque conçu et élaboré en commun ; mais ils ne le pratiquaient ni avec un succès pareil ni avec une même décision. Annibal, par exemple, en dépit de ses efforts pour s'anéantir dans l'imitation, reproduit-il toujours ses modèles avec la froide abnégation de Louis ou avec les partis pris un peu pédantesques d'Augustin ? Il n'a pas, j'en conviens, beaucoup plus d'indépendance que l'un, beaucoup plus de simplicité que l'autre ; mais son style, bien que travaillé la plupart du temps avec un soin pénible, s'échappe par moments en hardiesses involontaires, et ne manque alors ni de force ni de grandeur. Louis et Augustin ne se départent guère de leurs habitudes de professeurs, et semblent disserter jusque dans leurs tableaux ; l'attitude d'Annibal a moins de prétention et de contrainte. Si elle accuse la volonté de soutenir un rôle, elle décèle aussi une certaine envie de s'abandonner. C'est à ce fonds de franchise incomplétement dissimulé, c'est à une apparence d'originalité sans éclat, mais non sans prix, que le plus jeune des trois Carrache doit sa supériorité sur ses aînés. Classé comme eux parmi les peintres de second ordre, il mérite d'occuper à ce rang une des premières places ; son nom, le dernier de la race, à ne consulter que la chronologie [1], semble, au point de vue de l'art, le plus digne d'être mentionné d'abord, et celui qu'il convient surtout d'honorer.

La galerie du palais Farnèse à Rome, et, en général, les ouvrages peints par Annibal vers la fin de sa vie, sont les meilleurs spécimens de ce talent, en qui l'on peut distinguer sinon deux manières ouvertement dissemblables, au

---

[1] Nous ne parlons ici que des trois artistes en qui l'on a coutume de résumer l'histoire de la famille des Carrache, Louis, Augustin et Annibal. Cette famille, toutefois, compte encore deux peintres appartenant à la même génération, Paul Carrache, frère de Louis, et François, frère d'Augustin et d'Annibal. Enfin, un sixième Carrache, Antoine, fils naturel d'Augustin, est l'auteur du tableau représentant *le Déluge* que possède le Musée du Louvre.

moins des inspirations de deux ordres différents. Au début de sa carrière, alors qu'il s'agissait de prêter main forte à Louis et d'arborer le drapeau de la réforme, Annibal ne craignit pas de pousser jusqu'à leurs conséquences extrêmes les principes en vertu desquels on prétendait régénérer l'école. A ce moment, il y a, dans ses efforts pour s'assimiler le faire des grands peintres, une espèce d'ostentation, un zèle qui accuse moins l'amour du progrès que le goût de la provocation et du défi : « Mettons toute notre attention à nous approprier la belle manière du Corrège, » écrivait-il en 1580 de Parme à son cousin. « C'est là notre principale affaire, afin de pouvoir mortifier un jour toute cette canaille... » Et, pour rendre la mortification complète, il croyait devoir s'approprier aussi les exemples de la nature vulgaire, reproduire, en haine du faux *idéalisme* à la mode, tous les détails de la réalité ; en un mot, quels que fussent ses modèles, — tableaux des maîtres ou êtres vivants — il ne voulait ou ne savait envisager partout que les côtés extérieurs et les caractères palpables. De là, au point de vue moral, l'insuffisance, souvent même la nullité absolue des sujets religieux traités par Annibal dans sa jeunesse. Les tableaux de ce genre que possède le musée du Louvre appartiennent pour la plupart soit à une époque où l'artiste commençait à abandonner son premier style, soit à l'époque finale où il l'avait entièrement réformé ; ils ne peuvent donc être invoqués à l'appui de nos critiques. Mais les *Saintes Familles*, les *Pietà*, les diverses scènes évangéliques qu'Annibal peignit avant les quinze dernières années de sa vie, et que l'on voit en si grand nombre dans les églises et les musées d'Italie, sont de nature à les justifier. Ici nulle trace de recueillement, nul indice d'inspirations pieuses. S'agit-il de peindre l'*Adoration des bergers* : Annibal parodie tout uniment la célèbre *Nuit* du Corrège et ne voit dans ce sujet sacré qu'un prétexte à effets de lanterne. Est-ce un épisode de *la Fuite en Egypte* qu'il se propose de représenter : il copie une fois de plus la villageoise aux formes épaisses qu'il a fait poser si souvent pour ses *Madeleine au désert*, et dans les bras de cette lourde fille il place un en-enfant aussi peu propre qu'elle à nous faire rêver du Ciel. Entraîné par son amour pour les vérités matérielles, Annibal supprime même les signes qui d'ordinaire personnifient et consacrent ses saints modèles, et il n'est pas jusqu'à la tête de l'enfant Jésus qu'il ne dépouille de l'auréole : faute secondaire si l'on veut, mais qu'il y a lieu cependant de noter, parce qu'elle achève de donner au groupe une signification familière et une physionomie banale.

L'ensemble des œuvres d'Annibal peut donc se diviser en deux parts. L'une ne contient guère que des témoignages d'affectation et d'ambition impuissante, une série de travaux en contradiction violente et systématique avec les travaux de l'époque : il n'est que juste de tenir peu de compte de ces essais ayant à la fois pour principes l'imitation textuelle de la nature et l'imitation servile de quelques maîtres. L'autre moitié, bien qu'elle rappelle encore cette manie de copie littérale, laisse voir du moins plus de goût, plus de respect pour la pensée. Envisagée dans cette seconde période, la manière d'Annibal acquiert une valeur sérieuse; elle a de la vérité sans bassesse et de la force sans excès. Comment le troisième Carrache réussit-il à se transformer ainsi? C'est ce que nous essayerons d'indiquer en esquissant la vie de l'artiste : vie à deux faces comme son talent, mais où les événements se produisent en raison inverse des phases de ce talent même; brillante et facile quand Annibal n'est encore que le pâle imitateur du Corrège, pleine d'humiliations et de traverses à partir du moment où il a trouvé sa voie et lorsqu'il méritait d'y être suivi par les encouragements de tous.

On a vu que Louis Carrache, déconcerté par l'accueil fait à ses premiers essais de réaction, avait eu hâte de s'attacher ses cousins Augustin et Annibal. En s'adressant à eux, il ne faisait au reste que spéculer sur l'avenir, les deux frères n'étant nullement en mesure de lui prêter un secours immédiat. L'aîné, mis en apprentissage chez un orfévre, avait eu occasion, il est vrai, d'acquérir quelques notions du dessin. En outre Augustin était doué d'une facilité rare pour les genres d'étude les plus opposés. Les sciences mathématiques, la philosophie même l'occupaient aussi bien que la poésie et la musique. Il se passionnait pour toutes choses ; il savait juger et parler de tout, et — disposition précieuse dans les circonstances actuelles — il ne manquait ni de confiance en lui-même ni de malveillance instinctive pour les opinions ou le talent des autres. Quant à Annibal, il était de tous points l'opposé de son frère. Complétement illettré et s'accommodant à merveille de son ignorance, il prenait en pitié les inclinations studieuses d'Augustin et ne savait répondre aux railleries ou aux excitations détournées de celui-ci que par l'injure formelle et la colère. De là entre les deux jeunes gens une secrète inimitié que devait entretenir et augmenter plus tard la communauté des travaux, mais que remplaçait une amitié très-vive, aussitôt que les occupations de l'un laissaient l'autre dans l'isolement.

Annibal avait passé dans la boutique d'Antoine Carrache, son père, les années durant lesquelles Augustin venait de mener de front les tâches que lui imposaient son métier, ses premières études d'art et ses études littéraires. Antoine Carrache était tailleur. En retenant auprès de lui son second fils, il avait cru prendre le parti le plus conforme aux dispositions de celui-ci, et pendant quelque temps en effet les travaux de l'aiguille parurent suffire pleinement aux besoins modestes de cette intelligence. Le retour de Louis à Bologne vint tout compromettre et bientôt tout changer. Annibal, qui ne pardonnait pas à son frère de prétendre au titre de savant, ne pût voir sans une ardente sympathie les efforts tentés par son cousin pour prendre rang parmi les peintres; il s'émut à son tour d'une ambition pareille, et laissant de côté l'aiguille et les ciseaux, il s'arma d'un crayon, en attendant qu'il lui fût loisible de manier le pinceau. La résolution n'était pas de nature à plaire beaucoup à Antoine Carrache, assez étonné d'ailleurs des aspirations intellectuelles de sa famille; mais Louis, qui y trouvait son compte, encouragea de son mieux la vocation soudaine d'Annibal, et il entreprit de vaincre les répugnances paternelles. Antoine finit par être à peu près persuadé ; il se laissa enlever ce second fils comme il avait déjà consenti à se séparer de l'aîné. Annibal, né en 1560, était alors âgé de seize ans.

Tandis qu'il poursuivait son apprentissage dans l'atelier de Louis, deux jeunes artistes se préparaient, l'un à Naples, l'autre à Rome, à jouer aussi, mais chacun dans un sens différent, ce rôle de réformateur qu'il allait bientôt prendre avec plus d'autorité que personne. Annibal, Michel-Ange de Caravage et le Josépin étaient à peu près du même âge. Tous trois personnifient les tendances rivales qui divisèrent l'école italienne vers les premières années du dix-septième siècle, et bien que la guerre ne fût pas encore déclarée à l'époque qui nous occupe, elle était cependant assez près d'éclater pour que nous en examinions dès à présent le principe et les effets.

Michel-Ange Amerighi de Caravage, que l'on range quelquefois parmi les élèves des Carrache, quoiqu'il n'ait reçu que très-accidentellement les conseils de ceux-ci, n'était pas homme à s'accommoder de leur méthode toute de tempéraments et de concessions. Pour lui l'art n'avait qu'un but : la reproduction brute du fait ; le mot de beau n'avait de sens qu'autant qu'il s'appliquait à l'imitation rigoureuse de la réalité. Le système à outrance d'Amerighi et la singulière vigueur avec laquelle il le pratiquait rallièrent de nombreux partisans. Les *naturalisti* — c'était le nom de la nouvelle secte — triomphaient déjà à Rome lorsque, réunissant les débris du vieux parti, le Josépin entreprit de disputer le terrain aux vainqueurs. La cause qu'il s'agissait de soutenir était celle de l'*idéalisme*, ou plutôt on ne visait à restaurer sous ce titre pompeux que les doctrines surannées de l'école académique. Le replâtrage de ces doctrines par le Josépin et ses adhérents n'en eut pas moins l'importance d'une découverte. Nombre d'esprits, dégoûtés de la nature par le naturalisme d'Amerighi, se laissèrent prendre aux décevantes théories de son adversaire, et l'on accepta comme une haute inspiration de l'art ce qui n'était que le résultat du savoir-faire et l'expression d'idées artificielles. Annibal allait donc avoir à lutter, à côté de son cousin et de son frère, contre les derniers représentants de la tradition michelangesque ou *héroïque* en même temps qu'il lui faudrait tenir tête aux excès de la faction naturaliste et déjouer les intrigues réactionnaires nouées à Rome par le Josépin.

Cependant, sans connaître précisément tous les ennemis auxquels il aurait affaire et ne songeant pour le moment qu'à s'aguerrir par l'étude des maîtres, Annibal se rendit à Rome où il copia tout ce qu'il put des peintures du Corrège, puis à Venise où le Tintoret l'accueillit avec plus de bienveillance qu'il n'en avait autrefois témoigné à Louis. Conformément aux prescriptions de son cousin, Annibal, en voyageant ainsi, avait dessein non de s'inspirer des chefs-d'œuvre, mais de dérober à chacun d'eux sa part d'excellence pour combiner ensuite ces larcins et mettre en œuvre tous ses souvenirs. Ce n'est pas que certaines velléités d'indépendance ne vinssent de temps à autre se mêler à ce parti pris d'abnégation et peut-être inquiéter quelque peu Louis sur la docilité de son élève : « Je dois, lui écrivait Annibal, dire à Votre Seigneurie mon sentiment sur tout ce que je vois, ainsi que nous en convînmes avant mon départ. Mais je vous avoue que cela m'est difficile, tant mes idées sont encore confuses..... Corrège, Titien, je vous chérirai toujours. Qu'on dise ce que l'on voudra de leurs tableaux, ce sont là de véritables peintures ; je le reconnais et je déclare que vous avez grandement raison. Pourtant je confesse que je ne pénètre pas bien le fond de votre pensée et que je ne souscris pas encore tout à fait à vos principes. La simplicité et la pureté qui sont vrais sans être vraisemblables me plaisent ; c'est la nature sans art et sans contrainte..... Je ne puis bien m'exprimer, mais je sais ce que j'ai à faire et cela suffit. » Et il ajoutait un peu ironiquement : « Augustin saura bien tirer la quintessence de ceci et en parler selon les règles. » Mais ces moments d'hésitation étaient rares, et il ne paraît pas qu'Annibal, surtout dans les ouvrages appartenant à sa première manière, ait eu d'autre souci que l'imitation absolue des peintres lombards et vénitiens : imitation que complique sans la corriger la reproduction de la nature dans son acception purement matérielle.

Annibal de retour à Bologne trouva Louis et Augustin, qui lui aussi avait voyagé, en mesure d'associer leurs efforts aux siens pour opérer enfin dans l'art cette révolution si patiemment méditée. Bientôt les fresques du palais Fava vinrent mettre en lumière les noms des trois Carrache. D'autres travaux exécutés soit en commun, soit isolément, par les nouveaux maîtres confirmèrent ce premier succès. Vainement les artistes jusqu'alors en crédit essayèrent de protester et d'accuser les entraînements de la foule; au bout de quelques années les Carrache régnaient à Bologne avec une autorité qu'on ne songeait déjà plus à contester et, pour achever la ruine des adversaires de la réforme, Annibal, à l'instigation de Louis, les ridiculisait dans des caricatures : genre de productions où il excella, soit dit en passant, et où il se montre, assez contrairement à ses habitudes, plein de *brio*, de résolution et d'entrain. Augustin, de son côté, ne se faisait pas faute d'employer ses armes familières et se répandait en discours, en raisonnements, en explications scientifiques pour entretenir ou réchauffer le zèle des convertis.

Tout allait donc au mieux, à ne considérer que le moment présent : mais aussi tout pouvait être compromis dans l'avenir si l'on ne prenait soin d'attacher solidement au parti la génération qui s'avançait, en ajoutant à l'influence des exemples muets l'influence pour le moins aussi sûre des enseignements directs. D'ailleurs, si l'on avait eu raison de l'esprit de routine et de ses résistances à Bologne, on se trouvait déjà en face d'un nouveau danger. Les tentatives des naturalistes et des idéalistes commençaient à prendre faveur dans un pays voisin ; il fallait opposer une digue aux envahissements possibles des doctrines que l'on professait à Rome ou en démontrer l'insuffisance avant qu'elles aient eu le temps de pénétrer ailleurs et d'y séduire personne. Les Carrache, en gens prudents, résolurent d'administrer l'opinion qu'ils avaient préalablement conquise. Dans ce but, ils ouvrirent une académie où ils se proposaient de commenter publiquement les œuvres de leurs pinceaux et les anciens chefs-d'œuvre ; ils voulurent, en vertu de leur système éclectique, enseigner aux jeunes peintres à démêler le bien sous toutes ses formes et les guider par la parole dans la voie moyenne où ils marchaient eux-mêmes, côtoyant en même temps le sentier abrupt tracé par Amerighi et la route facile où s'ébattaient le Josépin et sa troupe. Les prétentions de cette école que de nos jours on aurait peut-être appelée une « école du bon sens » s'abritèrent d'abord sous un nom plus modeste. Pour exprimer leurs regrets du passé et leurs espérances actuelles, les Carrache intitulèrent leur Académie *Accademia degli Desiderosi ;* puis, un peu plus tard, *degl' Incamminati,* lorsqu'ils la virent en marche vers le succès. Quand la partie fut définitivement gagnée, ils mirent de côté l'humilité et les façons, et l'école qu'ils avaient fondée se nomma tout uniment l'*Académie des Carrache.*

La méthode d'enseignement adoptée n'était pas seulement une nouveauté au point de vue de la doctrine : il y avait encore dans l'emploi des moyens, dans la forme même des leçons, quelque chose de radicalement contraire à tous les précédents. Jusqu'alors le mode d'études pour les jeunes gens qui se destinaient à la peinture ne différait presque pas du genre d'éducation que reçoivent aujourd'hui les ouvriers. Le maître ayant à ses côtés l'élève, que fort souvent il logeait et nourrissait chez lui, l'initiait progressivement aux secrets du métier par l'exemple continuel de son propre travail. Les Carrache ne voulurent pas que leurs disciples passassent, suivant la coutume, par les divers degrés de cet apprentissage. Prenant les choses de haut, ils remplacèrent les conseils à huis clos par des leçons publiques, l'influence familière du patron par l'autorité du professeur. Bologne eut ainsi une sorte de faculté des arts où tout ce qui de près ou de loin se rattachait à la peinture était exposé, démontré et commenté en chaire. Louis, gardant son attitude de chef avait la haute main sur les études ; Annibal s'occupait exclusivement de développer les règles du dessin et du coloris, de guider le crayon ou le pinceau des débutants. Quant à Augustin il dissertait sur tout, il enseignait tout depuis l'histoire universelle jusqu'à la perspective, depuis la philosophie de l'art jusqu'aux noms et à l'office des muscles et des os. Auteur d'un traité d'anatomie, d'un traité d'architecture et de bien d'autres traités en prose, sans compter les petits poëmes et les sonnets, il lisait ce qu'il avait écrit, y ajoutait des aperçus nouveaux : ou bien, à propos de telle œuvre qui venait de se produire, il donnait cours à sa veine critique. S'agissait-il d'initier le public aux progrès des élèves, d'organiser des expositions, d'y attirer les hommes en situation de protéger l'Académie : Augustin se chargeait de ces soins et réussissait à tout mener à bonne fin, y compris les distributions de prix auxquelles assistaient les principaux personnages de la ville et où il proclamait lui-même les noms des vainqueurs, non sans quelque accompagnement de poésie et de musique de sa façon.

Comment, au milieu des occupations de toute espèce que leur imposait leur rôle de professeurs, les Carrache trouvèrent-il le temps de peindre un si grand nombre d'ouvrages : c'est ce qu'il est difficile de s'expliquer. La fécondité d'Annibal surtout est véritablement surprenante, quand on songe que les tableaux qu'il fit à Bologne — tableaux de grande dimension pour la plupart et qui se comptent par centaines — ont été exécutés dans l'espace de dix-sept années au plus, sans compter plusieurs autres travaux en société avec Louis et Augustin. Nous avons parlé des fresques du palais Fava : celles du palais Magnani, représentant l'histoire de Romulus et de Rémus, méritent au moins d'être mentionnées, et si, comme l'affirme Bellori, le plus jeune des Carrache eut une part principale à l'exécution de cet important ouvrage, il est juste de lui restituer l'honneur d'une entreprise dont on attribua dans les premiers temps tout le mérite à Louis. Celui-ci, toutefois, ne chercha jamais à détourner sur lui-même l'estime que devaient inspirer les talents d'Annibal, et lorsque le cardinal Odoard Farnèse lui proposa de venir à Rome décorer le palais qu'avaient construit Antoine San Gallo, Vignole et Michel-Ange, Louis, jugeant qu'il n'était pas le plus digne d'une si haute tâche, envoya son élève à sa place, quitte à lui apporter plus tard des encouragements ou des conseils. Annibal, d'ailleurs, n'avait accepté le travail que sous cette condition expresse, et lorsque, au bout de deux années, les esquisses furent faites, il les soumit à Louis, venu tout exprès à Rome (1602) pour rassurer à la fois le peintre et le cardinal Farnèse.

Annibal, en arrivant à Rome, allait y trouver quelques protecteurs puissants, au premier rang desquels il faut citer monsignor Agucchi, prélat lettré, grand ami des arts et des artistes, et que son origine bolonaise intéressait particulièrement à la gloire des Carrache. Mais, en regard de ces éléments de succès, bien des périls semblaient menacer le nouveau client des Farnèse, bien des gens se tenaient tout prêts à le dénigrer de leur mieux. Il va sans dire que Michel-Ange de Caravage et le Josépin se trouvaient sur ce point parfaitement d'accord. Le premier, il est vrai, avait fait d'abord grand bruit de ses sympathies et s'était écrié devant un tableau d'Annibal : « Grâce à Dieu, j'ai donc rencontré un peintre; » ce qui ne l'empêchait pas, fort peu après, de reléguer ce vigoureux soutien de l'art parmi « les impuissants et les cuistres. » Le second, essayant le rôle que

Lanfranc continuerait vingt ans plus tard pour perdre le Dominiquin, allait travailler, par ses intrigues auprès des grands, à se débarrasser d'un dangereux rival [1]. Enfin le Guide qui, à ce moment, n'était pas encore à Rome, mais qui y avait envoyé quelques tableaux, le Guide comptait déjà assez de partisans pour que ce jeune talent inquiétât le talent d'Annibal et nuisît à sa popularité. Le nouveau venu avait donc fort à faire pour triompher des préventions qui existaient déjà ou des obstacles qu'on ne manquerait pas de lui susciter. Il accepta résolûment la lutte, et, après quelques tableaux de sainteté peints par ordre du cardinal, il entreprit la décoration de la galerie et de plusieurs chambres du palais Farnèse : œuvre immense qu'il mena à fin en huit années avec l'aide seulement de son frère et, par moments, de deux ou trois élèves.

D'ailleurs, en associant Augustin à ses travaux du palais Farnèse, Annibal songeait moins à s'assurer le concours d'un pinceau habile que l'assistance d'un esprit cultivé. Les deux frères, on s'en souvient, avaient, en dehors de l'art même, une instruction fort inégale. Nourri des écrivains de l'antiquité, et se piquant en matière littéraire comme en toutes choses de goût pur et d'expérience, l'aîné possédait un fonds de connaissances qui manquait presque absolu-

---

[1] Parfois cependant le Josépin recourait à des moyens plus directs. Ainsi, rencontrant un jour Annibal, qui s'était égayé sur un de ses ouvrages, il parla de duel et mit tout d'abord l'épée à la main. Annibal ne se souciait pas de jouer sa vie pour si peu. En réponse au défi de son adversaire, il prit des pinceaux et des crayons et les présentant au Josépin : « Voilà, dit-il, nos vraies armes à vous et à moi. Laissons le fer aux gentilshommes et battons-nous, comme il convient à des gens de notre métier, en faisant assaut de talent. » Le Josépin sentit que sur ce terrain il courait grand risque de perdre la partie, et ce fut lui qui, à son tour, déclina le combat.

ment au second. Or les sujets dont le cardinal Odoard Farnèse et monsignor Agucchi avaient rédigé le programme étaient tous tirés de la mythologie : car, suivant la mode du temps, les hommes d'église eux-mêmes s'étaient fait des *Métamorphoses* d'Ovide une sorte d'évangile de l'art. Le moyen pour Annibal de satisfaire aux conditions de la tâche en commentant seulement par l'étude des statues antiques le thème pittoresque qu'il s'était chargé de développer ? Au palais Fava, et ensuite au palais Magnani, il avait été l'interprète de la pensée des autres ; en traitant alors sous les yeux de son cousin et de son frère des sujets tirés de la fable, il se fiait à ses compagnons de travail du soin de respecter les textes. Ici, c'était à lui de prouver ce respect, et pour être sûr de ne pas s'en écarter, pour se raffermir au moins dans sa volonté d'exactitude, il recourut à Augustin, qui, en sa qualité d'archéologue et de savant, était plus propre que personne à diriger ses efforts. Au surplus, est-ce bien de direction qu'il s'agit, et l'intervention d'Augustin en ceci n'est-elle pas après tout assez secondaire ? Qu'il ait, comme on le dit, et comme il ne manqua pas de le dire lui-même, donné aux détails des compositions ce caractère ingénieux et érudit qui sert en quelque sorte de vernis à la magnificence de l'ensemble ; qu'il ait même çà et là, dans le *Triomphe de Galatée*, par exemple, travaillé seul, il n'y a rien là que de très-admissible. Qu'importe ? Le *Triomphe de Galatée* est une réminiscence flagrante de la fresque de Raphaël sur le même sujet, et ne prouve pas qu'Augustin fût si fort en fonds d'imagination qu'il pût en prêter beaucoup à son frère. Ensuite, est-ce parce que les inscriptions latines, les emblèmes et les intentions littéraires abondent dans les peintures du palais Farnèse que le tout a, comme œuvre d'art, une valeur considérable ? Disons enfin qu'Augustin mourut longtemps avant l'achèvement du travail, et qu'à force de trancher du professeur avec son frère il s'était rendu si insupportable qu'Annibal avait cru devoir le congédier au bout d'une année.

Les fresques du palais Farnèse appartiennent donc en propre, et quoi qu'on ait pu dire, à Annibal. On a coutume de les citer comme le chef-d'œuvre des Carrache : il est plus équitable de n'y voir que le chef-d'œuvre de l'un d'eux. Nous ne prétendons pas toutefois, pour le plaisir d'immoler Augustin, exagérer l'originalité du talent de son frère. Il n'y a que justice à signaler, même dans les meilleurs morceaux de la galerie Farnèse, bien des emprunts, bien des témoignages de déférence pour les maîtres poussée jusqu'au renoncement de soi. Ainsi, dans *Mercure et Pâris,* la figure du berger rappelle trop directement le goût de dessin et certaines attitudes tourmentées du Corrège ; la tête est une reproduction de la tête de l'Amour peinte par Raphaël à la Farnésine. La *Vénus* devant laquelle Anchise s'agenouille semble copiée d'après la *Fornarina* du palais Barberini. On pourrait aisément multiplier les remarques de ce genre et montrer qu'en voulant établir un compromis entre le beau antique, la grâce du Corrège et la vigueur de Raphaël à l'époque de sa troisième manière, Annibal n'a fait trop souvent qu'ajuster des pièces de rapport et inventorier les mérites d'autrui. Mais ce péché d'habitude est racheté ici par des qualités toutes nouvelles, par une ampleur et une fermeté d'exécution inaccoutumées. Annibal, du reste, allait à son tour trouver des imitateurs, et le temps n'était pas loin où l'on ne remonterait guère au delà de ses ouvrages pour chercher des modèles de grand style et de peinture monumentale. En Italie, les vastes et innombrables *machines* peintes par Luca Giordano, Pierre de Cortone et autres artistes plus ou moins habiles de la fin du dix-septième siècle ; en France, les plafonds de Romanelli au palais Mazarin et au Louvre, la galerie du palais de Versailles et en général les travaux de décoration qu'ont laissés Lebrun, Mignard et leurs contemporains, tout cela n'a-t-il pas pour point de départ et pour origine manifeste la galerie du palais Farnèse ? Le style que, sous le règne de Louis XIV, on appelait « le style romain » et que les chefs de l'école préconisaient à l'Académie comme ils travaillaient à se l'approprier dans leurs œuvres, était-il autre chose que le style d'Annibal ? Il faut même ajouter qu'en cherchant à reproduire cette manière, les peintres français ne sont arrivés le plus souvent qu'à en exagérer le principe. Le faste excessif de Lebrun, par exemple, est en germe dans le goût opulent de Carrache ; mais là où le premier peintre du roi semble afficher la pompeuse magnificence d'un financier, le peintre italien a pour ainsi dire la libéralité sans ostentation d'un grand seigneur. Au lieu d'éblouir il impose, et si les peintures du palais Farnèse ne peuvent, comme les œuvres excellentes, inspirer une admiration profonde, elles commandent au moins le respect.

Il ne paraît pas qu'au temps d'Annibal beaucoup de gens aient reçu cette impression. Quant au cardinal il n'y eut rien d'équivoque dans sa conduite, rien qui pût laisser le moindre doute sur le degré d'estime où il tenait le travail et l'artiste lui-même. Conseillé par quelques ennemis de celui-ci, et, entre autres, par un certain Juan de Castro, gentilhomme espagnol sans titre officiel mais non sans influence dans le palais, il fit venir Annibal, supputa en sa présence, outre les dix écus de rétribution mensuelle, le pain et le vin qui lui avaient été fournis pendant huit années, puis, l'addition faite, il tira de sa cassette cinq cents écus d'or destinés à acquitter sa dette et à compléter le salaire. Annibal n'attachait en général aux questions d'argent qu'une importance médiocre ; mais le procédé du cardinal et l'indifférence insultante avec laquelle on accueillait le fruit de ses longs efforts le blessèrent mortellement [1]. Il cessa, bien entendu, de servir ce parcimonieux Mécène et refusa même de travailler pour quelques hommes qui, à l'exemple de monsignor Agucchi, cherchaient à le dédommager de l'injustice qu'il venait de subir. Retiré dans une petite maison sur le Quirinal, il y vécut plus d'une année seul, oisif, et se nourrissant de son chagrin. Il reprit cependant ses pinceaux quelque temps avant de partir pour Naples, où il espérait trouver une solitude plus complète encore et s'ensevelir pour jamais dans l'obscurité. C'est de cette triste époque que datent le *Christ mort sur les genoux de la Vierge*, aujourd'hui au Musée du Louvre, plusieurs tableaux de piété conservés à Rome et où l'on reconnaît, même sans consulter la date, quelque chose de plus profondément senti, de plus sincère et de plus ému qu'il n'appartient à ce peintre, d'ordinaire si peu religieux. Naples ne donna pas à Annibal le sombre repos qu'il était allé y chercher. Plus inquiet, plus navré que jamais, en proie à cette langueur agitée que le Tasse appelle énergiquement « un trépas continuel, » il revint à Rome et, se réfugiant dans l'excès des plaisirs, il mourut, à quarante-neuf ans, de la

---

[1] Si l'absence de toute convention pécuniaire avant d'entreprendre les peintures du palais Farnèse n'était pas, de la part d'Annibal, une preuve suffisante de désintéressement, on en trouverait une autre dans l'abandon qu'il fit à l'Albane d'une somme assez forte versée entre ses mains, en payement des fresques de l'église Saint-Jacques des Espagnols. Ces fresques avaient été peintes, il est vrai, par l'Albane, mais d'après les cartons d'Annibal, et celui-ci ne voulut rien toucher d'un prix dont cependant la moitié au moins lui revenait bien légitimement.

mort de Raphaël, auprès d'une Fornarine du plus bas étage[1].

Par les soins de monsignor Agucchi et d'Antoine Carrache, fils naturel d'Augustin, Annibal fut inhumé dans l'église Sainte-Marie de la Rotonde, à quelques pas du tombeau où les restes de ce même Raphaël avaient été déposés près d'un siècle auparavant : étrange rapprochement, et que ne justifient certes pas, quoi qu'en dise l'inscription tumulaire[2], les œuvres et la gloire inégale des deux artistes. Si habile que se soit montré Annibal, si honorables qu'aient été ses efforts vers les dernières années de sa vie pour ne plus s'en tenir à la méthode tout extérieure qu'il avait pratiquée jusqu'alors, une estime sérieuse est le seul tribut que l'on doive à ce talent fort imprudemment assimilé au génie. Annibal Carrache n'est rien moins qu'un inventeur, quoique bon nombre d'artistes venus après lui l'aient choisi pour modèle ; il a seulement épargné à ses imitateurs la peine de remonter aux sources où il avait puisé lui-même. Rien de plus juste que de lui savoir gré de ses investigations et, jusqu'à un certain point, du parti qu'il en a tiré : mais aussi rien de plus légitime que de voir en lui un disciple plutôt qu'un maître, un talent avant tout bien informé, et de ne lui reconnaître, faute d'originalité principale, que l'intelligence studieuse des diverses traditions.

[1] Voir la lettre de Mgr Agucchi au chanoine Dulcini, à Bologne, 15 juillet 1609.
[2] *Annibal Carraccius Bononiensis hic est Raphaeli Sanctio Urbinati ut arte, ingenio, fama, sic tumulo proximus, etc.* Cette inscription composée par Carle Maratte, fut gravée sur la tombe d'Annibal en 1674.

3. — AUGUSTIN CARRACHE.

Pour juger Augustin Carrache et lui assigner sa vraie place dans l'histoire de l'art italien, il serait insuffisant de consulter uniquement les ouvrages qu'il a laissés. Il faut encore lui tenir compte de certaines facultés que l'on rencontre rarement réunies chez un seul homme, et apprécier l'étendue de son intelligence, son savoir universel, aussi bien que les témoignages matériels de son talent; il faut, en un mot, examiner ce qu'il a fait en se souvenant de tout ce qu'il a voulu faire. Envisagée à ce double point de vue, cette vie si courte paraîtra bien remplie; cet esprit que passionnèrent au même degré les arts et les sciences, qui poursuivit avec une égale ardeur tous les genres d'étude, qui effleura au moins toutes les connaissances humaines, un tel esprit a de quoi nous étonner; et, si, vu l'immense différence des œuvres, on ne peut comparer la brillante organisation d'Augustin à l'organisation souveraine de Léonard, il est permis d'y trouver une sorte d'équivalent à celle de Pic de La Mirandole. A ce compte, Augustin Carrache représenterait dans l'art l'érudition plutôt que le progrès, l'activité plutôt que la puissance de la pensée, et l'éparpillement des dons reçus caractériserait en même temps chez lui un genre de supériorité et une faiblesse.

Si l'on considère en effet la diversité des tendances d'Augustin, le nombre et la variété de ses aptitudes, il est impossible de ne pas admirer cette facilité singulière à tout comprendre, depuis les spéculations de la philosophie, de l'astrologie même, jusqu'aux conditions et à la pratique de la peinture, de la statuaire, de l'architecture, de la gravure, de la musique. Il est difficile de s'expliquer comment l'artiste qui mourut à quarante-trois ans, laissant tant de tableaux, de dessins, d'estampes et d'écrits techniques, avait trouvé le temps d'être par surcroît un peu médecin, un peu poëte, très-habituellement professeur, et d'enseigner publiquement l'histoire et l'anatomie, la géographie et la rhétorique, l'esthétique et la perspective. Pourtant, en dépensant ainsi ses talents au jour le jour, il ne faisait qu'escompter la gloire et se compromettre dans l'avenir. Peut-être après qu'il eût peint sa *Communion de saint Jérôme*, après qu'il eût gravé ses premières pièces et composé ces *Traités* de toute espèce qu'il devait plus tard développer dans ses cours à l'Académie, Augustin avait-il le droit de s'estimer l'égal des meilleurs peintres, des plus habiles graveurs et des plus savants théoriciens de son époque : il n'était pour cela ni un excellent écrivain, ni un maître dans le sens absolu du mot. Faute d'un but fixe et d'une ambition limitée, il n'avait réussi qu'à entrevoir le bien ici et là, qu'à rencontrer partout le demi-succès, qu'à obtenir une contrefaçon de la gloire. Avec ses inclinations multiples, ses goûts un peu superficiels et sa curiosité en toutes choses sans préférence spéciale, Augustin n'a ni l'unité de physionomie, ni l'importance formelle d'un savant ou d'un artiste; il nous apparaît plutôt comme un *dilettante* universel, s'appropriant tour à tour les divers objets qui le séduisent, et visant moins, dans ses inconstantes recherches, à découvrir la perfection qu'à satisfaire sa fantaisie.

On a vu ailleurs que ces dispositions d'Augustin s'étaient manifestées de très-bonne heure, et qu'avant même de quitter la boutique où son père l'avait mis en apprentissage, il se livrait à des études assez peu compatibles en apparence avec l'état d'orfévre, auquel on le destinait. Les sciences exactes et les lettres faisaient le fond de ces études; mais lorsque Louis eut placé son cousin dans l'atelier de Fontana, le futur peintre laissa de côté les livres et la plume, afin de poursuivre sans distraction sa nouvelle tâche. Une fois dans cette voie, il ne s'arrêta même pas aux limites imposées par la volonté de Louis. C'était peu de dessiner et de peindre sous les yeux de Fontana, un peu plus tard sous les yeux de Bartolommeo Passerotti; Augustin se mit à étudier la sculpture et l'architecture sous la direction du Bolonais Minganti, la gravure auprès de Domenico Tibaldi, et, à Venise, auprès de Corneille Cort.

Cependant le moment était venu pour lui de choisir, entre toutes les carrières qu'il s'était ouvertes, celle qui lui vaudrait les succès les plus sûrs, et nous ajouterons les bénéfices les plus prochains; car, au milieu de ses occupations sans nombre, Augustin trouvait moyen de consacrer beaucoup d'heures à ses plaisirs, et ces heures ainsi employées avaient abouti à d'assez graves embarras d'argent. A l'instigation de Corneille Cort, il se décida d'abord pour la gravure; il reproduisit un nombre considérable de tableaux des écoles lombarde et vénitienne, plusieurs planches de Marc-Antoine, et quelques-unes de ses propres compositions, le tout au grand avantage de sa réputation et de sa fortune. Rien de mieux mérité d'ailleurs que ce double succès. Les estampes gravées par l'élève de Cort se recommandent par une grande fermeté de dessin, un faire large et savant, et quelque chose de cet ample sentiment qui donne aux œuvres de Marc-Antoine une si imposante beauté. Malheureusement, en s'inspirant des exemples de son célèbre compatriote, Augustin eut le tort de ne s'en interdire aucun. On sait la publication à laquelle avaient participé, de concert avec Pierre Arétin, Jules Romain et Marc-Antoine ; la suite de pièces connues en Italie sous le titre de *Lascivie di Carracci*, rappelle très-expressément, quant à l'intention et au style, cette publication honteuse. Carrache seulement, en spéculant à son tour sur l'immoralité publique, ne s'était pas choisi d'associé, et l'entreprise n'eut cette fois d'autre résultat que d'augmenter le bien-être, on dirait presque la considération de celui qui l'avait tentée. De pareilles estampes ne se vendaient pas ostensiblement dans les boutiques, mais le graveur qui les avait faites s'en était constitué l'éditeur, et moyennant quelques précautions contre une publicité un peu trop vaste, il les débitait de sa main, sans scrupule comme sans danger, à des curieux qui, cela va sans dire, ne marchandaient pas sur le prix.

Tandis qu'Augustin Carrache déshonorait ainsi son burin, en dépit des réprimandes sévères que lui adressait Louis, Annibal commençait à justifier hautement les espérances du chef de la famille. Déjà même Louis humiliait son expérience devant ce jeune talent et déclarait par surcroît que l'aîné de ses cousins avait, comme lui, trouvé son maître. L'aveu n'était pas de nature à plaire beaucoup à Augustin, que ses instincts, nous l'avons dit, n'inclinaient pas vers la modestie. Bien loin de se reconnaître surpassé par son frère, il prétendit mettre en relief sa propre supériorité, et, comme pour défier Annibal, il abandonna la gravure, reprit ses pinceaux et peignit la *Communion de saint Jérôme*, que l'on voit aujourd'hui au musée de Bologne ; tableau estimable, mais absolument dépourvu d'originalité, et que devait faire oublier quelques années plus tard le tableau du Dominiquin, sur le même sujet.

Augustin, considéré comme peintre, n'a que des titres

assez peu sérieux et une valeur tout à fait secondaire. Le rang qu'il occupe parmi les graveurs est beaucoup plus honorable, et si, au lieu de perdre son temps et son talent à traiter des sujets licencieux ou frivoles, il eût plus souvent consacré l'un et l'autre à des travaux de l'ordre auquel appartiennent le *Saint Jérôme dans le désert*, le *Portrait du Titien*, ou la *Pietà* d'après Michel-Ange, l'œuvre gravé par lui serait digne de figurer non plus à côté, mais au-dessus des œuvres de Bonasone, du Mantouan et autres bons élèves ou imitateurs de Marc-Antoine. Les regrets qu'inspire une disparate si choquante entre les deux parties de cet œuvre, Augustin au surplus les éprouva le premier, puisqu'il se repentit amèrement, vers la fin de sa vie, des éclatantes erreurs de sa jeunesse. A Parme, où l'avait appelé le duc Ranuccio Ier, frère du cardinal Farnèse, il ne traduisit plus sur la toile ou sur le cuivre que des compositions d'un caractère pieux ; et lorsque la mort le surprit dans le couvent de franciscains où il s'était retiré, il s'occupait, au milieu des exercices de la plus sévère pénitence, à dessiner une suite de scènes religieuses qu'il se proposait de graver, en expiation des fantaisies plus que profanes où s'était autrefois égaré son burin [1].

---

[1] Les pièces gravées par Augustin sont environ au nombre de trois cents. Portraits, sujets de piété, paysages, sujets mythologiques et de fantaisie, tous les genres sont représentés dans l'œuvre gravé de l'artiste : toutefois, sans parler de certains sujets qu'il est regrettable d'y voir figurer, on souhaiterait qu'Augustin eût choisi moins habituellement pour modèles les tableaux de Samacchini, Lorenzo Sabbatini, Jules et Antoine Campi, ou les fades peintures de Frédéric Baroche ; mais à côté de ces planches dont toute l'habileté du graveur ne réussit pas à déguiser l'insuffisance originelle, on en trouve heureusement plusieurs autres d'après Baldassare Peruzzi, Raphaël, le Corrège, Paul Véronèse et Andrea del Sarto. La pièce d'après Annibal connue sous le titre du

La mort d'Augustin affligea profondément Annibal. Lorsqu'ils vivaient côte à côte, les deux frères, il est vrai, ne restaient pas toujours dans les termes de cette bonne intelligence que feraient présumer la similitude de leurs travaux et leurs communs efforts pour seconder la tentative de Louis. Mais un voyage, un travail hors des murs de Bologne ou de Rome venait-il à les séparer l'un de l'autre, ils n'aspiraient qu'au moment où ils seraient réunis ; ils échangeaient dans leurs lettres les témoignages de la plus vive tendresse, quitte à se quereller de nouveau et à se jalouser au retour. Plus de retour maintenant, plus de jalousie, ni de difficultés d'aucune sorte. L'éternelle absence d'Augustin ne laissait place, dans le cœur d'Annibal, qu'au souvenir de l'amitié perdue : de cette amitié tant de fois compromise et mêlée de bien des traverses, mais qui, en face de la mort, n'apparaissait plus que comme un bienfait. Les choses d'ailleurs avaient bien changé depuis qu'Augustin n'habitait plus Rome. Le temps était loin déjà où celui-ci choquait par son excessive vanité les goûts modestes de son frère et s'attirait de justes reproches, quelquefois même de rudes leçons : témoin ce jour où Annibal le rencontrant magnifiquement vêtu, en compagnie de grands seigneurs qu'il affectait de traiter sur le pied de l'égalité : « Souviens-toi, lui dit-il, que tu es le fils d'un tailleur. » Et, pour achever de le lui rappeler, il crayonna, séance tenante, le portrait d'Antoine Carrache assis, l'aiguille à la main, de-

Cordon de saint François, le grand *Saint Jérôme* agenouillé à l'entrée d'une caverne, estampe traitée avec une vigueur de sentiment et une sûreté de pratique si remarquables, — et surtout plusieurs *frontispices*, *armoiries* et *vignettes*, classés sous la dénomination collective d'*inventions* de Carrache, sont des ouvrages dignes de fixer l'attention des curieux et des artistes : ils assurent à Augustin une des premières places parmi les graveurs italiens de la fin du seizième siècle.

vant son établi[1]. A partir du moment où il s'était installé à Parme, Augustin avait commencé une vie nouvelle : vie humble et cachée, aussi sévère pour le moins que l'existence menée par Annibal à Rome et plus digne de respect encore, puisqu'elle n'avait pas pour mobile unique un ardent amour de l'art. Le brillant professeur de l'Académie de Bologne, le rival quelque peu envieux des artistes et des savants en renom, cet homme ambitieux de tous les succès, avide de toutes les jouissances, ne s'applique maintenant qu'à accomplir sous le regard de Dieu la tâche qu'il poursuivait naguère en vue des applaudissements humains. Ce n'est pas lui que le ressentiment d'une injustice conduira au tombeau : ce n'est pas lui qui, pour se consoler d'un outrage pareil à celui qui attend Annibal, s'aidera de l'ivresse des sens et demandera secours à la débauche.

Singulier revirement dans la destinée des deux frères ! L'un, après bien des années d'une existence austère et courageuse, succombe à une blessure d'amour-propre et dément tout son passé par le caractère au moins imprévu de sa fin ; l'autre, longtemps indifférent à ce qui n'intéresse pas directement sa gloire, fort peu scrupuleux sur l'emploi des moyens de succès, meurt en rachetant, par le sérieux de ses derniers travaux et la piété de ses derniers jours, les légèretés ou les hontes anciennes. Et cependant la plupart des écrivains qui se sont occupés d'Augustin et d'Annibal

[1] Augustin, toutefois, n'oubliait pas si absolument son origine plébéienne qu'il ne consentit à faire aussi le portrait de son père. Seulement, il se donnait bien de garde de représenter Antoine Carrache dans l'attitude et le costume choisis par Annibal. Pour ennoblir son modèle, il l'affublait de quelque draperie héroïque et lui prêtait le caractère d'un personnage de l'histoire ou de l'Evangile. C'est ainsi qu'un portrait gravé par Augustin nous montre l'honnête tailleur transformé en *saint Joseph*.

semblent beaucoup moins édifiés de la conversion du premier qu'attendris par les faiblesses du second. Ils se lamentent sur les malheurs d'Annibal et ne se font pas faute de vouer le nom du cardinal Farnèse à l'exécration de la postérité. « Odoard, s'écrie l'un d'eux, ta mémoire abhorrée sera citée de siècle en siècle. » A quoi bon ces gémissements et ces colères? Si le cardinal Farnèse a mal agi envers Annibal, — ce que nous n'entendons nullement contester, — était-ce une raison pour que celui-ci prît la chose si fort à cœur qu'il se désespérât jusqu'à en mourir? Si, d'un autre côté, les dernières estampes d'Augustin, si les fresques inachevées qu'il a laissées au palais ducal, à Parme, attestent une réforme très-heureuse dans son sentiment et dans sa manière, il serait à propos de le faire au moins remarquer et de nous rappeler ainsi une fois de plus que la dignité du talent va de pair avec la dignité de la vie. Les progrès d'un artiste ne sont peut-être que l'expression de son perfectionnement moral, et les anciens, on le sait de reste, se servaient du même mot pour désigner la force de l'intelligence et la vertu.

---

4. — LE DOMINIQUIN.

Il y a parfois dans les écoles qui finissent de grands talents dépaysés en quelque sorte : talents de haute lignée et de saine constitution viciés par une atmosphère insalubre, et qui, au lieu de s'épanouir pleinement, n'aboutissent qu'à un développement incomplet, à une floraison maladive. Le Dominiquin appartient à cette classe d'artistes, en même temps puissants et débiles. Issu de la forte race des maîtres, mais né mal à propos, il laisse seulement pressentir sa vigueur originelle dans des œuvres qui participent à beaucoup d'égards des faiblesses de l'époque. Aussi, éprouve-t-on autant de regret que d'admiration en face de ces témoignages d'un beau génie faussé et comme appauvri par les exemples contemporains. Il est impossible de méconnaître ce que le sentiment même du Dominiquin a en soi de tendre et de profondément naturel; on ne saurait confondre les inspirations de cette pensée sincère avec la verve factice ou la fécondité stérile des peintres italiens de la décadence; mais on ne saurait non plus fermer les yeux à des imperfections qui attestent de tristes influences trop aisément subies, un joug bien docilement accepté. Pourquoi faut-il que le peintre de *Saint Jérôme*, du *Martyre de sainte Agnès* et de tant d'autres ouvrages où l'émotion du cœur ne se trahit que sous les lourdes formes du style, pourquoi faut-il que ce croyant des premiers âges ait vécu au sein même du scepticisme et aux derniers moments de l'art italien! Dans un autre milieu, au temps et sous les yeux de Fra Angelico par exemple, il eût été, peut-être un des plus purs représentants de la peinture ouvertement spiritualiste. Fourvoyé parmi les élèves des Carrache, il reste supérieur par le sentiment à ses maîtres et à ses condisciples, mais il devient dans la pratique le complice de leurs erreurs. Il nous apparaît, en un mot, comme une sorte de Lesueur perverti, comme une intelligence d'élite se mésalliant en dépit d'elle-même et se compromettant dans des aventures de pinceau dont le chaste peintre de *saint Bruno* n'a jamais eu d'ailleurs ni la tentation, ni le goût.

Doit-on, au surplus, s'étonner que le Dominiquin ait

adopté si complaisamment une fausse méthode, et n'y a-t-il pas lieu plutôt d'admirer le reste de courage avec lequel il a résisté à certains entraînements de l'école? L'opinion publique ne favorisait pas, tant s'en faut, ces essais d'indépendance, et la postérité seule devait en tenir compte. Il y avait donc une hardiesse relative à interroger ainsi sa conscience, alors que le respect absolu de la convention était l'unique condition du succès. Contraste singulier! Ce fonds de naïveté qui donne aujourd'hui aux travaux du Domiquin une valeur principale, ces qualités instinctives qu'on est heureux de démêler à travers les ornements de rencontre qui les voilent, lui vivant, on les lui reprocha amèrement. On accusait ses tendances rétrogrades, ce culte secret qu'il vouait encore à un art anéanti par le prétendu progrès ; ce qu'on louait en lui était précisément ce qu'il importe le plus de réprouver, et si l'on faisait bon marché de son imagination ingénue, on applaudissait hautement à ses défauts acquis, aux blâmables exagérations de sa manière. Encore, sur ce point même, les éloges qu'il obtint furent rares et de courte durée. On essaya bien un moment de l'opposer au Guide, mais, immolé presque aussitôt à ce rival indigne de lui, il passa le reste de ses jours loin des regards de la foule et connu seulement de quelques lâches persécuteurs. Triste vie que celle de cet homme qui achète une célébrité éphémère au prix des dons reçus en naissant et qui, après ce grand sacrifice, a pour toute récompense les mépris de ceux qui le lui ont imposé! Victime deux fois digne de pitié, qu'on voit se débattre d'abord contre les inclinations de son génie, et tomber par une succession d'infortunes inouïes aux mains perfides de Lanfranc et de Ribera, aux mains meurtrières peut-être d'un Bélisaire Corenzio!

A peine les outrages qu'on prodigue au dernier descendant des grands maîtres lui suscitent-ils quelques défenseurs. Bientôt l'indifférence succède à ces velléités de zèle et une disgrâce complète à cette douteuse faveur. Le Dominiquin n'avait pas atteint sa cinquantième année que personne ne songeait plus à s'enquérir de lui ni de ses travaux : ou si l'on s'arrêtait quelquefois devant les œuvres qu'il avait signées, c'était pour mieux s'initier par la comparaison aux beautés des œuvres voisines. Ainsi la *Flagellation de saint André* placée dans l'église de Saint-Grégoire, à Rome, en face d'une peinture du Guide, ne servait, disait-on, qu'à relever le prix de celle-ci. Seul, un artiste alors inconnu, un Français, du nom de Poussin, ne craignait pas d'avoir un avis contraire. Il étudiait le crayon à la main cette *Flagellation* qu'autour de lui on honorait à peine de quelques regards, et s'irritant de plus en plus des injustices de l'opinion envers le Dominiquin, il alla ensuite jusqu'à proclamer la *Communion de saint Jérôme* « un des trois plus beaux tableaux de Rome. » Les deux autres étaient la *Transfiguration* de Raphaël et la *Descente de Croix* de Daniel de Volterre.

La postérité, il faut le dire, a ratifié ce jugement un peu à la légère et sans se préoccuper autrement des motifs qui l'avaient dicté. En prenant au pied de la lettre des éloges où il entre sans doute plus de noble indignation que d'exacte équité, on oublie que le mot de Poussin est surtout un démenti donné aux détracteurs du Dominiquin et une condamnation implicite des ouvrages contemporains en renom. La *Communion de saint Jérôme* se recommande par la justesse des expressions, par la simplicité des attitudes et par un caractère d'onction fort rare dans les tableaux italiens du dix-septième siècle ; c'est, si l'on veut, un chef-d'œuvre, eu égard aux compositions que l'on improvisait alors à Rome, mais ce n'est ni un chef-d'œuvre absolu ni même le chef-d'œuvre du peintre. Autant ou plus qu'ailleurs, l'élève des Carrache reproduit ici le style négatif de ses maîtres ; il dessine mollement comme eux et il enchérit sur les pesanteurs de leur coloris ; il laisse voir dans le choix des formes, des ajustements, des détails d'architecture, un goût ou tout à fait nul, ou défaillant : le moyen de rapprocher une toile à ce point défectueuse de deux morceaux qui expriment l'un l'accord parfait de toutes les qualités dans l'art, l'autre une fermeté de dessin irréprochable et la plus sévère grandeur ? Poussin, certes, savait mieux que personne ce qui rend cette assimilation impossible ; mais, révolté de tant de dénigrement et d'oubli, il exagéra pour ainsi dire la vengeance et devint partial par excès de justice. Qui sait d'ailleurs si en rendant hommage à ce grand talent méconnu, il ne consultait pas aussi ses sympathies pour une noble misère et des souvenirs tout personnels ? On raconte qu'un jour où il dessinait à Saint-André della Valle, seul comme de coutume, en face des fresques du Dominiquin, il fut abordé par un homme qui lui témoigna sa surprise de le voir choisir des modèles si unanimement dédaignés. Poussin croyant avoir affaire à quelque nouvel ennemi du maître, se mit à justifier vivement ses propres prédilections et à définir le mérite de la peinture qu'il avait entrepris de copier. L'étranger l'écoutait d'un air d'attendrissement et de bienveillance ; puis, lorsque le jeune peintre eut cessé de parler, il l'embrassa en le remerciant avec effusion, et s'éloigna triste et reconnaissant à la fois. Cet homme était le Dominiquin, qui, s'étonnant de trouver encore un admirateur, avait puisé dans les paroles de celui-ci un peu de consolation et de courage. Le courage ! avait-il besoin toutefois qu'on le lui enseignât ? Que nous montre à tous les moments cette existence passive et recueillie sinon la lutte, l'isolement et la souffrance, mais une lutte sans cris, un isolement sans colère, une souffrance sans désespoir? La vie entière du Dominiquin se résume en un seul mot, — résignation, — et si l'on a le droit de reprocher beaucoup aux œuvres de l'artiste, à coup sûr, ses infortunes si longues et si patiemment supportées ne peuvent inspirer que la commisération et le respect.

Le Dominiquin, ou plutôt Domenico Zampieri, était fils d'un cordonnier de Bologne. Né en 1581, à l'époque même où Louis Carrache — secondé par ses cousins Augustin et Annibal — entreprenait cette réforme de l'art qui n'était au fond qu'un symptôme de plus de sa décadence, il grandit en entendant vanter jusque dans la boutique de son père l'opportunité de l'entreprise et la puissance des réformateurs. Qu'on ne se scandalise pas de ces conférences esthétiques ouvertes dans un aussi humble lycée. Au delà des Alpes, les simples artisans demeurent rarement indifférents à la poésie, à la musique, à la peinture même, et par un privilége de l'instinct national, ils se passionnent à tort ou à raison, mais ils se passionnent pour des questions qui ailleurs n'émeuvent guère que quelques intelligences choisies. Il n'y avait donc rien que de fort naturel à ce qu'un cordonnier bolonais du seizième siècle eût son opinion en matière d'art et causât, aux heures du repos, de ce qui aujourd'hui encore intéresse les gens de sa classe en Italie. Le père de Domenico néanmoins ne voyait pas avec autant d'enthousiasme que ses amis les tentatives des *incamminati*, titre modeste sous lequel les Carrache abritaient leurs arrière-pensées ambitieuses et leur orgueil. Il tenait pour Denis Calvart, médiocre artiste d'ailleurs établi depuis longtemps à Bologne, et ce fut chez ce Flamand italianisé qu'il crut devoir placer son fils, lorsque celui-ci fut en âge d'étudier la peinture.

Il va sans dire que le choix d'un pareil maître contrariait assez les inclinations de Domenico Zampieri. A ses yeux, Denis Calvart représentait l'art immobilisé dans la routine, tandis que la froide magnificence et les bruyantes prétentions des Carrache lui apparaissaient comme l'expression suprême du progrès. Ce sont les jeunes esprits, on le sait, qui se font le plus volontiers les clients des novateurs de cette sorte. Pour savoir distinguer, en peinture comme en poésie, entre l'emphase et la force, entre l'ostentation de la réalité et les justes formes du vrai, il faut une clairvoyance et un goût qui manquent d'ordinaire à l'âge des admirations faciles et des rapides entraînements. Domenico, à quinze ans, devait donc croire de tout son cœur aux décevantes vérités que popularisaient les Carrache : il y crut si bien, même dans l'atelier de Calvart, que celui-ci, le surprenant un jour en contemplation devant une estampe d'Augustin, mit sans marchander son élève à la porte, en l'accablant d'injures par surcroît. Comment après cet esclandre se montrer dans la maison paternelle et s'exposer à de nouveaux reproches, peut-être à un pire traitement? Le soir venu, le pauvre enfant se glisse furtivement au logis et va se cacher dans un grenier où il passe quelques heures, mourant de crainte et de faim. Vaincu enfin par le désespoir de sa mère, dont il entendait les gémissements du fond de sa retraite, il descendit, quitte à subir les rudes effets de la colère du vieux Zampieri[1]. Ces premiers moments une fois passés, — et passés comme Domenico l'avait prévu, — il fallut bien aviser au moyen de continuer l'apprentissage commencé. Grâce à la recommandation

---

[1] Malvasia. — *Felsina pittrice.*

d'Augustin, qui lui devait au moins ce dédommagement, l'élève de Calvart fut admis parmi les élèves de Louis Carrache, et il se vit ainsi libre d'avouer la foi qu'on l'avait contraint de dissimuler jusque-là. Malheureusement des tourments d'une autre sorte l'attendaient dans l'atelier de Louis. Timide à l'excès, chétif de corps, — ce qui lui valut ce surnom maintenant consacré de *Domenichino*, — presque toujours silencieux et mécontent de lui-même, le nouveau disciple de Carrache était naturellement prédestiné à ce rôle douloureux qu'impose dans toute réunion de jeunes gens ou l'extrême modestie ou la faiblesse. Les camarades du Dominiquin n'eurent garde de manquer à la coutume et de se montrer indulgents envers lui. A en juger par les détails que nous ont transmis quelques écrivains contemporains, on ne lui épargnait ni les sarcasmes ni les outrages, et loin de se laisser désarmer par sa patience, on s'enhardissait de cette résignation même pour se donner plus largement carrière : méchant jeu et doublement honteux pour ceux qui s'y livrent lorsqu'à la douceur de la victime se joignent, comme ici, les promesses du talent.

Cependant le Dominiquin, mieux doué et plus laborieux qu'aucun de ses condisciples, avançait chaque jour dans la voie où ceux-ci le croyaient à peine entré, et lui-même doutait encore de ses progrès qu'il était déjà mûr pour la gloire. Mais pour mettre en lumière un mérite qui s'ignore à ce point, il faut que les occasions naissent d'elles-mêmes. Celles que rencontra d'abord le Dominiquin ne lui valurent rien de plus que quelques obscurs travaux, quelques avares encouragements. Un concours ouvert à Bologne entre les jeunes peintres, et dans lequel il obtint le prix réservé à l'auteur du meilleur ouvrage, vint, il est vrai, révéler ce talent et lui donner une sorte de crédit. Qu'était-ce pourtant qu'un aussi mince succès auprès des triomphes du Guide et de la pompeuse notoriété qu'il avait conquise dès le début dans sa ville natale et au dehors? Tandis que l'un végétait à Bologne dans l'isolement et la détresse, l'autre, comblé de richesses qu'il prodiguait au jour le jour comme les œuvres de son faux génie, parcourait l'Italie, au milieu des applaudissements et des hommages. En ce moment il était à Rome ; mais, fort heureusement pour le Dominiquin, l'Albane et Annibal Carrache s'y trouvaient aussi, c'est-à-dire les deux hommes qu'importunait le plus la renommée croissante du Guide. Il s'agissait de susciter un rival à ce peintre si universellement admiré : sur la proposition de l'Albane, Annibal fit venir à Bologne l'élève de son cousin Louis.

A ne considérer que le mérite de l'artiste, c'était faire un choix excellent ; mais il n'y avait pas lieu de compter qu'avec un caractère de cette trempe on réussirait en s'aidant de la cabale et de l'intrigue. Annibal toutefois s'y employa de son mieux. Il avait des amis puissants qu'il essaya d'intéresser à sa vengeance, et il transforma à peu près en protecteurs du Dominiquin les cardinaux Odoard Farnèse et Scipion Borghèse, tandis que de son côté l'Albane s'entremettait activement auprès de monsignor Agucchi, frère du cardinal de ce nom. La *Flagellation de saint André*, dont nous avons parlé plus haut, les sujets tirés de la vie de saint Nil à Grotta Ferrata, d'autres ouvrages à fresque qui subsistent encore dans quelques églises de Rome ou des environs sont le fruit de cette protection passagère et justifient de reste la faveur qui les accueillit, — faveur bien passagère aussi, puisqu'elle ne résista pas, après la mort d'Annibal, aux premières attaques dirigées contre le Dominiquin par les partisans du Guide. Sans autre appui désormais que l'amitié fidèle mais impuissante de l'Albane, le pauvre maître expiera ses succès d'un jour par des souffrances contiuelles : il n'aura plus à opposer aux violentes agressions de ses ennemis qu'une défense désarmée, son propre génie et le silence.

Les peintures à fresque exécutées par le Dominiquin, au commencement de son séjour à Rome et dans les années qui suivirent, sont les spécimens principaux de sa manière. Sans doute, ici même, cette manière a quelque chose de théâtral; elle se ressent beaucoup trop des influences combinées de Louis et d'Annibal Carrache, et il n'est que juste d'accuser un système de composition procédant en grande partie de la convention académique, un coloris souvent lourd ou insuffisant et des erreurs de goût qui, sous prétexte de vérité matérielle, surchargent la forme ou la déshonorent. Mais à côté de ces graves défauts, quel riche fonds de sentiment! Que d'inspiration personnelle sous cette apparence empruntée! Le Dominiquin a beau vouloir suivre littéralement ses modèles et sacrifier, conformément aux doctrines de l'école, les suggestions de l'instinct à je ne sais quelles spéculations éclectiques, l'expression gracieuse ou pathétique d'une tête, le geste imprévu d'une figure viennent démentir les efforts où il s'obstine pour respecter la méthode traditionnelle. En exécutant des tableaux, il avait le temps de s'appesantir sur son œuvre, de reviser ses intentions premières et pour ainsi dire de se condamner lui-même. Lorsque, au contraire, il peignait à fresque, les conditions particulières de ce genre de travail lui interdisaient heureusement les rétractations et les ratures. Voilà pourquoi ses peintures murales l'emportent en général sur ses autres ouvrages. C'est là ce qui explique, en dehors de certaines inégalités purement techniques, cette différence entre le caractère des intentions formulées par le même pinceau.

Dans la *Communion de saint Jérôme*, par exemple, rien de spontané, rien qui trahisse l'émotion involontaire, la révélation subite ; tout accuse les hésitations et comme les défiances d'une pensée qui, à force d'analyse, aboutit à la froideur. Que l'on examine en revanche les fresques de Grotta Ferrata, de Saint-André della Valle, ou bien, à Saint-Louis des Français, *Sainte Cécile distribuant des aumônes aux pauvres* : cette pensée, qui tout à l'heure semblait craindre de se laisser entrevoir, se manifeste ici clairement et avec une incontestable autorité. Plus de ces ménagements excessifs qui compromettent le sentiment et ôtent à l'œuvre son accent moral, plus de tergiversations ni de scrupules exagérés. Soit qu'il montre dans le *Miracle de saint Nil* la puissance et les effets mystérieux de la foi, soit qu'il représente dans la *Sainte Cécile* des enfants se disputant les aumônes ou essayant — le rire sur les lèvres — des vêtements trop larges pour leurs petits corps, le Dominiquin ose nous faire part de ses impressions à propos des objets qu'il a entrepris de retracer. Il interprète, avec une originalité parfois saisissante, la nature qu'il n'étudie ailleurs qu'à travers de regrettables préoccupations et les enseignements de l'école. Libre malgré lui et forcé de vivre de sa propre vie, il renonce, en vertu des nécessités immédiates de la tâche, aux longues méditations, aux subtilités du raisonnement ; il traduit en hâte sur cette chaux qui aura séché tout à l'heure les affections actuelles de son âme, et cette précipitation même tourne au profit de l'expression. C'est dans ces moments d'épanchement et de verve soudaine que le Dominiquin doit être vu ; c'est alors qu'il donne sa mesure et qu'il marque sa place. Si le peintre de *Saint Jérôme* a ses proches parmi les peintres de la décadence, l'auteur des fresques de Grotta Ferrata et de Saint-Louis appartient par la force et l'élévation du sentiment à la famille des vrais maîtres.

Au dix-septième siècle, en Italie, on jugeait tout autrement ces peintures murales qui semblent aujourd'hui les titres les plus sérieux du Dominiquin. Celles qu'il exécuta d'abord obtinrent, nous l'avons dit, quelque succès ; mais les fresques qu'il peignit à l'époque où Annibal Carrache n'était plus là pour lui recruter des admirateurs, furent accueillies, à mesure qu'elles parurent, par d'amères critiques et des iniquités de toute espèce. Nous ne parlons pas de l'incroyable modicité des salaires que recevait le Dominiquin. A quoi bon renouveler, à propos de lui et des hommes qui payaient si chétivement ses plus beaux ouvrages, les lamentations et les anathèmes auxquels l'aventure vraie ou fausse du Corrège sert communément de prétexte? Insister sur de pareils détails ce serait transformer les spécimens de l'art en curiosités commerciales, et le mieux est de rappeler une fois pour toutes que la plupart des œuvres marquées au coin du génie portent aussi l'auguste sceau du désintéressement. Paul Véronèse ne se doutait guère qu'un jour on le plaindrait beaucoup de n'avoir vendu ses *Noces de Cana* que trois cent vingt ducats, et le Dominiquin, en acceptant quelques centaines d'écus pour ses immenses travaux de Saint-André della Valle, ne songeait probablement pas à accuser l'injustice ou l'avarice humaines ; en revanche, que dut-il penser des étranges fureurs, c'est le mot, qui se déchaînèrent contre lui lorsqu'il eut découvert ces mêmes fresques de Saint-André ? On criait au scandale, à la profanation ; il fallait châtier l'impie qui outrageait ainsi la majesté du sanctuaire, dénoncer au souverain pontife ces peintures où l'on ne savait ce qui devait révolter le plus de l'ignorance du peintre ou de son audace.

Les plus indulgents proposaient tout uniment de les détruire, et Lanfranc, qui avait ses raisons pour qu'on s'arrêtât à ce dernier parti, insistait fort sur la nécessité de les faire au moins retoucher par une main plus savante et plus pure. Il va sans dire que cette main était la sienne.

Quelle pouvait être cependant la cause de tant d'injures et de colères? Lorsqu'on examine à Saint-André della Valle soit les figures d'évangélistes qui ornent quatre pendentifs, soit les sujets tirés de la vie du saint, et qu'on les rapproche par la pensée des peintures religieuses de l'époque, il est difficile de s'expliquer autrement que par la mauvaise foi ou l'ineptie la violence des reproches dont on accabla le Dominiquin. Croirait-on, par exemple, qu'on l'accusa sérieusement d'avoir manqué au respect du saint lieu en représentant, dans le *Martyre de Saint André*, un des bourreaux qui tombe en tirant une corde et provoque par sa chute les moqueries de ses voisins? L'épisode est, je le veux bien, quelque chose de plus qu'inutile, mais attribuer à cette erreur de goût la signification d'un blasphème, c'était la calomnier étrangement. En France, du moins, lorsque cinquante ans plus tard on blâmait en pleine académie cette figure de bourreau « donnant sujet de rire aux autres qui se moquent de lui par des gestes trop grossiers [1], » on ne parlait qu'au nom de l'art et des convenances pittoresques. « Il faut, disait le rapporteur, que les expressions des figures particulières qui ne sont que pour accompagner la principale soient simples, judicieuses et ayent un rapport honneste à la figure qui sert comme de corps à l'ouvrage dont les autres sont comme les membres. » Cette loi, le Dominiquin l'avait peut-être méconnue ici; mais en général il

---

[1] *Conférences de l'Académie royale de peinture et de sculpture.* 1667.

l'observe avec une attention peu commune chez les peintres de son temps, et même sans sortir de l'église de Saint-André, on trouverait plus d'un exemple du soin qu'il apporta à établir une concordance intime entre toutes les parties de ses compositions.

Malgré l'indignation qu'elles avaient suscitée, les fresques de Saint-André ne furent ni détruites ni même retouchées, comme l'avait conseillé Lanfranc. Celui-ci réussit seulement à évincer le Dominiquin pour les peintures qui restaient à faire, et le maître, forcé de céder la place, ne chercha même pas à obtenir ailleurs quelque travail. Bien plus, il voulut renoncer absolument à un art qui ne lui avait valu que des déceptions et des outrages. Il quitta le pinceau pour l'ébauchoir ; il essaya même de l'architecture et remplit, sous le pontificat de Grégoire XV, les fonctions, peu importantes à ce moment, d'architecte du palais apostolique. Puis ces tentatives diverses n'ayant abouti qu'à de nouveaux dégoûts, il reprit la palette, non pour continuer dans de vastes compositions une lutte désormais impossible, mais pour demander à un genre de peinture plus humble des succès que ses prétendus rivaux dédaigneraient peut-être de lui disputer. Le Dominiquin abandonna donc pour un temps les sujets religieux et la fresque. Après un voyage à Bologne où il avait été peindre la *Vierge du Rosaire* et le *Martyre de sainte Agnès,* après avoir terminé dans l'église de Saint-Charles *a'Catinari,* à Rome, les quatre pendentifs des Vertus cardinales, il ne fit plus que des tableaux de chevalet, mythologiques pour la plupart, et ces tableaux de paysage qui tiennent dans son œuvre une place trop considérable pour qu'il suffise de les mentionner en passant.

Si l'on rapproche les paysages du Dominiquin des paysages peints en Italie vers la fin du seizième siècle, il est facile de reconnaître dans les uns et les autres une entière conformité de principes et le même mode d'exécution. Les Carrache et leur élève sont, à vrai dire, les créateurs du genre, puisque avant eux les champs, la mer, les arbres n'entraient qu'à titre d'*accessoires* dans la composition d'un tableau : les premiers ils imaginèrent de représenter les scènes de la nature pour elles-mêmes et comme objet d'intérêt principal. Suit-il de là qu'ils aient pleinement réussi, et faut-il considérer leurs ouvrages comme des modèles empreints d'une beauté parfaite? Il serait plus juste de n'y voir qu'un exemple utile donné aux peintres qui allaient venir et de réserver aux paysagistes français du dix-septième siècle la gloire d'avoir nettement déterminé toute la portée de l'art nouveau. Sans doute Poussin et Claude le Lorrain ont emprunté beaucoup à Annibal Carrache et au Dominiquin. Eux-mêmes ne faisaient pas difficulté d'avouer « qu'ils travaillaient à l'italienne, » et sans attenter au génie de ces grands maîtres, on peut dire que leur manière rappelle directement la manière des peintres de Bologne. Mais il est facile de démêler sous cette identité matérielle bien des dissemblances intimes, bien des intentions originales sous ces dehors d'imitation. Les paysages italiens n'expriment que la majesté, et la nature n'y apparaît guère que comme élément décoratif. L'œil contemple ces lignes si solennelles, si exactement balancées ; l'esprit ne pressent rien au delà de cette pompe un peu aride et de cette beauté muette pour ainsi dire. Dans les tableaux des artistes français, le pinceau a la même fierté ; mais il laisse la vie se mouvoir là où l'école bolonaise l'immobilise ou la supprime. Ici tout est apaisé ; rien du moins n'est en suspens. La lumière, l'air circulent sans agitation mais non sans force, et si la disposition des sites ou le choix des détails impliquent avant tout des idées d'ordre et de calcul, un vif sentiment de la réalité, se faisant jour à travers ces combinaisons savantes, vient donner à l'ensemble un sens et un charme profonds. C'est ce mélange de science et de simplicité, ce sont ces aspirations également sincères vers l'idéal et le pur vrai qui assurent à notre école de paysage au dix-septième siècle la supériorité sur l'école d'où elle procède. Les paysagistes italiens n'éveillent qu'une sympathie bornée, parce qu'à force de se préoccuper du style noble, ils en viennent à prendre des formes d'apparat pour l'expression de la grandeur et un extérieur épique pour le fond même de la poésie. L'admiration qu'inspirent les œuvres de Claude ou de Poussin est au contraire féconde et nous fait remonter jusqu'au principe invisible du beau, parce que ces œuvres ont une âme.

Les qualités qui manquent aux paysages du Dominiquin sont donc précisément celles qui donnent du prix à quelques-uns de ses tableaux d'histoire et à la plupart de ses fresques. Plus de ces éclairs de sentiment qui illuminent ailleurs certaines parties et rejettent dans l'ombre celles où le peintre s'est laissé influencer par l'esprit de système ; plus de ces contrastes inattendus ni de ces inégalités heureuses qui annoncent la victoire de l'instinct personnel sur les habitudes de l'école. Tout dérive d'une inspiration uniforme, tout accuse le respect absolu de la manière académique et la crainte de s'écarter des règles. Faut-il attribuer cette réserve excessive aux efforts du Dominiquin pour expier les licences qu'on lui reprochait d'avoir prises autrefois, ou bien, en imprimant aux scènes de la nature ce cachet de tristesse et de monotonie, traduisait-il ses propres souffrances et la mélancolie habituelle de sa pensée ? Bien des faits viendraient à l'appui de cette dernière supposition. Depuis que le Dominiquin avait renoncé aux grandes *machines,* il n'avait réussi pour cela ni à déconcerter l'envie ni à se faire oublier de ses anciens rivaux. L'ordre de sujets qu'il choisissait, la dimension restreinte de ses toiles témoignaient assez de son désir de s'effacer devant les hommes qui avaient eu raison de son génie ; toutefois le talent qu'il montrait encore suffisait pour importuner ceux-ci au milieu même de leurs succès, et ils s'employaient de tout leur cœur soit à décrier ce talent auprès des rares protecteurs qui lui étaient restés, soit à prêcher une sorte de croisade publique contre les envahissements d'un genre subalterne, indigne, disaient-ils, des glorieux précédents de l'école.

A ces haines infatigables, à ce système de persécution organisée s'ajoutaient, pour accabler le Dominiquin, de cruels chagrins de famille. C'était peu des longs procès et des contestations financières qu'il avait eu à subir à la suite de son mariage avec Marsibilia Barbetti. Sa femme elle-même, sans prendre ouvertement parti contre lui, à la façon de la femme d'Andrea del Sarto, ne lui épargnait pas, à ce qu'il semble, les tracasseries et les inquiétudes de plus d'une sorte. Elle n'était âgée que de dix-sept ans lorsqu'elle épousa le Dominiquin, qui en comptait déjà trente-huit. Fort belle — au dire de Malvasia, qui ne la connut pourtant qu'à une époque où elle approchait de la vieillesse — et assez peu faite pour s'accommoder d'une vie sérieuse et cachée, elle fatigua son mari de ses ennuis, de ses reproches ; peut-être même lui infligea-t-elle d'autres supplices. C'est du moins ce que permet de conjecturer une lettre du Dominiquin à l'Albane, lorsqu'après la mort de ses deux fils, il raconte à ce confident habituel de ses peines les nouveaux malheurs qui lui surviennent ou qui le menacent : « J'ai pour ennemis, dit-il, mes proches mêmes, et la guerre m'est déclarée par ceux qui devraient être les plus empressés à me défendre. Les choses en sont arrivées à ce point que je n'ai plus personne à qui me fier... Quant à ma chère petite fille, mon unique enfant, puisque Dieu m'a repris mes deux fils, c'est d'elle seule que me viennent les consolations, et pourtant je vis à son sujet dans mille transes et dans des chagrins continuels. On a l'œil sur elle, à cause de ce peu de bien que je lui laisserai en héritage et dont on espère profiter. C'est pour cela qu'on désire ma mort et qu'on me la donnera peut-être. Il n'en faut pas moins remercier le Très-Haut : j'ai mérité mon sort par mes péchés, etc. » On n'oserait sans doute s'autoriser de ces plaintes du Dominiquin sur *ses proches* pour porter contre sa femme une accusation formelle. Peut-être concernent-elles seulement les deux beaux-frères de l'artiste, que leur sœur avait installés dans sa maison et qui prétendaient tout régenter, à commencer par la chétive fortune du ménage. Mais n'est-il pas étrange qu'en parlant des défiances que les membres de sa famille lui inspirent, il ne fasse exception que pour sa fille, et le silence qu'il garde sur la mère de celle-ci ne permet-il pas au moins le soupçon ?

Quoi qu'il en soit et de quelque côté que lui soient venus les maux qui torturèrent la fin de son existence, le Dominiquin les supporta avec une patience inaltérable. Accoutumé depuis longtemps à souffrir, il se résigna aux tourments qui l'assaillirent sous son propre toit, comme il s'était résigné aux dédains de la foule et aux misères de sa vie d'artiste. Jamais en effet les injustices dont il avait été victime n'avaient pu le rendre injuste à son tour ni même l'aigrir un moment ; jamais il n'essaya d'opposer la médisance à la calomnie et de se venger des rivaux qu'on lui donnait en critiquant amèrement leurs ouvrages. Ces ouvrages, si inférieurs aux siens, il était au contraire le premier à les étudier, à les louer de bonne foi, et le Guide, qui, il est vrai, ne le persécuta pas directement, mais dont le nom plus qu'aucun autre servit de prétexte et d'enseigne aux persécuteurs, le Guide put compter le Dominiquin parmi ses admirateurs les plus sincères : « Je viens de voir les peintures du Guide à San Domenico et à San Michele in Boschi, écrivait le maître à Francesco Poli lors de ce voyage à Bologne dont nous avons parlé. On les croirait de la main d'un ange. Oh ! quel reflet du paradis, quelle expression de tendresse ! Oh, voilà un peintre ! etc. » Il fallait, soit dit en passant, que le Dominiquin songeât bien habituellement au paradis pour le pressentir jusque dans les tableaux mondains du Guide ; mais il fallait aussi un bien rare désintéressement pour s'humilier à ce point devant un artiste envers qui la sévérité eût paru d'autant plus légitime qu'elle eût été une revanche et une sorte de prêté-rendu.

L'extrême indulgence avec laquelle le Dominiquin jugeait les autres, son peu de confiance dans ses propres forces, ou plutôt une disposition naturelle à se croire toujours justement blâmé, tout avait contribué au succès de la ligue formée contre lui à Rome. Les menées de Lanfranc ayant achevé de lui faire perdre un reste de crédit, plusieurs années s'étaient écoulées sans que le peintre de *Saint Nil* et de la chapelle de *Sainte-Cécile* sortît, même pour un moment, de l'obscurité où il était rentré. A peine savait-on s'il existait encore. Aux inimitiés dont il s'était vu entouré avait succédé une indifférence absolue ; et pourtant — cela est triste à dire — cette indifférence semble presque un bienfait au prix de ce qui allait suivre, puisque le nom du Dominiquin, remis un instant en lumière, ne devait servir qu'à rallier de plus lâches haines et de plus cruels ennemis.

En se rendant à Naples, où il était appelé pour décorer la chapelle de saint Janvier, dite du Trésor, le Dominiquin au reste n'ignorait pas qu'il y retrouverait Lanfranc, et, celui-ci n'en étant plus à faire ses preuves, il fallait s'attendre de ce côté à une reprise d'hostilités, à de nouveaux témoignages de méchanceté et de bassesse. Néanmoins, croyant n'avoir affaire qu'à ce seul ennemi, et rassuré d'ailleurs par les mesures préalables prises par le vice-roi, le maître avait saisi avec empressement cette occasion inespérée de reparaître dans un travail digne de lui. Au commencement, les choses se passèrent au mieux. On avait interdit sous les peines les plus sévères les menaces et les outrages : tout mauvais traitement envers le Dominiquin devait être puni de l'exil. Lanfranc, qui n'était pas homme à mépriser l'avertissement, garda quelque temps le silence et se contenta de nourrir dans l'ombre ses projets de vengeance en attendant de meilleurs jours. Or il y avait à Naples deux artistes qui, de leur côté, ne rêvaient qu'aux moyens de perdre le nouveau venu dans l'esprit du vice-roi, mais qui, moins patients ou plus malhabiles que Lanfranc, se hasardaient déjà à laisser percer leur rage secrète et leurs venimeux désirs. L'un était Ribera, talent vigoureux mais sans élévation, caractère grossier et brutalement envieux ; l'autre se nommait Bélisaire Corenzio, talent superficiel et négligé jusqu'à l'impertinence, âme cupide, pour qui l'art n'avait de prix qu'autant qu'il procurait la richesse. L'appel fait au Dominiquin avait enlevé à Corenzio une tâche importante et par conséquent l'espoir d'un gain considérable : il fallait donc ou déterminer le vice-roi à revenir sur sa décision ou empêcher l'accomplissement de cette tâche en décourageant celui qui en était chargé. Telle était aussi la pensée de Ribera, blessé dans sa vanité de chef d'école par la faveur accordée à un autre que lui. Poussés par leurs passions diverses, ces deux hommes s'unirent donc dans un même ressentiment, et sans accuser ouvertement le Dominiquin, il tentèrent d'abord, en parlant de sa lenteur habituelle, d'effrayer le prince sur la durée probable du travail. Il est vrai que pour mieux justifier les craintes à ce propos, des mains inconnues effaçaient la nuit ce que le Dominiquin avait peint dans la journée; que, d'autre part, la chaux dont se composaient les enduits se trouvant mêlée de cendre, la peinture une fois sèche était sillonnée de gerçures et qu'il fallait jeter bas le tout pour enduire le mur de nouveau. Le vice-roi n'en persistait pas moins à attendre la fin d'une œuvre dont Ribera et Corenzio n'avaient réussi encore qu'à entraver la marche; une circonstance imprévue vint en aide aux deux conjurés et permit enfin à Lanfranc de jouer utilement son rôle dans cette abominable intrigue.

Le Vésuve vomit tout à coup des torrents de flammes, un tremblement de terre ébranle la campagne de Naples : le peuple de se précipiter aussitôt dans les églises pour implorer l'intercession de saint Janvier, et afin de se le rendre favorable par un témoignage éclatant de vénération, on exige que les peintures en l'honneur du patron de la ville soient immédiatement découvertes. C'était Lanfranc qui avait suggéré ce moyen de satisfaire la piété publique, et, comme on le pense, Ribera et Corenzio n'eurent garde de le trouver inopportun. L'aspect de ces fresques inachevées devait choquer la foule et l'émouvoir en sens tout inverse de ses espérances : car il s'en faut de beaucoup qu'à Naples on comprenne à demi-mot les œuvres de la peinture, et le petit nombre de maîtres nés dans le midi de l'Italie prouve de reste que l'instinct de l'art est bien plus exceptionnel là qu'à Florence où à Rome. On ne vit donc dans le travail in-

complet du Dominiquin qu'un résultat de son impéritie.
Lanfranc d'ailleurs et ses complices signalaient hautement
au mépris ces peintures « vulgaires et triviales ; » c'est
ainsi qu'on les qualifiait dans des écrits distribués par leurs
soins aux portes mêmes de l'église. Au bout de quelques
jours, le peintre de la chapelle du Trésor passait à Naples
pour un audacieux ignorant, et l'espèce d'émeute suscitée
contre ses ouvrages menaçant jusqu'à sa personne, le Dominiquin se réfugia à Rome, d'où il ne revint qu'au bout
d'un an, sur l'ordre exprès du vice-roi. Celui-ci cependant
commençait à prêter l'oreille aux dénonciations violentes
formulées par Ribera et Corenzio, aux insinuations et aux
plaintes hypocrites de Lanfranc. Il hésitait encore à se pro-
noncer lorsque la mort du Dominiquin vint tout simplifier
et tout résoudre : mort sinistre et mal expliquée, qu'on
peut attribuer, il est vrai, aux chagrins qui depuis si longtemps minaient les forces du malheureux maître, mais qui
fut hâtée peut-être par des moyens auxquels Corenzio, dit-
on, n'était pas incapable de recourir. Quoi qu'il en soit de
ce soupçon, les précautions prises par le Dominiquin dans
les derniers temps de sa vie prouvent du moins qu'il croyait,
alors, comme à l'époque où il s'était enfui de Naples, à la
possibilité d'un attentat direct. Il préparait ses aliments
lui-même, et s'il fut en effet empoisonné, ce dut être, suivant des témoignages contemporains [1], dans l'eau dont il
avait coutume de boire quelques gorgées chaque matin
avant de s'en servir pour se laver. — Le Dominiquin mourut
en 1641, à peine âgé de soixante ans. Deux années plus
tard, Corenzio le suivait dans la tombe, sans avoir recueilli
l'héritage qu'il avait si ardemment convoité. Lanfranc fut

---

[1] Malvasia. — *Felsina pittrice.*

plus heureux ou plus habile : il réussit à obtenir du viceroi que la plus grande partie des peintures de la chapelle du Trésor fût détruite ; il se fit adjuger l'entreprise au détriment de Ribera, qui comptait bien en être chargé ; enfin il eut le talent de vivre assez, non-seulement pour substituer ses ouvrages à ceux de son ancien ennemi, mais aussi pour supplanter partout son ancien complice.

Ainsi s'épuisaient dans les cabales, dans une fécondité impuissante, dans les jongleries de l'esprit et du pinceau, les forces vives de l'art italien ; ainsi la médiocrité trônait là où pendant plus de trois siècles avait régné le génie. A Naples Lanfranc, à Florence Pierre de Cortone, à Rome et à Venise Sassoferrato et Pietro Ricchi, tels étaient les hommes que l'on proclamait les dignes successeurs des grands maîtres. Hélas! cette noble race, dont Giotto est le chef et le Dominiquin le dernier descendant, était à tout jamais éteinte. Encore quelques années, et l'agitation même qui tenait lieu de progrès va cesser. Le Dominiquin mort, que reste-t-il des écoles italiennes ? Un passé incomparablement glorieux et des chefs-d'œuvre désormais sans postérité. Après lui on comptera quelques praticiens adroits, quelques talents faciles ; mais les ouvrages qui se produiront n'émaneront plus que de la main au lieu de procéder de la pensée. Le Dominiquin a donc eu le mérite de retarder quelque peu cette invasion définitive de l'esprit matérialiste dans le domaine de la peinture italienne. Qu'il ait lui-même subi à bien des égards la mauvaise influence de son époque, que ses qualités trop mélangées de défauts accusent à tout prendre un art déjà en décadence, c'est ce que l'on ne saurait nier. Ne faut-il pas pourtant lui savoir gré d'avoir conservé, au milieu des aberrations et des préjugés de l'école, le respect, volontaire ou non, de ses propres instincts ? Peut-on méconnaître en lui une inclination singulière vers les vérités morales, une recherche bien souvent heureuse de l'expression, une rare faculté d'émouvoir au moyen du geste, de la physionomie, de tout ce qui n'est pas l'imitation de la réalité inerte ? C'est par là qu'il se rattache véritablement à la famille des grands artistes. En dépit des faiblesses de son style, de son faux goût, de ses erreurs, le Dominiquin mérite une place parmi les maîtres, par cela seul qu'il a mis une part de son âme là où tant d'autres n'ont su montrer que leur habileté technique. Tant il est vrai que, dans les beaux-arts, le sentiment est l'agent principal, l'impression morale, l'objet essentiel, et que là même où la forme est imparfaite, l'élévation de la pensée peut suffire pour assurer aux œuvres une signification profonde et une durable autorité.

5. — LE GUIDE.

Parmi les peintres célèbres qui composent l'ensemble des écoles italiennes, il est au moins légitime de faire un choix et de ne pas confondre dans une admiration banale les vrais maîtres avec les artistes seulement habiles, les poëtes avec les rhéteurs ou les initiateurs souverains avec les novateurs momentanément influents. Le temps où nous vivons autorise du reste mieux qu'aucun autre ces distinctions entre les gloires justement consacrées et les réputations un peu surfaites. Ce que l'on acceptait autrefois de confiance semble aujourd'hui sujet à révision et nous sommes accoutumés à contrôler par l'examen même des œuvres la notoriété de ceux qui les ont faites. Certains noms classés d'abord à côté des plus grands noms et maintenus depuis à cette illustre place par irréflexion ou par habitude, certains talents traditionnellement exhaussés au niveau du génie ont cessé de paraître inviolables à mesure que le cercle des études s'est agrandi. La renommée du Guide, par exemple, n'a-t-elle pas perdu beaucoup de son prestige depuis que l'histoire de l'art nous est devenue plus familière et que toutes les variations des écoles anciennes n'ont plus à nos yeux l'apparence nécessaire du progrès? En connaissant mieux les belles époques de la peinture en Italie, nous avons appris à être sévères pour cette période qualifiée de seconde renaissance, qui ne fut au fond qu'une des phases de la décadence. L'âge d'argent qui s'ouvrit à Bologne laisse un éclat incomparable à l'âge d'or que Florence, Rome, Venise, Milan même avaient vu : en un mot, tout en rendant hommage à l'habileté du Guide et de quelques autres disciples des Carrache, il est permis d'accuser la fausse grandeur de leur manière et l'insuffisance de leurs doctrines. L'école à laquelle ils appartiennent — la dernière des écoles italiennes par la date comme par le mérite — ne compte que des peintres beaux-esprits au lieu de peintres sincèrement inspirés ; elle acheva d'énerver l'art qu'elle prétendait régénérer, en substituant partout les spéculations systématiques aux suggestions du sentiment et les raffinements matériels aux hardiesses de la pensée.

D'où vient donc la popularité immense qui s'est attachée depuis deux siècles au nom du Guide? Le rôle que s'attribua ce prétendu réformateur et l'attitude de chef qu'il sut prendre presque au début pouvaient jusqu'à un certain point faire illusion aux contemporains ; mais fallait-il que la méprise se prolongeât indéfiniment, et que, sur la foi de juges intéressés comme le Bolonais Malvasia ou trop peu difficiles comme Lanzi, on s'obstinât à transformer en émule des grands maîtres un peintre qui n'a d'importance véritable que relativement au temps où il vécut? Est-il équitable d'ailleurs de résumer, comme on le fait d'ordinaire, toute l'histoire de l'art à Bologne dans l'époque des Carrache et du Guide, sans tenir compte de quelques peintres qui ont honoré une époque plus ancienne? Ces réserves une fois faites sur les antécédents de l'école bolonaise et sur la part de gloire qu'il convient de mesurer au Guide, nous n'entendons nullement contester la prééminence de celui-ci sur la plupart des artistes ses contemporains ; encore moins aurait-on le droit de méconnaître l'aisance et la facilité de sa pratique. Qualité négative, dira-t-on, et qui dans bien des cas n'est qu'un attribut de plus de la médiocrité : soit, mais souvent aussi elle s'ajoute aux autres caractères du talent, et la fécondité même du Guide, cette fécondité à la fois heureuse et stérile, achève de déterminer la place intermédiaire qu'il occupe. On ne saurait voir en lui l'égal des artistes d'élite aux mains desquels l'habileté matérielle n'est qu'un auxiliaire de la pensée : il n'y aurait guère moins d'injustice à le reléguer parmi ceux qui n'envisagent dans l'art que les ressources du métier, et le mieux est de ne confondre le genre de talent qui lui est propre ni avec la toute-puissance des uns, ni avec la vulgaire dextérité des autres.

Le Guide ou Guido Reni était fils d'un musicien de Bologne qui jouissait, à ce qu'il semble, d'une certaine réputation, puisqu'on l'appela à Rome pour les fêtes du jubilé. Ce fut à l'époque de ce voyage que le Guide vint au monde, et quelques années s'étaient à peine écoulées que déjà il apprenait à jouer du clavecin sous la direction de son père.

Ses goûts toutefois l'entraînaient vers d'autres études. Les biographes se gardent bien à ce propos de passer sous silence l'anecdote accoutumée sur les premiers essais de tout peintre célèbre ; seulement, au lieu de livres de classe barbouillés de figures à l'encre, il ne s'agit ici que de cahiers de musique. A cela près, rien ne manque aux détails ordinaires du récit, ni le mécontentement du père déçu dans ses projets, ni la surprise du maître qui intervient et qui se hâte de prendre sous son patronage cet enfant promis à la gloire. Malheureusement le patron du jeune Guido n'était autre que Denis Calvart, et l'on sait de quelle étrange façon il exerçait son autorité sur les élèves qui lui étaient confiés. Le pauvre Dominiquin, battu et chassé de l'atelier pour avoir copié une estampe d'Augustin Carrache, ne devait pas être sa seule victime : des traitements du même genre attendaient le fils de Daniele Reni, et l'événement justifia de reste les hésitations de celui-ci en face des séduisantes promesses de Calvart, qui s'engageait à faire de son nouvel élève « un grand artiste » en moins de dix années. Daniele se décida pourtant ; il renonça à l'ambition de léguer à son premier-né ses propres talents et sa place de musicien de la Seigneurie. A peine se réserva-t-il le droit de diriger sur le clavecin une heure par jour ces doigts qui désormais allaient tenir le pinceau : pour tout le reste, il s'en remit aux soins du maître. Voilà donc Guido, qui n'avait pas plus de neuf ans, devenu l'élève ou plutôt l'apprenti, le *garzone* de Denis Calvart.

L'école dans laquelle Guido se trouvait admis à sa grande joie était alors la plus accréditée de Bologne et les noms des peintres qui en sont sortis en ont perpétué la célébrité jusqu'à nos jours. Pourtant n'est-il pas permis au moins de s'étonner que ce soit précisément l'infidélité des disciples qui ait fait la gloire du maître? Comment concilier l'influence qu'on prête à Calvart avec l'empressement de tous à se dérober à son joug? Depuis Augustin Carrache jusqu'à l'Albane, depuis le Dominiquin jusqu'au Guide, aucun des peintres qu'il passe pour avoir formés ne s'est contenté de ses leçons. Tous, au sortir de cette école, embrassent la cause des réformateurs et prennent parti par cela même contre leur maître, qui ne faisait guère que continuer la manière surannée de Fontana et de Sabbatini. Calvart, dit Lanzi, a vu se succéder dans son atelier cent trente-sept artistes distingués : fort bien ; mais il serait à propos d'ajouter que les plus éminents d'entre eux n'accusent nullement leur origine, et que s'ils empruntèrent quelque chose à Calvart, ce ne fut pas à coup sûr le respect de la tradition.

Quoi qu'il en soit, les choses se passèrent d'abord à souhait entre Guido et son maître. Celui-ci n'avait pas trop présumé des heureuses dispositions d'un enfant qui, au bout de quatre ans, se trouvait plus avancé qu'aucun de ses condisciples, et qui exerçait déjà sur eux assez d'empire pour faire accepter de bonne grâce ses remontrances ou ses avis. Calvart l'avait institué son suppléant en quelque sorte. Il lui laissait le soin de surveiller les travaux en son absence, de donner aux nouveaux venus les premières notions du dessin : ce fut ainsi que le Dominiquin et l'Albane, tout en ayant Calvart pour chef nominal, furent soumis pendant quelque temps à la seule autorité de Guido. On conçoit l'orgueil de ce professeur imberbe et les avantages que procurait au professeur en titre une pareille économie de temps. Calvart, au reste, n'était pas homme à se contenter de ce seul profit. Bientôt il engagea Guido à s'exercer dans des compositions originales, et la tentative ayant réussi, il retoucha quelque peu les ouvrages de son élève, les vendit comme siens et oublia d'en partager le prix avec l'auteur anonyme. La mémoire, il est vrai, lui revint un peu plus tard, ou plutôt il craignit quelque fâcheux éclat ; pour acheter le silence de Guide, tout en continuant l'entreprise, il consentit à payer dorénavant quelques écus ce qu'il devait revendre, sous son propre nom, à des prix vingt fois plus élevés. Tout alla bien pendant plusieurs années. Les deux associés se tinrent religieusement parole, l'un ne révélant rien, comme il l'avait promis, l'autre soldant le travail dans la mince proportion convenue ; mais un jour vint où Guido proposa de modifier cette répartition inégale : ajoutons que les succès de Louis Carrache commençaient dès lors à préoccuper le jeune peintre et qu'il inclinait déjà vers le parti de la réforme. Rien ne pouvait déplaire davantage à Calvart que de pareilles dispositions. La demande, si humble qu'elle fût, d'une augmentation de salaire était moins que tout le reste de nature à le laisser calme : aussi, dès les premiers mots, se mit-il à jeter les hauts cris, à accuser cet excès d'ingratitude et d'audace. Ce fut bien pis quand il apprit quelques jours plus tard que Guido suivait en secret un des cours ouverts à l'académie des Carrache et qu'il était résolu à ne plus peindre de tableaux que pour son propre compte. Les injures ne lui suffirent pas cette fois. Il souffleta vigoureusement son élève, et celui-ci courut tout droit se réfugier dans l'atelier de Louis Carrache d'où il ne sortit plus, quelques instances que fît Calvart pour l'attirer encore auprès de lui.

Une fois sous la direction de Louis, Guido s'appliqua surtout à s'approprier la manière de son nouveau maître ; manière un peu effacée, nous l'avons dit, mais dont l'indécision même était une sorte de protestation contre les abus du style héroïque et la marque d'un goût difficile. Bien que Guido eût acquis déjà une certaine expérience de l'art, il ne s'était guère occupé jusque-là que de satisfaire à certaines conditions techniques, sans étudier la nature de fort près, sans interroger son propre sentiment. Maintenant encore, il avait le tort d'attacher aux procédés une importance principale et il n'aurait fait, à vrai dire, que changer de pratique en changeant de maître, si Louis ne s'était efforcé de l'éclairer sur les dangers d'une aussi complète abnégation. Il y avait loin sans doute de ces conseils désintéressés au despotisme de Calvart ; mais pour qu'ils pussent être pleinement profitables à l'élève, il eût fallu que celui-ci fût mieux en fonds d'imagination et de qualités personnelles. Aussi qu'arriva-t-il ? En cessant d'imiter Louis, Guido n'en devint pas pour cela un artiste plus original. Il se laissa séduire par les exemples bien peu attrayants pourtant de Michel-Ange de Caravage qui avait envoyé de Rome quelques-uns de ses tableaux ; il travailla à contrefaire cette âpre manière, quitte à se démentir ensuite et à prendre précisément le contre-pied de la méthode inaugurée par le chef des *naturalisti*. Le plus étrange en tout cela est l'enthousiasme persévérant des artistes et du public à Bologne en face de tant de tergiversations et de rétractations successives. Jamais les applaudissements ne font défaut aux œuvres de Guido, quels qu'en soient d'ailleurs les caractères et les apparences contradictoires ; jamais on ne songe à opposer la foi qu'il proclamait la veille à ses convictions du jour. De lui tout vient à point, tout plaît, tout réussit. Heureux homme à qui son scepticisme même sert de passe-port pour entrer de plain-pied dans la gloire et qui, sans prendre la peine de déguiser ses emprunts, fait croire pourtant à la richesse inépuisable de ses ressources !

Le Guide, dès les premières années de sa jeunesse, avait

donc conquis à Bologne une popularité assez grande pour marcher de pair avec les Carrache eux-mêmes et pour leur disputer la faveur lorsqu'il s'agissait d'importants travaux à exécuter dans les églises ou dans les palais. Louis et Annibal n'avaient vu d'abord dans les succès obtenus par leur élève qu'un hommage indirect de l'opinion à l'excellence de leurs propres doctrines : ils ne tardèrent pas à trouver qu'à force d'être détourné, l'hommage prenait peu à peu le caractère d'une injustice, et Annibal surtout se repentit d'avoir trop efficacement servi un artiste qu'on faisait mine déjà de lui opposer comme un rival. C'était lui qui avait le plus contribué à accroître la réputation du Guide en le pressant de n'étudier les tableaux de Michel-Ange de Caravage qu'afin de se créer un système d'exécution absolument contraire. Le Guide, nous l'avons dit, s'était appliqué à reproduire les effets outrés, les partis pris violents du Caravage : en haine de celui-ci et pour faire ressortir les vices de sa méthode, Annibal prescrivit au jeune peintre l'exagération dans le sens opposé. Les *naturalisti* procédaient par masses d'ombre vigoureuses et opaques ; le mieux était dès lors de supprimer les ombres et, au lieu de ces vives lumières circonscrites entre des parties d'un noir intense, de répandre partout une lumière argentine. Cette lueur diffuse séduirait sans doute le regard ; on arriverait à avoir raison des vérités brutales auxquelles chacun commençait à s'accoutumer et l'on arrêterait pour jamais les progrès d'une école qui, même à Bologne, menaçait de faire fortune. Le Guide se le tint pour dit. Dans les tableaux qu'il peignit à partir de ce moment, tous les objets ont l'apparence de corps plâtreux ; les couleurs qu'il emploie semblent préparées à la gouache ; la lumière est si uniformément distribuée que l'effet existe à peine ou ne résulte que de la faible diversité des tons et, pour choisir entre mille quelques spécimens de cette manière plutôt fade qu'harmonieuse, nous indiquerons trois œuvres de genres différents que possède le Musée du Louvre : l'*Annonciation*, l'*Union du Dessin et de la Couleur* et cet *Enlèvement d'Hélène* qui eut le privilége de suggérer aux poëtes italiens plus de sonnets et de stances que n'en inspirèrent jamais les chefs-d'œuvre des grands maîtres.

Le Guide, au reste, devait être assez blasé sur ces effusions littéraires dont ses contemporains saluaient l'apparition de chaque tableau qu'il avait signé. Le cavalier Marin surtout ne se fit faute en aucune occasion de saisir un si bon prétexte pour se donner carrière et pour épancher en prose ou en vers de toute mesure sa veine de *concettiste* inépuisable. Voit-il pour la première fois le *Massacre des Innocents*, aujourd'hui au musée de Bologne, et d'ailleurs l'un des meilleurs ouvrages du peintre, le voilà qui feint de se scandaliser et qui crie à la cruauté en des termes dignes des pédants de Molière : « Qu'as-tu fait, Guido, qu'as-tu fait ? La main qui d'ordinaire retrace les formes angéliques s'est plu à peindre cette scène de sang ! Mais ne vois-tu pas, barbare, qu'en rendant la vie à ces pauvres enfants pour les faire massacrer sous nos yeux, tu leur donnes une seconde fois la mort[1] ? » Le reste à l'avenant, et l'on pourrait, sans chercher ailleurs que dans les écrits du cavalier Marin, trouver des témoignages nombreux de l'admiration moitié sincère, moitié convenue que les beaux esprits du temps prodiguaient au Guide. Mais revenons aux travaux mêmes du peintre et à cette époque de sa vie où il n'avait pas encore perdu l'amitié des Carrache.

---

[1] Cav. Marini. — Istorie. N° 17.

Bien qu'Annibal n'eût pas très-exactement pressenti les effets de la réaction contre les doctrines du Caravage, il n'en savait pas moins bon gré au Guide d'avoir si ponctuellement suivi ses conseils et de s'être, au profit de toute l'école, déclaré l'ennemi de la faction *naturaliste*. Que la réputation du champion qu'il avait choisi eût grandi dans la lutte au delà de ses prévisions, le fait pouvait être regrettable ; il n'y avait pas là néanmoins un motif suffisant de rupture. D'ailleurs tout n'était pas fini encore entre Annibal et l'homme dont il faisait profession de détester la personne autant que les ouvrages, — ce Michel-Ange de Caravage auprès de qui il se trouvait maintenant à Rome et qu'il importait plus que jamais de déposséder du rang où il se prélassait. Le peintre du palais Farnèse commençait à peine ses immenses travaux : il fallait, par conséquent, attendre plusieurs années avant de voir pâlir devant un éclatant succès la gloire usurpée du Caravage. A quel lieutenant déléguer provisoirement l'autorité, à qui confier le soin de préparer les voies et d'éclairer dès à présent l'opinion ? Annibal consulta l'Albane et, sur l'avis de celui-ci, il s'adressa au Guide comme à un homme en état de servir sa vengeance sans inquiéter fort sérieusement son ambition : calcul faux, car le Guide n'était pas d'humeur à s'accommoder d'une situation subalterne. En entrant en lice, il entendait bien faire ses propres affaires et prendre ouvertement à son compte le succès qu'un autre espérait détourner à son profit. Annibal s'aperçut bientôt qu'il payerait les frais de ses avances, et qu'en voulant s'attacher un auxiliaire, il n'avait réussi qu'à se donner un antagoniste. Une fois à Rome, le Guide ne se souciait nullement de retourner à Bologne et de renoncer ainsi à la brillante carrière qui s'ouvrait devant lui. Appuyé d'abord par Annibal, puis introduit auprès du pape et des grands par le Josépin, qu'il devait à son tour supplanter, il avait acquis déjà un commencement d'importance et de crédit. La faveur publique ne pouvait, à son tour, manquer de lui venir, et elle accueillit en effet les ouvrages qu'il exécuta successivement à Rome, depuis sa fresque de *Saint André,* dans l'église de Saint-Grégoire, jusqu'à ces tableaux tant de fois gravés, la *Fortune* et la *Madeleine en prière.* Le moyen de se débarrasser d'un aussi redoutable concurrent? Annibal n'eut d'autre ressource que d'essayer contre lui ce qu'il avait espéré accomplir avec son aide, et pour perdre du même coup le Guide et le Caravage, il recourut au Dominiquin. On sait les résultats de cette nouvelle tentative et la déconvenue que Carrache eut à subir de ce côté encore. Le Dominiquin prouva de reste la supériorité de son talent : toutefois on ne voulut voir dans cette manière relativement vigoureuse que ses apparences un peu pénibles, et les nombreux partisans du Guide s'autorisèrent du contraste pour exalter d'autant plus la souplesse et la facilité de son pinceau.

Certes, on ne saurait s'associer aujourd'hui à cette injuste préférence, et le rapprochement entre les deux artistes ne peut amener qu'un résultat tout contraire aux décisions de leurs contemporains. Il ne faudrait pas cependant qu'en réformant le jugement porté sur les œuvres rivales du Dominiquin et du Guide, on sacrifiât également celui-ci aux autres élèves des Carrache ou même aux peintres qui représentaient alors les principales écoles d'Italie. Si faible au fond que soit le sentiment d'un artiste qu'on a surnommé « le doux, » en confondant à son sujet la douceur avec la mollesse, il n'en est pas moins vrai que ce sentiment un peu tiède n'est dépourvu ni de charme ni d'une certaine grâce placide qui repose des prétentions fougueuses ou de la science pédantesque qu'affichent pour la plupart les tableaux de l'époque. Comparée à la grâce suprême de Raphaël et de Léonard, la sérénité du Guide pourrait être qualifiée de langueur ; mais en regard de l'affectation de Lanfranc, de l'*idéalisme* affairé du Josépin ou des gentillesses de l'Albane, elle acquiert une certaine puissance et une apparence de majesté. Les meilleurs ouvrages du peintre, le *Massacre des Innocents* et la *Madonna della pietà*, à Bologne, l'*Aurore* du palais Rospigliosi, à Rome, n'attestent, il est vrai, ni une imagination très-poétique ni un goût très-pur : quelle noblesse pourtant, quelle élévation de style dans ces compositions, si on les rapproche des tableaux du Caravage ou même des tableaux peints par le Guerchin ! Le Guide, il faut le répéter, n'appartient pas à la famille des vrais maîtres. Il n'eut à tous égards qu'une organisation et des talents secondaires, mais, à considérer le milieu où il vécut, il est juste de lui tenir compte de son habileté et de lui accorder une des premières places parmi les peintres de la décadence.

Il va sans dire qu'il ne se serait pas contenté, quant à lui, de cette estime tempérée, et que là où nous voyons aujourd'hui des signes du déclin de l'art en Italie, il croyait avoir surabondamment prouvé le progrès et assuré sa propre gloire. Le Guide n'était rien moins que modeste. En attendant qu'on le proclamât le plus grand peintre de son temps, il se regardait préalablement comme tel et, peu après son arrivée à Rome, il avait agi en conséquence : tranchant du protecteur avec les artistes qui le protégeaient la veille, se familiarisant avec les grands, avec le pape lui-même, qui venait le visiter souvent dans son atelier et à qui il persuada sans beaucoup de peine qu'un Guide était fait pour honorer le règne d'un Paul V tout aussi bien que Raphaël avait illustré le règne de Léon X. En fait de peinture et de beaux-arts en général, Paul V avait plus de passion généreuse que de clairvoyance. Les encouragements qu'il prodigua aux artistes chargés par lui de décorer les murs du Vatican et du Quirinal ou d'élever la façade de Saint-Pierre, ne paraissent guère en rapport avec la valeur réelle des œuvres, et l'on conçoit qu'il ait pu aisément se laisser abuser par la décevante habileté du Guide. Quoi qu'il en soit, l'illusion fut complète, si complète même, que le Guide étant parti secrètement pour Bologne après quelques démêlés avec le trésorier du palais pontifical, le pape crut devoir renouveler auprès du fugitif les démarches que Jules II avait autrefois tentées pour ramener Michel-Ange. Un légat chargé de négocier les conditions du retour se rendit à Bologne, et, ces conditions une fois réglées, non sans beaucoup de difficultés d'une part et de larges concessions de l'autre, le peintre consentit à revenir à Rome lorsqu'il aurait terminé deux tableaux pour l'église Saint-Dominique et ce *Massacre des Innocents* dont nous avons parlé. Le jour venu, les cardinaux envoient leurs carrosses hors des murs de la ville, suivant le cérémonial en usage pour l'entrée des ambassadeurs ; des officiers de la maison du pape attendent le Guide à Ponte-Molle pour le complimenter et lui faire cortége : peu s'en faut que le souverain pontife n'aille lui-même au-devant du grand artiste, qui, prenant les choses de haut, reçoit sans sourciller ces hommages et ne voit rien là qui ne lui revienne de droit. Quelques jours après, Paul V permet au Guide de rester la tête couverte en sa présence, et comme on félicitait l'artiste d'une si haute marque de faveur : « Le pape a bien fait de m'accorder ce privilége, répond-il, car sans sa permission je me le serais attribué moi-même. » Puis il part de là pour prévenir l'assistance qu'il mérite tout autant de considération que les souverains. S'il n'a voulu jusqu'ici travailler pour aucun roi ni pour aucun prince, c'est à cause de certaines lois d'étiquette auxquelles il ne serait pas digne de lui de s'astreindre, — l'obligation, entre autres, de tenir son chapeau à la main en face de gens qui ne songeraient peut-être pas, avec autant d'àpropos que le pape, à rétablir le niveau entre le génie et la grandeur. Une autre fois, c'est un cardinal qui vient le visiter et qu'il refuse de reconduire jusqu'à la porte, attendu, dit-il, que le talent de peintre a plus de prix que la pourpre romaine, et qu'il ne lui convient pas, à lui homme sans rival, de s'humilier devant des hommes ayant des égaux. On ne finirait pas d'enregistrer les puérilités, pour ne rien dire de plus, auxquelles la vanité entraîna le Guide. Même dans ses habitudes de travail, il y avait encore de la jactance et un apparat ridicule. Jamais il ne se mettait devant son chevalet que somptueusement vêtu et la poitrine décorée d'une chaîne d'or dont Charles de Médicis lui avait fait présent. Le maître une fois armé de sa palette, les élèves se rangeaient autour de lui, attendant en silence le moment de lui présenter les couleurs ou les pinceaux qui pouvaient lui être nécessaires. Chacun d'eux avait ses fonctions dont il devait s'acquitter conformément au règlement ou plutôt au cérémonial établi. Ceux qui n'étaient pas chargés de soins directement relatifs au travail faisaient l'office de chambellans et introduisaient les visiteurs. C'était entouré de cette espèce de cour que le Guide apparaissait aux regards des amateurs qui venaient admirer un tableau récemment achevé ou solliciter la promesse de quelque ouvrage : promesse très-difficile d'ailleurs à obtenir, car le nombre des demandes augmentait en raison des brillants succès de l'artiste, et celui-ci, malgré sa facilité prodigieuse, ne pouvait arriver qu'à grand'peine à contenter la moitié des gens qui s'adressaient à lui.

Qui se serait douté alors qu'un talent si universellement fêté tomberait bientôt dans le mépris ? Encore quelques années et l'abandon va succéder à ces empressements, la misère à ces succès presque sans exemple dans l'histoire de l'art. L'existence du Guide peut se diviser en deux phases : l'une offre une série continue de triomphes et les circonstances les plus heureuses où, depuis Raphaël peut-être, aucun peintre italien se soit trouvé ; l'autre n'est qu'une suite d'infortunes aussi extraordinaires et, il faut l'avouer, beaucoup moins imméritées que ces longues prospérités en tout genre. On peut assigner pour point de départ aux malheurs qui remplirent la seconde partie de la vie du Guide l'époque où il se rendit à Naples pour y peindre, dans la cathédrale, la chapelle de saint Janvier.

Rien jusque-là n'était venu présager un revirement dans l'opinion ni compromettre en quoi que ce fût ce bonheur obstiné. En quittant Rome pour se réinstaller à Bologne, le Guide n'avait fait que retrouver ses anciens admirateurs ou en recruter de nouveaux : le tout au détriment de Louis Carrache, qui déjà n'était plus que le chef honoraire de l'école. Un peu plus tard, l'artiste privilégié recevait, à son entrée à Ravenne, où l'avait appelé le cardinal Aldobrandini, une ovation assez semblable à celle qu'on lui avait autrefois décernée à Rome, et lorsqu'il découvrit les peintures qu'il était venu exécuter dans la cathédrale, les artistes du pays s'inclinèrent sans arrière-pensée de jalousie devant ce talent supérieur. A Naples, malheureusement les choses devaient se passer d'une tout autre façon. On a vu dans la vie du Dominiquin les moyens employés par Bélisaire Corenzio et ses pareils pour défendre contre le maître bolonais ce qu'ils appelaient leurs prérogatives et se réserver le monopole de la décoration des monuments publics. En procédant ainsi, ils n'en étaient plus à s'essayer dans la voie des perfidies et des violences. Le système d'intimidation qu'ils poursuivaient pour se débarrasser du Dominiquin, ils l'avaient pratiqué tour à tour, et toujours avec succès, contre le Josépin, le Guide et un élève de celui-ci, Francesco Gessi, qui un moment prétendit recueillir l'héritage de son maître. Les ardentes convoitises, les sourdes menées, les tentatives criminelles auxquelles donne lieu la possession des travaux dans cette chapelle de saint Janvier sont de curieux épisodes de l'histoire de l'art italien au dix-septième siècle. Rien ne manque, ni les bouffonneries ni les circonstances tragiques, à la série d'aventures qu'ouvrent les haines furieuses de Ribera et de Corenzio et que Lanfranc clôt à son profit avec une insidieuse habileté. Pour ne parler que de ce qui a trait au Guide, tantôt ce sont des coups de bâton donnés au maître sur les épaules d'un de ses *garzoni*, qui reçoit, avec ce châtiment, la recommandation expresse d'en expliquer le véritable sens à qui de droit ; tantôt on entraîne deux élèves sur une galère, sous prétexte de la visiter : puis l'ancre est levée et les deux jeunes gens disparaissent pour ne plus revenir. De tels faits donnèrent fort à penser au Guide. Il n'était ni d'humeur ni de force à retourner contre ses adversaires les armes dont ceux-ci pouvaient au premier jour se servir directement contre lui, et laissant à Gessi le soin de continuer, si bon lui semblait, la lutte, il s'enfuit à Bologne sans regretter beaucoup une tâche dont l'accomplissement exigeait les mœurs d'un spadassin autant pour le moins que les aptitudes d'un peintre.

Le Guide n'avait pas encore cinquante ans lorsqu'il revit, pour ne plus la quitter, sa ville natale. A cet âge son talent ne pouvait avoir faibli : aussi la faveur publique accueillit-elle, comme de coutume, les premiers ouvrages que le peintre produisit après son retour de Naples. Cependant les toiles qui suivirent ne paraissaient déjà plus dignes des œuvres anciennes. Jamais la manière du Guide n'avait été ni fort châtiée ni fort délicate : mais à ces négligences, assez peu apparentes en somme, succédaient maintenant l'incorrection flagrante et l'abus excessif de la facilité. D'où venait l'avilissement de cette manière, comment un artiste habitué à tenir le premier rang descendait-il ainsi au rang des praticiens vulgaires? Le déclin du talent trahissait ici les progrès d'une passion à laquelle le Guide était livré déjà pendant son séjour à Rome, mais qui avait fini par le posséder à ce point qu'il oubliait pour elle son art et jusqu'à ses vieilles habitudes de vanité. Le temps est loin déjà où il lui suffisait d'être recherché par les grands, de trôner au milieu de ses élèves ou de se parer de magnifiques habits. Que lui importent aujourd'hui ces fades jouissances? Le seul plaisir dont il soit avide, c'est l'émotion que donne un coup de dés ; ce qu'il convoite à l'exclusion de tout le reste, c'est assez d'or pour risquer un enjeu et essayer de réparer ses pertes de la veille. De là ces tableaux achevés à la hâte et qu'il livre à qui veut les prendre, sans se soucier d'autre chose que du prix auquel il les vend ; de là ces innombrables répétitions, bien ou mal faites, des sujets qu'il a déjà traités : ces figures de *saint Sébastien*, entre autres, que l'on rencontre en Italie dans les moindres galeries ou dans les plus pauvres églises. Le Guide n'a ni le loisir de méditer ses ouvrages, ni le temps d'attendre qu'on se présente pour les lui acheter. Lui-même va les offrir de palais en palais, de boutique en boutique, quitte à se voir repoussé par des gens qui le suppliaient naguère, ou à faire profiter de sa détresse quelque avare spéculateur. Ce n'est pas tout : l'atelier du Guide restait encombré d'une multitude de toiles dès longtemps ébauchées et payées par les amateurs auxquels elles devaient appartenir, soit en proportion du travail déjà exécuté, soit en raison de leur valeur future. L'usage était alors en Italie de donner ces sortes d'arrhes aux artistes, et ceux-ci s'obligeaient en retour à terminer dans un certain délai l'œuvre commencée. Comment éviter les poursuites ou tout au moins les reproches qu'autorisaient de si longs retards? Afin de tenir à peu près ses engagements, le pauvre Guide, réduit à emprunter le secours d'une main étrangère, n'en vit pas pour cela ses affaires en meilleur train. Un neveu qu'il avait autrefois recueilli et dont il eut l'idée de faire son aide, travailla, il est vrai, de concert avec lui à compléter bon nombre de tableaux ; mais avant que ces tableaux sortissent de l'atelier, le digne garçon en faisait préalablement des copies qu'il vendait en secret sous le nom du maître et pour son propre compte, dût la valeur des originaux en être dépréciée d'autant. On conçoit le déshonneur qui rejaillissait sur le Guide de cet acte de mauvaise foi, et le rôle de complice qu'il jouait dans des manœuvres dont il était en réalité la première victime. Près de quinze années se passèrent au milieu de ces agitations, de ces misères, de ces tristes et inutiles expédients. Enfin, dénué de toutes ressources, le Guide en vint à échanger non plus des ouvrages terminés, mais ses heures mêmes de travail contre un peu d'argent qu'il allait perdre le soir dans des tavernes hantées par des aventuriers de la pire espèce. Un certain Saül Guidotti conclut avec lui un marché par lequel l'ancien favori de Paul V, le peintre naguère le plus renommé de l'Italie, vendait chacune de ses journées au prix de quelques écus, et s'obligeait à peindre au moins un tableau par semaine sur tels sujets qui lui seraient donnés : pitoyable spectacle, dit Baldinucci, que de voir ce malheureux vieillard succombant à la peine et n'osant pas même se reposer quelques instants, de peur d'être réprimandé ou chassé par l'homme qui lui avait fait la grâce de le prendre ainsi à loyer. Abandonné de ses amis, sans cesse harcelé par des créanciers qu'il tâchait de frauder pour se ménager quelque moyen de tenter encore la fortune, le Guide traîna jusqu'en 1642 une existence aussi discréditée que sa jeunesse avait été honorée et brillante. Sa mort émut cependant ceux-là mêmes qui depuis longtemps n'avaient plus pour lui que de l'indifférence ou du mépris. On oublia les hontes des dernières années pour ne se rappeler que les anciens titres de gloire, et, l'enthousiasme se réveillant une dernière fois, le corps du Guide fut transporté en pompe à l'église San-Domenico de Bologne, où on l'inhuma en présence des députés de la Seigneurie, des magistrats et d'une foule immense [1].

Si l'on compare le Guide aux autres peintres de l'école bolonaise, ou même à tous les peintres italiens du dix-sep-

---

[1] Vingt-trois ans plus tard (1665), le tombeau du Guide se rouvrait pour donner asile aux restes d'une jeune femme que ses talents et sa fin tragique rendaient, aux yeux des contemporains, digne d'un tel honneur, et qui semblait avoir hérité du maître cette grâce et cette douceur de pinceau auxquelles il avait dû ses succès, — Elisabeth Sirani, morte à vingt-six ans, empoisonnée, dit-on, par des envieux, et fille d'André Sirani, de qui elle était aussi l'élève. C'est à tort qu'on la classe assez ordinairement parmi les élèves du Guide, puisque, à l'époque où mourut celui-ci, elle n'avait encore que trois ans; mais elle mérite d'être mise au nombre des plus habiles imitateurs de sa manière. Considérée soit comme peintre, soit comme graveur à eau-forte, Elisabeth Sirani ne le cède guère aux artistes qui reçurent directement les leçons du Guide. Elle-même tint une école où elle forma plusieurs élèves de son sexe, ses deux sœurs entre autres et Lucrèce Scarfaglia, Geneviève Cantofoli, Vincenzia Fabri et Véronique Franchi.

tième siècle, nul doute qu'il ne paraisse un des plus dignes d'estime, le seul même après le Dominiquin et les Carrache, dont les ouvrages protestent encore contre l'abaissement du goût et le culte des réalités grossières. Mais si, au lieu de tenir compte avant tout des entraînements de l'époque, on considère ce talent en lui-même et relativement aux conditions générales de l'art, il est impossible de ne pas sentir ce qu'il a d'insuffisant, de défectueux à beaucoup d'égards, et, pour tout dire, de foncièrement inutile. Le propre des maîtres est de personnifier quelque heureux effort accompli dans un sens imprévu, quelque découverte ajoutée aux conquêtes antérieures. Leur importance dans l'histoire de la peinture est telle qu'on ne saurait supprimer un seul d'entre eux sans rompre du même coup l'ordre nécessaire et comme un des chaînons du progrès. Au contraire, que les travaux du Guide viennent à disparaître, on sera privé d'œuvres non sans mérite assurément, mais la trace d'aucun progrès essentiel ne sera effacée pour cela. Quel élément nouveau l'élève de Denis Calvart et des Carrache a-t-il introduit dans l'art? sous quel aspect inaperçu avant lui a-t-il envisagé la nature? Le sentiment qui le dirige, sans être, si l'on veut, vulgaire, n'a cependant ni cette décision, ni cette originalité qui appartiennent aux peintres de haute race. Le Guide ne fut, à tout prendre, qu'un très-habile et très-fécond praticien. Ce titre suffit sans doute pour assurer une certaine célébrité à son nom et à ses ouvrages; mais il limite en même temps l'admiration que ces ouvrages méritent et le respect que l'on doit à ce nom.

On ne saurait donc accepter sans réserve les éloges que les écrivains italiens des deux derniers siècles ont prodigués aux travaux du Guide. Encore moins est-il permis de croire ces panégyristes sur parole, lorsqu'ils célèbrent à l'envi les heureux effets de l'influence exercée par le maître sur la peinture bolonaise et sur l'art italien en général. Baldinucci, Malvasia, Lanzi, bien d'autres biographes encore, enregistrent pieusement les noms de tous les élèves sortis de cette école, et ne font pas difficulté d'immoler quelquefois les Carrache eux-mêmes à ce chef par excellence, en qui ils saluent « le restaurateur de la grâce » et le véritable « créateur de la manière moderne. » Assez triste bienfait en vérité. La manière efféminée, dont le peintre de l'*Annonciation* légua la tradition à ses disciples, devait se dépraver encore aux mains de ceux-ci et de leurs successeurs, et envahir si bien l'école entière, que toute aspiration virile serait comprimée à l'avance, toute velléité de réaction paralysée. Partout la mollesse ou la pauvreté du style se substituera à une simplicité choisie, partout l'expression doucereuse va remplacer l'expression délicate, et le goût des fadeurs anéantir l'instinct de l'élégance. Il ne serait pas juste sans doute d'imputer formellement au Guide les torts de tous les artistes survenus après lui ; la langueur, la béate inertie du Florentin Carlo Dolci, par exemple, ou, un peu plus tard, la facilité prétentieuse de Carle Maratte ne sont, à vrai dire, qu'en germe dans les tableaux du peintre bolonais. Pourtant, n'est-on pas en droit de lui reprocher d'avoir ouvert la voie à ce débordement d'œuvres sans portée et sans fonds, et n'a-t-il pas d'avance autorisé par le caractère un peu négatif de son talent les franches nullités qui allaient se produire d'un bout à l'autre de l'Italie ? A ne parler d'ailleurs que des peintres directement formés par lui, il n'en est guère dont l'obéissance empressée n'ait activé le mouvement qui entraînait déjà l'art vers sa ruine. Les plus habiles d'entre eux, Simone Cantarini, dit le Pesarese, Francesco Gessi, Semenza, Andrea Sirani, tous ceux qui passent pour avoir profité des leçons du maître, ne semblent-ils pas s'être assimilé sa manière, en vue, non de poursuivre un progrès, mais de propager une mode ? Cette tâche facile, les Vasari, les Allori, tant d'autres copistes de Michel-Ange, se l'étaient proposée dès le siècle précédent, et l'on sait les innombrables contrefaçons des peintures de la Sixtine qui s'étalèrent, à Florence ou à Rome, sur les murs des églises et des palais. Michel-Ange toutefois ne s'était pas dissimulé les funestes conséquences de cette manie, et loin d'encourager l'abnégation de ses imitateurs, il avait déclaré « incapable de s'enrichir du bien d'autrui quiconque ne possédait pas un fonds de ressources personnelles. » En se reprochant d'avoir engendré la race qu'il laissait après lui, il opposait d'avance un désaveu aux excès qui allaient être commis en son nom. Le Guide, au contraire, se garda bien de désavouer aucun de ses copistes, parce qu'il espérait sans doute que ces travaux inspirés par lui augmenteraient encore sa popularité. Calcul dangereux en ce sens qu'à force de se multiplier, les spécimens de « la manière moderne » pouvaient lasser l'opinion et diminuer d'autant la part de mérite attribuée au maître. Le style que le Guide avait imaginé ne devait-il pas perdre son apparence d'originalité et sa signification, alors que tant de gens réussissaient à s'en approprier les formes ? Il n'en fut pas ainsi cependant. Tout en applaudissant aux œuvres de Gessi ou de Semenza, tout en honorant Sirani du surnom de « second Guide, » on n'en persévéra pas moins dans l'admiration que le Guide lui-même avait d'abord inspirée, et ce qui aurait pu compromettre ou ruiner sa gloire ne servit en réalité qu'à l'affermir.

Rien, au surplus, de plus facile à concevoir que l'influence exercée par un maître de cet ordre, rien de moins surprenant que le nombre de ses sectateurs. Fra Angelico, Léonard, Raphaël, seront rarement et surtout malaisément imités, parce que, chez eux, le mode d'expression est inhérent au sentiment même et que dans leurs œuvres la perfection du style résulte de l'élévation de la pensée ; il faudrait d'abord pour peindre comme eux avoir reçu du ciel les inclinations auxquelles ils obéirent, ou plutôt un artiste doué d'une organisation assez délicate pour perpétuer de tels exemples ne les continuera qu'après les avoir involontairement transformés suivant ses inspirations et ses propres instincts. En revanche, les peintres dont les qualités sont expressément techniques, les talents qui n'arrivent qu'à formuler les dehors d'un sentiment, les hommes comme le Guide, en un mot, éveilleront autour d'eux l'esprit d'imitation avec d'autant plus de puissance qu'ils décourageront moins les organisations faibles ou secondaires. De là ces regrettables succès de la médiocrité qui suivirent à Bologne les succès des Carrache et de leurs principaux élèves ; mais si l'art acheva de se matérialiser après eux, l'origine du mal n'est-elle pas dans le caractère de leurs œuvres mêmes, et lorsqu'il n'y a que justice à condamner les copistes, sera-t-il moins juste de réprouver aussi ceux qui leur ont fourni un texte déjà vicié, des modèles d'une autorité suspecte ? Le Guide et, en général, les peintres bolonais de la fin du seizième siècle ou du commencement du dix-septième, ne dominent pas leur époque, puisqu'ils s'associent à ses entraînements. Au lieu d'arrêter la décadence de la peinture, ils ne font en réalité que la diriger. Leurs œuvres comme leurs doctrines purent emprunter des circonstances une valeur relative et une certaine utilité : considérées en elles-mêmes, elles demeurent insuffisantes ou stériles. Bien plus, malgré le nombre immense de leurs élèves, ni les Carrache, ni le Guide n'ont, à vrai dire, fondé une école, s'il faut entendre par ce mot un ensemble d'artistes animés d'une foi profonde et travaillant pieusement à confirmer un progrès. Le progrès d'ailleurs était-il bien sûr? la foi qui allait manquer aux disciples n'avait-elle pas déjà manqué aux maîtres, et les croyances négatives de ceux-ci, leur système d'éclectisme et de tempéraments en toutes choses pouvaient-ils enfanter rien de plus qu'un art sans physionomie distinctive, une école sans tradition féconde? A ne tenir compte que de la quantité d'œuvres produites et du succès qui les accueillit, la réforme bolonaise est un fait très-important dans l'histoire de la peinture italienne; mais si l'on examine avant tout les titres des réformateurs, si l'on pèse leur mérite, au lieu de se laisser éblouir par l'éclat du rôle qu'ils ont joué, il est au moins douteux qu'une telle épreuve tourne au profit de leur gloire. Le Guide, en particulier, ne gagnera pas à être envisagé ainsi. Tout en rendant hommage à son incontestable habileté, on ne se méprendra pas sur la faiblesse de son sentiment, et l'on ne confondra pas cette manière superficielle avec l'expression d'une pensée recueillie, ces agréments ou ces facilités de pinceau avec les sérieuses beautés des vrais maîtres ; en un mot, le talent qui procède seulement de l'esprit avec le talent qui vient de l'âme.

XI

LORENZO BARTOLINI.

Si l'on ne consultait que les tableaux ou les peintures monumentales pour apprécier la situation et les tendances de l'art moderne en Italie, on serait autorisé à porter un jugement sévère sur l'abaissement des doctrines et du talent dans ce pays des maîtres par excellence. Les écoles italiennes de peinture ne sont même plus en décadence ; la plupart d'entre elles ont cessé d'exister, et, sauf l'espèce de rénovation tentée aujourd'hui en Toscane par un petit groupe d'artistes et d'écrivains qu'inspire au moins le respect du passé, on ne surprendra nulle part des signes de volonté studieuse ou de mémoire : ce qui au contraire est partout manifeste, c'est l'oubli des origines et des anciens exemples. Des médiocrités plus ou moins nombreuses, s'accommodant de leur impuissance, ou ne visant qu'à façonner l'art national sur les patrons de l'art étranger, voilà ce qui reste à Rome comme à Venise, à Milan comme à Naples, de la postérité de tant de grands maîtres ; telles sont, depuis soixante ans, les tristes gloires d'une école qui ferait presque regretter les aberrations pittoresques de l'école du dix-huitième siècle. N'y avait-il pas en effet au fond des excès de cette époque une certaine force native, un reste de séve, d'énergie, et comme une fantaisie héroïque qui accusait encore la haute race? L'art italien se ruinait sans doute par ses prodigalités et ses folies, mais il se ruinait avec la bonne grâce d'un grand seigneur et ne dissipait, après tout, que son propre patrimoine. Lorsqu'il en vint plus tard à user des ressources d'autrui, lorsqu'il essaya de cacher sa pénurie sous une magnificence d'emprunt et des vêtements à la mode française, il ne réussit qu'à compromettre pour le moins sa dignité et à porter assez gauchement une livrée. On doit être surpris que cette servitude, acceptée dès le commencement du siècle par MM. Benvenuti, Camuccini et quelques autres, ait été ouvertement recommandée par les derniers représentants de la vieille manière idéaliste. Pompeo Battoni, — c'est tout dire, — ne légua-t-il pas sa palette et ses pinceaux à David? En confiant au peintre des *Horaces* ces pinceaux accoutumés à caresser des allégories galantes, il leur imposait certes une besogne bien imprévue ; il prescrivait en même temps de nouveaux devoirs et une foi nouvelle aux élèves qu'il avait formés, aux peintres qui viendraient après lui. Le malheur est que ceux-ci aient suivi le conseil trop à la lettre, et que, depuis cette abdication, l'art italien n'ait guère fait d'efforts que pour s'assouplir au joug de l'art français.

La peinture, de l'autre côté des monts, semble aujourd'hui vouée à l'inertie; mais nous ne prétendons pas en conclure que la régénération soit impossible et désespérer d'un pays qui a su trouver souvent, pour se relever de sa déchéance, d'admirables retours de vigueur et des élans inattendus. Peut-être la réaction, encore timide, qui s'essaye à Florence contre l'esprit de routine, déterminera-t-elle bientôt un mouvement plus énergique et de plus sérieux progrès. M. Louis Mussini, le chef des nouveaux *puristi*, ne nous semble pas, il est vrai, doué de la résolution nécessaire pour avoir pleinement raison des préjugés académiques et détrôner les faux talents qui se prélassent dans leur dogmatisme suranné : puisse-t-il au moins, par l'exemple si opportun qu'il donne, encourager l'étude des vieux chefs-d'œuvre et préparer la venue d'un véritable réformateur ! Ce rôle souverain, auquel jusqu'à présent aucun peintre italien ne paraît en mesure de suffire, un sculpteur d'un rare mérite, un descendant des anciens maîtres l'avait pris et le soutenait naguère avec une incomparable autorité. Bartolini n'honore pas seulement, en la représentant mieux que personne, la sculpture moderne dans son pays ; il résume aussi l'art italien tout entier, les plus nobles aspirations de son époque, et par l'influence qu'il exerça, aussi bien que par l'éclat de son talent, il relève et vivifie une école qui, sans lui, n'aurait qu'une fort douteuse importance. Nous voudrions appeler l'attention sur les travaux de cet éminent artiste et montrer sa double supériorité dans la pratique et dans l'enseignement, en nous aidant, pour l'accomplissement de notre tâche, de nos propres souvenirs, des intéressants opuscules qu'ont publiés assez récemment MM. Bonaini, Rossi, quelques autres écrivains encore, et surtout de documents inédits recueillis par la main pieuse d'un ami de Bartolini.

Et d'abord faut-il s'étonner que le seul homme qui ait continué de nos jours la gloire de l'art italien, — je ne parle, bien entendu, ni des musiciens ni des poëtes, — faut-il s'étonner que ce seul maître, dans le sens exact du mot, soit non pas un peintre, mais un sculpteur ? Les conditions différentes où se trouvent en Italie la peinture et la statuaire, conditions particulièrement favorables à celle-ci, peuvent jusqu'à un certain point expliquer le fait. Pour nous Français, la sculpture est un art en dehors des mœurs et des besoins actuels, un luxe tout exceptionnel, ou même contrariant l'instinct qui nous pousse vers un certain beau familier. Aussi ne lui prêtons-nous un reste d'attention qu'autant qu'elle se réduit aux proportions d'une industrie frivole. Les statuettes et les petits groupes d'animaux réalisent aujourd'hui un idéal à notre portée, et nous oublions volontiers, en face de ces humbles produits, des travaux plus conformes aux sévères lois de la statuaire. Il en est autrement à Florence ou à Rome. Là du moins une statue, un bas-relief réussissent encore à passionner la foule, quelquefois, il est vrai, assez mal à propos et sans grand profit pour le goût; mais ce goût, malgré ses déviations, n'en existe pas moins, plus vif et plus sincère qu'ailleurs. Faute de mieux, il se portera peut-être sur des objets d'une beauté suspecte : vienne un chef-d'œuvre, personne n'attendra pour l'admirer que les experts en aient signalé le mérite. Chacun aura senti tout d'abord et apprécié par pur instinct, chacun aura aimé, en un mot, ce que nous hésiterions peut-être à regarder, ce que nous respecterions tout au plus sur la foi des hommes du métier.

La certitude d'être compris ou même d'être étudié est un stimulant qui manque aux sculpteurs français ; les sculpteurs italiens, au contraire, sont sûrs de n'avoir affaire ni à des juges défavorablement prévenus ni à des esprits indifférents. Quoi de plus naturel après tout ? Des gens qui ne sauraient traverser une rue, se promener sur une place ou entrer dans une église sans rencontrer à chaque pas des chefs-d'œuvre de toutes les époques, reçoivent presque à leur insu l'éducation la plus profitable. Pour les artistes de profession l'avantage semble plus considérable encore. Les peintres, comme les statuaires, ont perpétuellement sous les yeux d'admirables monuments de l'art, et les grands exemples ne leur font certes pas défaut : d'où vient donc qu'ils tirent pour la plupart un si chétif parti de ces leçons ? Leur étrange obstination à chercher loin de chez eux des modèles et leur insuffisance personnelle expliquent sans doute la faiblesse de leurs travaux, mais il faut dire aussi que les occasions et les tâches importantes sont assez rares aujourd'hui pour qu'un véritable talent ait peine à faire ses preuves et à grandir. La peinture monumentale et même la peinture d'histoire sont presque hors d'usage en Italie. Plus de palais, peu ou point de chapelles à décorer ; plus de corporations, encore moins de Médicis pour encourager les débutants, se disputer les services des maîtres et préparer à tous les talents une ample besogne. Les familles patriciennes bornent leur ambition à conserver les tableaux anciens qu'elles possèdent. C'est donc le plus souvent pour des amateurs de second ordre ou pour quelques étrangers de passage que les peintres italiens sont réduits à travailler. De là l'obligation où ils se trouvent de traiter des sujets plutôt agréables que graves, et (condition radicalement contraire au génie et aux antécédents de l'école) de ne couvrir que des toiles d'une dimension restreinte. Il y a dans cette situation des empêchements dont il est juste de tenir compte, et si l'avilissement de la peinture italienne est un fait profondément regrettable, il ne faut voir pourtant dans ce fait ni le résultat de fautes toutes volontaires ni un déshonneur sans excuse.

Les entraves imposées à la hardiesse du pinceau ne gênent pas au même degré le ciseau des statuaires. Toute haute entreprise n'est pas interdite à ceux-ci, et ne leur restât-il que la sculpture des tombeaux dans les églises et dans les cloîtres, ils seraient richement partagés encore. La mort, cliente sûre, livre chaque jour à l'art des souvenirs à consacrer, des traits à faire revivre, des dogmes religieux à commenter. Qu'il s'agisse d'un monument dédié à quelque illustre mémoire ou d'une sépulture chère seulement à la piété de quelques amis, la destination du travail et le voisinage de l'autel inspireront l'artiste, ou du moins inclineront son âme vers le recueillement et les graves pensées. On sait combien d'œuvres éloquentes, combien de nobles images les sculpteurs italiens ont accumulées dans les églises. Pour ne parler que de la sculpture florentine, les plus beaux morceaux dont se glorifie l'école sont en général des monuments funéraires, et, depuis Nicolas de Pise jusqu'à Rossellino, depuis Michel-Ange jusqu'à Bartolini, tout statuaire de génie ou de talent s'est révélé surtout dans des productions de ce genre. Les tombeaux résument, à vrai dire, les progrès successifs de la sculpture en Toscane : aussi l'histoire de l'art ne saurait-elle négliger un ordre de travaux auxquels l'inhumation en dehors des églises ôte ailleurs en partie leur signification esthétique et religieuse. Les conditions faites à la statuaire étant ainsi préférables à celles qu'a dû accepter la peinture, on ne s'étonnera pas de trouver dans la vie et l'œuvre d'un sculpteur le témoignage le plus significatif des tendances actuelles de l'art italien.

I

La vie de Bartolini, qui devait être un combat perpétuel contre la médiocrité, l'envie et la routine, commença par d'autres luttes tout aussi difficiles et des souffrances patiemment supportées. Les rudes traitements, l'impossibilité de s'instruire et de travailler selon ses goûts, telles sont les premières épreuves imposées au courage de l'enfant, en attendant la misère et les cruelles anxiétés qu'amèneront les annés suivantes. Lorenzo Bartolini naquit en 1777, à Savignano, petit village aux environs de Prato, où fra Bartolommeo avait vu le jour trois cent huit ans auparavant. Son père, Liborio Bartolini, était serrurier-forgeron, et, contrairement à la coutume des plus humbles artisans de son pays, il n'avait pour les arts et les artistes qu'une grossière indifférence. Qu'un des plus grands peintres de la fin du quinzième siècle fût né à quelques pas de sa demeure, que le fils qui lui était donné annonçât pour le dessin une rare aptitude, le tout ne lui importait guère, ou plutôt il ne remarquait cette vocation précoce que pour s'en irriter et la maudire. On pense bien qu'un tel homme n'était pas d'humeur à s'en tenir aux injures et que son mécontentement se traduisait souvent par des brutalités d'autre sorte. Le pauvre Lorenzo, outrageusement battu, n'en persévérait pas moins dans sa volonté de devenir artiste, et recommençait, au risque d'être châtié de nouveau, à laisser là marteau et enclume pour le crayon qu'il s'essayait à manier.

Au bout de quelques années, Liborio Bartolini vint s'établir à Florence avec son fils. Un pareil séjour n'était pas propre à modifier les déterminations de celui-ci et à lui inspirer plus de goût pour l'apprentissage qu'on lui imposait. Si la seule force de ses instincts l'avait poussé à la résistance lorsqu'il vivait à Savignano, loin de tout encouragement et de tout exemple, à coup sûr, le spectacle des chefs-d'œuvre réunis à Florence ne pouvait que stimuler encore son zèle et accroître son ambition. Aussi tout se passa-t-il entre le père et le fils conformément aux circonstances : redoublement de colère d'un côté, de l'autre aversion plus prononcée que jamais pour le métier, et résolution bien arrêtée d'y renoncer au premier jour. Ce jour ne tarda pas à venir. A la suite de châtiments plus violents que de coutume, Lorenzo s'enfuit auprès d'un de ses oncles, à Savignano, et ne rentra sous le toit paternel qu'après avoir obtenu la permission de suivre les cours de l'Académie de Florence. Moitié de guerre lasse, moitié par déférence aux conseils de ses amis, Liborio Bartolini en vint à se rendre, non sans stipuler la condition d'être absolument déchargé à l'avenir de toute dépense et de tout soin matériel. Lorenzo, âgé seulement de douze ans, se vit donc obligé de se suffire à lui-même et de chercher, en même temps que les occasions de s'instruire, le moyen de gagner son pain. Rude tâche, qu'il entreprend pourtant avec joie et qu'il poursuit avec une incroyable force de volonté! Tantôt il consacre ses soirées et une partie de ses nuits à des travaux à l'aiguille que lui a procurés un tailleur; tantôt il court, au sortir de l'Académie, s'enfermer dans une boutique de vitrier et racheter, au moyen de ses minces profits de *garzone,* les heures que lui ont coûtées ses études d'artiste. Plus tard, il entre comme apprenti chez un sculpteur d'albâtre à Volterre, et là du moins il n'est plus condamné à des occupations tout à fait étrangères à l'art; mais les bénéfices de cette nouvelle situation lui semblent si précieux, qu'il s'empresse d'en élargir un peu trop la mesure, sauf à se préparer par là de nouveaux mécomptes.

A l'époque où Bartolini commençait son apprentissage de sculpteur, les compositions gravées de Flaxman étaient déjà répandues dans les divers pays de l'Europe; toutefois, au lieu de cette popularité qu'elles ont acquise depuis un demi-siècle, elles avaient alors l'intérêt d'objets d'art assez rares encore et en quelque sorte de curiosités. En Italie surtout, on recherchait avidement les œuvres de l'artiste anglais, l'occasion de se les procurer étant une bonne fortune que peu de gens réussissaient à rencontrer. Corneil — tel était le nom du patron de Bartolini à Volterre — se trouvait au nombre de ces favorisés du sort. En voyant les pièces gravées d'après Flaxman entre les mains de son maître, le jeune garçon avait aussitôt demandé la permission de les calquer. Jusque-là rien que de fort naturel et de très-légitime ; mais en répondant par un refus, Corneil était, de son côté, pleinement dans son droit. Bartolini eut le tort de ne pas en juger ainsi et d'essayer de dérober ce qu'on ne consentait pas à lui donner. Utilisant assez mal à propos les souvenirs de son premier métier, il applique un morceau de cire sur la serrure de la porte qui ferme la chambre où sont les précieuses estampes ; il fabrique ou fait fabriquer une clef d'après cette empreinte, et, lorsque tout dort dans la maison, il se glisse, crayon en main, auprès du trésor convoité. C'était, il faut l'avouer, pousser loin l'amour de l'art et sacrifier un peu trop formellement les scrupules de la conscience à la passion de l'étude. Raphaël, en pénétrant à l'insu de Michel-Ange dans la chapelle Sixtine, était du moins introduit par Bramante, que ses fonctions autorisaient à y entrer, et qui pouvait à la rigueur y amener un de ses amis. Ni l'un ni l'autre n'avait forgé de fausse clef pour ouvrir la porte, et si Michel-Ange les eût surpris tous deux en contemplation devant ses peintures, il n'eût pu guère les accuser que d'indiscrétion. Corneil avait quelque chose de plus à reprocher à son élève, et l'on devine la confusion de celui-ci lorsqu'il vit apparaître au milieu de la nuit l'homme dont il croyait avoir trompé la vigilance. Le lendemain, Bartolini, vertement semoncé, reprenait le chemin de Florence, où il allait chercher un nouveau patron.

Moitié ouvrier, moitié artiste, il ne pouvait espérer d'autres travaux que ceux qui lui seraient procurés dans une *boutique*. Le mot même, au seizième siècle, servait à désigner l'atelier d'un sculpteur ou d'un peintre aussi bien qu'un établissement de menu commerce, un lieu où se débitent des objets d'art industriel ; mais, à la fin du dix-huitième siècle, il ne gardait plus cette double signification. Il y avait alors entre un statuaire et un *bottegajo* (marchand) de sculptures la même différence qu'entre un élève et un apprenti. Bartolini n'en était qu'au premier degré de l'apprentissage ; il lui fallait donc pendant quelque temps encore se contenter des leçons d'un praticien, quitte à se réserver l'avenir et à guetter le moment de se former auprès d'un artiste. La condition qu'il avait trouvée à Volterre, il la rencontra de nouveau à Florence, et il fut successivement employé par plusieurs marchands de sculptures en albâtre. L'ouvrage venait-il à manquer, il essayait d'autres ressources et s'enrôlait parmi les musiciens de quelque orchestre, dans quelque troupe de chanteurs, jouant du violon ou faisant sa partie vocale, suivant le cas, le tout non sans applaudissements parfois, témoin ce jour où il parut sur le théâtre de Piazza-Vecchia et y chanta avec succès, dit-on, une cavatine écrite expressément pour sa voix.

Cependant cette vie incertaine et tiraillée commençait, non à décourager Bartolini, mais à lui inspirer quelque doute sur la possibilité de développer à Florence même le talent qui germait en lui. Le moyen d'abandonner les travaux obscurs auxquels la pauvreté le condamnait ? Et, d'autre part, comment compter sur des progrès décisifs alors qu'il n'avait d'autre objet d'étude que des modèles inertes, d'autre besogne que l'ornementation de vases ou de pendules ? Une fois seulement il avait entrepris un ouvrage d'après la nature vivante ; encore ce premier essai — c'était le portrait de son frère — n'avait-il pu être mené à bonne fin, faute d'un peu d'argent et de loisir. Ajoutons qu'au chagrin de se sentir confiné dans une boutique se joignait pour Bartolini le regret de ne pouvoir suivre ceux de ses camarades qu'il voyait chaque jour partir pour la France. Un voyage à Paris, un séjour dans cette ville que la renommée de David et la révolution opérée sous son influence présentaient aux imaginations italiennes comme la métropole de l'art, quelle bonne fortune pour un jeune artiste, quel plus sûr moyen de se perfectionner et d'arriver promptement au succès ! Tandis qu'Alfieri, mettant son animosité et ses rancunes personnelles sous le couvert du patriotisme, maudissait avec apparat la domination française et « les nouveaux barbares, » Bartolini acceptait l'événement de grand cœur, et n'aspirait qu'à en tirer profit. Aussi, loin de faire mystère de ses désirs, en parlait-il à tous venants, aux Français surtout qui s'arrêtaient pour quelque emplette ou pour quelque commande dans la boutique où il faisait son apprentissage. Un jour, l'un des généraux de notre armée entre chez le patron de Lorenzo et choisit divers objets qu'il veut, dit-il, rapporter en France, et qu'on devra lui envoyer sur-le-champ, parce qu'il se met en route le lendemain. S'il consentait à prendre le jeune apprenti pour domestique, ce voyage tant désiré pourrait s'accomplir ! La négociation s'entame et réussit. Bartolini, que recommandent sa bonne mine et sa physionomie intelligente, devient sur l'heure, non pas un des serviteurs du général, mais une sorte de secrétaire à l'essai dont on verra plus tard à régulariser la position.

Après quelques semaines passées à Livourne ou sur les routes, et quelques croquis tracés chemin faisant, le jeune artiste est autorisé à prendre l'uniforme en qualité de dessinateur attaché à l'état-major : titre à peu près semblable à celui que portait Gros pendant la campagne d'Italie. Jusque-là tout allait au mieux. Déjà on avait gagné Gênes ; encore un peu, et l'on franchissait la frontière de France ; malheureusement des événements imprévus vinrent séparer brusquement Bartolini de son protecteur, et le pauvre dessinateur, désormais sans emploi, dut oublier ce rêve de quelques jours pour rentrer en lutte avec de tristes réalités. Poussin, condamné à ne pas dépasser Lyon lorsqu'il s'acheminait une première fois vers Rome, n'avait été ni plus cruellement déçu, ni même réduit à une telle misère. Si méconnu que fût encore le grand peintre, son talent avait suffi du moins pour lui assurer dans ce dur exil du travail et du pain. Ici, au contraire, nul moyen de subvenir aux nécessités présentes, nulle apparence de travail pour le lendemain. N'importe, Bartolini n'en était pas à se mesurer pour la première fois avec l'adversité. Bien déterminé à ne pas être vaincu par elle, il continue à tout hasard son voyage et finit par atteindre le but, après des difficultés de toute espèce et des fatigues auxquelles, en dépit de sa jeunesse, il est souvent sur le point de succomber. Cependant que trouve-t-il d'abord, sinon de nouvelles souffrances, dans cette ville qui lui apparaissait comme un port de salut? Que de fois, pendant les premiers temps de son séjour à Paris, n'est-il pas obligé de recourir aux expédients qui l'avaient aidé à vivre à Florence, et que de fois aussi la faim, la maladie ne le visitent-elles pas dans sa pauvre mansarde! Rien ne l'abat néanmoins, aucun malheur ne peut avoir raison de son courage. Plus tard, Bartolini n'épargnait pas les épigrammes à qui se complaisait dans les plaintes, et certaine école littéraire de notre pays, l'école larmoyante de *René* et d'*Obermann,* excitait sa verve railleuse ou tout au moins étonnait sa raison. Nous n'avons pas ici à prendre parti pour ou contre les œuvres de cette école ; mais il faut avouer que jamais homme n'eut mieux que celui-là le droit de montrer peu de compassion pour le découragement et les souffrances oisives, peu de sympathie pour leurs apologistes.

Bartolini, à l'époque où il vint se fixer à Paris, n'avait fait preuve encore que d'une rare force de volonté, d'un ardent amour de l'étude. Une vocation spéciale l'entraînait vers les arts, mais, en dehors de ces dispositions naturelles, rien n'annonçait chez lui un talent en train de se former. Les courts moments passés à l'Académie de Florence ou, çà et là, dans l'atelier de quelque statuaire, quand ses occupations d'apprenti *alabastraio* lui en laissaient le loisir, n'avaient pu donner à Bartolini ni des principes fort sûrs ni une fort sérieuse expérience. En entrant dans l'école de David, il commençait donc en réalité son éducation d'artiste, et se trouvait pour la première fois sous l'autorité d'un maître. Celui qu'il avait choisi était bien en mesure de démêler ses inclinations secrètes et de le diriger en conséquence. David, nous avons eu occasion de le faire remarquer ailleurs, avait, entre autres mérites, une aptitude singulière à discerner les dispositions propres à chaque élève et le courage d'oublier en face d'elles son goût personnel et sa manière. Il reconnut bientôt dans les essais du jeune sculpteur un sentiment simple et fin à la fois, quelque chose de cette largeur naïve qui caractérise l'ancien art florentin et exprime la vérité sans mélange de réalité vulgaire. Approuvé par David, Bartolini laissa à d'autres le soin de contrefaire dans leurs études les statues antiques, et continua de traduire la nature comme il l'entendait, sans interposer à tout moment entre elle et lui les types officiels de la beauté. Qui sait la part d'influence qu'eurent sur les progrès et sur la forme définitive de ce talent les premiers encouragements donnés par le maître? Un peu moins de clairvoyance ou d'abnégation chez celui-ci, et peut-être l'avenir tout entier de l'élève était-il compromis ; une organisation d'élite se trouvait faussée ou tout au moins gênée pour longtemps par des habitudes mal à propos imposées. Qu'on ne se méprenne pas pourtant sur l'étendue du service rendu à Bartolini par David. Nous ne prétendons pas attribuer aux leçons du peintre français une autorité telle que l'on puisse réclamer comme un des nôtres l'habile artiste qu'elles ont guidé : notre école est assez riche de ses propres gloires pour se passer d'emprunts et n'escamoter à son profit la renommée de personne. Que Bartolini ait senti son talent grandir et se développer en France, qu'il ait été utilement secouru par les conseils de David, rien de plus vrai ; mais il n'en demeure pas moins italien par le style et le caractère de ses œuvres. C'est là son mérite principal, sa physionomie essentielle, et ce qui lui assure une place à part entre les élèves de David aussi bien que parmi les artistes contemporains de son pays.

Cette physionomie ouvertement nationale au milieu de gens affublés, comme MM. Benvenuti, Camuccini et tant d'autres, des dépouilles de l'art français, ces traits de la race qu'on retrouve chez Bartolini, et qui accusent la descendance des maîtres, parurent d'abord n'exprimer qu'une sorte de bizarrerie et des inclinations assez peu dignes d'estime. Dans l'atelier de David, la foi dégénérait volontiers en intolérance. Le culte absolu de l'antique, l'asservissement à certaines lois mieux faites peut-être pour régenter des érudits que pour inspirer des artistes, tels étaient les fondements de la doctrine et comme les conditions nécessaires du salut. Tandis que David encourageait l'indépendance avec mesure, mais non sans un véritable zèle, les disciples, plus royalistes que le roi, entendaient ne rien sacrifier du dogme académique, et condamner comme hérétique quiconque ne se montrait pas exclusivement dévot à Lysippe et à Praxitèle. Bartolini était donc assez mal venu à parler de Donatello, de Ghiberti ou de Michel-Ange devant ces fanatiques de l'art grec, et à interpréter sous leurs yeux la nature avec plus de souci de la vérité que de respect pour les formules classiques. L'accent de sincérité que portaient ses ouvrages semblait une marque de déréglement, comme, à la même époque, les premiers essais d'un grand peintre paraissaient extravagants par cela seul qu'ils attestaient un fonds de franchise et d'indépendance. M. Ingres était au nombre des condisciples de Bartolini, et il partagea avec lui l'honneur d'une réprobation dont ils se consolaient tous deux en se rendant mutuellement justice.

Sur les bancs de l'école de David, un peu plus tard au couvent des Capucines, où s'ouvrait, à côté de leur atelier ignoré, l'atelier déjà célèbre de Gros, en Italie enfin, où ils se retrouvèrent en pleine possession de leur talent, mais non classés encore parmi les maîtres, Bartolini et M. Ingres ne cessèrent de se prêter appui et de conspirer en quelque sorte leur gloire future. Ces encouragements réciproques, cette sympathie qui devançait l'admiration publique, nous apparaissent aujourd'hui avec l'autorité d'un pressentiment largement justifié. Au commencement du siècle, on ne voyait dans la liaison entre les deux artistes qu'une association d'intérêts personnels, dans l'isolement où ils vivaient que le châtiment de leur vanité. Un crayon satirique les représentait agenouillés l'un devant l'autre et se dédommageant de l'indifférence de la foule par un échange d'adorations et d'encens. En mentionnant de pareils enfantillages, nous ne voulons pas, — est-il besoin de le dire? — attribuer une importance sérieuse à des espiègleries d'atelier. Si nous notons ces menues injustices, c'est parce qu'elles tournent parfois au profit du talent. Une blessure profonde peut paralyser l'amour-propre, une égratignure l'agace, et de cette irritation même résultent chez quelques hommes une résistance plus opiniâtre et un surcroît de volonté. Telle fut du moins l'influence qu'exercèrent sur Bartolini les erreurs de jugement et les dédains dont il se vit d'abord victime. Qu'étaient d'ailleurs ces nouvelles souffrances auprès de celles qu'il lui avait fallu, qu'il lui fallait encore supporter? Lui qui s'était accoutumé de longue main à ne pas fléchir sous des épreuves bien autrement pénibles, pouvait-il se laisser abattre maintenant qu'il se sentait sûr de lui-même et peut-être à la veille du succès? Encore quelque temps en effet d'obscurité et de patience, et s'il ne doit que plus tard maîtriser tout à fait l'opinion, il prendra rang déjà parmi les artistes dont elle s'occupe.

Le premier ouvrage de Bartolini, au sortir de l'atelier de David, fut un morceau de concours pour le prix de Rome. Par suite des changements survenus dans l'état politique de l'Europe, le jeune statuaire florentin pouvait, en dépit de son origine, avoir sa part dans les priviléges accordés aux artistes français, et comme Léopold Robert, qui, né en Suisse, allait bientôt disputer le prix de gravure aux artistes qu'il avait rencontrés à Paris, Bartolini se présenta pour être admis au concours annuel de sculpture. Malheureusement l'argent lui manquait pour les modiques dépenses qu'exigeaient les épreuves préalables. Il lui fallut acheter à crédit la terre à modeler dont il avait besoin, et, sans l'assistance d'un potier, qui consentit à lui faire cette avance en lui fournissant par surcroît un morceau de pain à la fin de chaque journée, il eût été contraint de se retirer de la lutte. Bartolini se plaisait à raconter cet épisode de sa vie, et il ne parlait pas sans quelque orgueil du courage avec lequel il travaillait alors tout le jour, mourant de faim, inquiet du succès et certain seulement du maigre repas que lui procurerait la soirée. Cependant le moment approchait où tant d'efforts allaient recevoir leur récompense. Bartolini, il est vrai, ne remporta pas le premier prix, son œuvre n'obtint qu'une seconde médaille ; mais soit passion, soit justice, on se récria contre la décision des juges. Les élèves de David, passant assez vite du dédain à un sentiment tout contraire, prirent bruyamment parti pour leur condisciple et résolurent de venger sa défaite. La mode était alors parmi les artistes aux ovations, aux couronnes décernées en public. Les talents nouveaux, que de nos jours la presse seule signalerait à l'attention de la foule, recevaient une sorte de consécration et de brevet de la main même des sculpteurs ou des peintres. On se rappelle les palmes attachées à certains tableaux du salon, au *Marcus Sextus* et au *Déluge* entre autres, par ces mains que dirigeaient tantôt une admiration sincère, tantôt des rivalités d'école. Le triomphe de Bartolini eut moins de retentissement et d'éclat : il suffit toutefois pour émouvoir favorablement l'opinion. A coup sûr, un concurrent malheureux, que ses camarades promèneraient aujourd'hui sur les quais en le saluant de leurs *vivat,* n'intéresserait guère même les passants, et une telle solennité paraîtrait, non sans raison, une forme de protestation assez ridicule. La chose réussit mieux à Bartolini qu'elle ne réussirait sans doute à ses successeurs. On voulut dédommager le jeune statuaire de son échec à la suite du concours, en lui confiant quelques travaux dont il s'acquitta avec honneur.

Sa réputation s'étendit assez vite pour qu'au moment où fut érigée la colonne de la place Vendôme, on ne le jugeât pas indigne de participer à la décoration de ce glorieux monument ; il fut chargé d'exécuter le bas-relief qui représente la *bataille d'Austerlitz*[1]. Bien peu après, la princesse Elisa Bonaparte nommait Bartolini professeur de sculpture à l'académie de Carrare, et l'artiste, déjà aguerri par l'expérience contre les excès de la pratique et les faux systèmes, revenait en Italie, où il allait avoir à combattre tant de préjugés et d'abus.

Pour se rendre compte des obstacles suscités à Bartolini dans sa double carrière d'artiste et de professeur, il est nécessaire de jeter un coup d'œil sur la situation de l'art italien au commencement de ce siècle, et de constater les progrès qu'avait déjà faits à cette époque la doctrine ou plutôt la manie de l'imitation antique : doctrine personnifiée surtout dans un homme dont on ne saurait nier à certains égards le mérite, mais qui exerça une bien regrettable influence sur l'école de son pays. Très-inférieur à David, à qui l'on a l'habitude de le comparer, Canova fut le représentant autorisé d'une des phases de la décadence beaucoup plutôt qu'un véritable réformateur. Les meilleurs spécimens de ce talent ont, comme les autres productions de l'époque, une expression amoindrie, une grâce molle et maniérée, une élégance chétive. Ce style énervé qui affadit les peintures d'Appiani, les estampes de Volpato et de Morghen, on le

---

[1] La *Bataille d'Austerlitz* est placée à une telle hauteur, qu'il est au moins difficile d'en entrevoir même l'ordonnance. Pour apprécier le style de ce bas-relief, l'un des moins académiques et des plus énergiquement composés du monument, il faut consulter l'ouvrage de Baltard, *la Colonne de la Grande-Armée*, publié en 1810 par ordre de l'Empereur.

retrouve, sous des formes moins débiles, il est vrai, mais on le retrouve dans les statues de Canova. Ici encore l'adresse matérielle tient lieu de sentiment profond. Le beau tourne à l'agréable, la vérité se rapetisse sous les caresses de ce ciseau, comme la matière même qu'il effleure semble changer de nature et perd son apparence robuste ; le marbre devient albâtre en passant par les mains de Canova. Un artiste de cette trempe pouvait, en raison de ses qualités moyennes, satisfaire aux exigences du temps ; mais il ne suffisait certes pas pour régénérer l'art et restaurer utilement le culte de l'antique. En popularisant les copies enjolivées des sculptures grecques ou romaines, il ne faisait que propager une mode assez récente encore, et donner une direction nouvelle à l'esprit d'imitation.

La nouveauté des modèles proposés aux artistes, tel fut en effet le principe des succès de Canova et le secret de son excessive importance. Depuis l'époque de la renaissance, les monuments antiques avaient à peu près perdu toute faveur auprès des peintres et des sculpteurs italiens. A partir de la seconde moitié du dix-septième siècle seulement, quelques archéologues s'étaient mis en devoir d'étudier soigneusement les ruines de l'ancienne Rome ; mais leurs travaux, entrepris au point de vue de la science, n'intéressaient que d'assez loin l'art contemporain et les artistes. Dans le siècle suivant, les découvertes partielles de Pompeï et d'Herculanum, et surtout le musée fondé au Vatican par le pape Clément XIV, vinrent généraliser ce goût pour les recherches et activer le zèle des admirateurs de l'antiquité. Toutefois le mouvement n'était encore que scientifique. Nombre de savants étrangers s'établissaient à Rome et se groupaient autour de Winckelmann ; mais, Raphaël Mengs excepté, aucun artiste de quelque renom n'avait essayé, avant les vingt dernières années du dix-huitième siècle, de mettre en pratique les théories et les préceptes reconstitués d'après l'antique. Canova arriva donc à propos. Il trouvait le terrain préparé et avait affaire à des gens en humeur d'applaudir aux premiers simulacres de style grec que leur fournirait l'art moderne. Une fois proclamé « le continuateur de l'antique, » il garda jusqu'au bout les priviléges attachés à ce titre et l'autorité d'un chef d'école : autorité fâcheuse en ce sens qu'elle n'aboutit qu'à remplacer par une méthode tout aussi arbitraire l'ancienne méthode académique et à modifier seulement les formes de la convention. La révolution accomplie par Canova ne pouvait être et ne fut en effet favorable qu'au développement de quelques qualités artificielles, et les artistes crurent avoir assez fait pour la gloire de l'école, lorsqu'ils se furent épuisés à reproduire certains types en dehors desquels il n'y avait plus, à leurs yeux, ni grandeur, ni beauté.

A l'époque où Bartolini revint se fixer en Italie, cette imitation à outrance avait acquis force de loi parmi les sculpteurs. Tous semblaient ne rivaliser que d'abnégation, ou, comme on disait, de *canovianisme*, mot qui changerait de sens aujourd'hui, mais dont on se servait alors pour exprimer un heureux rajeunissement de l'art antique et la doctrine classique par excellence. Quant à la nature, à force de la réformer et de l'interpréter suivant les règles, chacun avait à peu près fini par voir dans ses exemples un danger plutôt qu'un secours. Quel que fût le genre de travail, on la consultait avec beaucoup moins de confiance que l'Apollon du Belvédère ou la Vénus de Médicis. Bartolini, au contraire, se renseignait de préférence auprès du modèle vivant. Tout en étudiant les statues antiques, — et quel sculpteur pourrait se passer de cette étude? — il prétendait ne s'inspirer en face d'elles que de la vérité qu'elles expriment. Pour tout le reste, il faisait ses réserves et ne consentait ni à humilier son sentiment personnel devant ces traductions du sentiment d'autrui, ni à déshonorer son talent par des plagiats. Une pareille fierté n'était guère de mise au milieu de gens qui s'arrangeaient à merveille de la servitude : aussi les tentatives indépendantes de Bartolini furent-elles hautement condamnées par quelques artistes. D'autres, mieux avisés, firent mine de prendre en pitié ces innovations, et ils réussirent pendant quelque temps à les déconsidérer par le silence.

Cependant un moment vint où il fallut bien compter avec le maître et combattre ouvertement son influence. Depuis son arrivée à Carrare, Bartolini avait terminé plusieurs morceaux en désaccord si formel avec les productions ordinaires de l'époque, qu'il en était résulté dans le public une sorte d'émotion et de curiosité. En outre, les doctrines qu'il professait à l'Académie commençaient à séduire les élèves. Il y avait dans ce double fait une menace sérieuse à l'autorité des hommes qui avaient jusque-là régenté l'école, et l'irritation de ceux-ci croissant en raison des résistances qu'on leur opposait, peu s'en fallut que, comme au temps de Josépin et d'Annibal Carrache, on ne prît le parti de vider la querelle sur un autre terrain que le terrain de l'art. Bartolini, peu enclin, il est vrai, à ménager l'amour-propre de ses adversaires, se vit provoqué à son tour dans le sein même de l'Académie, et sans l'intervention du professeur de peinture, M. Desmarets, il eût été obligé, dit-on, de défendre du même coup son talent et sa vie. Quelques années après (1843), cette vie se trouvait de nouveau compromise, mais il ne s'agissait plus alors ni de duel académique, ni de combat à armes égales. La haine politique armait cette fois d'autres ennemis du maître, et ils essayaient de se débarrasser de lui par l'assassinat. Tandis qu'une partie de la populace de Carrare envahissait la nuit son atelier et y brisait groupes et statues [1], d'autres bandits parcouraient la maison de fond en comble pour égorger le partisan avoué de Napoléon. Bartolini heureusement put s'échapper par une fenêtre ; il gagna la campagne, et après quelques semaines passées aux environs de Carrare, il s'achemina vers Florence, qu'il ne devait plus quitter désormais que pour des voyages de courte durée.

Bartolini rentrait dans Florence avec un talent déjà éprouvé, de fortes convictions et une importance personnelle assez grande pour mériter dès le début la considération de tous. Par malheur le goût qui régissait alors le public et les artistes florentins n'était pas de nature à concilier au nouveau venu plus de suffrages qu'il n'en avait obtenus à Carrare. L'indifférence fut telle à son égard, qu'il se vit obligé pour vivre de revenir à son ancien métier et de se mettre comme autrefois aux gages des marchands d'albâtre. Peut-être eût-il été condamné à sculpter longtemps encore des vases et des chambranles de cheminée, s'il n'eût eu pour juges que ses concitoyens. Singulier contraste : tandis que les Florentins laissaient ce noble talent se consumer dans des travaux indignes de lui, quelques étrangers, pressentant

[1] Un groupe représentant l'Empereur, l'Impératrice et le roi de Rome fut, entre autres morceaux importants, mis en pièces par ces mains furieuses. Le modèle en plâtre d'une statue colossale de Napoléon eut le même sort, et la statue en marbre conforme à ce modèle ne fut sauvée que parce que le sculpteur, faute de place, l'avait fait transporter dans l'ancienne église del Carmine. Une fois établi à Florence, Bartolini reprit dans son atelier ce marbre, qui avait dû orner une des places de Livourne, et qui maintenant n'avait plus de destination. Après la mort du sculpteur, le *Napoléon* fut acquis par le gouvernement français et donné à la ville de Bastia.

seuls sa force, lui fournissaient les occasions de se venger d'un aussi injuste oubli. Ce fut ainsi que Bartolini fit pour le ministre d'Angleterre en Toscane, et pour plusieurs autres Anglais, un assez grand nombre de statues et de bustes, — le portrait de *lord Byron* entre autres, — et pour M. Pourtalès le *Vendangeur foulant des raisins*, figure pleine de naturel, de jeunesse et de grâce [1]. La Russie recevait de lui des bustes et une figure de femme assise. A Londres, il envoyait une *Bacchante*, un groupe de deux *Danseuses* et la *Vénus couchée*, répétition en marbre du tableau fameux peint par Titien. La célébrité que ces divers ouvrages avaient acquise au maître dans d'autres pays revenant par un long détour dans son pays même, les amateurs italiens commencèrent à se déclarer pour celui qu'ils dédaignaient naguère. Quant aux artistes, ils se liguèrent si obstinément contre lui, ils persévérèrent si bien dans leur dépit et dans leur prétention à défendre ce qu'ils appelaient la bonne cause, que Bartolini ne put être nommé qu'en 1839 professeur titulaire de sculpture à l'Académie de Florence. Quatorze ans auparavant, il avait osé solliciter cette place : qui lui préféra-t-on tout d'une voix? Stefano Ricci, l'auteur du fâcheux monument élevé dans Santa-Croce à la mémoire de Dante, monument dont le moindre tort est d'avoisiner des chefs-d'œuvre de Bernardo Rossellino, de Desiderio da Settignano et de Bartolini lui-même !

Que recélait donc de si pernicieux la doctrine nouvelle? jusqu'à quel point l'homme qui s'en était fait l'apôtre pouvait-il être accusé d'hérésie, et qu'y avait-il dans son

---

[1] Cette jolie figure, l'une des plus heureusement imaginées par le maître, orne encore aujourd'hui la galerie Pourtalès. Le *Vendangeur*, une *Nymphe* appartenant à M. le prince de Beauvau, le bas-relief de la colonne de la place Vendôme et quelques bustes sont, à ce que nous croyons, les seuls ouvrages de Bartolini qui se trouvent à Paris.

ambition dont on pût se prévaloir pour le proscrire ainsi au nom de l'art? Bartolini n'était certainement pas un de ces audacieux génies qui bouleversent, à la façon de Michel-Ange, le champ de l'invention et y implantent d'autorité un art nouveau. Essayer de le transformer en titan serait exagération pure, et le mieux est de le laisser pour ce qu'il fut, un révolté à la mesure de l'olympe où trônaient Canova et les siens. Pour être assez modeste en apparence, ce rôle n'en exigeait pas moins une résolution peu commune. L'insoumission de Bartolini à des principes qui, sous couleur de vérités absolues, ne représentaient que des vérités de circonstance suffit pour lui donner en apparence le rôle d'un novateur sans frein, d'un irréconciliable ennemi de la règle, bien qu'il n'y eût chez lui ni indépendance de commande, ni bizarreries systématiques. Sa manière exprimait seulement la volonté de remonter aux sources où avaient puisé les maîtres des quinzième et seizième siècles; au lieu de se borner à l'imitation textuelle de la statuaire antique, elle accusait une étude choisie de la nature et l'intelligence du vrai, sans excès de réalité. Or ce fut précisément cette sage mesure entre la reproduction servile du fait et une interprétation trop libre que l'on taxa de radicalisme aveugle. On confondit ou l'on feignit de confondre ces tentatives pour renouveler l'art italien avec d'autres tentatives qui n'avaient autrefois abouti qu'à le matérialiser. A en croire les Josépins de l'époque, Bartolini était un second Amerighi, un de ces artistes à courte vue qui ne demandent pas à la figure humaine de penser, qui ne lui demandent que d'être : le tout parce qu'il ne revisait pas la nature suivant la méthode prescrite, et qu'il refusait de s'armer à chaque instant d'un compas pour proportionner les formes de ses modèles à certaines formes réputées classiques.

Certes, s'il y avait quelque part tendance matérialiste, elle existait bien plutôt chez les représentants de ce *classicisme* sans entrailles, chez ces peintres ou sculpteurs qui, tout en s'intitulant idéalistes, ne voyaient du beau que les surfaces, et ne savaient que sacrifier le sentiment à un semblant de correction extérieure, l'inspiration à la syntaxe. Bartolini ne voulait pas renfermer l'art dans de si étroites limites. Il entendait bien rendre sa pensée dans un style noble et sévèrement châtié; seulement ce qui pour d'autres était le but n'était à ses yeux qu'un moyen dont il se réservait de modifier l'emploi suivant les sujets à traiter et la destination particulière du travail. Sous l'influence de Canova et de David, mais de David mal compris et mal à propos copié, tout artiste italien aurait cru faire acte de félonie en s'affranchissant, même dans les cas les plus légitimes, de la discipline académique. Qu'un tableau ou un marbre dût figurer dans une église ou dans un palais, qu'il s'agît de traduire un verset de la Bible, une page de l'histoire ou une allégorie païenne, les types et le style demeuraient invariables. Partout même mode de composition, même goût jusque dans les ajustements, et la *Judith* de M. Benvenuti à Arezzo aussi bien que ses peintures profanes, le tombeau de Pignotti au Campo Santo de Pise aussi bien que les autres sculptures chrétiennes ou mythologiques de M. Ricci, montrent assez cette manie d'archaïsme qui s'appliquait uniformément à tous les sujets.

Bartolini, au contraire, variait avec une sagacité remarquable non-seulement les données premières, mais le style même de ses compositions. Un vif amour de la nature, une volonté persistante d'étudier de près et de rendre la vie là où ses confrères ne visaient qu'à la réduire à une apparence figée, voilà ce qui distingue avant tout ses travaux, quels qu'ils soient ; voilà le caractère dominant et la marque essentielle de ce talent. Mais la nature telle qu'il l'interprète a tantôt un sens gracieux, tantôt une signification pathétique ou une expression de grandeur. Elle ne se montre pas seulement pour se montrer : on comprend ce que l'artiste a senti en face d'elle, et les formes de ce sentiment, appropriées aux conditions de chaque scène, intéressent d'autant plus sûrement l'esprit que le regard n'est fatigué par l'étalage d'aucun procédé d'école. On ne saurait mentionner ici parmi les œuvres de Bartolini toutes celles qui témoignent de son aptitude à changer de manière en changeant de modèle. Il suffira de citer comme spécimens de cette rare souplesse d'intelligence et de pratique trois morceaux de caractère bien opposé, également vrais pourtant, chacun selon le genre de vérité qui lui convenait : la *Charité* du palais Pitti, le *Machiavel* des Offices, et le beau groupe d'*Astyanax précipité du haut des remparts de Troie*, — morceau supérieurement conçu et traité dans un goût plus ample, plus profondément antique que telle composition contemporaine où tout est littéralement conforme aux exemples de l'antiquité. Enfin les monuments funéraires qu'a sculptés Bartolini prouvent non moins clairement que ses autres ouvrages les ressources de son imagination et l'habileté variée de son ciseau. Peut-être même est-ce dans les travaux de cet ordre qu'il donne le plus exactement sa mesure, et qu'en accusant le mieux son origine, il laisse voir le mieux aussi en quoi il diffère des anciens maîtres florentins.

La sculpture des tombeaux, nous le disions en commençant, a été dès longtemps pratiquée en Italie avec un éclat incomparable. Toutefois, là comme ailleurs, certaines alternatives se succèdent qui résultent des influences régnantes, de la situation générale où se trouve l'école à mesure que le goût se modifie et par moments s'égare dans la recherche de la beauté païenne. La sculpture funéraire, par ses conditions mêmes et sa destination, est avant tout une manifestation de l'art et de la foi modernes. Les modèles que nous a légués l'antiquité, très-précieux en tant d'autres cas, deviennent inutiles quant aux idées, vicieux quant au style, a où il s'agit de consacrer une sépulture chrétienne. Lors donc que les artistes du moyen âge entreprirent d'élever des monuments de ce genre dans les églises et dans les cloîtres, ils eurent tout à créer, tout un ordre de sentiments à définir, tout un système symbolique et décoratif à formuler. Ce système une fois trouvé, plusieurs générations de sculpteurs le continuèrent sans altération fort sensible, et les tombeaux sculptés par les *trecentisti* et leurs élèves sont conçus et exécutés en vertu d'une méthode à peu près invariable. Le personnage à la mémoire duquel on a dédié le monument est ordinairement représenté, à l'état de portrait, étendu sur son lit de mort. Des anges soulèvent les rideaux de ce lit ou se groupent autour de l'ogive qui le surmonte, comme pour recevoir l'âme immortelle et bénir le corps qu'elle a quitté. Le reste du monument complète le rapprochement entre cette vie qui vient de finir et cette autre vie qui commence. Les armoiries du défunt, des inscriptions à sa louange rappellent le rang qu'il a tenu et la part qu'il a prise aux affaires humaines : la croix, l'agneau, les pieux symboles font allusion aux promesses évangéliques et à l'éternel repos qu'il a conquis.

Au quinzième siècle, on ne se départit pas encore de ce mode traditionnel. Le fond des intentions et l'ensemble architectonique restèrent conformes aux données antérieures, mais les détails et le style des ornements prirent un tout autre caractère. Rien de moins funèbre en apparence que les tombeaux de cette époque, rien qui exprime d'une façon moins sombre la pensée de l'infini. Tout dans ces œuvres charmantes respire la délicatesse, la grâce, l'élégance la plus raffinée. Il semble que sous le ciseau de Mino da Fiesole, de Benedetto da Majano et de tant d'autres aimables artistes, les images de deuil soient un prétexte pour séduire le regard des vivants, et qu'un cadavre même doive garder des dehors exquis. Survint Michel-Ange ; on sait de quelle animation puissante, de quel luxe de vie il revêtit la mort dans sa *chapelle des Médicis* : œuvre prodigieuse que lui seul pouvait tenter sans aboutir à un contre-sens absurde, et qu'il faut regarder comme un effort suprême du génie humain et comme le plus violent des paradoxes ! Plus tard, les prétentions dramatiques, les effets outrés ou repoussants achevèrent d'avoir raison de la manière subtile inaugurée par les sculpteurs du quinzième siècle. Les squelettes soulevant leurs linceuls, les têtes de mort grimaçantes furent les éléments de composition adoptés pour émouvoir les spectateurs. Enfin, lorsque l'imitation de l'antique fut devenue pour l'art une loi générale, la sculpture des tombeaux se fit, comme le reste, ouvertement profane ; puis on chercha à établir une sorte de compromis entre la mythologie et le dogme catholique. Même dans les mausolées des papes, il n'y eut plus ni saints ni anges à côté de l'image du mort ; il y eut, comme au tombeau de Clément XIII par Canova, des génies fort dévêtus figurant la douleur chrétienne, ou, comme au tombeau de Clément XIV par le même artiste, des *Modération* et des *Mansuétude*.

Les monuments dus au ciseau de Bartolini ne sont pas toujours exempts de ces fautes contre le goût et les convenances morales du sujet. L'un d'entre eux, par exemple, nous montre assez étrangement rapprochées la *Muse des festins* et la *Miséricorde*. Sur quelques autres s'accoudent ces malencontreux génies dont le caractère païen ne s'accorde guère avec le sentiment qu'on leur prête; mais, en général, le style ne dément pas les intentions, et sans être aussi pieusement convaincu que le style des maîtres primitifs, il a parfois une force et une justesse pénétrantes. Le tombeau de la comtesse Zamoïska, dans l'église Santa-Croce à Florence, mérite à ce titre d'être classé parmi les meilleures productions de Bartolini, et quoique celui-ci n'ait fait que le modèle d'après lequel le marbre a été travaillé, quoique la tête, dit-on, soit le seul morceau tout entier de sa main, l'ensemble n'en a pas moins une physionomie complète et cette expression d'unité propre aux œuvres magistrales. Aucune dissonance ne trouble ici l'harmonie générale, aucun ornement parasite ne vient surcharger la sobre majesté de la scène. La comtesse Zamoïska est représentée au moment même où elle expire. Le geste des mains, le mouvement presque souriant des lèvres qui se ferment en murmurant une dernière prière, indiquent la résignation et la ferveur. On peut dire sans exagération qu'en face de cette figure si calme dans son attitude, si immatériellement expressive, on sent une âme qui s'exhale plutôt qu'on ne voit des muscles qui s'affaissent. Les lignes, le modelé des chairs et des draperies, tout a l'accent de la vérité palpable; mais cette vérité, au lieu de préoccuper le regard outre mesure, ne sert qu'à mieux révéler le rayonnement intérieur de la mourante et l'extase sereine où elle s'endort.

Assez près de ce tombeau, Bartolini a sculpté un autre monument où se retrouvent les mêmes qualités et le même sentiment profond, quoique sous des formes dissemblables et sous une apparence de pompe, bien justifiée d'ailleurs par la noblesse exceptionnelle du sujet. Il s'agissait d'honorer la mémoire d'un des plus grands maîtres du quinzième siècle, Leo-Battista Alberti, architecte, sculpteur, peintre, poëte et auteur d'écrits célèbres sur les arts, les sciences et la morale. Un tel nom imposait à Bartolini le devoir de combiner les idées et les images funèbres avec l'idée de gloire que ce nom implique : alliance délicate et rarement heureuse dans les monuments élevés aux grands hommes plusieurs siècles après leur mort ! Si, en effet, la personnification des regrets semble opportune là où il faut traduire un sentiment contemporain, elle n'est ailleurs qu'une banalité pittoresque et une allusion sans justesse aux sentiments de la postérité. Le moyen de s'identifier avec une douleur à si longue échéance? Comment admettre la sincérité des pleurs que versent, suivant la coutume, des figures nées deux ou trois cents ans plus tard que l'homme dont elles font mine de déplorer la perte ? En composant le tombeau d'Alberti, Bartolini n'a eu garde de recourir à ces simulacres vulgaires et de tomber dans ces redites. Il a voulu, à l'exemple des anciens maîtres, exprimer en même temps l'idée religieuse et l'idée de gloire humaine, et (comme il le dit lui-même dans une notice qu'il fit distribuer à l'époque de l'inauguration du monument) « consacrer par une allégorie chrétienne » la double immortalité de son héros. La figure de l'illustre artiste se dessine entre deux anges. L'un, élevant un flambeau, guide l'âme vers les régions infinies à la lueur de cette clarté céleste ; l'autre, couronné de lauriers et tenant aussi une torche allumée, symbole du génie dont la gloire luit encore au delà du tombeau, rappelle fièrement à la patrie ce qu'Alberti a fait pour elle. La donnée, on le voit, est aussi loin de la mesquinerie que de l'emphase; quant à l'exécution, elle a une valeur du même ordre, un caractère de précision et d'ampleur qui ne trahit pas plus la servilité que la licence, et qui ne relève ni d'un *naturalisme* sans idéal, ni de l'*idéalisme* sans naturel.

Cette juste proportion, qu'attestent si clairement les tombeaux de Santa-Croce, Bartolini ne l'a pas, à notre avis, aussi bien gardée dans un travail très-célèbre pourtant, et que l'on regarde assez généralement en Italie comme son chef-d'œuvre, — le *Monument à la mémoire de M. Nicolas Demidoff* : — travail immense, vingt fois interrompu, comme si l'artiste avait par moments douté de lui-même, manié et remanié pendant bien des années et en définitive resté inachevé, mais qui n'en a pas moins inspiré, par anticipation, nombre de sonnets et d'épîtres, — que dis-je ? — un poëme en cinq chants [1] ! Il y a dans le style de ce monument quelque chose d'excessif et de tendu, et dans l'ordonnance une grandeur d'apparat qui semble empruntée aux vastes *machines* allégoriques du dix-septième siècle plutôt qu'à des pensées funèbres. L'idée de grouper autour d'un tombeau la *Sibérie*, la *Nature se révélant aux Arts*, la *Miséricorde* et cette *Muse des festins* dont nous parlions tout à l'heure, n'était-elle pas une idée peu heureuse, ou du moins sans à-propos au point de vue chrétien ? Envisagés isolément, plusieurs de ces groupes ne manquent certes ni de beauté ni de naturel. Celui qui représente la *Miséricorde* sous les traits d'une femme soignant son enfant malade, tandis que la sœur de celui-ci s'inquiète de ses gémissements et du silence de la mère, a surtout une expression passionnée et une véritable puissance pathétique. La *Sibérie* et la *Nature* respirent, l'une la majesté un peu farouche, l'autre la grâce féconde et la sérénité ; mais ces

---

[1] *Il Monumento di Niccolò Demidoff*, poema di Giunio Carbone. Florence, 1837.

beautés d'ordres si différents perdent leur prix là où elles se produisent. Elles ne ressortent que pour se contredire dans ce pêle-mêle d'intentions graves et d'arrière-pensées d'allégresse, de formes idéales et de réalités, de nudités antiques et d'effigies modernes. En essayant de conciler des éléments nécessairement ennemis, Bartolini s'imposait une tâche impossible. L'art religieux ne saurait transiger avec les principes qu'il a mission de formuler : il n'a de sens et de portée qu'autant qu'il procède en droite ligne de l'Evangile et qu'il en traduit strictement la morale. Variez les formes de la traduction, rien de mieux, pourvu qu'elle demeure fidèle au texte ; mais ce texte, ne le dénaturez pas en prétendant le compléter, et ne nous donnez pas pour un progrès un retour déguisé au polythéisme.

Bartolini, du reste, ne persévéra pas dans ce système de composition. La plupart des nombreux travaux pour lesquels il suspendit l'exécution du *Monument Demidoff* ont une signification fort nette, une apparence conforme aux exigences du sujet. Que son ciseau décore les sépultures de la princesse Charlotte Bonaparte, du ministre Fossombroni, de tant d'autres personnages illustres soit par leur nom, soit par l'éclat de leurs talents ; qu'il groupe dans un beau bas-relief que possède M. Demidoff l'*Amour*, la *Débauche* et la *Sagesse*, ou qu'il sculpte pour M. Ala Ponzoni de Milan cette poétique figure de la *Nymphe du Désert* que la mort l'empêcha de terminer, il remplit avec une habileté supérieure les conditions particulières de la tâche qu'il a acceptée. Ce qui domine, il faut le répéter, dans les œuvres de Bartolini, à quelque ordre de sujets qu'elles appartiennent, c'est un vif sentiment de la nature. La beauté conventionnelle et les types consacrés de la force ou de la grâce l'attirent beaucoup moins que les formes imprévues ; mais sa soumission raisonnée à l'autorité du modèle vivant ne dégénère pas en docilité aveugle ; sa volonté d'être vrai n'étouffe pas en lui, tant s'en faut, le désir d'épurer et d'ennoblir les réalités qu'il transcrit. Cette recherche simultanée du beau sans préjugés d'école, et du vrai sans trivialité, est le caractère principal de la manière de Bartolini et le fond même de ses enseignements. Ses enseignements, avons-nous dit : de ce côté encore le maître eut à soutenir bien des luttes, à combattre bien des préventions lorsqu'il entreprit de continuer par la parole le rôle de réformateur qu'il avait pris en vertu de son talent, et que l'on s'obstinait à confondre avec les emportements d'un révolutionnaire. Il nous reste à le suivre dans cette nouvelle carrière et à examiner les théories qu'il professa en regard des travaux qu'il a laissés.

II

Bartolini était fixé à Florence depuis vingt-six années quand il réussit enfin, en 1839, à obtenir la place de professeur titulaire de sculpture à l'Académie des Beaux-Arts. Les morceaux diversement importants exécutés par lui durant cette période avaient rendu son nom célèbre dans les pays étrangers, puis en Italie, où il était devenu plus populaire que le nom d'aucun sculpteur. A Rome même, celui de M. Tenerani n'avait pas acquis auprès de la foule autant d'autorité ni de crédit. Seuls, les artistes de profession, ou tout au moins les membres de l'Académie florentine, persévéraient dans leur dédain ; ils protestaient courageusement par le style de leurs œuvres contre les doctrines du novateur, et, il faut l'avouer, ce moyen n'était pas le plus sûr pour triompher de son influence. Bartolini, se sentant soutenu par l'opinion, jugea qu'il pouvait s'imposer à l'assemblée où dominaient ses adversaires. A la mort de M. Ricci, son ancien compétiteur, il sollicita de nouveau la chaire qui lui avait été autrefois refusée, et par un acte tardif de justice il fut appelé à l'occuper. Une lettre écrite à l'un de ses amis prouve l'importance qu'il attachait au succès de sa candidature : « Le professeur de sculpture Stefano Ricci vient de mourir, dit-il ; voilà sa chaire vacante, et je serais enchanté qu'elle me fût donnée. Si je l'obtiens, je renonce de bon cœur à mon voyage en France, où je dois aller faire le portrait du roi ; je renonce aussi à mes projets de départ pour Saint-Pétersbourg. Aucune consolation ne me serait plus douce que cette nomination. »

Sans doute, en s'exprimant ainsi, Bartolini pressentait avant tout les services qu'il pourrait rendre et l'action utile qu'il exercerait sur la marche des études. Il est assez présumable toutefois que la perspective d'une vengeance prochaine et le plaisir d'entrer en vainqueur dans un pays ennemi ne lui semblaient pas non plus des consolations à dédaigner. Ses premiers actes, en effet, n'annoncèrent pas des dispositions à la clémence. Un très-haut personnage l'ayant consulté sur les réformes à introduire dans l'organisation de l'Académie, Bartolini, dit-on, proposa comme mesure unique l'expulsion de tous les professeurs, lui excepté. Quelques mois plus tard, il donnait pour modèle aux élèves de sa classe un bossu et pour sujet de composition *Ésope méditant ses fables*. Un bossu dans ces murs accoutumés à n'abriter que les types classiques du beau, les exemplaires choisis de l'art antique ! l'imitation de la difformité prescrite comme moyen de progrès ! quelle injure aux vieilles traditions, quel audacieux défi aux artistes qui s'évertuaient à les maintenir! La guerre une fois déclarée dans le sein de l'Académie, les hostilités se poursuivirent au dehors, et, l'émotion gagnant jusqu'aux hommes les plus désintéressés en apparence dans les questions de ce genre, on put croire que les ardentes querelles du dix-septième siècle allaient s'allumer de nouveau. Le malheur était seulement qu'en se passionnant un peu trop vite, on courait grand risque de méconnaître le fond des principes et de n'aboutir, en vertu de ce malentendu général, qu'à des convictions superficielles, à un enthousiasme stérile. C'est ce qui arriva en effet. Les nouveaux *naturalisti* acceptèrent, sans en étudier fort attentivement le sens, le mode de protestation choisi par Bartolini : ils prirent pour une apologie formelle de la laideur ce qui n'avait été de sa part qu'une critique en action des doctrines et de la beauté conventionnelles. Les *idealisti*, de leur côté, s'indignèrent de cet apparent outrage à la majesté de l'art. Ils crièrent de confiance à la barbarie et surtout au barbare, sans se demander si le *Sanglier* antique, le *Possédé* de Raphaël, les *Parques* attribuées à Michel-Ange, et d'autres morceaux aussi peu attrayants, ne prouvaient pas que la force du style peut ressortir de la laideur même. En réalité, rien n'était changé encore dans la pratique. Aucune œuvre n'était venue démentir ou confirmer la justesse des opinions émises. On ne se battait même pas pour des théories; on guerroyait tout uniment pour savoir si un bossu avait pu légitimement ou non figurer quelques jours sur les tréteaux ordinaires des modèles.

La dispute durait depuis un an, sans grand bénéfice pour l'art italien, lorsqu'un journal assez répandu, le *Diario di Roma*, essaya de la terminer, ou du moins de lui donner une portée plus sérieuse en rattachant le méfait commis dans l'Académie de Florence aux principes qu'une pareille innovation tendait soit à mettre en honneur, soit à ruiner. Malheureusement le long réquisitoire publié par le *Diario* contre celui qu'il qualifiait de « nouvel Erostrate » était au fond très-peu concluant. Bon nombre de citations empruntées à Tacite, à Pline, aux poëtes latins, force attaques personnelles et très-peu d'arguments, voilà ce qu'on opposait comme sauvegarde de l'idéalisme aux envahissements de la doctrine contraire. L'occasion était belle pour Bartolini de se justifier une fois pour toutes et de définir publiquement ses principes. Il fit insérer dans le *Commercio* de Florence [1] une réponse « au très-anonyme écrivain, » sorte de profession de foi qui résume en même temps ses inclinations et ses idées acquises, sa manière de sentir et sa méthode d'enseignement. Après avoir lestement fait justice de l'érudition littéraire étalée par l'accusateur et de son incompétence en matière d'art, Bartolini vient au fait qui d'un bout à l'autre de l'Italie a soulevé ces mépris ou ces colères : « Sachez bien, dit-il, que l'imitation de la nature est, dans tous les cas, également difficile. Pour moi, je n'ai pas entendu présenter un bossu comme le modèle des proportions et de la beauté humaines, mais j'ai voulu accoutumer les élèves à étudier de près et à comprendre ce qu'ils voient, sans système préconçu, sans préjugés, sans faux idéalisme. J'ai voulu qu'ils apprissent à trouver dans la réalité même les éléments conformes à l'esprit de chaque sujet, qu'ils s'exerçassent à démêler le beau naturel, ce beau que peuvent révéler seuls l'expérience personnelle et l'examen des œuvres où les grands maîtres l'ont si fidèlement exprimé : noble recherche assurément, fort étrangère à l'idéalisme, qui réduirait volontiers les exemples de la nature en règles

---

[1] 12 janvier 1842.

architectoniques. L'*Esope méditant ses fables* avait pour avantage de rompre la monotonie des modèles proposés aux élèves, monotonie telle que ceux-ci sont obligés d'adopter le même type pour un Jupiter ou pour un apôtre. Il leur fournissait l'occasion de reproduire naïvement des formes caractéristiques. »

Puis, loin de désavouer les paroles qu'il avait prononcées dans sa classe, et que le *Diario* signalait à la réprobation de tous comme une hérésie esthétique, Bartolini les répète et les commente en face du dénonciateur. « Oui, monsieur, je l'ai dit : tout dans la nature a sa beauté, eu égard au sujet qu'il s'agit de traiter. Oui, je l'ai dit encore, quiconque se sera rendu capable d'imiter pleinement la nature saura tout ce qu'un artiste doit savoir. Les sculptures du Parthénon, celles du temple de Thésée, le *Mercure* de Naples, les *Colosses* de Monte-Cavallo à Rome et l'*Orateur* du Musée de Florence sont des spécimens achevés de ce grand art de l'imitation. Le *Teigneux* de Murillo occupé à se délivrer de l'immonde fléau que logent ses guenilles est estimé soixante mille écus, uniquement parce que le peintre a réussi à faire que le cœur se soulève lorsqu'on regarde son tableau. Telle vache peinte par Paul Potter et haute d'un demi-bras ne pourrait être acquise au prix de dix mille écus, par cela seul qu'elle ressemble parfaitement à une vache... Si, au lieu de s'épuiser contre moi en insinuations ridicules, en témoignages pompeux d'érudition ou en prédictions lamentables, le très-anonyme écrivain avait pris la peine d'analyser mes leçons, il se serait convaincu que je ne veux, pour me rendre célèbre, ni incendier les temples, ni jeter bas les musées. Mon plus vif désir, au contraire, est de leur préparer des richesses nouvelles en faisant rentrer l'école dans cette voie droite et sûre où marchèrent nos glorieux *quattrocentisti* : hommes admirables, qui nous ont laissé pour témoignage de leur génie le merveilleux *Saint Georges*, le *David* colossal, et tant d'autres œuvres dignes d'être rapprochées des œuvres du divin Phidias. »

Ces derniers mots expliquent et corrigent ce que la poétique de Bartolini peut avoir au premier abord de matérialiste ou de trop absolu. Ainsi, en s'autorisant du tableau de Murillo, il semble poser en principe et recommander, à l'exclusion de tout le reste, la reproduction brute de la réalité : il n'entend toutefois prouver par cet exemple que l'importance des vérités relatives et l'appropriation nécessaire des formes au sujet. L'accent de la nature a un tel prix à ses yeux, fatigués du spectacle des grâces factices, qu'il s'incline devant l'imitation sincère d'un objet même repoussant, à peu près comme Mme de Sévigné, lasse de ne respirer que des parfums, demandait à sentir un moment « la bonne odeur du fumier. » Cependant on ne saurait conclure de là qu'il dédaigne de choisir entre les différents genres de vérité, et que peu lui importe l'expression de la vie morale, si la vie extérieure est suffisamment formulée. Son admiration pour le *Saint Georges* de Donatello et le *David* de Michel-Ange ne peut laisser de doutes sur ce point. D'ailleurs les œuvres de son ciseau ne montrent-elles pas dans quelle mesure il admet la transcription littérale du fait? Non, le judicieux *naturalisme* de Bartolini n'a rien de commun avec ce plat *réalisme* qu'on essaye aujourd'hui d'exhausser au niveau d'un système, et qui n'est qu'une étiquette sur le vide, un expédient pour décorer à peu de frais l'indigence de la pensée. La nature, suivant le maître florentin, voilà l'unique source du beau; l'expression du vrai, voilà l'objet de l'art; mais ce vrai et ce beau n'auront de signification dans un marbre ou sur une toile qu'autant qu'ils seront contrôlés par le sentiment personnel de l'artiste.

Rien de moins facile au reste à déterminer que les limites, en pareil cas, de la docilité et de l'indépendance ; rien de plus délicat que cette proportion à garder entre l'effigie absolue et la libre interprétation du réel. Où s'arrête le devoir, où commence le droit ? S'il ne s'agissait, pour faire acte de sculpteur ou de peintre, que de copier servilement un modèle, nul doute que les conditions de la tâche ne fussent fort simples et les devoirs clairement tracés. Une comparaison mathématique entre les formes de l'original et les formes de la copie suffirait pour démontrer en quoi celle-ci est bonne ou mauvaise ; mais l'épreuve ne saurait être à ce point décisive pour une œuvre d'art véritable. Ici le travail a un caractère complexe. D'une part, il doit reproduire les objets sous leur apparence exacte ; de l'autre, il doit exprimer ce que l'artiste a senti à propos de ces objets : il sera à la fois une restitution du fait et une image de la pensée, un témoignage positif et un symptôme. Or, ces deux principes une fois admis, faudra-t-il que l'art s'interdise tout ce qui manque de charme extérieur, et ne lui sera-t-il donné de nous émouvoir qu'à la condition de mettre toujours sous nos yeux des types de beauté parfaite ? Faudra-t-il en un mot proscrire Socrate et Ésope, le premier à cause de la laideur de son visage, le second à cause de sa bosse ? Les anciens maîtres n'avaient pas de pareils scrupules. Ils recherchaient au contraire dans la nature les singularités caractéristiques, non par amour du laid, mais par souci constant de la physionomie, et, pour n'en citer qu'un parmi les plus grands, on sait avec quel soin Léonard enregistrait sur ses cahiers de croquis chaque expression bizarre, chaque irrégularité distinctive. De ces éléments difformes en eux-mêmes il tirait ensuite ce « beau naturel » dont parle Bartolini, et qui n'est que la vérité profondément ressentie : vérité de fait, complétée par une intention morale que ne sauraient ni anéantir ni dégrader les conditions physiques les plus ingrates en apparence. Un être, si disgracieux qu'il soit, peut, à un moment donné, avoir sa noblesse et fournir à l'art un type digne de lui. Tout dépend de la sagacité avec laquelle on saura saisir ce moment et transfigurer par la passion ces dehors misérables.

Telle était sans doute la pensée de Bartolini quand il donnait à ses élèves pour thème de composition *Ésope méditant ses fables;* il leur proposait par là une alliance entre l'autorité matérielle de la nature et les exigences morales du sujet. On s'opiniâtra pourtant à ne voir dans ce fait et dans les explications qu'il amena qu'un témoignage d'aberration et de forfanterie. Que Bartolini ait un peu exagéré ses théories dans la chaleur de la discussion, qu'il ait eu recours ensuite à des formes de protestation un peu puériles ou plus pompeuses que de raison, il faut le reconnaître sans doute. Certain cachet dont il se servit jusqu'au dernier jour, et sur lequel il avait fait graver la figure d'un bossu étouffant un serpent, allusion assez prématurée d'ailleurs au triomphe du maître sur les haines qui l'avaient assailli; certain monument élevé dans son jardin et décoré, en manière d'inscription votive, des mots dont le *Diario* s'était si fort scandalisé; d'autres provocations du même genre durent servir à alimenter la guerre plutôt qu'à décider la réforme. Il faut reconnaître aussi que ces exagérations ou ces vengeances avaient pour le moins une excuse dans l'état actuel de l'école et dans la situation personnelle de Bartolini. Il avait affaire à des gens empoisonnés de si longue main, qu'il lui était bien permis de forcer quelque peu la dose des antidotes, et, d'un autre côté, les attaques dont il était l'objet avaient un tel caractère de violence et d'injustice, qu'il devait se roidir malgré lui dans la résistance, sous peine de paraître atteint, sinon vaincu. On ne saurait croire quelles critiques amères, quels longs ressentiments valurent au sculpteur florentin ses efforts pour régénérer l'enseignement. Tantôt dans une séance solennelle de l'Académie de Milan, académie dont Bartolini était membre, le secrétaire de la compagnie lit un discours où il relègue parmi « les présomptueux, » parmi « les hommes qui confondent la vanité avec la gloire, » le seul artiste tout à fait éminent que possédât alors l'Italie. Tantôt, au sujet de changements à introduire dans les concours académiques, on imprime — et cela à Florence même — une diatribe contre le maître, à qui l'on fait mine d'opposer comme des rivaux sérieux les autres académiciens et jusqu'aux élèves formés à leur triste école. Tantôt enfin c'est un journal de Rome, et après celui-ci un journal de Modène, qui l'accusent de professer le mépris pour l'antique, et l'engagent à méditer je ne sais quelles théories sur l'invention, la composition et l'exécution, — le tout entremêlé d'un projet de *giardinetto ideale* où Bartolini aurait pu se contenter de laisser se promener en paix ceux qui s'offraient à lui servir de guides. On conçoit néanmoins l'impatience que dut lui causer cette affectation à tourner en dénigrement systématique de l'antiquité ce qui n'était chez lui que discernement entre les chefs-d'œuvre et les morceaux secondaires. Cette fois encore il voulut en appeler au public des sentiments qu'on lui prêtait. « Personne, dit-il dans une réponse publiée par le *Commercio,* le 24 août 1842, personne ne peut être intéressé plus que moi à rendre clairs certains points de mon enseignement qu'on a jusqu'ici fort mal compris ou commentés... Soyez persuadé que moi aussi je vénère les monuments de l'art antique partout où ils se trouvent, et particulièrement les débris si précieux des ouvrages du divin Phidias et de son élève Alcamène. Ces fragments m'ont appris à étudier et à admirer l'homme créature de Dieu de meilleur cœur que l'homme imaginé par les *idealisti*. »

C'est en effet par ce côté humain, par ce caractère saisissant de la vérité, que l'étude des sculptures grecques doit être surtout profitable à un artiste. Elle lui rendra familiers non certains tours de style, certaines formules convenues, mais les secrets de l'art lui-même, c'est-à-dire de l'ampleur ou de la finesse dans l'imitation du réel. Toutefois autant ces grands exemples sont d'un secours puissant pour apprendre à voir et à exprimer la nature, autant ils peuvent devenir dangereux, lorsqu'au lieu de les envisager comme renseignements, on les prend pour objet même du travail. Copier matériellement l'antique, c'est seulement s'approprier les dehors du sentiment d'autrui; ce n'est plus rendre le sens d'un texte original, c'est traduire une traduction, et l'on sait les innombrables redites en ce genre de la statuaire moderne. Bartolini s'efforçait de prémunir ses élèves contre des tentations si périlleuses. Tout en leur recommandant d'étudier l'antique, il leur interdisait de le parodier; il voulait de plus, assez contrairement à l'usage, qu'on distinguât entre les modèles, et qu'une statue grecque ou romaine ne fût pas réputée admirable par cela seul qu'on la savait authentique. Aussi ne craignait-il guère, quant à lui, de faire bon marché des œuvres même les plus renommées, lorsqu'elles ne lui semblaient propres qu'à intéresser les archéologues. Ses lettres familières prouvent à cet égard une singulière indépendance d'opinion. S'agit-il du célèbre groupe des *Grâces* que l'on voit à la *Libreria* de Sienne, il le compare délibérément à « trois navets. » Une autre fois il dit de l'Apollon du Belvédère, qu'il « s'en irait en morceaux, s'il essayait de marcher. » Il n'en fallait pas plus pour qu'on oubliât ses admirations en face d'autres sculptures antiques, et qu'on taxât de parti pris aveugle ces marques d'un goût difficile et d'une louable bonne foi.

Bartolini d'ailleurs eût-il, à propos de l'antique, poussé la réserve jusqu'à la défiance, il n'eût fait après tout que mettre à profit certains enseignements puisés dans l'histoire même de l'école italienne. A aucune époque, en effet, l'influence de l'art grec sur l'art de Florence ou de Rome n'a été ni très-heureuse ni très-féconde, soit que le génie des peintres et des sculpteurs fût rebelle à l'archéologie, soit que leur sentiment, essentiellement chrétien, ne pût, sans se fausser, revêtir les formes païennes. Raphaël lui-même a-t-il toujours gagné à se préoccuper de l'imitation antique? Si grand, si incomparable qu'il se montre encore à la *Farnésine,* peut-être a-t-il perdu quelque chose de cette aisance suprême qui marque les ouvrages où il ne s'est inspiré que de lui-même et des vieux maîtres de son pays. Le restaurateur de la sculpture italienne, Nicolas de Pise, et après lui nombre de sculpteurs ou de peintres ont étudié assidûment les monuments de l'art grec et de l'art romain, cela est certain; mais toutes les fois qu'ils se sont laissés aller à répudier absolument pour cette étude leurs instincts personnels ou les traditions de leurs devanciers, ils ont à la fois amoindri leurs modèles et jusqu'à un certain point dépravé l'art national. L'école italienne n'a eu tout son éclat et toute sa force qu'aux époques où elle ne cherchait pas systématiquement en dehors d'elle-même ses types et ses moyens d'expression.

Un des mérites de Bartolini est d'avoir travaillé à régénérer cette école en vertu de ses conditions originelles, de ses lois spéciales, de ses tendances éprouvées. Winckelmann et les autres théoriciens du dernier siècle, Canova et ses élèves semblaient s'être proposé beaucoup moins une restauration de la sculpture italienne qu'un replâtrage des doctrines antiques. Où était le progrès, le profit pour l'avenir? Lors même que l'art grec, implanté de vive force dans un terrain qui n'était pas le sien, se fût développé à souhait, qu'eût-il pu produire, sinon des rejetons éternellement semblables à lui-même et par conséquent en désaccord avec les premiers produits du sol? Bartolini voulait à bon droit déraciner cet art parasite. Tout en l'admirant là où il avait été en rapport avec les croyances et les mœurs d'un peuple, tout en l'étudiant comme un modèle de vérité et de goût, il le condamnait sans hésiter à titre de remède actuel et de point de foi moderne. Une occasion se présenta entre autres où il eut à formuler nettement les réserves sous lesquelles il entendait accepter les exemples antiques. Le consul de Grèce à Livourne lui avait écrit pour lui recommander un jeune sculpteur, son compatriote; Bartolini promet de bien accueillir celui-ci, mais il a soin d'ajouter en manière de pétition de principe ou de leçon anticipée : « Les Grecs furent d'excellents statuaires, parce que la religion leur ordonnait de montrer dans l'effigie de leurs dieux le type complet de la beauté humaine. Ils durent donc apprendre avant tout à copier la nature, et ceux qui surent le mieux l'imiter s'immortalisèrent; mais les plus grands d'entre eux, Phidias et Alcamène, ne firent pas longtemps école. Beaucoup de leurs successeurs subordonnèrent à un système pour ainsi dire géométrique l'imitation des formes du corps; ils s'imposèrent des règles qu'ont perpétuées malheureusement leurs nombreuses œuvres parvenues jusqu'à nous, et dont s'emparèrent les érudits. Sous l'étalage d'un fâcheux savoir, la naïveté disparut, c'est-à-dire ce qui avait

été le fond même et l'origine des beaux-arts en Italie... »
Et plus loin : « Nous nous sommes laissé tromper, et nous devons certes en gémir. Quant à vous autres Grecs, en venant étudier parmi nous, vous ne ferez que vous tromper à votre tour ; vous rapporterez dans votre pays les détestables fruits de l'esthétique germanico-italienne, et vous ne pourrez avoir l'espoir de redevenir ce que vous avez été. Contentez-vous donc d'imiter la nature vivante ; vous atteindrez ainsi le sublime dans l'art, et nous serons obligés de vous admirer en regrettant les méprises où nous ont jetés nos prétendues conquêtes. Je recevrai de bon cœur votre jeune artiste ; mais dès que je l'aurai persuadé en lui répétant tout ceci, je vous prierai de lui faire reprendre bien vite le chemin de son illustre patrie. Ce n'est pas que je songe à m'épargner quelque peine, je veux seulement m'acquitter d'un devoir de conscience. »

On le voit, Bartolini ne reconnaissait d'autre moyen de salut pour l'art moderne que l'étude sincère de la nature, d'autre progrès à réaliser qu'un retour vers cette simplicité primitive dont l'école italienne avait depuis si longtemps perdu la tradition. Qu'on ne croie pas néanmoins qu'il entendît prescrire, à l'exemple de certains artistes allemands, une naïveté archaïque, une assimilation extérieure de la manière des vieux maîtres. Rien n'était plus loin de sa pensée. Il aspirait à un renouvellement de l'art italien, non par l'imitation des anciennes formes, mais par le respect des anciens principes. Il voulait, en un mot, qu'on reprît cette question du *naturalisme* au point où l'avaient laissée les glorieux fondateurs de l'école, — question si loin d'être résolue, selon lui, qu'il écrivait, peu d'années avant de mourir : « Le statuaire parfait dans les siècles chrétiens est encore à naître ; le sublime *David* est le seul ouvrage qui ait pu le faire pressentir[1]. » De là ses courageux efforts pour déblayer le terrain et pour préparer la voie à cet homme privilégié ; de là aussi ses élans de joie lorsqu'il entrevoyait parmi ses élèves ou ailleurs — et malheureusement ces occasions étaient rares — quelque témoignage de bon vouloir, quelque symptôme rassurant pour l'avenir.

Un jour même Bartolini put croire qu'il avait trouvé un lieutenant digne de lui, un artiste capable de recueillir son héritage et d'achever la régénération de l'école. Ce fut lors-

---

[1] Il n'est pas inutile de noter cette admiration toute particulière de Bartolini pour le *David*, parce qu'elle est un témoignage de plus de ses tendances et de ses prédilections dans l'art. Le *David*, on le sait, est une œuvre de la jeunesse de Michel-Ange, et, malgré d'assez graves incorrections, la plus naturelle peut-être que ce grand maître ait produite. Les jambes surtout ont une beauté simple et une perfection de vérité qu'on ne retrouve plus dans les morceaux qui suivirent ; mais ceux-ci, suivant l'opinion générale, signalent avec plus d'éclat le prodigieux génie de Michel-Ange. Dans l'opinion de Bartolini, au contraire, ils attestent, — on n'oserait dire une décadence, — mais une regrettable concession à l'esprit de système. « L'art au quinzième siècle, dit-il, prit un essor sublime parce qu'alors il empruntait tout de la nature. Lorsque le grand Raphaël et le grand Michel-Ange tentèrent de s'élever au-dessus du simple vrai, la *Madone de Foligno* resta supérieure à la *Transfiguration*, et la statue de *David* au *Moïse*. » Aussi jusqu'à la fin de sa vie Bartolini ne cessa-t-il de solliciter pour ce chef-d'œuvre par excellence une place qui le sauvât d'une destruction imminente : « J'ai recours à toi, écrivait-il en 1843 à l'un de ses amis, pour que tu essayes de réchauffer le zèle de notre bon président, que j'ai déjà ardemment supplié de mettre à l'abri de l'air et de la pluie la plus belle statue de Michel-Ange. Je voudrais qu'elle fût placée précisément au milieu de la loge d'Orgagna et qu'on l'adossât au mur. Figure-toi l'effet qu'elle produirait là... » Et dans une autre lettre : « Mille choses affectueuses au bon président. Dis-lui qu'il immortaliserait son nom et qu'il s'attirerait la reconnaissance des catholiques florentins ou plutôt la reconnaissance de tous les catholiques des deux mondes, en préservant des injures du temps l'incomparable statue de *David*. »

que le statuaire siennois Dupré eut exposé à Florence son *Abel mourant*, figure véritablement belle, exécutée avec une habileté discrète fort différente à tous égards de la manière académique. « Je viens de voir, écrivait Bartolini, la statue qu'a faite Dupré... Bravo ! la victoire est à nous, et les *maniéristes* sont perdus à jamais. » Non, la partie ne devait pas être sitôt ni si définitivement gagnée. Les années se sont écoulées sans que l'auteur de l'*Abel* ait tenu encore tout ce qu'il promettait au début. Peut-être les espérances de Bartolini ne seront-elles justifiées qu'à demi, et celui qu'il semblait regarder comme son successeur et son émule n'est-il appelé qu'à figurer au premier rang parmi ses disciples. Du moins le maître se survit en partie à lui-même dans ces élèves qu'il a directement ou indirectement formés. La méthode pratiquée par lui se propage en dépit de quelques résistances obstinées, la tradition se continue, et le moment n'est pas éloigné peut-être où elle achèvera d'avoir raison des doctrines surannées et de l'esprit de routine.

Les écrivains, de leur côté, travaillent à activer ce mouvement, à décider le progrès que jusqu'ici on a pu seulement pressentir. M. Bonaini, en résumant dans quelques pages judicieuses les *Opinions de Bartolini sur l'art* et l'histoire de ce noble talent, — M. Rossi dans son *Examen de quelques sculptures florentines modernes*, — MM. Milanesi, Guasti et Pini en rétablissant fort à propos, dans leurs *Réflexions sur le purisme*, les notions du vrai et du style, — quelques autres érudits encore, n'ont pas, il faut l'espérer, défendu inutilement la gloire du maître et la cause de l'art en Italie. Puisse l'événement démentir ainsi les tristes prédictions et les appréhensions de Bartolini lui-même, lorsque, peu de temps avant de mourir, il écrivait, dans une heure de découragement : « Le jour viendra où l'on essayera en vain de reprendre mes idées... Il suffit..., ajoutait-il en parlant de ce qu'il laissait après lui ; le corps est bien malade, Dieu veuille au moins sauver l'âme ! »

Sauf ces accès d'inquiétude sur l'avenir et les luttes que par moments encore il fallait soutenir à l'Académie des Beaux-Arts, les dernières années de Bartolini furent assez calmes et ses œuvres plus généralement appréciées que dans le cours des années précédentes. L'accueil qu'il reçut en 1847 à Rome, où il était allé faire le portrait du pape, le vengea des attaques que de cette ville même on avait autrefois dirigées contre lui. Les artistes s'empressèrent autour de celui qu'ils n'hésitaient plus à proclamer leur chef, et lorsqu'il fut de retour à Florence, le gouvernement pontifical lui envoya, avec le brevet de l'ordre de Saint-Grégoire, une lettre dans laquelle le maître est mis au nombre des hommes qui honorent le plus l'Italie. En France, on n'avait pas marchandé si longtemps à Bartolini la justice : les hautes distinctions qui, de notre pays surtout, vont chercher et récompenser les talents étrangers lui étaient venues précisément à l'époque où ses tentatives de réforme rencontraient en Italie le plus d'opposition ou de dédain [1].

La fin de Bartoloni fut douce : il mourut le 20 janvier 1850, au milieu de sa famille, de ses élèves et de ses amis. L'un de ceux-ci a recueilli dans une sorte de procès-verbal respectueux et ému les détails de la scène funèbre. Nous extrayons de son récit quelques lignes qui, par leur simplicité même, rendent cette scène au naturel et attestent les sentiments de vénération dont Bartolini fut entouré à ses derniers moments : « Lorsque j'entrai dans la chambre du mourant, dit M. Milanesi, le prêtre prononçait les redou-

---

[1] Bartolini avait été nommé membre de la Légion d'honneur en 1840, et, l'année suivante, membre associé de l'Institut.

tables paroles : *Proficiscere, anima christiana, ex hoc sæculo*. Déjà la mort commençait à triompher de la vie dans ce corps jusque-là si robuste... Nous reçûmes le dernier soupir du grand artiste, — Delo Dauphinè, l'un de ses élèves les plus affectionnés (ce fut lui qui soigna le maître pendant sa maladie avec un dévouement tendre et infatigable, et qui ensuite lava le cadavre, l'habilla et le plaça sur le lit mortuaire), le sculpteur Tommaso Gasperini, Benericetti Talenti, le peintre Francesco Floridi, » plusieurs autres encore dont les noms sont pieusement enregistrés, « moi enfin, Carlo Milanesi. Eliso Schianta, premier élève de l'atelier et le plus fidèlement attaché à son maître, pleurait, appuyé contre le mur, au pied de l'escalier... » Bartolini mourut à l'âge de soixante-treize ans. Ses restes furent transportés à l'église de l'*Annunziata* et inhumés dans la chapelle où le corps de Benvenuto Cellini avait été déposé près de trois siècles auparavant.

Si l'on examine les œuvres de Bartolini en regard de celles qu'ont produites les sculpteurs modernes les plus renommés, non-seulement en Italie, mais dans les diverses écoles, la comparaison tournera tout à l'avantage du sculpteur florentin. Canova, malgré sa grande habileté matérielle, n'a d'importance véritable que relativement au temps où il vécut. Considérée en elle-même, la manière de l'auteur de la *Madeleine*, des *Danseuses*, de la *Vénus* du palais Pitti, est plutôt agréable que belle. Elle se ressent du désir qu'a l'artiste de se conformer aux exemples antiques ; mais ces exemples, Canova les amoindrit en les ajustant aux proportions un peu étroites du goût moderne. Il pcmolique la simplicité grecque d'une grâce prétentieuse, d'une élégance équivoque ; en un mot, il traite l'antiquité comme la nature : il enjolive l'une et l'autre. En abritant à peu près sa responsabilité personnelle sous un semblant de style classique, il réussit à contrefaire adroitement une apparence, mais non pas à exprimer magistralement une vérité.

Thorwaldsen, dont la réputation égala presque la réputation de Canova, eut un talent et des aspirations d'un tout autre ordre. Quoiqu'il lui soit arrivé de rechercher l'élégance et de la rencontrer, par exemple, dans sa *Nuit* ou dans son *Mercure au moment où il vient d'endormir Argus,* il ne vise ordinairement qu'à la grandeur, et ce but, il l'atteint quelquefois. Son *Lion de la Suisse,* ses bas-reliefs représentant le *Triomphe d'Alexandre,* et plusieurs de ses figures allégoriques, portent l'empreinte de l'imagination et de la force ; mais ailleurs cette force est employée hors de propos, ou elle dégénère en emphase. Ainsi les compositions religieuses de Thorwaldsen sont traitées dans un style pompeux contraire au sens de l'Évangile. Elles ont plus d'apparat que de vraie majesté, et l'exécution, à force de prétendre à la largeur, y est souvent insuffisante ou vide. En général le ciseau du sculpteur danois manque de précision et de finesse. Dans les dernières œuvres de Thorwaldsen, le mode même du travail matériel peut expliquer ce défaut, le maître ayant fini par laisser aux praticiens le soin de reproduire jusqu'au bout les modèles qu'il leur livrait, et par se dispenser de toute retouche sur le marbre ; mais les morceaux appartenant à une autre époque, les statues qu'il a travaillées de sa main ont aussi une apparence inachevée, une correction ébauchée et attendant encore la lime. Le talent de Thorwaldsen n'est certes ni sans vigueur ni sans portée ; cette vigueur toutefois ne réside guère que dans les intentions. Il semble que l'artiste, après avoir profondément senti et médité son sujet, n'ait plus pour les formes de la traduction qu'un zèle un peu désintéressé et une indulgence trop facile.

En France, après la fin de l'école *portraitiste*, école dont Houdon est le dernier représentant considérable, la plupart des statuaires s'inspirèrent de l'antique, mais de l'antique commenté par Canova. Dès lors plus de naturel ni de franchise, plus de ces qualités d'expression qui constituaient jusque-là l'originalité de l'art français. Une pratique habile, mais froide, une grâce immobile, quelque chose de tendu et de pédantesque dans le style, voilà ce qui caractérise les œuvres de la sculpture nationale vers le commencement de ce siècle, et les meilleurs morceaux produits à cette époque, le *Cyparisse* de Chaudet entre autres ou la *Pudeur* de Cartellier, attestent moins encore un sentiment personnel que des habitudes académiques. Depuis lors, il est vrai, on renonça en partie à cette méthode conventionnelle. David, Rude, MM. Duret et Simart, quelques autres statuaires, firent de louables efforts pour réagir contre les entraînements de l'école et la ramener au goût de la vérité. Enfin un artiste dont le talent, très-digne d'éloges à certains égards, mérite sous d'autres rapports des reproches sévères, Pradier réhabilita avec plus de succès que personne l'étude si longtemps abandonnée de la nature. Malheureusement Pradier eut un grand tort : il outrepassa la limite, et il lui arriva trop souvent de sacrifier la vérité chaste à la vérité sensuelle, la pure expression du beau à un art de harem ou de boudoir.

Sans doute le talent de Bartolini a aussi ses défauts, et, comme les artistes que nous venons de mentionner, le maître florentin n'est pas en mesure de défier absolument la critique. Il n'y aurait que justice, par exemple, à accuser chez lui un besoin de produire tournant souvent à l'abus de la facilité, et, comme conséquence de cette précipitation dans le travail, des inégalités ou de graves négligences. Certaines figures de *Nymphes* et beaucoup de portraits en buste sont des œuvres tantôt insignifiantes, tantôt ouvertement faibles, que Bartolini semble avoir improvisées pour se libérer tant bien que mal d'engagements qui lui pesaient ou pour remédier par moments au désordre d'ailleurs assez habituel de ses affaires. Toutefois, si au lieu de le juger sur ces travaux secondaires qui ne peuvent rappeler que les agitations ou les nécessités de sa vie, on prend pour objets d'examen les travaux qui résument le mieux l'histoire de son talent, nul doute que ce talent ne se montre plus foncièrement robuste, plus souple en même temps et à tous égards plus complet qu'aucun autre. Les qualités propres à chacun des artistes dont nous avons cité les noms, Bartolini les a possédées réunies, et il n'est pas de morceau de sculpture, parmi les plus remarquables de notre siècle, qui ne puisse trouver dans quelqu'un de ses ouvrages un type supérieur ou tout au moins un équivalent. L'*Enfant jouant avec une tortue*, par Rude, le *Pêcheur napolitain* de M. Duret et les meilleures figures de Pradier n'ont pas plus de grâce juvénile ni de délicatesse que le *Vendangeur foulant des raisins*. La *Madeleine* de Canova, fût-elle par l'expression aussi pathétique que la *Miséricorde* de Bartolini, manquerait à coup sûr de l'ampleur de style qui complète la signification de ce beau groupe. Encore moins rencontrera-t-on dans les autres statues de femmes qu'a laissées Canova les intentions grandioses et la majesté de formes qui distinguent la *Charité* du palais Pitti. Thorwaldsen a-t-il rien créé de plus vigoureux, de plus mâle que le Pyrrhus dans la mort d'*Astyanax?* Et les lignes générales du groupe, l'attitude d'Andromaque que le désespoir a vaincue, la terreur éperdue de l'enfant, n'accusent-elles pas une puissance d'imagination et de sentiment égale pour le moins à la force du statuaire danois? Où trouver, parmi les sculptures contemporaines, un portrait d'une physionomie plus vraisemblable, d'une expression mieux définie que celui de la comtesse Zamoïska? L'artiste qui a produit de tels ouvrages et bien d'autres encore, non moins dissemblables quant au style, mais reliés entre eux par la vérité qui domine partout, l'auteur des tombeaux d'Alberti, de Fossombroni, et de vingt autres monuments funéraires hautement remarquables, doit être salué du titre de maître.

Par la variété et le mérite supérieur de ses travaux, Bartolini a droit à la première place parmi les sculpteurs du dix-neuvième siècle. Par la nature de son talent, il est digne de ses aïeux, digne du pays où il est né : pays privilégié même aujourd'hui, et, malgré ses périodes de stérilité, fécond encore à ses heures, comme ces terres abandonnées où croissent de loin en loin, au-dessus des ronces, des arbres d'autant plus sains qu'ils ont germé par la seule puissance du sol. L'Italie n'a pas perdu toute sa force de production naturelle. En dépit de ses malheurs et de bien des fautes, elle n'est pas, dans le domaine des arts, si complétement déchue de sa vieille gloire, qu'elle ne puisse encore défier les autres nations par quelque acte imprévu d'excellence, par quelque témoignage éclatant de vigueur. Le médiocre, le mauvais même abondent là où il n'y avait place autrefois que pour le beau : mais l'instinct, pour se manifester plus rarement, n'en vit pas moins au cœur de la race. L'étincelle jaillit par moments et vient révéler la permanence du foyer. Au milieu des erreurs et des faiblesses actuelles, qu'un véritable artiste surgisse en Italie, il sera certainement de premier ordre, lors même qu'on le comparerait aux artistes d'une autre origine. Une tragédienne admirablement inspirée, Adélaïde Ristori, fournissait récemment la preuve de cette renaissance spontanée du talent sur une terre usée en apparence, et tout en se gardant de confondre dans une admiration égale Rossini et Bartolini, il est permis de rappeler qu'après tout cette Italie en défaillance a vu naître le plus grand génie musical et le plus habile sculpteur de notre temps.

1855.

FIN DU TOME PREMIER.

TABLE

	Pages.
I. La peinture en Italie avant le seizième siècle — Les tableaux du Musée Napoléon III.	1
II. Les écoles italiennes et l'Académie de peinture en France.	45
III. Fra Angelico da Fiesole.	92
IV. Les arts et les lettres à la cour des ducs d'Urbin.	134
V. Un bas-relief d'Antonio Rossellino.	214
VI. Raphaël et les préraphaélites à propos du tableau Apollon et Marsyas.	228
VII. Francesco Francia.	258
VIII. François Primatice.	272
IX. Benvenuto Cellini.	294
X. Les Carrache et leur école.	350
1. — Louis Carrache.	350
2. — Annibal Carrache.	361
3. — Augustin Carrache.	379
4. — Le Dominiquin.	386
5. — Le Guide.	409
XI. Lorenzo Bartolini.	433

FIN DE LA TABLE DU TOME PREMIER.

Paris. — Typographie HENNUYER ET FILS, rue du Boulevard, 7.

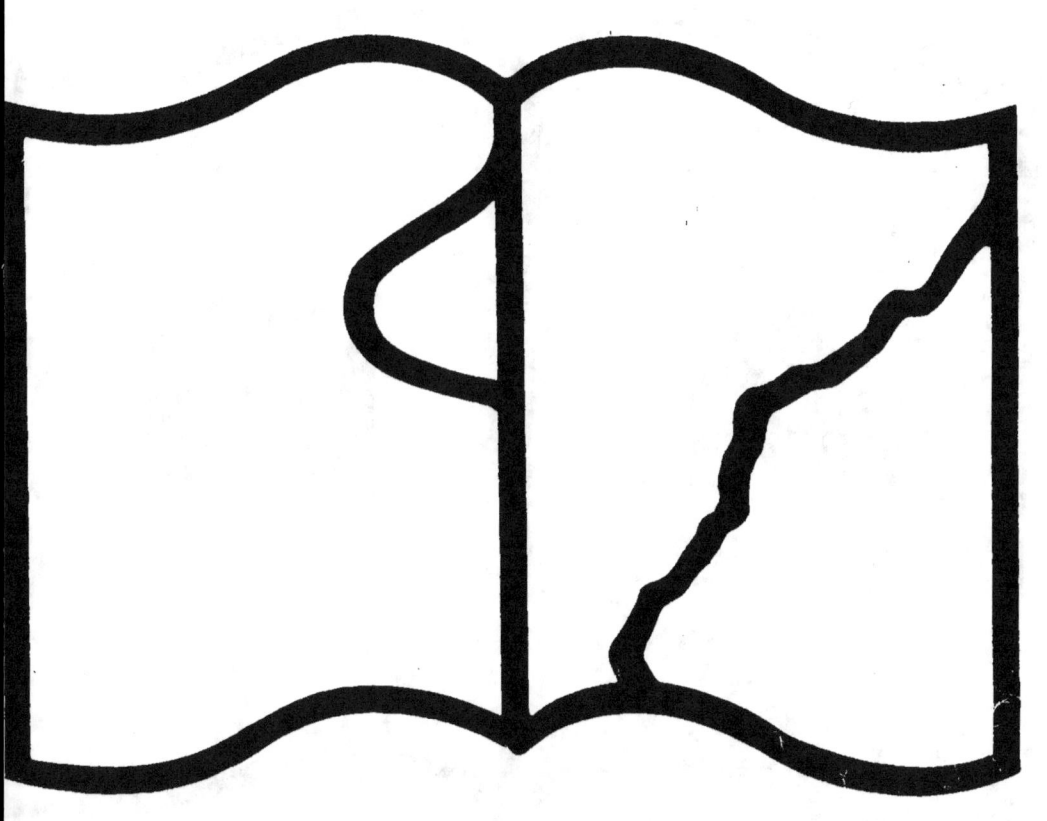

Texte détérioré — reliure défectueuse

NF Z 43-120-11

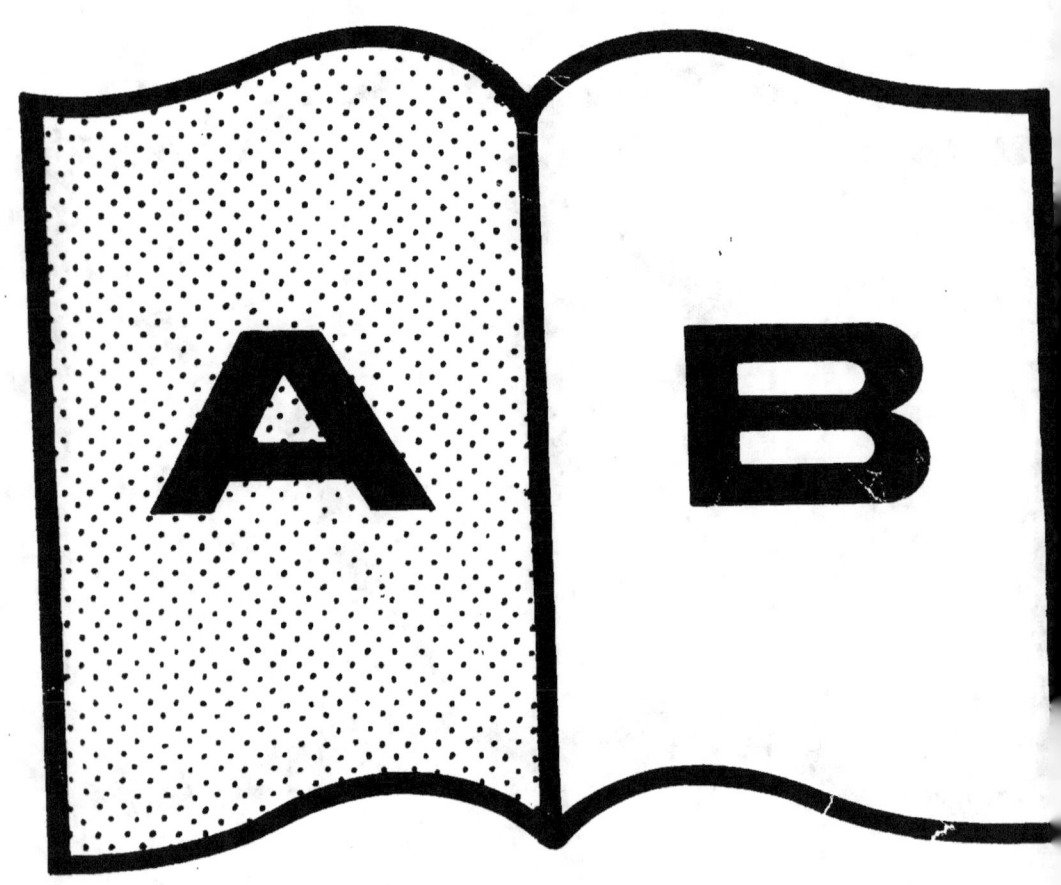

Contraste insuffisant

NF Z 43-120-14

www.ingramcontent.com/pod-product-compliance
Lightning Source LLC
Chambersburg PA
CBHW052233220526
45471CB00001B/21